百岁述往忆杏坛

吴大年

著

江苏人民出版社

图书在版编目（CIP）数据

百岁述往忆杏坛 / 吴大年著. -- 南京 ： 江苏人民
出版社，2024. 11. -- ISBN 978-7-214-29517-0

Ⅰ. K825.4

中国国家版本馆 CIP 数据核字第 2024VQ5004 号

书　　　名	百岁述往忆杏坛
著　　　者	吴大年
责 任 编 辑	金书羽　孟　璐　胡海弘
装 帧 设 计	有品堂_刘俊
责 任 监 制	王　娟
出 版 发 行	江苏人民出版社
地　　　址	南京市湖南路 1 号 A 楼，邮编：210009
照　　　排	南京紫藤制版印务中心
印　　　刷	南京爱德印刷有限公司
开　　　本	652 毫米×960 毫米　1/16
印　　　张	45　　插页 4
字　　　数	504 千字
版　　　次	2024 年 11 月第 1 版
印　　　次	2024 年 11 月第 1 次印刷
标 准 书 号	ISBN 978 - 7 - 214 - 29517 - 0
定　　　价	168.00 元

（江苏人民出版社图书凡印装错误可向承印厂调换）

自 序

我生于乙丑牛年（1925），按传统年龄算法，俨然已成"百岁寿星"了。

人到高龄，"寿则多辱"，体衰力弱、记忆力下降、病痛交加，需人照顾是常态，区别仅在轻重程度而已。我大概属于前者，身体虽大不如前，但思维不至迟钝，生活基本自理，冷暖饥饱自知，心态起居如常，自忖尚未达难以为继之地步。而人活着总得干点正事，离休近 40 年来，读书写作是我每日必修课。在儿女帮助下我还学会了使用电脑和智能手机，便于查阅电子文献、了解天下大事及与亲朋好友联络交流。常有人问我养生之道，答曰：长寿似无秘诀，不过我晚年的生活信条是活到老学到老干到老，想必二者之间有一定关联。

2012 年我曾有教育文集《跨世纪的教育情怀》出版，意在对自己的教育生涯，特别是从事教育事业的 50 多年作个回顾和总结，同时留下一点具有教育史史料价值的文献与数据。书出后颇受同人好评；然十年弹指一挥间，耄耋至期颐，新书变旧作，其不足之处也随之浮现：由于当年计划不够周密及时间安排过紧，以致该文集漏收部分重要著作和文章；加之这些年又陆续写下一些文字，更显这个集子述而不全、内容单薄之欠缺。由是，为了让初衷与结果更好地对应起来，不留遗憾地完成这一夙愿，我决定振作精神，趁着头脑还算清楚，抓紧时间修订旧作，编撰新篇，重新汇集成书。在儿女们的充分理解和具体帮助下，我从2022年5月起着手拟定框架体例，收集整理资料，并在此基础上进行增删、校勘、注释、统稿和录入，最后审核校对。经过两年多不懈努力，至2024年6月，在我百岁生日前夕，这本取名为《百岁述往忆杏坛》的新文集终于成形定稿。

本书是对我历年来有关教育方面公开出版、发表和未刊的部分著作、文章的梳理和归结，时间跨度为1964年至2023年。其中有专著1部，文章25篇，大事记2篇，外加附录文章8篇。内容按属性分为六编：论著篇、学涯篇、教坛篇、家教篇、随笔篇、附录篇。各编著作、文章基本原样刊出，大致按写作时间顺序排列，并标注出处。凡遇需作调整、修改和增减的地方，则在题记或文末予以释明。

本书与旧作不同之处主要有两点：一是拓宽述域，增加了学术论著。例如，第一编收有一部专著、两篇文章和两篇大事记，其中，分量最重者为《江苏省中等师范教育史志（1896—1988）》，这是我在20世纪80年代末参加江苏省地方志编纂委员会主持的江苏省教育志编撰工作，分工撰写中等师范教育部分，历经8年（1989—1997）完成的心血之作，可视为新中国最早的，也是迄今为止一部较为系统、完整的中等师范教育史专著。本次收录，以之前撰写的《江苏中等师范教育资料长编》（未刊稿，1992）和《江苏省志·教育志》（江苏古籍出版社，2000年版）

第八章"师范教育"为蓝本，重新进行内容整合、增补、删减及体例调整、编排；并参照几十年间相关学习笔记和工作日志，对其核查勘误，再在各章节加上注释或参考文献，以进一步夯实材料来源的真实可靠性，力求言必有据，符合学术规范。

二是从篇幅上看，由于形势变化，旧作中有过半文字已经"不合时宜"了，故这次不予收录。如《小难民自述》（商务印书馆，1940 年版）一书，当时以"社会教育"名目收入集子，但 3 年后时逢纪念抗日战争胜利 70 周年，该书得以再版，无必要再收进新集子。尽管删减不少，但近年勉力写作，此消彼长，反倒使得本书内容颇丰，厚度有加，字数竟为旧作两倍。这是我事先未曾预料到的。

话说回来，本书有无一定可读性和存留价值，并非取决于其厚薄程度，而应由读者和时间评判。我平生与教育结下不解之缘。虽然学生时代伴随着战乱与动荡，但幸运的是，我从小学到中学再到大学的各个阶段都接受了优质学校教育——小学时就读于南京鼓楼小学；抗战爆发后逃难到昆明，考上同济高中；后以同等学力考入西南联大。这 3 所学校在当时都是名校。作为受教育者，我在书中忆及不同时段对自己影响至深的十几位老师：他们不仅传授知识，而且为人师表，教我以做人之道。大学毕业登上讲台，我的角色由受教者转向施教者，身为人师，我在书中则主要写意识与责任的确立、莘莘学子的成长及师生之间的良好关系；走上校领导岗位，我又侧重写教书育人的主体——教师群体的精神面貌与所作所为。后调入机关搞教育行政工作，接触面变广，我的笔端所触也更宽泛，包括各级教育行政部门的领导干部，各类学校（高等师范院校、中等师范学校、幼儿师范学校、教师进修学校）的众多校长、教师和学生。总之，回眸整个教育人生，无论身处战争年代还是和平时期，风雨兼程一路走过来，其间不知有多少朝夕与共的师长与同学，相知相识的学生、同事、领导和朋友：他们或为了追求进步与光明赴汤蹈火，或为了祖国的教育事业在平凡岗位上呕心沥血、辛勤工作，有的甚至献出自己的宝贵生命……没有他们默默无闻的奉献，就没有我今天这样一份成绩。此情此景，忧思难忘；音容笑貌，宛在眼前。而那些人、那些事，是任其湮没在历史的尘埃里，抑或由我拿起笔来缅怀抒写，启发后人？答案不言自明。

再次感谢上苍恩赐，让我保持剩余不多的精力、体力和记忆力，在我走到人生顶端仍能操笔编撰新作。拙著完稿，如释重负，愿呈神怿气愉之余即兴写下的一副对联——

上联：平凡人生却也辛勤耕耘酸甜苦辣遍尝尽。

下联：寻常心态犹自不忘初衷夕照余晖善珍摄。

横批：碌碌有为。

这几句话，既是自勉，也是与读者共享。

是为序。

甲辰年春于金陵丁山寓所

目 录

第一编 · 论著篇

第一编

论著篇

江苏省中等师范教育史志
（1896—1988）

关于《江苏省中等师范教育史志（1896—1988）》的写作背景，自序里已有简介，以下再作些许补充。

1989 年上半年，时逢全国新一轮兴修方志热潮，省教委负责同志找到我，希望我继续发挥余热，参加《江苏省志·教育志》的编纂工作。我负责撰写该书第八章"师范教育"中第一节"中等师范教育"和第三节"中小学教师进修"，任务相当艰巨繁重，直到 1997 年才定稿。其间，跑了多少家档案馆和图书馆查找收集资料，开了多少次研讨会和评审会，稿件反复修改多少回自不待言。更值一提的是，中国师范教育起源于江苏，我在查阅大量史料的过程中，深切感受到张謇、沙元炳、顾倬、吕凤子、陶行知等前辈开创中等师范教育事业，敢为天下先的大无畏精神，他们勇于践行、艰难办学的动人事迹令人敬佩不已。而在不同历史时期，尤在抗战期间，江苏中等师范的校长和老师们不畏强敌，坚守民族气节，想尽各种办法采取各种措施坚持将学校办下去的诸多事迹同样可歌可泣，感人至深。另外，中国共产党在敌后创建的华中苏皖抗日根据地为发展新民主主义教育事业而创建的一批新型师范学校，亦在办学和教学方面创造和积累了很多宝贵经验。先辈们从教育教学实践中探索和积累的丰富经验，具有连绵不断的继承和借鉴意义，业已成为江苏特有的"中师文化"之积淀，弥足珍贵。

如何下笔方能更好地展现和传承江苏中师文化传统？这是一个颇费思量的问题。如果拘泥于偏重材料堆砌整理的撰述方式，则难免枯燥乏味，于是我决定采取因事及人、叙中寓评的写法来完成这一重要使命。

编委会曾多次开会评议各章稿件，特别是初稿完成统稿，议及中等师范教育部分时，有人认为不合乎修志写法。但《江苏教育志》主纂、原省高等教育局局长顾尔钥是位经验丰富、思想开放的老同志，他每章每篇都非常认真仔细地看下来，并不认为那种按照一定格式、惯常刻板的写法有什么好，反而支持、赞赏我采用的方式方法，认为既有具体事例，又生动活泼，结构合理，自然流畅，颇有太史公笔法。

中国地方教育史志研究会于 1995 年 11 月在南京召开江苏省教育志稿评审会，参会的有来自各省市的专家、学者和修志人员 60 余人，提交评稿论文 10 余篇。其中，河北代表钟毅、刘秀明、王金生合写的论文《一幅师范教育的宏丽画卷——喜读〈江苏教育志〉师范教育章》引人注目。该论文指出"中等师范教育"这一节"史料丰富，却很少见堆砌的痕迹。这说明作者对史料进行了认真研究、消化，细致地爬梳、摘选，严谨地排列、组合。以《发展概况》为例，可以证实此言不谬。该小节近 4.5 万字，占整个《中等师范教育》节（共 10 万字）的约 45%，如此高的篇幅比例，为全国省级教育志中所仅见，其信息量之丰富可想而知，仅'概况'中涉及的办学名人即 60 余个，写出名字的学校不下300 所，记述的历史跨度从 1897 至 1988 近百年，但其资料的安排却前后有序，左右呼应，起伏跌宕，因果彰明，具有很强的逻辑性"。同时，"特别注意用'以事系人'的手法，为名师树碑立传，像张謇、陶行知、陆维特、陈鹤琴等在有关节目中反复出现，对他们的教育思想和办学业绩也有记述，展示了江苏师范教育史上名师辈出的辉煌"。

河北同行钟毅同志是原河北教育学院党委书记、时任《河北省志·教育志》主纂，也是教育战线上的一名老兵。现在回想起来，若无顾尔钥、穆嘉琨、钟毅等志同道合者的理解、支持和鼓励，当时则难以保质保量地做好修志工作。

一、　发展概况

（一）清末（1896—1911）

1. 发轫之始

清末，主张维新的有识之士都力主自办师范学校，以造就中、小学师资。1896 年，维新派代表人物梁启超在《时务报》上发表《变法通议·论师范》 一文，首先提出自办师范学校的主张。他认为，"师范学校立，而群学之基悉定"[①]。文中列举当时同文馆、水师学堂等"一切教习多用西人"有"五不相宜"，主张"欲革旧习，兴智学，必以立师范学堂为第一义"。

---

① 梁启超：《饮冰室合集》（文集之一），中华书局1989年版，第34页。

1897年，大理寺少卿盛宣怀在上海创设南洋公学，先设师范院，稍后又开办附属小学，为中国自办师范教育揭开了序幕。1904年1月，管学大臣张百熙、荣庆、张之洞奉清政府令重新拟订学堂章程，他们在《重订学堂章程折》中强调"办理学堂，首重师范"[①]。又在所拟《学务纲要》中阐述："查开通国民知识，普施教育，以小学堂为最要；则是初级师范学堂，造就教小学之师范生，尤为办学堂者入手第一义。"[②] 由此可见，其时师范教育已引起高层一些办教育者的重视。

1904年1月13日，清政府公布《奏定优级师范学堂章程》，即"癸卯学制"，开始把师范教育从中学堂、高等学堂划出来，自成一个独立的系统，并规定师范学堂分为初级和优级。初级师范学堂培养高等小学和初等小学堂教员，设完全科和简易科，另设预科和师范传习所。优级师范学堂以"造就初级师范学堂及中学堂之教员管理员为宗旨"[③]。自此，全国各地先后办起了一批学堂。

在"癸卯学制"公布以前，江苏即已有独立设置的初级师范学堂，民国时期国民政府编纂的《首都志》一书中，有"光绪二十七年，开师范学堂于毗卢寺"之记载，但具体情况不详，其后亦未见有关该校沿革演变情况的记载。张钟元于1935年发表《中国师范教育的总检讨》一文，认为"中国师范学校开办最早的，

---

①《重订学堂章程折》（湖北学务处本），《中国近代教育史资料》（上册），舒新成编，人民教育出版社1961年版，第197—198页。

②《学务纲要》（湖北学务处本），《中国近代教育史资料》（上册），舒新成编，人民教育出版社1961年版，第200—201页。

③《奏定优级师范学堂章程·立学总义章第一》，《中国近代教育史资料》（中册），舒新成编，人民教育出版社1961年版，第691页。

还是私人所创设。设置的形式，从最初的两校看来则一为与普通中学骈存；一为单独的设立"。其所言与普通中学骈存的一校，指盛宣怀在上海创办的南洋公学师范院，而"独立设置的最早的一所师范学校是在江苏的通州师范学校"。[①] 中华人民共和国成立后，1986 年出版的《中国大百科全书·教育卷》中则明确将通州师范学校与南洋公学、两江师范学堂一并列入"中国近代教育"的条目，认定通州师范学校为"中国设立最早的师范学校之一"。

通州师范学校初名通州民立师范学校，是中国近代著名实业家、教育家张謇于 1902 年（光绪二十八年）所创建。张謇在中日甲午战争以后，认为欲雪国耻救亡，唯有普及国民教育，而普及教育的根本在师范。他认为"教不可无师，师必出于师范"，"普及有本，本在师范"，[②] 因而曾多次向相关当局建议请设师范学校。

图 1 张謇（1853—1926）

由于阻力重重难以如愿，张謇遂下"家可毁，不可败师范"之决心，决定筹资自立师范学校及高等寻常小学堂，并写下《通州师范学校议》一文，阐述他创办师范学校的主张和设想。

1902 年，张謇与其三兄张詧等集资九万余元，在通州城南千佛寺旧址筹建师范学堂，6 月动工兴建，次年年初落成。张謇亲任

① 张钟元：《中国师范教育的总检讨》，《教育杂志》1935年第7期，第46—47页。
② 张謇：《南通师范学校十年度支略序》，《张季子九录·教育录卷三》，张孝若编，上海书店1931年版，第15页。

图 2   通州民立师范学校

总理（即校长），并亲自书写了"师范学校"四个大字，镶在门上。学校占地四十多亩，校舍借废寺改建，"成屋凡一百三十余间"，可容学生三百多人，设本科、简易科和讲习科，除为通属各县和江苏省培养小学教习外，还接受山西、甘肃、江西、安徽、陕西、四川等省选送来的学生。通州民立师范学校的建立在中国近代教育史上有着重要的地位和影响，正如张謇所说："中国之有师范学校自光绪二十八年始，民间之自立师范学校自通州始。"① 辛亥革命后，孙中山领导的南京临时政府亦曾评价通州师范学校的创办为"开全国之先河"。1910 年 8 月，通州民立师范学校改称为私立通州师范学校。

① 张謇：《通州师范学校议》，《中国近代学制史料》（第2辑下册），朱有瓛主编，华东师范大学出版社1989年版，第283页。

1902 年 3 月至 5 月间，清大臣翁同龢的学生、翰林院编修、戊戌变法后走上维新道路辞官回到如皋的沙元炳两次赴南通与张謇、李磐硕等研究办理公立师范学堂办法和章程。9 月 24 日，如皋公立简易师范学堂借如皋公立高等小学堂部分房屋开学，开设简易师范科和师范传习所，各招诸生及义学教员 25 名予以短期训练，充任小学和学塾师资，沙元炳自任总理。年底兴建校舍，1903 年底竣工。

图 3　沙元炳（1864—1927）

11 月报请知县、省提督学政批准后，该校即着手招收师范本科生，次年正月本科生入学。1905 年改称如皋初级师范兼附属高等小学堂，后增设中学，改名如皋初级师范兼中学附属两等小学堂。

江苏另一所建立较早、影响较大的初级师范学堂是三江师范学堂。1902 年 5 月，两江总督刘坤一上奏《筹办学堂折》，呈请创办师范学堂。当年 9 月刘病殁，张之洞移督两江，也多次提出急办师范的主张。1903 年，他又上奏清政府，获准创建三江师范学堂，校址在江宁城内北极阁前明国学旧址。当年 9 月该校开学，设本科、速成科和最速成科，并设有附属小学堂一所。学生由两江总督辖区内的江苏、安徽、江西三省地方官按分配学额保送，再由学堂考选。1905 年末，根据江苏绅士公议，三江师范学堂改名为两江师范学堂，同时改为以培养初级师范学堂和中学堂教员为宗旨的优级师范学堂。三江师范学堂办学期间，杨觐圭

（1903—1905）、徐乃昌（1905）、李瑞清（1905—1911）先后担任学堂监督（即校长）。

继通州民立师范学校、如皋公立简易师范学堂以及三江师范学堂之后，江苏各地涌现出一批热心创办师范教育的人士，他们大多是具有维新思想的社会贤达、学者名流，特别是一批留学日本归来的人发挥了积极作用。到辛亥革命前夕，江苏中等师范教育的发展虽处于初创阶段，却已呈现出蓬勃发展的趋势。按照举办单位和经费来源的不同，大体可分为官立、公立和私立三类。官立的为省和府州县所办，经费多由藩库、府署和省办学经费项下支付，也有以旧书院学产维持者，一般不收学费；公立的以社会团体、行业公所和杂捐收入为主，官府给予少量补贴，一般不收或少收学费；私立的则以义庄收入或私人捐款为主，收学费。办学形式除独立设置的初级师范学堂外，还有师范传习所及在中学堂和高等小学堂附设师范班等。

图 4   如皋公立简易师范学堂

2. 独立设置的初级师范学堂

江苏继三江师范学堂以后，先后建立的官立初级师范学堂有：

（1）江苏师范学堂。校址在苏州。1904 年由苏州紫阳书院改建而成。初拟江苏师范学堂章程分初级、优级，因校舍狭隘，先招讲习科一个班和速成科三个班，学生共 160 人。罗振玉为学堂监督，王国维和日人藤田丰八为总教习。次年添招初级师范本科和优级师范选科（分文史地、数理化、生物三科）及体育专修科。

（2）苏松太道立师范学校。校址在上海。1904 年由龙门书院改建而成。民国成立前改为江苏第二师范学堂。

（3）官立宁属初级师范学堂。校址在江宁（今南京）城内北极阁下，两江师范学堂前大石桥东。1904 年先开办师范传习所，1906 年改为初级师范学堂。

（4）江北师范学堂。校址在淮阴西门内。1905 年由江北提督刘永庆将江北高等学堂改为初级师范性质的江北师范学堂。

（5）金坛县官立初级师范学堂。校址在金坛大南门察院场。1906 年建立。

（6）徐州府官立初级师范学堂。校址在徐州城内。1906年由徐州道台袁大化创办。晚清举人、日本留学生祁汉云为学堂监督，韩志正为学监。

（7）锡金初级师范学堂。校址在无锡。1906 年由无锡劝学所举办，留学日本的蔡文森为学堂监督（校长）。

（8）东台县官立初等师范学堂。校址在东台县城文昌阁。

1907 年建立。

（9）两淮师范学堂。校址在扬州。1908 年由两淮盐运使赵滨彦在城区左卫街原梅花书院创办，每年招收一个年级学生 50 名，共三级，至辛亥革命前只毕业了一届，后停办。

（10）江苏第三师范学堂。校址在无锡。1911 年 2 月江苏省提学司委任顾倬为学堂监督，命其负责筹办，于 9 月开学。顾倬是清末无锡地区接受维新思想较早的人，光绪二十九年以公费留学日本，读师范科。回国后曾任东林小学、新民小学校长。辛亥革命后，江苏第三师范学堂改称江苏省立第三师范学校。

（11）私立芦氏师范。校址在扬州南河下康山麓。1906 年江西旅扬绅士芦晋恩创办。后改为扬州速成师范学堂。

3. 在女子师范学堂及"女学"中开设师范科（班）

女子师范学堂的建立在我国师范教育发展过程中具有重要的意义。封建社会宣扬"女子无才便是德"，"癸卯学制"仍把女子教育排斥于外，仅将其归于家庭教育之中。直到 1907 年 3 月 8 日，由于各地女学渐渐兴起，清政府才勉强颁布了《女子师范学堂章程》和《女子小学堂章程》。女子师范学堂以"养成女子小学堂教习，并讲习保育幼儿方法，期于裨补家计，有益家庭教育为宗旨"[1]。当时限定每三十县必设女子师范学堂一所，并准民间建立。据有关资料记载，江苏最早建立的女子师范学堂和在"女

---

[1]《女子师范学堂章程·立学总义章第一》，《中国近代教育史资料》（下册），舒新成编，人民教育出版社1961年版，第811页。

学"中开设的师范科（班）以公立和私立（民立）的居多。主要有：

（1）太仓县公立毓娄女子师范学堂。1905年建立。校址在太仓县城厢镇蒋园。

（2）公立通州女子师范学校。南通张詧、张謇兄弟于1906年创建。校址在城北柳家巷陈氏旧宅，1910年迁城东北市河岸顾氏珠媚园，1920年迁城南段家坝。首任校长为范姚蕴素（女）。

（3）旅宁第一女学堂。1905年，旅宁粤绅沈凤楼、湘绅张通典和杨金龙、闽绅沈莿庆等发起组织女学，由杨金龙主持，借用南京科巷之湖南公产荫余善堂为校舍。设初、高两等小学堂及师范班，后易名为官立粹敏第一女学。辛亥革命前半年，师范班与私立江南女子公学合并，定名为宁垣属女子师范学堂，吕惠如（女）为校长。

（4）无锡私立竞志女学。由侯鸿鉴于1905年创办，设有师范科。

（5）苏州私立女学堂。1905年创建，设师范班。校址在苏州城内葑门内十全街。

（6）元和县私立大同女学堂。1906年建，设简易师范。校址在元和县（今苏州）旧学前书院弄。

（7）元和县私立振华女学堂。1906年建，设简易师范。校址在元和县严衙前。

（8）常州私立粹化女学。1906年由常州贤达庄先识、刘德孙、陆继谠、余光粹等人在庄蕴宽、屠寄、蒋维乔、吕思勉、童斐、孟宪承等人赞助下创办。设初小、高小、师范预科、简易师范科各一班。校址在常州荙蒲巷口。同年，争存女学添设师范班。1909年，粹化女学因经费不足，并入争存女学，其后又一度分开，至辛亥革命前再次合并，女学一直设师范科。

（9）苏州私立女师范学堂。1906年建。校址在苏州城内夏侯街盐仓巷。

（10）江宁公立毓秀女学。1906年建。设师范科本科、预科。校址在江宁县治张都堂巷。

（11）江宁民立初级女师范学堂。1907年建。校址在江宁城内评事街泥马巷。

此外，美国基督教监理公会传教士海淑德（女）于1902年在苏州天赐庄创办的景海女塾，是一所教会学校，辛亥革命后于1917年改为景海女子师范学校。

上海私立务本女塾从1904年起也办了师范科。同年，苏州府有教会办的英华女子学校设幼稚师范科。1905年有私立苏苏女子两等小学堂设幼稚师范班。

4. 师范传习所

师范传习所是当时开办"新学"以后，为补充小学师资的临时应急办法。1904年1月13日，清政府在《奏定初级师范学堂章程·立学总义章第一》第五节中规定："各州县于初级师范学堂尚未齐设之时，宜急设师范传习所，择省城初级师范学堂简易科毕业生之优等者，分往传习。……其学生凡向在乡村市镇以教授蒙馆为生业，而品行端谨、文理平通、年在三十以上五十以下者，无论生童，均可招集入学传习，限定十个月为期。"[1] 江苏举办师范传习所为时较早，各地情况如下：

（1）徐州。1906 年，沛县建县立师范传习所于沛城内歌风书院，学习年限为一年，两年后停办。1908 年，徐州杨世祯在徐州城内办传习所，每期学生约 50 人，招收青年塾师或童生，学习年限为十个月，每年招收一次，直至民国。

（2）淮阴。1906 年，宿迁办师范传习所。1908 年，淮阴建清河师范研究所，后更名为师范传习所。1909 年，涟水县建乙种师范传习所。

（3）盐城。1906 年，东台县乡绅办私立栟茶师范传习所。1907 年，盐城县建公立师范传习所。

（4）通州。1906 年，海门厅同知福建闽县举人梁孝熊借茅镇东首孔庙内厅办师范传习所，毕业一届，招收一届。

（5）扬州。1905 年，兴化郑希曾、高廪等以学堂兴起师资缺乏为由，禀请县衙批准开办师范传习所，首届毕业生 24 人。1906 年，高邮办官立师范传习所。1907 年，靖江县设师范传习所于公园梅花阁，招生一个班，培养初小教师，半年毕业，第二期毕业后停办。同年，宝应县在东门福寿院办官立师范传习所。1911 年泰兴知县王元之在孔庙明伦堂办师范传习所，学制一年，民国元年停办。

（6）镇江。1905 年，常镇道郭观察与地方绅董议拟于镇

---

[1]《奏定初级师范学堂章程》（湖北学务处本），《中国近代教育史资料》（中册），舒新成编，人民教育出版社1961年版，第673—674页。

城设师范传习所。次年，丹徒县师范传习所即于范公桥县学宫开办。1907 年，县师范传习所由劝学所与教育会合办。

（7）无锡。1902 年，无锡胡壹修、胡尔霖（留日学生）兄弟及其父胡和梅，在天上市尤家坦设师范传习所。

（8）苏州。1905 年，学款处办长、元、吴公立师范传习所，每期半年，至 1907 年共毕业六期。

（9）常州。1909 年，常州在城内局前街建公立师范讲习所。

此外，1906 年上元县建官立师范研究所。同年句容县建师范传习所。

综上，师范传习所的设立在当时较为普遍，有官办、公办，也有私办。学制较短，规模不大，课程只开设必要的几门。为了提供小学堂新增学科急需的师资，还出现单科性质的师范传习所，如无锡于 1905 年设理化、乐歌传习所，1906 年设游戏体操传习所，1907 年设手工传习所。

5. 中学堂和高等小学堂设置的师范班、师范预科及简易师范科

这也是清末江苏一些地区培养小学堂教习的途径之一。如常州府于 1903 年先在武阳公立两等小学堂学生中选出优秀者设一师范班。1907 年常州府中学堂又附设一师范班。又如淮安府阜宁、盐城等县均于公立高等小学附设师范传习所。

从张謇创办通州民立师范学校起，直到辛亥革命前夕，是江苏中等师范教育的初创时期。由于清政府的"新政"实质是为了

挽救封建统治阶级的专制政权，作为"新政"重要内容的"新学"必然具有"忠君""尊孔"的封建色彩。如清廷所颁《奏定初级师范学堂章程》中即明文规定："尊君亲亲，人伦之首，立国之纲；必须常以忠孝大义训勉各生，使其趣向端正，心性纯良。孔孟为中国立教之宗，师范教育务须恪遵经训，阐发要义，万不可稍悖其旨，创为异说。"① 江苏这一时期的中等师范教育，不论是正规的初级师范学堂还是师范传习所，自然也无一例外地打上封建主义的烙印。此外，由于办学人士多具有维新思想，其中不少曾留学日本，因此他们仿照日本师范教育的模式，在办学过程中采取了一些革新措施，使师范学堂有了较为完整的管理机构和规章制度，教学内容和教学方法也有了很大变化。其中一些做法，如重视师资队伍建设，教学注意理论联系实际，严格治校与严格管理，提倡树立优良校风等，对后来办学仍有借鉴意义。

（二）中华民国成立至全国抗战爆发（1912—1937）

从中华民国成立到全国抗战爆发，江苏中等师范教育的发展，大体经历了以下三个阶段：

1. 第一阶段——1912年至1922年新学制（"壬戌学制"）公布之前

民国初年，南京临时政府在教育方面采取了一些改革措施，如提倡男女平等、小学废止读经等。1912年3月19日，孙中山

---

① 《奏定初级师范学堂章程·学科程度章第二》（湖北学务处本），《中国近代教育史资料》（中册），舒新成编，人民教育出版社1961年版，第675页。

令教育部通令各省，将已设之优级师范、初级师范学校，与高等学校、专门学校一并开学。通知中说："顾欲兴中小学校，非养成多数教员不可。欲养成多数中小学教员，非多设初级、优级师范学校不可。"① 这说明孙中山和时任临时政府教育总长的蔡元培对师范教育的重视。同年9月3日，临时政府教育部公布《学校系统》，也称"壬子学制"。此后至1913年，教育部又陆续公布了各种学校令，这些补充规定与"壬子学制"合称为"壬子癸丑学制"。关于中等师范教育方面的，有于同年9月28日颁布的《师范教育令》、12月18日颁布的《师范学校规程》和1913年3月19日颁布的《师范学校课程标准》等，到1916年又修改一次。这些规定使民国初期全国各地办理中等师范教育有了依据和准绳。《师范教育令》第一条规定：初级师范学堂改称师范学校，师范学校"以造就小学校教员为目的"；"女子师范学校以造就小学校教员及蒙养园保姆为目的"；师范学校定为省立，经费以省经费支给之。②《师范学校规程》则具体规定了师范学校的修业年限、学习科目、入学资格、毕业服务、教职员俸给、学生免费以及附属小学的设立等。1913年8月，教育部又通令各县建立小学教员讲习所，指出"鉴于各省师范学校推广建设之处尚属不多，而小学教员需人，不能不兼筹速成之法"③。1915年11月，小学教员讲习所改称为师范讲习所。

---

① 孙中山：《令教育部通告各省优初级师范开学文(1912年3月19日)》，《孙中山全集》(第2卷)，中华书局1982年版，第253—254页。
②《教育部公布师范教育令：部令第十四号(中华民国元年九月二十八日)》，《教育杂志》1912年第8期，第22页。
③《教育部通令各省设立小学教员讲习所文(中华民国二年八月十一日)》，《政府公报分类汇编》1915年第14期，第32页。

民国初期，江苏中等师范教育的发展情况如下：

（1）师范学校。民国建立之初，江苏地方政府即责令县行政机关以全力注重小学，规划推广；而原有之中学及师范学校，定收归省立之计划。并拟设各类师范学校 12 所。江苏省行政公署教育司于 1913 年 6 月 14 日颁布了《江苏省立师范学校学则》，规定"省立师范学校除设预科、本科外得设讲习科。学生之定额以四百人为限"①。该《学则》并具体规定本科、预科、讲习科开设的课程及授课时数，学生修业毕业，入学退学，以及儆戒等具体事项。同时又公布《省立师范学校与地方联络办法》，规定省立师范学校"应将在学学生姓名、年龄、住址以及现列何级、何时入校……一律列表送备各该县行政长官查核"，并在每年年终"应将在学学生操行成绩学业成绩分别报告各该县行政长官"。②

1913 年 11 月，由江苏省行政公署教育司司长黄炎培主持，汪原渠、黄守恒、濮祁等职员编撰《江苏省教育行政报告书（中华民国纪元前一年十月至二年七月）》，且于次年印制成书。该书详尽报告了江苏省教育行政状况兼及所属县、市、乡教育，时间跨度为 1911 年 10 月至 1913 年 7 月。其中讲道："民国元年预计设省立师范学校八，私立代用师范一，女子师范三，凡十有二校。今只成十校耳。"③ 可见，当时原拟设省立师范学校 8 所，代用师范 1 所，女子师范学校 3 所，共计 12 所。但限于经费等原

①《江苏省立师范学校学则》（二年六月十四日民政长训令公布十一月十四日修正公布），《江苏教育行政月报》1913 年第 7 期，第 12 页。

②《省立师范学校与地方联络办法》（二年六月十四日民政长训令公布），《江苏教育行政月报》1913 年第 7 期，第 54 页。

③《江苏省教育行政报告书（中华民国纪元前一年十月至二年七月）·总说》，江苏省行政公署教育司编印，1914 年，第 3 页。

因，到1913年7月，只建成了10所，共有学级33个，学生1 429人。关于这10所省立师范学校的基本情况，书中所制表格有较详细记载和统计数字，[①] 现据此表及其他相关资料特列表概述如下：

1913年江苏省省立师范学校一览表

学校名称	校址	学级及学生数	教职员数	首任校长姓名	备　注
江苏省立第一师范学校	苏州三元坊	本科、预科、讲习科，学生共279人	33	杨保恒	即原江苏师范学堂，1912年改称江苏省立第一师范学校
江苏省立第二师范学校	上海	本科，学生共177人	31	贾丰臻	即原江苏第二师范学堂
江苏省立第三师范学校	无锡	本科、讲习科、补习科，学生共139人	22	顾倬	即原江苏第三师范学堂，1912年改称江苏省立第三师范学校
江苏省立第四师范学校	南京	本科、预科，学生共154人	27	仇采	1912年2月在原高等学堂旧址创办
江苏省立第五师范学校	扬州	讲习科，学生共104人	20	姚明辉，后为任诚（1913年始）	1912年就扬州左卫街两淮师范学堂遗址（原梅花书院）创设
江苏省立第六师范学校	淮阴	预科、讲习科，学生共78人	14	徐慕杜	即原江北师范学堂，辛亥革命前一度停办，1912年在原有基础上建江苏省立第六师范学校
江苏省立第七师范学校	徐州	预科、讲习科，学生共96人	19	刘仁航	即原徐州官立初级师范学堂，辛亥革命前曾一度停办，1912年1月在其基础上建江苏省立第七师范学校
江苏省代用师范学校	通州	本科、预科，学生共157人	24	张謇	即原私立通州师范学校，1913年1月改为省代用。其经费除师范生学膳费由省拨外，余仍由该校自筹，故称"代用"

---

① 《江苏省教育行政报告书（中华民国纪元前一年十月至二年七月）·师范教育》，江苏省行政公署教育司编印，1914年，第2—3页。

续 表

学校名称	校址	学级及学生数	教职员数	首任校长姓名	备 注
江苏省立第一女子师范学校	南京	本科、预科，学生共121人	男15女9	吕惠如（女）	即原宁垣属女子师范学堂，辛亥革命时一度停办，1912年5月复办，定名为江苏省立第一女子师范学校
江苏省立第二女子师范学校	苏州盘门新桥巷	预科、讲习科，学生共124人	男14女6	杨达权（女）	1912年7月在盘门新桥巷积谷仓旧址筹建

1914年9月，江苏省立第八师范学校在灌云县板浦镇建立，首任校长为单毓苏。1918年8月，江苏省立第九师范学校在镇江建立，首任校长为谢遐龄。1921年，江苏省立第三女子师范学校在徐州建立，首任校长为杨季威。三校均设本科和预科。至此，江苏共有省立师范学校13所（内含省代用1所），其中男校为10所，女校为3所。

除省立师范学校外，根据《江苏省教育行政报告书》中记载及所附统计表，[①] 1913年江苏尚有县立及私立师范学校，现据该表及其他相关资料特列表概述如下：

1913年江苏省县立及私立师范学校一览表

学校名称	校址	学级及学生数	教职员数	备 注
如皋县立师范学校	如皋	本科四，学生162人	15	即清末如皋初级师范兼中学附属两等小学堂，1912年改称如皋县立师范学校，专办师范，停招中学班。由县劝学所董事沙元榘代理校长，民国二年（1913）由何镇寅接任

① 《江苏省教育行政报告书(中华民国纪元前一年十月至二年七月)·师范教育》，江苏省行政公署教育司编印，1914年，第22—23页。

学校名称	校址	学级及学生数	教职员数	备　注
武进县立师范学校	武进	本科三，学生180人	12	1912年12月，武进县议会将附设在常州府中学堂（现江苏省常州中学）的简易师范科划出，于翌年3月开学，限招男生，习称武进男师。校长屠方
如皋县立女子师范学校	如皋	讲习科一，学生15人	男5	
武进县立女子师范学校	武进	讲习科二，学生51人	男6女2	1912年，前武进粹化女学校长、革命党人庄蕴宽出任江苏都督，令将粹化争存女子学校收归县立，更名为武进县立女子师范学校。校长刘植，后为任玄珠（女）
太仓县立毓娄女子师范学校	太仓	本科、预科各一，学生28人	男4女3	即原公立毓娄女子师范学堂，1912年改名。校长蒋汝坊
无锡县立女子师范学校	无锡	本科一，学生38人	男7女3	1912年留日学生胡雨人、侯鸿鉴及裴廷梁等发起并经临时县议事会决定创设女子师范学校，于3月16日开学
南通县立女子师范学校	南通	本科二年级，学生11人	男2女5	即原公立通州女子师范学校，1912年12月经南通县议会议决，改为县立
私立爱德女子师范学校	吴江	本科二年级，学生14人	男10女4	
私立丽则师范学校	吴江	本科二、三年级，学生5人	女7	
私立淑琴女子师范学校	常熟	本科一、二、三年级，学生55人；补习科，学生73人	男11女5	

　　上表列入的县立师范学校7所，其中男校2所，女校5所；私立师范学校3所，全为女校。女子师范学校之所以多于男校，据《江苏省教育行政报告书（中华民国纪元前一年十月至二年七月）》所说："盖男子师范，自经省行政机关就全省规划设置，

其非省立者仅有存焉耳。"[①] 这些学校中，除如皋、武进两所县立学校和私立淑琴女子师范学校的在校学生超过百人外，其余几所女子师范学校的在校生数都很少。此后数年中，县立师范学校和私立师范学校略有发展，如1919年张謇于东台县开办私立母里师范学校，张謇为校长，生员来自苏北各县，以东台和通海地区为多。该校开办9年后停办。

此外，见于1913年各县报表的还有在中学或高等小学校附设的师范科，计有无锡私立竞志女学本科一、二年级学生共14人；私立翼中女学本科二年级4人；南汇县立城南初等高等小学校师范科19人。

另据扬州教育志资料记载，清末郭坚忍女士于扬州创办的女子公学也于1915年添设女子师范讲习科，二年毕业，1927年停办。

在1912年至1922年新学制公布前的11年当中，江苏中等师范教育的发展已具有一定规模，据民国十一年（1922）中华教育改进社对"全国师范学校学生数（1922—1923）"的调查统计，当时江苏的师范学校有男校15所，女校9所，合计24所；男生3 751人，女生770人，合计4 521人。在全国26个省与特别区域中，江苏的师范学校数次于直隶（今河北，28校）和奉天（今辽宁，27校），居第三位；按男女校分别统计，则男校居第三，女校与湖南并列首位。师范学校学生总数居全国第一位；按男女生数分别统计，则男生数居首位，女生数次于山西、湖南，居第三位。[②] 学校的布局比较合理，教学计划和各项规章制度已进一步

---

① 《江苏省教育行政报告书（中华民国纪元前一年十月至二年七月）·师范教育》，江苏省行政公署教育司编印，1914年，第22—23页。

② 《最近三十五年之中国教育》（商务印书馆创立三十五年纪念刊），上海商务印书馆1931年版，第193页。

图5　顾倬（1872—1938）

建立和健全起来，相当一部分学校的校长如顾倬、任诚、徐慕杜等人思想开明，学有专长，具有丰富的教学和办学经验。他们重视教学质量的提高，严谨治校，慎选良师，很多教师都是当时教育界的名流学者，学校的教学设备也较为完备充实。这些师范学校成为当地的重要学府，培养出一大批人才。

（2）师范讲习所。1912年11月，江苏省教育行政会议议决，委托师范校长拟订了甲、乙两种师范讲习所规程，令各县酌量地方情形，认定办甲种或乙种，并准两种兼办。第二年4月，又通令各县切实办好师范讲习所。据《江苏省教育行政报告书（中华民国纪元前一年十月至二年七月）》中师范讲习所统计表所载，到1913年7月，全省已有32个县设立师范讲习所，其中公立32所，私立1所（女子，设于太仓），共计33所，学生数共1850人。设立甲种师范讲习所的有江宁、六合、崇明、南通、盐城5县。设立乙种师范讲习所的有句容、溧水、高淳、江都、泰县、吴县、常熟、昆山、吴江、华亭、奉贤、无锡、宜兴（设2所）、江阴、靖江、丹徒、丹阳、溧阳、泰兴、丰县、萧县、邳县等23县。甲、乙两种兼设的有高邮、海门、山阳3县。以上均为县立（太仓因系私立，未计在内）。①

1914年5月，江苏省发布《苏省长整顿师范之通令》，指出：

---

① 《江苏省教育行政报告书（中华民国纪元前一年十月至二年七月）·师范教育》，江苏省行政公署教育司编印，1914年，第27—31页。

"乃察阅视察报告，各县讲习所鲜有办理尽善者，揆厥其原由，始因广招学生之故而年龄不齐，继因年龄不齐之故而程度不一，且加以修业年限之短促，教授者急将支配课程，完全输入，而被教育者之能否接受，一时或竟有所不及顾，以不齐之年龄，不一之程度而又重以供过于求之学科，将来收效能有几何？此种弊端以乙种为尤甚。"[①] 由是，规定一年以前设立之乙种讲习所酌量情形改办甲种，当年设立的乙种讲习所一律改为甲种，以后增设一律认办甲种。此后，乙种讲习所即不复存在。

2. 第二阶段——1922年新学制公布至1932年江苏省政府会议通过《中学师范科独立办法》，师范学校重新独立设置

五四运动和新文化运动极大地推动了反对封建主义的改革教育运动，加之受到美国实用主义教育思想的影响，1919 年 10 月召开的全国教育联合会第五届年会发起讨论修改学制，并于 1921 年第七届年会时议决新学制草案。1922 年 11 月 1 日，北京政府公布了这个新学制，即《学校系统改革令》，又称"壬戌"学制。为区别于"壬子癸丑学制"，亦称"新学制"。其中有关中等师范教育方面的有以下几条具体规定：

（1）高级中学分普通、农、工、商、师范、家事等科，但得斟酌地方情形，单设一科或兼设数科。（第十二条）

（2）师范学校修业年限六年。（第十七条）

（3）师范学校得单设后二年或后三年，收受初级中学毕

① 《苏省长整顿师范之通令》，《教育杂志》1914年第2期，第14页。

业生。（第十八条）

（4）师范学校得酌行分组选修制。（第十九条）

（5）为补充初级小学教员之不足，得酌设相当年限之师范学校或师范讲习所。（第二十条）①

以上有关规定的指导思想，是为了充实师范教育的内容，提高师范学生水平，为地方多留伸缩的余地。具体条文也没有明文规定取消师范教育的独立存在。但新学制的整体精神是注意设立大规模的综合性的中学，师范作为中学的一科，与农、工、商各科并列。事实上，当时也确有反对师范教育独立存在的议论，认为师范学校程度太低，"不足应高深学问研究的要求"；或认为师范教育独立，经济上很不合算，如归并大学、中学，则可有完满的设备；也有认为做教师只要学习丰富的知识就可以了等等。②因此，从新学制公布以后，一些独立设置的师范学校归并于中学，使师范教育在此后的几年中发生重大变化。1927年7月，国民政府令江苏试行大学区制，原设教育厅撤销，所有以前江苏省境内国立、省立各大学、专门学校及中学、师范学校均分别裁并或改组。这一年，江苏完成了师范和中学的归并工作。1928年1月，国民政府又规定大学名称即以所辖区域之名为名。因此，江苏的中学、师范合校办理后的校名曾先后冠以"第四中山大学区""江苏大学区"和"中央大学区"，直到1929年大学区制停止试行为止。

---

① 《教令第二十三号：学校系统改革令（附表）》，《江苏教育公报》1922年第11期，第4页。
② 常乃惪：《师范教育改造问题》，《教育杂志》1922年第14卷号外，第2页。

1927年省立师范和代用师范学校与中学合并情况表

师范学校名称	与中学合校办理的情况	备 注
江苏省立第一师范学校	改称江苏省立苏州中学	
江苏省立第二师范学校	与江苏省立上海中学合并	
江苏省立第三师范学校	改称江苏省立无锡中学	
江苏省立第四师范学校	与江苏省立第一中学合并，改称江苏省立南京中学	
江苏省立第五师范学校	与江苏省立第八中学合并，改称江苏省立扬州中学	
江苏省立第六师范学校	与江苏省立第九中学合并，改称江苏省立淮阴中学	
江苏省立第七师范学校	与江苏省立第十中学合并，改称江苏省立徐州中学	
江苏省立第八师范学校	与江苏省立第十一中学合并，改称江苏省立东海中学	
江苏省立第九师范学校	与江苏省立第六中学合并，改称江苏省立镇江中学	
江苏省第一代用师范学校	原第一代用师范学校的一个师二升师三班并入江苏省立第七中学，师一升师二班保留在原校，校名改为私立张謇中学，学校实际上仍有高中师范科，另办有初中	江苏省代用师范学校（即原私立通州师范学校）于1921年改称省第一代用师范学校
江苏省第二代用师范学校	改称第四中山大学区立如皋中学	如皋县立师范学校于1921年改称江苏省第二代用师范学校，其经费由省、县各拨款50%
江苏省立第一女子师范学校	改称江苏省立南京女子中学	
江苏省立第二女子师范学校	改称江苏省立苏州女子中学	
江苏省立第二女子师范学校	改称江苏省立徐州女子中学	

说明：表中师范与中学合校办理后的校名为合并时的学校名称，试行大学区制时的校名更迭情况从略。

在师范归并于中学的同时，江苏有些地方还在普通中学设立了师范科。如南京市立第一中学从1928年起筹办高中师范科，后有数届学生毕业。又如江苏省立第七中学（即今江苏省南通中学）于1927年接受原江苏省第一代用师范学校的一个师范班，在私立张謇中学恢复招收师范班后，仍继续办师范科，直到1934年才停办。师范科前后共办了7年，共有5届毕业生207人。

20世纪20年代，江苏省中等师范教育的一个显要特征，是乡村师范教育得到良好发展。其时，一方面正值全国乡村教育兴起，另一方面则因1912年即提出的小学四年义务教育，在具体实施过程中遇到师资缺乏，特别是乡村小学教师严重缺乏的困难。从全国范围内看，江苏兴办乡村师范学校略早于全国。

1923年，继山西于1919年6月创建山西省立国民师范学校后，江苏在5所省立师范学校设立了乡村分校：一师分校设于吴江，二师分校设于黄渡，三师分校设于洛社，四师分校设于栖霞山，五师分校设于界首。乡村分校的培养目标均定为乡村小学教师，学制则一、二、三年不等，招收对象为农村高小毕业生。其开设课程和教学内容、方法也与普通师范学校有所不同，主要注意到农村的实际需要，并重视劳动实践，初步形成了乡村师范学校的特色。1927年，各省立师范学校归并于中学后，这几所乡村分校都成为中学的乡村师范科。

江苏的乡村师范学校不仅在本省，且在全国都产生了很大影响。尤其是在教学体制、内容和方法等方面进行改革创新的晓庄学校。

1926年12月3日，陶行知在《中华教育改进社改造全国乡村教育宣言书》中提出："本社的乡村教育政策是要乡村学校做改造乡村生活的中心，乡村教师做改造乡村生活的灵魂。我们主张由乡村实际生活产生乡村中心学校，由乡村中心学校产生乡村师范。乡村师范之主旨在造就有农夫身手、科学头脑、改造社会精神的教师。"① 1927 年 3 月 15 日，陶行知即在南京神策门（后改为和平门）外劳山脚下的晓庄创办了一所新型乡村师范学校，初名为试验乡村师范学校，第二年改名为晓庄学校。

图 6　陶行知（1891—1946）

　　晓庄办学的理论依据是陶行知的"生活教育"理论。办学宗旨就是要"造就好的乡村教师去办理好的乡村学校"，通过乡村学校改造农村。为了实现这一办学宗旨，陶行知提出"教学做合一"为晓庄学校校训。学校的全部课程就是全部生活，共有 5 门：中心小学生活教学做、中心小学行政教学做、师范学校第一院院务教学做、征服天然环境教学做、改造社会环境教学做。晓庄学校还设有中心幼稚园、民众夜校、乡村医院等。晓庄学校办学 3 年，培养出学生 230 多人。1928 年夏，中国共产党在这所学校建立了地下党支部和共青团支部。地下党组织支持陶先生的事业，并领导师生开展了英勇的反帝爱国斗争。1930 年 4 月，学校被国民政府借口学生参加南京工人罢工斗争而强行封闭。

　　晓庄学校办学时间虽短，但在陶行知乡村教育思想的影响下，其他一些地方也办起了乡村师范学校。如南通于 1928 年 8 月

①《中华教育改进社改造全国乡村教育宣言书》，《陶行知文集》，江苏人民出版社1981年版，第142页。

创办南通乡村师范，1931年6月迁东北乡金沙镇，并入南通县立初级中学，成为该校乡村科。其间，南通县各乡村都设有中心小学校，成为改造乡村生活的中心。

为了培养乡村小学教师，20世纪20年代后期，江苏各地还普遍建立了县立师范学校，据1932年《江苏教育概览》统计，当时县立师范学校有43所。这些学校一般规模不大，筹措经费困难。1934年，由于经费关系，小学教育未能逐年推广，致师资有过剩现象，省教育厅通令各县师范学校停止招生或停办。此后，仅有少数县立师范学校得以保留。

总体上看，实行师范与中学合并办理后，全省基础较好、教学质量较高的中等师范学校不复独立存在，中等师范成为中学的一个部或科，地位大为降低，办学经费大幅度减少，招生数急剧下降，同时，不能突出师范特点进行教学，也严重影响到师范教育质量。江苏省政府编撰的《江苏省鉴》第七章"教育"第五节"江苏教育三年计划草案"（1932年4月拟）中，曾评价这一时期的中等师范教育："师范中学与普通中学合校之制行之数年，流弊甚多。"并指出："查本省师范学校，省立中学师范部只有16处，省立乡村师范只有6校（均附设于中学之内），县立师范学校有43校。每年毕业生，就省县立各校合计，约有1 700余人。但其升学或改就他职者，已不乏人。纵令全数悉能服务小学，如以一人教一级计算，则此1 700余人，分配于13756学级，不敷之数实巨。故各地小学教师，多有不合格者滥竽其间，小学教育之难以改进，此亦一因。"① 这一时期，江苏中等师范教育的发展遭

---

① 赵如珩：《江苏省鉴·教育》，新中国建设学会1935年出版发行，第172页。

受了严重挫折。

自 1927 年始，国内一些教育刊物已有恢复师范独立的呼声。1928 年 5 月，国民政府召开第一次全国教育会议，中山大学等单位及陶行知等人在《整顿师范教育制度案》（第一条）中即提出，为促成义务教育，应于高中与师范外，由各省多设独立之师范学校或师范讲习科，特别训练小学师资；江苏大学区师范联合会则提出《请确定师范教育制案》；南京特别市教育局亦提出《师范学校应独立开办案》。1929 年，江苏省中央大学区乡村师范联合会请求乡村师范独立。1932 年，江苏省教育厅召开厅会议，提出师范独立问题，经讨论原则通过。同年 4 月，江苏省政府会议通过《中学师范科独立办法》，决定自 1932 年起分三年完成师范独立工作。这一阶段告终。

3. 第三阶段——师范学校重新独立设置后至全国抗战爆发

1932 年，江苏全省省立中学师范部原有 16 处。由于经费及其他原因，江苏省政府决定，师范和中学的独立设置工作分批进行。第一批先指定省立镇江中学、淮阴中学、无锡中学、太仓中学、如皋中学、东海中学 6 所中学及徐州女中、苏州女中改办师范，同时将各省立中学所属之各乡村师范划出，改为乡村师范学校，计 6 校。合计 14 校。名单如下：

> 江苏省立镇江师范学校
>
> 江苏省立无锡师范学校
>
> 江苏省立太仓师范学校（1909 年始建四年制实科中学堂，1913 年划归省办，定名为江苏省立第四中学。1922 年改

为完全中学，同时增设高中师范科）

  江苏省立淮阴师范学校

  江苏省立东海师范学校

  江苏省立如皋师范学校

  江苏省立苏州女子师范学校

  江苏省立徐州女子师范学校

  江苏省立吴江乡村师范学校

  江苏省立黄渡乡村师范学校

  江苏省立洛社乡村师范学校

  江苏省立栖霞乡村师范学校

  江苏省立界首乡村师范学校

  江苏省立灌云乡村师范学校（1928 年 2 月中央大学区立东海中学设乡村师范科，1932 年乡村师范科自东海中学划出独立建校。1934 年 7 月迁至邳县运河镇，易名为江苏省立运河乡村师范学校）

  《江苏省政府政情述要》（1935 年编印，江苏省档案馆藏）记载，其时全省省立师范学校 8 所，教职员 362 名，学生 1 493 人；全省省立乡村师范 8 所，教职员 140 名，学生 1 366 名；县立师范及简易师范学校以及县立女师、县立乡师等教职员 336 名，学生 1 988 名。原有省立师范学校全部恢复独立设置的计划并未完成，师范和未分开的省立中学仍继续办师范部（高中师范科），如江苏省扬州中学所属乡村师范科划出建界首乡师后，仍附设有高中师范科，直到 1935 年师范科才取消。1932 年以后新增的两所省立乡村师范学校，一是江苏省立石湖乡村师范学校，创办于

1933年秋，校址在涟水县佃湖镇（古称石湖），初名江苏省立涟水乡村师范学校，后定名为江苏省立石湖乡村师范学校；另一是江苏省立草堰乡村师范学校。

全国各地师范学校恢复独立设置以后，国民政府于1932年12月公布《师范学校法》，1933年8月教育部又公布《师范学校规程》。其中规定，师范学校修业年限为三年，入学资格为初级中学毕业，并得设特别师范科和幼稚师范科；师范学校由省或直隶于行政院之市设立，但依地方之需要，也可由县、市设立，或两县以上联合设立，其经费分别由省、市县或联合各县支给；视地方急需得设简易师范学校、简易乡村师范学校或于师范学校及公立初级中学内附简易师范科。① 并对开设课程、教学设备、成绩考察、学年学期、学生待遇、毕业服务，以及教职员的任用等作了具体规定。江苏省教育厅于1933年2月还公布了《江苏省立乡村师范学校组织暂行规程》，规定省立乡村师范以培植乡村小学教师、改进乡村教育为宗旨，招收小学毕业生，修业年限为四年。江苏省的师范学校遵章办学，十余年间，基本上无大变化。

为了改进师范教育，江苏省教育厅于1932年颁布《改进江苏全省师范教育计划大纲》，其中一项措施是将全省划分为六个师范区，在各师范区内，省立师范学校及乡村师范学校共同负责各区地方教育的改进事宜，而以省立师范学校为主。各师范区内的幼稚教育及妇女教育暂由苏州、徐州两女子师范学校分任。师范区具体划分情况为：第一区，以江苏省立镇江师范学校为中心；

---

① 《师范学校规程》，《教育部公报》1933年第15—16期，第20页。

第二区，以江苏省立无锡师范学校为中心；第三区，以江苏省立太仓师范学校为中心；第四区，以江苏省立淮阴师范学校为中心；第五区，以江苏省立东海师范学校为中心；第六区，以江苏省立如皋师范学校为中心。①

省教育厅还规定，各师范区应组织各区师范教育改进研究会，由省立师范学校及区内其他各种师范学校、附属小学、实验小学、各县教育局联合组成。其任务为：（1）调查统计师范生之供求事项；（2）研究师范生训练事项；（3）研究师范学校设备教学及招生方法事项；（4）考查师范毕业生服务成绩及指导督促其努力服修事项；（5）研究师范生参观及实习事项；（6）研究师范学校与地方教育联络事项；（7）其他关于师范教育改进事项。

由于实行上述措施，江苏的中等师范教育有了一些起色。特别是几所乡村师范学校如石湖、界首、栖霞、洛社等校学习陶行知办晓庄学校的经验，贯彻"教学做合一"的教学原则，重视理论联系实际，培养学生为乡村教育服务的思想和能力，学校办得较有生气、有活力，教育质量也有一定的提高。

（三）全国抗战时期（1937—1945）

1. 全国抗战开始后各校采取的应变措施

全国抗战开始后，江苏各地的中等师范学校相继被迫停课，不少学校校舍设备毁于战火，未几，江苏大部分地区沦陷，很多学校采取了以下应变措施：

---

① 《改进江苏全省师范教育计划大纲》，《教育部公报》1932年第39—40期，第32页。

一是迁往内地办学。如 1935 年秋在南京中华门西街创建的南京市立师范学校部分师生于 1937 年底迁往重庆办学。

又如，江苏省丹阳师范学校的前身私立正则职业学校，于 1938 年西迁四川璧山续办，取名为私立江苏省正则职业学校蜀校。私立正则职业学校为著名画家、艺术教育家吕凤子捐献家产于 1912 年创办，初名正则女校，后于 1925 年改名。学校极盛时，办有幼稚园、小学、普通师范科、体育师范科、绘绣科、蚕桑科、艺术专修科等，建立了完整的艺术教育体系。除刺绣、蚕桑专业外，均兼收男生。在璧山，为了坚持办学，吕凤子多方奔波，绘画卖画，筹措办学经费，经过几年艰苦努力，学校初具规模，并将其中一部扩充为私立正则艺术专科学校，以培养师资为主要任务，吕凤子亲任校长。

二是迁往上海办学。如江苏省立无锡师范学校于 1938 年 9 月在上海借款租房，开学上课。为了照顾苏北学生往返之困难，1939 年 2 月该校又在泰兴县学宫内开办锡师分校。校长周毓莘和沪校师生在环境十分险恶、条件十分困难的情况下，坚守民族气节，团结一致，在上海坚持办学。日军占领租界后，汪伪政府妄图接管学校，师生随即进行抗议抵制。周校长为了保护学校和学生，从 1942 年起对外用私立文明中学校名，对内仍用无锡师范学校印发毕业文凭，直至抗战胜利。

再如省立苏州女子师范学校部分教师于 1938 年在上海英租界成立了苏女师沪校，直到 1941 年太平洋战争爆发被迫解散。另外，还有省立太仓师范学校和省立洛社乡村师范学校也都曾迁往上海办学。

三是迁往农村办学。如：省立如皋师范学校于 1939 年 1 月先后迁至如皋东乡栟茶镇、丰利镇（现属如东县），至 1940 年冬解散；省立淮阴师范学校迁至淮安东乡龙爪村，后又迁盐城时阳庄；南通县立女子师范学校先迁金沙、上海，后又迁如皋东乡丰利镇，称丰利女师，至 1943 年 4 月敌伪"清乡"时停办。

私立通州师范学校于 1938 年 3 月迁至南通县东乡海复镇（现属启东市）通师第二附属小学，称通师侨校，此后一直在根据地坚持办学 8 年。新四军东进后，抗日民主政府重视根据地的教育事业，特别加强对通师侨校的工作。1941 年冬在通师侨校发展学生茅青拔等加入中国共产党，并建立了党支部。此后，进步力量不断壮大，组织了青年救亡工作队、民运工作委员会等。学校成为苏中四分区开展抗日活动的重要阵地之一，为革命战争培养了一批青年干部。校长为热心教育的知名人士于忱（字敬之）。教职工中也有进步力量：教务主任顾怡生，原为清末秀才，后为私立通州师范学校本科第一届学生，毕业后留校任教，后任教务主任直到抗日战争胜利，达 40 年之久。顾怡生思想开明，热情支持进步学生，曾多次掩护营救中共地下党员和革命师生。

江苏省在全国抗战前共有省立师范学校 8 所，抗战初始，停办的有镇江师范、徐州女师 2 校；一度停办后在原址复校的有东海师范 1 校；迁往上海办学的有无锡师范、太仓师范、苏州女师 3 校；迁往农村办学的有淮阴师范、如皋师范 2 校。原有的这些省立乡村师范学校，全国抗战开始后大多奉令停办。1937 年 10 月江苏省教育厅在淮安（一说为宝应）崔堡成立江苏省立崔堡临时乡村师范学校。原全省乡村师范的肄业生均可入学，而以界首乡师学生居多。此后随时局变化曾迁兴化、高邮、宝应农村上课，至 1943 年解散。

全国抗战时期，江苏省政府先迁兴化，后流亡到安徽屯溪、太和、阜阳一带，在安徽等地先后设立了 6 所临时师范学校：

（1）江苏省立第一临时师范学校，校址在泰兴樊堡。

（2）江苏省立第二临时师范学校，校址在安徽阜阳。

（3）江苏省立第三临时师范学校，原为省立如皋师范学校。1939 年 8 月，江苏省教育厅令如皋师范改为"江苏省立第三临时师范学校"，至 1940 年解散。抗战胜利前夕，江苏省教育厅又将 1943 年恢复办学的铜山县乡村师范学校改为江苏省立第三临时师范学校。1945 年 12 月宣布撤销前三临师。

（4）江苏省立第四临时师范学校，校址在安徽太和。

（5）江苏省立第五临时师范学校，校址在安徽阜阳。

（6）江苏省立第六临时师范学校，校址在江浦。

此外，伪江苏省政府也在部分沦陷地区设立了一些师范学校。

2. 抗战胜利后迁回、复校及新设情况

抗战胜利后，在江苏省境内的国民党统治地区，战时迁往内地、上海和农村等地办学的师范学校陆续迁回复校，之前停办的师范学校也先后恢复一部分。此时期省立师范学校有 14 所：镇江师范学校、无锡师范学校、太仓师范学校、苏州女子师范学校、东海师范学校、如皋师范学校、淮阴师范学校、徐州师范学校、徐州女子师范学校、吴江乡村师范学校、黄渡乡村师范学校、洛社乡村师范学校、运河简易乡村师范学校（原江苏省立灌云乡村

师范学校，1934 年 7 月迁邳县运河镇）、界首乡村师范学校。由于学校原有校舍大部分都被日军破坏，而国民党政府忙于打内战，军费猛增，致使这些学校经费短缺，复校工作十分艰难。但在各校师生的共同努力和社会各界人士的资助下，短短几年中复校工作取得较好成效，教学秩序也步入正轨。例如，江苏省立无锡师范学校于 1945 年 10 月开始筹备复校，至 1947 年下半年校舍基本修复。学校聘请三师、锡中时期的一些老教师回校任教，从而保证了教学质量。

抗战期间江苏省政府设立的 6 所临时师范学校全部裁并。其中一临师改为省立如皋师范学校，其余 5 校分别并入徐州师范学校、运河简易乡村师范学校和江宁师范学校。

抗战胜利后国民党统治区新设的省立师范学校仅有 1 所，即江苏省立江宁师范学校。1946 年初，迁往重庆办学的南京市立师范学校师生返回南京，江苏省教育厅在此基础上建立省立江宁师范学校。国民政府为改良师范学校教学方法，曾做过各科教学过程的研究，在全国指定 6 所师范学校进行实验，江宁师范学校即为其中之一。

伪江苏省政府在部分沦陷地区设立的师范学校，抗日战争胜利后均予以裁并。

3. 抗日根据地创办的新型学校

抗日战争期间，中国共产党在敌后创建的华中抗日根据地开辟和发展新民主主义的教育事业，创办了一批新型的师范学校，在办学和教学方面创造和积累了很多宝贵经验，为江苏中等师范教育的发展谱写了新篇章。学校办学的宗旨是坚持为抗日战争服务，办学的形式灵活多样，学制长短结合，教学工作则坚持把思想政治教育放在首位，同时紧密联系实际，力求学用一致，适应战争和生产的需要。但因处于反日伪"清乡""扫荡"的严峻斗争形势之下，办学条件十分困难，很多学校存在的时间较为短暂。现将学校成立的时间先后及它们之间的相互关联列表概述如下：

苏皖根据地师范学校概况一览表

学校名称	校址	建校时间	主要负责人	说　明
靖江乡村师范学校	靖江	民国三十年（1941）7 月	县文教科长张渤如兼校长	招生 3 个班：简师班招初中毕业生，半年毕业；初师班招小学毕业生，三年毕业；另有一个初中班
苏北试验乡村师范学校	南通	民国三十年（1941）9 月	陆见齐任校长	招生 2 个班：乡师班学生 40 多人；另有一个初中班，学生近 70 人。民国三十一年 5 月敌伪进行扫荡，被迫停办
盐阜区联立中学师范部	阜宁县郭墅张庄	民国三十年（1941）秋	朱泽甫为师范部主任，后为陆维特	在张庄还办了实验小学，陆维特兼小学校长
盐阜师范学校	阜宁县孟大关	民国三十一年（1942）秋	陆维特任校长	盐阜联立中学师范部于民国三十一年秋自联中划出，单独建校。民国三十四年 12 月改为苏皖教育学院
泰兴县乡村师范学校（简称南乡师）	泰兴县常家庄	民国三十年（1941）秋	刘伯厚任校长	另在常家庄东南的唐家庄设一个学制半年的简师班。赵家庄小学、常家庄小学和杜家庄小学三校合并为该校的附属小学
泰兴县乡村师范学校一分校（简称北乡师）	泰兴县倪浒庄野庙一带	民国三十一年（1942）秋	商宗衢为主任	泰兴县政府将泰兴二中分部改为泰兴乡村师范的北分校。学校还附设一个学制半年的简师班。还设有一个社会教育班，专门培训社教教师和文艺工作干部。倪浒庄小学为其附属小学

续　表

学校名称	校址	建校时间	主要负责人	说　明
泰兴县乡村师范学校二分校（简称西乡师）	县境西北戴家集，后迁张家河	民国三十二年（1943）春	李仲玉	
泰兴县高中师范学校	泰兴县张家河		邵鸿声（化名易君实）任校长	
江都县简易师范学校	江都县吴桥区进化乡大袁庄	民国三十二年（1943）7月	吴奇仁任校长	在敌后办学三年，培养了一批青年干部和教师
安宜师范	宝应县	民国三十二年（1943）10月	县长吴伯文兼任校长，居荟明、冯立生先后任副校长	分期培训文教、财经、政治干部。第1期招收有小学以上文化程度的社会青年100余名，先后在团庄、柳堡和油坊头一带进行流动教学
朱严师范	兴化县徐扬庄	民国三十三年（1944）4月	县长李健兼任校长，后由罗洛、王文乾任正副校长	为纪念朱廉贻和严昌荣二烈士而定名朱严师范
三分区联合师范学校（简称三联师）	宝应县严家大桥高夏庄	民国三十三年（1944）	刘伯厚为校长	为反清乡，苏中行署和三分区决定将泰兴乡师、高师和其他有关学校的部分师生共400余人合并成三分区联合师范学校
南通吴家墩简易师范	通海行署管辖区姜灶港吴家墩	民国三十三年（1944）9月	樊伯平	开办时招收50人。1944年底与当地志行初级中学合并，更名为崇川中学，后为苏皖九分区南通中学分校
锡澄简易师范	双烟筒（今扬州市邗江区新坝乡）六桥五号圩等地	民国三十四年（1945）2月	金柯兼任校长，江坚兼任副校长	主要任务是培养区乡干部，先后办了三期党训班，学校至年底北撤到兴化县后停办

另外，1945年春建立的苏中一分区建设专门学校（在宝应县郑家渡）和苏中三分区联合专门学校也都设有师范科。

在上表所列根据地学校中，盐阜师范学校是历史较长、影响较大的一所学校。时任中共中央华中局书记的刘少奇某次在阜宁陈家集公所约见盐阜区党委书记刘彬、盐阜区行署主任宋乃德和行署文教处长白桃（戴伯韬）等负责同志，对他们说："这个地区知识分子很多，青少年也很多，但学校已经星散……希望你们办一所联合中学，要从初中一直办到高中，然后在每个县办一

图 7　戴伯韬（1907—1981）

所初中。"① 根据这个意见，盐阜地区立即创办了全区规模最大的联立完全中学，由盐阜区行政公署主任宋乃德兼任校长。学校设初中部、高中部、师范部。师范部主任先为朱泽甫，后为陆维特。

图 8　陆维特（1909—1991）

　　1942 年秋，师范部从联中分出，单独成立盐阜师范学校，校址在阜宁农村孟大关，陆维特任校长。陆维特是著名教育家，早年曾就读于晓庄学校，抗战开始后在陶行知创办的重庆育才学校工作。1941 年经党组织决定，陆维特来到盐阜区根据地，直到 1945 年抗战胜利，一直主持盐阜师范学校工作。盐阜师范的办学宗旨是"培养人民的教师，以推行村学，开展群教"，为达此

① 戴伯韬：《回忆少奇同志在苏北时对宣教工作的关怀》，《文献》1981年第10辑，第5页。

目的，要求培养学生"具有民族意识，民主思想，群众观点，科学的世界观和革命的人生观，以及从事新教育事业的志趣和艺术兴趣；在知能方面培养学生具有生产知能、社会工作知能、群众工作知能、新民主主义教育知能"。学校积极贯彻理论联系实际、学用一致的方针，从多方面培养学生的实际工作能力。由于斗争形势紧张复杂，学校实行"游击教学"，师生直接参加支前、地方自卫和农忙抢收抢种等。

根据地另一所历史较长、影响较大的新型师范学校是泰兴县立乡村师范学校。1941 年秋，泰兴县民主政府经苏中三分区专署同意，创办了学制为三年的泰兴县立乡村师范学校，后来又办起了一分校、二分校，在全县抗日民主根据地形成了一张师范教育网。校长刘伯厚是泰兴县参政会参议长，教育界知名人士，后参加中国共产党，1946 年在北撤中牺牲。教师中有姚古渔、商宗衢等一批进步人士。

除以上新设立的师范学校外，根据地政府还采取在中学附设师范班的办法。淮南津浦路西联合中学、淮南津浦路东联合中学、苏皖边区公立淮北中学、邳睢铜灵联合中学、湖滨中学、淮南中学、高邮县中学、苏中一分区建设学校、苏皖边区第五行政区区立中学、如西中学等都办有师范班或简师班。

（四）解放战争时期（1946—1949）

1. 苏皖边区教育总方针的提出与实施

1945 年 8 月抗日战争胜利。11 月，苏中、苏北、淮南、淮北四个解放区统一成立苏皖边区政府。1945 年底，苏皖边区政府教育厅发出《苏皖边区政府教育工作方案（草案）》，指出边区教育总方针是"普及新民主主义思想，培养新民主主义各种专门人才，以建设新民主主义的苏皖边区及新中国"。该草案于1946年2月刊登在《民主建设》（创刊号）上，供全边区教育工作者讨论，这是苏皖边区政府成立后首次提出的边区教育总方针。教育厅厅长刘季平还写了《苏皖边区的文化教育工作》一文，对"目前边区教育的办理方针"加以简要说明。[1] 1946年3月至4月，边区政府召开华中宣教大会，经过代表们的充分酝酿和讨论，确定边区教育的总方针为"教导人民识字、明理、翻身、兴家、立业、培养各种干部与专门人才，为建设新民主主义的苏皖边区及新中国，提高人民政治经济文化生活而奋斗"。边区教育的基本精神有二：一是"坚持人民的民族立场，一是贯彻科学的实事求是的学用一致的精神"。[2] 同时，宣教会又统一规定了边区教育的学制、各级教育的具体目标和任务，以及课程设置等。为适应形势需要，苏皖边区各级领导机关和教育行政部门举办了各类学校和训练班，包括师范学校和短期师资训练班，以培养大批干部和教师。

这一时期，苏皖边区新设的师范学校主要是淮南师范学校。1946年3月，中共淮南区委决定将淮南公学师范班（1944年冬，设在盱眙县古城的原淮南中学改为淮南公学，内设师范班）划出，改为淮南师范学校，校址在盱眙县城，由第三行政区教育处处长刘健飞任校长。4月，苏皖边区政府决定将苏皖教育学院

---

① 刘季平：《苏皖边区的文化教育工作》，《文萃》1946年第23期，第16页。

② 《苏皖边区政府教育工作方案（草案）》，《解放战争初期苏皖边区教育》，戴伯韬编，人民教育出版社1983年版，第265页。

（即原盐阜师范学校，此时校址在淮安）并入华中建设大学，改为华中建设大学师范学院，由戴伯韬任院长，陆维特任教务长，校址在清江市。同时附设师范学校，由汪达之任校长，校址在淮阴板闸。汪达之于 1941 年到达苏北抗日根据地盐城，他是晓庄学校的第四期学生，曾受陶行知委托，担任晓庄学校在苏北的特约中心学校——新安小学的校长，是著名的少年儿童革命团体新安旅行团的创建者和领导者。

2. 战争环境下坚持培养师资

1946 年 6 月，国民党军队对解放区发动全面进攻，苏皖边区学校教育遭受破坏，大批学校解散。7 月，新设立不久的淮南师范学校被迫停办。一直坚持在根据地办学的通师侨校也于 1947 年春因国民党军队占领海复镇而转移到农村，只能在农民家中上课，后因敌情严重而暂时停课，大多数学生参加了革命工作。

在战争形势十分严峻残酷的情况下，苏皖边区各地政府仍然坚持开展培养师资的工作，多采取在有条件的中学设立师范部、师范班或简师班的办法，在农村中流动教学。如宝应中学于 1946 年 10 月下乡后，设有简师班，有学生 150 名，采取原安宜师范文化课结合形势教育的教学方法进行教学。不久，宝应中学撤离县城，并入二分区联合中学，当时校长由二分区教育处处长孙蔚民兼任，师范部主任为居荟明。苏皖边区五分区第二高中于 1947 年 2 月改为苏皖边区第五行政区区立中学，内设师范部，校址在建阳秉文区三元官。苏皖边区第九行政区南通中学于 1945 年 9 月办了简师班。也有的地方采取办训练班的办法，如海门、启东地区（当时为东南行署）于 1947 年 12 月举办师资训练班，吸收贫雇农成分的知识青年一百多人参加学习，短期训练后充实师资队伍。

3. 后期的恢复与发展

从 1947 年下半年开始，特别是 1948 年 10 月 10 日《中共中央关于九月会议的通知》提出了夺取全国政权的任务，要求迅速地有计划地训练大批能够管理军事、政治、党务、文化教育等工作的干部，解放区的学校教育工作必须恢复和发展。此后，苏皖边区贯彻中共中央指示和华中宣教会议关于教育工作的决议，积极恢复和发展各类教育事业，并且提出按一定的要求、计划和制度，使教育事业走向新型正轨化的道路。师范教育除继续办师范班、简师班、训练班外，还建立起几所师范学校。如苏皖边区五专署以专区师范科为基础，改办一所中学为师范学校，设初师班、高师班（即现在的中师）、教育行政班，后又增设工农教师训练班。这所学校即后来的盐城区立师范学校。又如，苏皖边区二专署将原有区立第一中学改建为区立师范，开设教干、初级简师、高级简师三个班，这所学校即后来的扬州区立师范学校。

（五）中华人民共和国成立后（1949—1988）

新中国成立后，由于党和政府对师范教育的重视，江苏的中等师范教育得到了前所未有的发展和提高，40 年来大体经历了以下发展过程：

1. 三年恢复时期（1949—1952）

江苏全境解放后，苏南、苏北行署和南京市人民政府对旧有的师范学校进行了接管和改造，向一些学校派去党员领导干部，取消国民党时期的课程和训育制度，并对学校的设置作了一些调整。具体调整情况如下：

（1）南京市。解放前，南京市原有两所师范学校，即江苏省立江宁师范学校和南京市立师范学校。1949年9月，南京市军管会文教处接管江宁师范和市立师范，将两校合并，并将上海体育专科学校的两个体育师范班并入，在南京中山南路曾公祠成立南京市师范学校。新学年开始，该校有15个师范班，学生649人。

（2）苏南区。根据苏南人民行政公署文教处1951年5月关于苏南区师范学校解放前后变动情况的综合材料，解放前苏南地区原有师范学校22所，其中省立8所，县立13所，私立1所。1949年下半年，省立江宁师范学校、镇江县立师范学校和江宁、丹阳、溧水3所县立简易师范学校合并为镇江专区区立师范学校，后又改为苏南栖霞师范学校。宜兴、松江2所县立简易师范学校和青浦、奉贤2所县立简易乡村师范学校于1949年和1950年分别并入当地的中学和师范。经过调整，至1951年5月，苏南共有师范学校14所。其中苏南区公立8所，即苏南镇江师范学校、苏南无锡师范学校、苏南新苏师范学校、苏南太仓师范学校、苏南洛社乡村师范学校、苏南吴江乡村师范学校、苏南安亭师范学校、苏南栖霞师范学校。县立5所，即无锡县师范学校、武进师范学校、常熟师范学校、吴县简易师范学校、南汇简易师范学校。私立1所，即苏州景海女子师范学校，原为美国基督教监理公会女传教士海淑德于 1902 年在苏州天赐庄创办的景海女塾，1917 年改为景海女子师范学校。

苏南区师范学校解放前后变动情况

立别	解放前学校数	总计	解放前学校名称	解放后变动情况	1951年5月学校数	总计	1951年5月学校名称
省立	8所	22所	江苏省立镇江师范学校		8所	14所	苏南镇江师范学校
			江苏省立无锡师范学校				苏南无锡师范学校
			江苏省立苏州女子师范学校				苏南新苏师范学校
			江苏省立太仓师范学校				苏南太仓师范学校
			江苏省立洛社乡村师范学校				苏南洛社乡村师范学校
			江苏省立吴江乡村师范学校				苏南吴江乡村师范学校
			江苏省立黄渡乡村师范学校				苏南安亭师范学校
			江苏省立江宁师范学校				苏南栖霞师范学校
县立	13所		镇江县立师范学校	1949年下半年和省立江宁师范学校合并为镇江专区区立师范学校	5所		省立苏南栖霞师范学校
			江宁县立简易师范学校				
			丹阳县立简易师范学校				
			溧阳县立简易师范学校				
			无锡县立师范学校				无锡县师范学校
			武进县立师范学校				武进师范学校

续　表

立别	解放前学校数	总计	解放前学校名称	解放后变动情况	1951年5月学校数	总计	1951年5月学校名称
县立	13所	22所	常熟县立乡村师范学校		5所	14所	常熟师范学校
			吴县县立简易师范学校				吴县简易师范学校
			南汇县立简易师范学校				南汇简易师范学校
			宜兴县立简易师范学校	1949年并入宜兴县立中学			
			松江县立简易师范学校	1950年下半年并入安亭师范			
			青浦县立简易乡村师范学校	1950年上半年并入青浦中学			
			奉贤县立简易乡村师范学校	1950年上半年并入奉贤中学			
私立	1		私立苏州景海女子师范学校		1		私立苏州景海女子师范学校

说明：本表引自苏南人民行政公署文教处1951年5月所制《苏南区师范学校解放前后变动情况》。

（3）苏北区。根据现存苏北人民行政公署文教处1951年2月的综合材料，解放前苏北地区原有师范学校13所，其中国民党统治区10所，即运河乡师、淮阴师范、淮安县师、盐城县师、界首乡师、江都县师、草堰师范、通州师范、南通女师、如皋师范。解放区3所，即淮南高师、盐城区师、扬州区师。解放初调整为6所。保留原校未予变动的有南通女师、通州师范（私立）和如皋师范3所。其中如皋师范有如皋中学、泰州中学、泰兴中学、黄桥中学、靖江中学 5 所中学的师范部（班）并入。运河乡师改称为运河师范，扬州区师改为扬州师范，界首乡师等校并入。盐城师范学校（盐城区师已改名为盐城师范学校）师范部迁至淮安，建立淮安师范学校，原淮安中学成为其初中部，盐城师范的师训班并入盐城中学。其后，师训班于 1951 年分出并迁至上冈，建上冈初级师范。1950 年又新办淮阴简易师范，1951 年新办高邮初级师范。截至 1951 年，苏北区共有中等师范学校 9 所，其中公立 8 所，即南通女师、如皋师范、运河师范、扬州师范、淮安师范、淮阴简易师范、上冈初级师范、高邮初级师范。私立 1 所，即通州师范。

另外，1948 年 12 月徐州解放后，徐州师范学校和徐州女子师范学校合并，一度属山东省。1952 年徐州划归江苏后，定名为江苏省徐州师范学校。东海师范学校于解放初期亦一度属山东省，后划归江苏，于 1958 年定名为江苏省海州师范学校。因此该两校均未列入解放初苏北地区的师范学校。

1951 年 8 月，教育部召开第一次全国初等教育及师范教育会议，强调用马克思列宁主义和毛泽东思想来培养师资，并提出在新中国建立初期实行正轨师范与大量短期师范相结合的发展方针。会议讨论了中等师范教育的方针、任务、学制、教学计划和中等师范学校的设置调整等问题。会后于 1952 年 7 月 16 日颁发了《师范学校暂行规程（草案）》《关于大量短期培养初等及中等教育师资的决定》，及各类师范学校（包括师范、幼儿师范、初级师范和师范速成班）的教学计划等文件，南京市和苏南、苏北区都及时转发了这些重要文件，并根据各地学校的实际情况提出贯彻试行的意见。

为了适应解放初期小学教育和工农文化补习教育的发展对师资的需求，1951年下半年起，中等师范教育有较大发展。据统计，1952年苏南和苏北区共有中等师范学校59所，在校学生1.85万人。其时，一些在国民党统治时期停办多年的老中师得以相继恢复。1950年8月12日，政务院总理周恩来批示同意教育部关于恢复晓庄学校的请示报告，20年前被国民党政府强行查封的晓庄学校于1951年1月6日宣布复校，并开始招生。该校首任校长为汪达之，1952年定名为南京晓庄师范学校。此外，又新建了一批师范学校，如阜宁师范、高邮初级师范、苏北泰州师范等。

私立正则职业学校于1952年由吕凤子交给人民政府接办，原设大专各科及职中等并入有关学校，校名改为苏南丹阳艺术师范学校，正式列入中等师范学校系统。该校校长初为吕去疾，1955年起由成功任校长兼党支部书记。私立通州师范学校亦于1952年改为公立，称苏北南通师范学校。

各地还开办了初级师范和师范速成班。增长比例举苏南为例，以1950年7月学生数为基数100，到1952年为156.89。其中初级师范为208.83，师范为114.88，幼儿师范为104.05。学校数以1950年7月为基数100，到1952年为153.33。学生中工农子弟比例有所上升，1952年苏南师范生中工农子弟由1950年的41.86％上升为46.63％，苏北也占到40％左右。

2. 第一个五年计划时期（1953—1957）

1953年1月，江苏省正式建省，南京市划归江苏省。根据1953年下半年的统计，全省有各类师范学校57所，班级500个，在校学生2.5万人。其中包括：（1）师范学校25所，班级198

个，在校学生 0.91 万人；（2）单独设置的初级师范学校 31 所，另有 20 所师范和 5 所普通中学附设初师班，共 290 个班，在校学生 1.5 万人（内含初幼师 2 个班，学生 121 人）；（3）小学教师轮训班 1 所（苏北泰州师范学校于 1953 年夏撤销，在其原址办江苏省小学教师轮训班），班级 12 个，学生 700 人。较之解放初期，全省中等师范教育事业有了较大的发展。当时规定全国平均每 61 万人口有一所中师，江苏为 741 933 人口有一所中师。一批师范毕业生分配到小学任教后增强了小学教师队伍的阵容。但在这一时期，全省初级师范多于师范学校，初师学生占总数的63.5%，高于全国平均数。从学校的分布看，全省各地也不平衡，例如苏州地区有师范学校（指后期师范）7 所，而扬州地区仅 1 所。从 1953 年开始，为了适应初等教育稳步发展和提高教育质量的需要，根据"整顿巩固、重点发展、提高质量、稳步前进"的文教工作总方针，省人民政府作出决定，对中等师范教育作了如下调整、整顿：

（1）停办师范速成班和初师速成班。其到 1954 年暑假全都结束教学。

（2）合并一部分初师。

（3）改变初级师范的任务为培养提高现任小学教师，修业年限为二年。

（4）扩大在职教师的轮训人数。由各专区分区举办小学教师轮训班，轮训不足初师毕业程度的小学教师。

到 1957 年，全省中师共 33 所，其中幼儿师范学校 1 所，即在南京师范学院院长、教育家陈鹤琴倡议和指导下于 1953 年创办的南京师范学院附属幼儿师范学校。在 32 所普通师范学校中，有女师 1 所，即江苏省南通女子师范学校，后于 1958 年并入江苏省南通师范学校。1957 年，全省中师招生 0.51 万人，在校学生 1.75 万人。

在调整、整顿师范学校的同时，江苏省认真贯彻执行教育部于 1953 年、1954 年修订颁发的各类师范学校教学计划和各科教学大纲，以及《师范学校规程》《师范学校附属小学条例》《师范学校教育实习办法》等。同时加强了师生的思想政治工作，结合学习苏联教育经验，积极改进教学。1953 年 9 月，省教育厅发出《关于有重点地办好一些中学和师范学校》的通知，确定无锡师范学校和南京师范学院附属幼儿师范学校为重点师范。这样，全省中等师范教育有了较为合理的布局和较为稳定的招生规模，建立了体现师范特点的规章制度和管理方法，师资力量逐步充实加强，校舍设备也得到改善，教学秩序走上正常的轨道，教育质量获得明显提高，20 世纪 50 年代前期，江苏中等师范教育经历了第一个健康发展的好时期。

3. 第二个五年计划时期（1958—1962）

1958 年至 1960 年，在"大跃进"形势影响下，江苏中等师范教育急遽发展，形成县县办中师、招生数成倍增长的局面。三年发展状况见下表：

1958—1960 年全省中师发展情况表

年份	学校数/所	在校生数/万人	招生数/万人
1958	66	1.81	0.96
1959	69	2.83	1.46
1960	73	4.41	2.07

数字表明，1960 年全省中等师范学校的学校数比 1957 年增长 1.2 倍，在校学生增长 1.5 倍，招生数增长 3 倍，中等师范教育事业的发展达到了历史最高峰。然而，中师和其他学校这种急剧增长的状况超过了国民经济的承担能力，同时也超过了教育事业本身的发展条件，以致教育事业内部比例失调，办学条件很差，师资的数量和质量都跟不上。加之从 1958 年开始，开展勤工俭学和教育大革命的过程中，由于"左"的指导思想影响，学生参加劳动过多，打乱了正常教学秩序；在课程、教材和教学方法等方面的改革也采取一些"左"的错误做法，使得教育质量明显下降。

1961 年，教育事业开始贯彻党中央"调整、巩固、充实、提高"的方针，中等师范教育也进行了调整和整顿，但在调整中各地过多地压缩招生规模和在校人数，同时关并了一大批学校。到 1962 年，不仅所有在 1958 年时新建的中等师范学校一律停办，各地还停办了一些老校如太仓、吴江、高邮、泰兴、海门、南京市师范等。全省中师调整为 20 所，在校学生 0.68 万人，招生数压缩为 500 人。经此"大起大落"，中等师范教育元气大伤，在人力、物力、财力等方面都造成很大的浪费和损失。

4. 三年调整时期（1963—1965）

1963 年至 1965 年，江苏中等师范教育事业稳定了一个短时期。学校数保持在 20—21 所。由于前两年招生数减少，在校生数直线下降，1964 年为 0.26 万人，为新中国成立以来的最低点。1961 年 10 月，教育部召开全国师范教育会议，总结了师范教育在 1952—1958 年和 1958 年以后两个阶段的主要经验教训，进一步明确师范学校的任务和培养目标，修订了师范学校和幼儿师范的教学计划。会后，江苏省教育厅以南通师范学校作为调查研究的基点，召开多次座谈会，参照《全日制中学暂行工作条例（草案）》，拟订了《江苏省中等师范学校暂行工作条例（草案）》，于1963年4月召开全省中等师范教育工作会议，研究提高师范教育质量，进一步办好师范学校问题。省教育厅厅长吴天石在《江苏教育》上发表了《进一步办好师范学校》一文，强调"学校工作以教学为主，学生的主要任务是学习"，要求师范生在学习上下苦功夫。要"名师出高徒"，希望师范生将来都能成为"名师"，教出"高徒"来。他还具体提出："师范毕业生将来到小学去工作，既要会教语文、数学等课程，也要会教体育、唱歌、图画、手工等课程，会领导儿童的文娱活动，所以他们自己要具备这些才能，成为多面手。"[1] 为了提高师范教育质量，稳定师范教育规模，省教育厅对中等师范学校的任务、规模、人员编制、领导管理等问题提出具体意见，作了明确规定。

1964年，国家主席刘少奇重新提出"两种劳动制度，两种教育制度"，并来江苏视察，江苏省委制定了具体贯彻方案，其中包括创办泰州、洛社两所耕读师范。这两所学校于当年9月各招收两个班的新生，两校暂行的都是"四七一制"，即一年当中，大体上4个月劳动，7个月课堂教学，1个月假期。经过这一段时期的努力，江苏省中等师范教育质量逐步得以恢复。

5. "文革"十年时期（1966—1976）

从1966年开始，中等师范学校连续四年停止招生，不少学校

---

[1] 吴天石：《进一步办好师范学校》，《江苏教育》1963年第17期，第6页。

被迫停办或改办中学，学校的校舍被占用，设备被破坏，一支整体素质较高的师资队伍被打散。据统计，到1970年，全省仅存中师10所，教职工500人，其中专任教师300人。1971年以后，由于各地中小学教师严重缺乏，中等师范学校陆续恢复。到1976年，全省共有中师23所，在校学生1.02万人。但在这七八年中，中师却以培养初中教师作为主要任务，这就偏离了中师的培养目标，而且招生数偏少，从1973年至1977年每年平均招生5 000人，对小学教育的发展和提高影响很大。

6. 改革开放时期（1978—1988）

党的十一届三中全会以后，江苏省的中等师范教育事业逐渐步入健康发展的新阶段。1978年10月，教育部印发《关于加强和发展师范教育的意见》，重申中等师范学校的任务是培养小学教师；1980年全国师范教育会议指出"师范教育是教育事业中的'工作母机'，是造就和培养人才的基地"①，强调一定要努力办好，并再次明确中等师范学校的任务和培养目标。1980年以后，江苏省委、省政府以及省教育厅、省高教局、省教委多次召开会议和发文，提出培养师资力量和提高师资水平是普通教育第一位的工作，师范教育是整个教育事业的重点，要加强和改革师范教育，真正把师范教育作为发展教育事业的战略重点来抓。在党的路线、方针、政策的指引下，在各级党委、政府的领导下，全省中等师范教育面向小学，服务小学，稳步前进，教育质量不断

---

① 《教育部印发〈关于师范教育的几个问题的请示报告〉的通知》（80教高一字077号，1980年9月29日），《师范教育文件选编（1980—1987年）》，国家教育委员会师范教育司编，东北师范大学出版社1989年版，第5页。

提高。

从 1979 年开始，江苏大力端正中等师范学校的办学方向，坚决改变中等师范学校办专业班培养初中教师的做法，明确当年招收的师范生毕业后一律分配做小学教师。1981 年起恢复招收初中毕业生，省教育厅多次发文强调中等师范学校毕业生必须分配到小学任教。1981 年 3 月 14 日，省教育厅印发《关于我省中等师范学校布局设置、服务范围和规模等问题的意见》，文件规定了全省 25 所中等师范学校（其中幼师 2 所）的规模和服务范围，并实行省和地、市双重领导、分工管理的领导体制。[①] 全省中师特别加强对师范生的专业思想教育，试行教育部颁发的《中等师范学校规程》。在教育部颁发全国统一的教学计划前，江苏先行组织拟定了两年制中等师范的教学计划，编写了部分学科的教学大纲，从 1981 年起转而执行教育部颁发的教学计划和教学大纲。几年中，教学工作迅速走上正轨，教育质量逐步提高。与此同时，全省中师招生数仍然偏少，民办教师又在招生总数中占相当比例，因而还远远不能满足各地对小学师资的需求。

根据江苏省经济发展和普通教育发展的需要，特别是考虑到经济基础比较薄弱地区的师资需求，1981 年经省政府批复，各地恢复和增设太仓师范、东台师范、镇江师范、吴江师范、沭阳师范、南京市师范、泗洪师范、连云港师范、扬州师范和徐州幼儿师范。其中吴江师范、连云港师范、扬州师范和徐州幼师于 1985 年开始招生。1985 年，省政府又批准复办宿迁师范。以上 11 所中等师范学校中，苏北 7 所，苏南 4 所。此外，教育部委托江苏

---

① 吴大年：《江苏省中等师范教育十年大事记》，《江苏省中等师范学校简介》，江苏省教委普通教育局编，人民教育出版社1989年版，第129页。

省教育厅于 1982 年在南京筹建了全国第一所特殊教育师范学校，即南京特殊教育师范学校，"系中等师范性质，负责为全国培养特殊教育的小学师资"①，1985 年起面向全国招生。至此，全省共有中等师范学校 37 所，其中普师 32 所，幼师 4 所，特殊教育师范 1 所。32 所普师的地区分布情况为：南京、无锡、常州、镇江、连云港市各 2 所；苏州、盐城、南通市各 3 所；徐州、扬州市各 4 所；淮阴市 5 所。4 所幼师的分布情况为：南京市 2 所（包括省幼儿师范），苏州市 1 所，徐州市 1 所。从全省看，学校布局基本合理，根据江苏省 1988 年的统计，全省人口共 6 438 万人，大体上每 200 万人口有一所中师，符合原教育部提出的150—200 万人口设置一所中等师范学校的要求。

针对小学音乐、美术、体育教师奇缺的现状，江苏省一方面加强中等师范学校艺体课教学，使一部分毕业生能兼教这些课程，另一方面又在每个市确定一所师资和设备条件较好的中师办音乐、美术或体育班，以求投资少而见效快地为小学培养音乐、美术和体育骨干教师。共计有 11 所中师办了音乐班，10 所中师办了美术班，10 所中师办了体育班。例如，江苏省丹阳师范学校发挥该校原为艺术师范的优势和长处，办了音乐班和美术班，取得了良好的教学效果。1987 年在江苏省中等师范学校首届音乐舞蹈调演时，丹阳师范参赛的 4 个节目有 3 个获得一等奖，1 个获二等奖。毕业生不仅成为小学音乐、美术的教学骨干，在农村也成为群众文艺活动的骨干。

---

①《教育部、江苏省人民政府批转〈关于筹建、代管南京特殊教育师范学校的会商纪要〉的通知》[82教普二字010号、苏政发(1982)167号，1982年9月18日]，《师范教育文件选编(1980—1987年)》，国家教育委员会师范教育司编，东北师范大学出版社1989年版，第435页。

为了适应幼教事业发展的需要，除 4 所单独设置的幼师外，每个市都有 1 所中师附设了幼师班。幼师毕业生主要分配到教育部门和厂矿企业办的幼儿园以及农村中心幼儿园。农村所需的大量幼儿教师则由各县办幼教职业班培养。

另外，在特殊教育师范方面，除南京特殊教育师范学校外，从 1988 年开始，又在如皋师范学校开办了一个特殊教育中师班。

1984 年以后，按照省教育厅拟订的《江苏省"六五"后两年及"七五"期间中小学、职教、幼教师资规划》，根据全省师资的需求，每年招生数基本稳定在 8 000—10 000 人，基本适应全省小学、幼教、特殊教育事业发展和实施九年制义务教育的需求。

在培养新师资的同时，江苏的中等师范学校还承担起职后教育的任务。全省 11 个市每个市都有 1 所中师承担小学教师中师函授的业务指导。1985 年 10 月，成立了省中师函授业务指导中心，由晓庄师范牵头，有关中师和进修学校参加。

此外，从 1982 年起，南通、无锡、常州、高邮和晓庄师范学校为全省举办了小学语文、数学、自然教学研究班，培养了 600 余名小学教学骨干。1984 年，为了支援淮阴普及初等教育困难较大的 6 个县尽快实现普及任务，省教育厅决定在暑假期间为淮阴培训一批小学领导干部和语文、数学骨干教师。小学校长培训班由江苏省新苏师范学校和南京晓庄师范学校负责举办，参加培训的小学校长有 150 人。小学语文和数学教师培训班分别在江苏省淮阴师范学校和江苏省淮安师范学校举办，无锡、晓庄、常州、南通、高邮师范等校派出教师参加讲课。

江苏幼儿师范学校从 1981 年筹备复校时即举办了在职幼儿教师的培训班。1985 年起该校承担了中国政府和联合国儿童基金会合作培养幼教师资项目的任务，江苏省幼教师资培训中心在该校正式成立，担负起全省在职幼教师资培训的业务指导和部分培训任务。此后，该校面向全省，开展针对农村、基层的第一线幼儿教师的培训工作，先后举办一类园园长培训班，各市、县幼教干部辅导班，农村幼教骨干教师培训班和脱产进修班，以及木偶、舞蹈、音乐、美术、手工等多种单科培训班。1987 年至 1988 年，该校又采取"走出去"的办法，结合学校两届大专班学生的实习工作，在教师指导下，组成小分队，到淮阴、扬州、常州、南京郊区近 20 个县，为农村幼儿教师举办专业知识和技能技巧辅导班。还将有经验的老教师组成讲师团赴全省各地巡回讲学。自 1988 年起，学校根据省教委的布置，开始举办面向农村的函授班。

在事业发展的同时，江苏中等师范学校全面、系统地开展教育教学改革。1983 年初，教育部召开改革农村教育座谈会。5 月，中共中央、国务院下达了《关于加强和改革农村教育若干问题的通知》；9 月，邓小平作"教育要面向现代化、面向世界、面向未来"的指示，对中等师范教育提出了更高的要求。1983 年底，省教育厅召开全省中小学师资工作会议，中等师范学校校长全部参加这次会议。会上总结，前一阶段江苏中等师范教育不断端正办学方向，努力提高教育质量，已经取得了一定的成绩，提出"为了适应四化建设和普及小学教育，特别是普及农村小学教育的需要，中等师范教育必须在教育教学等方面加以改革"的要求。1985 年 5 月，全国教育工作会议在北京召开，《中共中央关于教育体制改革的决定》随后正式公布。同年 10 月，为贯彻《决定》，国家教委召开中小学师资工作会议。这两次重要会议有力地推动了江苏中等师范教育的进一步发展和改革。

1984年，江苏中等师范教育开始学制改革的试点。遵照邓小平三个"面向"的指示精神，根据教育部领导同志的建议，经省政府批准，省教育厅决定由南通师范学校试办五年制师范，1985年又扩大试点，由无锡师范学校和晓庄师范学校进行五年制师范的试验。这一试验是全国最早的培养专科程度小学师资的试验。1987年5月，国家教委师范司在江苏召开"培养专科程度小学师资试验科研课题研讨会"，对几所学校的试点工作进行考察，认为已初见成效——至1989年暑假，南通师范五年一贯制试点班将有毕业生40名，无锡师范和晓庄师范"三二分段"试点班将有毕业生240名，均分配到小学任教。此外，江苏幼儿师范学校也进行了五年制培养专科水平幼儿教师的试验。

1985年4月24日，江苏省教育厅印发《关于改革中等师范教育的意见》，指出"中等师范教育必须改革，而且应该走在整个教育改革的前面"，要按照"三个面向"的要求，进行整个教学体系的改革。① 同时还提出，师资、设备条件较好和生源素质较好的学校可根据自己的优势和传统，报省教育厅批准后，在省颁教学计划的基础上作较大的改革，办出自己的特色，提高教育质量。从1985年起，省教育厅组织全省中等师范学校开展合格小学教师规格要求和中等师范学校培养目标的调查研究，并承担国家教委委托江苏省进行的"合格小学教师的规格标准""中等师范学校（普师）的培养目标及各门课程的培养训练标准""中等师范学校的课程设置、课程结构和各类课程的比例"等研究课

---

① 吴大年：《江苏省中等师范教育十年大事记》，《江苏省中等师范学校简介》，江苏省教委普通教育局编，人民教育出版社1989年版，第159页。

题，提出研究的初步方案。在进行上述研讨工作的同时，省教育厅又调整改革三年制师范和幼儿师范的教学计划，编写三年制师范的教材，对师范生的专业思想教育进行目标管理以及改革招生办法等。

1986 年至 1988 年，省教育厅还连续举办了三期中等师范学校校长研讨班，以提高学校领导干部的领导管理水平。省教育厅重视探索中等师范教育全面进行教育教学改革的经验，确定南通师范、无锡师范、淮安师范三校为全面改革的试点，进行领导管理体制和教育教学体系的改革。其中南通师范学校自 1983 年起以讨论中等师范学校的培养目标、制订该校毕业生规格标准为起点，在对教学进行局部改革的基础上过渡到对教学进行整体改革，形成必修课与选修课结合、知识与能力结合、课内与课外结合、学校内教学与校外教育实践结合的新的教学模式。1985 年 9 月，南通师范学校获省教育厅设立的江苏省普通教育教学改革优秀成果奖。1986 年 1 月，省教育厅召开各市教育局长、部分县教育局长和教改试点的中小学、师范学校校长会议，南通师范学校校长朱嘉耀在会上作了"全面地改革中师教育，培养新时期合格师资"的发言。朱嘉耀于 1988 年获"省级有突出贡献的中青年专家"称号。

几年来，江苏省委、省政府重视改善中师的办学条件。1985 年 3 月，省政府召开全省师范教育工作会议，会后在批转省高教局、教育厅《关于加强和改革师范教育的意见》中，再次指出办好师范教育是发展教育事业、提高教育质量和开发智力的关键，各级政府都要十分重视师范教育。同时明确指出，教育事业在人、财、物的分配上都要突出师范教育，做到"三个优先"。即：

全省每年教育事业经费的增长部分，要优先保证师范院校的需要；每年的教育基建投资，要优先安排师范院校的基建项目；每年研究生和本、专科毕业生的分配，要优先选派到各级各类师范院校。从 1979 年到 1988 年，十年中省、市两级安排中师基建费约 4 000 万元，其中 1985 年以后安排的近 2 000 万元。1986 年和 1987 年两年，省里又安排 500 万元用于中师的危房维修。十年中，省对中师的仪器设备的改善共投资约 1 200 万元。为了增强各校的自我发展能力，省教育厅（省教委）大力推动各校开展勤工俭学。1985 年，省教育厅在江苏省洛社师范学校召开中等师范学校后勤工作会议，总结和推广该校自力更生、努力改善办学条件的经验，十年来该校基建总投资为 238.5 万元，其中校办厂上缴的资金为 177.5 万元，占总投资金额的 74%，此外还添置了近 50 万元的教学设备和生活设施。据统计，自 1984 年至 1987 年，全省中师校办企业筹集的经费用于学校建设的总额已达 442 万元。

新中国成立以后的 40 年中，江苏的中等师范教育尽管经历了曲折的发展过程，仍然取得了旧中国所无法比拟的巨大成就。40 年来共培养出中师毕业生 16 万人，其中 1978 年至 1988 年培养的毕业生为 6 万多人。此外，还培训了大量在职小学和幼儿教师，为全省初等教育、幼儿教育的发展和教育质量的提高作出积极贡献。特别是 1978 年党的十一届三中全会以来的十年，对江苏的中等师范教育事业来说，是恢复发展的十年，系统改革的十年，逐步提高的十年。全省中等师范教育事业稳步发展，已逐步形成规模较为适度，布局较为合理，普通师范、幼儿师范和特殊教育师范较为协调发展的师范教育体系。同时，师范学校的教育教学改革逐步深入，学校管理水平逐渐提高，一些学校已经办出一定的特色。1988 年，国家教委表彰了一批办学思想明确、教育质量较高的中等师范学校，江苏省的南通师范学校、如皋师范学校、晓庄师范学校、丹阳师范学校、泰州师范学校、无锡师范学校和南京特殊教育师范学校 7 所中师受到了国家教委的表彰。可以说，党的十一届三中全会以来，江苏的中等师范教育进入了历史上最好的发展时期。

江苏省 1949—1988 年主要年度中等师范学校概况表

年度	1949	1952	1957	1960	1965	1976	1978	1984	1985	1986	1987	1988
学校数/所	20	59	33	73	20	23	23	32	38	37	37	37
在校学生数/万人	0.96	1.85	1.75	4.41	0.52	1.02	1.62	2.04	2.37	2.60	2.80	2.80
招生数/万人		0.28	0.51	2.07	0.32	0.50	0.64	0.90	1.05	0.98	0.97	0.89
毕业生数/万人		0.16	0.34	0.42	0.06	0.50	0.06	0.41	0.74	0.75	0.78	0.89
教职工数/万人	0.09	0.32	0.19	0.40	0.10	0.19	0.24	0.31	0.36	0.42	0.46	0.48
专任教师数/万人	0.06	0.16	0.09	0.22	0.05	0.10	0.13	0.16	0.18	0.20	0.23	0.24

注：新中国成立后，江苏省中等师范学校于 1950 年开始招生，当年招 0.21 万人。

1988 年江苏省中等师范学校概况表

学校名称	在校学生数	毕业生数	招生数	教职工数						音乐、美术、体育、幼儿班情况	指导小学教师中师函授情况
				计	专任教师						
					计	高级讲师	讲师	助理讲师	教员		
南京市晓庄师范学校	1 109	464	377	184	107	19	39	41	8	音、体、美	中函
南京市师范学校	534	196	190	73	44	5	13	14	12		
南京市幼儿师范学校	244	79	81	81	54	8	16	22	8		
江苏省无锡师范学校	1 076	403	414	224	105	14	42	38	11	音、美、幼	

学校名称	在校学生数	毕业生数	招生数	教职工数						音乐、美术、体育、幼师班情况	指导小学教师中师函授情况
				计	专任教师						
					计	高级讲师	讲师	助理讲师	教员		
江苏省洛社师范学校	820	270	235	297	65	6	15	28	16	体	中函
江苏省徐州师范学校	627	190	204	120	56	8	25	16	7	音、体、美	
江苏省沛县师范学校	1 010	225	305	120	68	7	24	14	23		
江苏省铜山师范学校	620	383	254	91	44		13	17	14		
江苏省运河师范学校	1 010	272	350	170	89	9	39	20	21	音、美	中函
江苏省徐州幼儿师范学校	424	80	103	145	65	6	30	21	8		
江苏省常州师范学校	956	266	280	157	84	10	23	36	15	音、美、幼	中函
江苏省武进师范学校	734	302	302	98	47	3	9	20	15	体	
江苏省新苏师范学校	751	332	280	178	79	17	31	28	3	音、美	
江苏省太仓师范学校	494	180	165	89	50	4	19	16	11	体	
江苏省吴江师范学校	535	90	175	43	27		1	12	14		中函
江苏省苏州幼儿师范学校	399	120	80	81	47	3	4	19	21		
江苏省南通师范学校	914	211	238	209	97	15	32	41	9	音、体、幼	
江苏省如皋师范学校	796	276	238	177	72	5	20	40	7	特殊教育师范	
江苏省海门师范学校	661	265	258	167	66	2	15	36	13	体、美	中函
江苏省海州师范学校	767	524	305	154	75	5	23	29	18	音、美、幼	中函

续　表

学校名称	在校学生数	毕业生数	招生数	教职工数							音乐、美术、体育、幼师班情况	指导小学教师中师函授情况
				计	专任教师							
					计	高级讲师	讲师	助理讲师	教员			
江苏省连云港师范学校	887		180	97	56	1	18	21	16			
江苏省淮阴师范学校	1 112	424	348	194	84	11	32	28	13		体、音	中函
江苏省淮安师范学校	1 092	365	342	173	98	17	28	29	24		美、幼	
江苏省沭阳师范学校	557	184	186	68	41	2	10	16	13			
江苏省泗洪师范学校	381		91	48	24		5	7	12			
江苏省宿迁师范学校	580	92	181	55	34	2		8	14			
江苏省盐城师范学校	1 229	456	385	218	95	10	29	43	13		体、音、美、幼	中函
江苏省阜宁师范学校	1297	415	426	162	79	4	20	28	27			
江苏省东台师范学校	617	254	207	82	34		15	14	5			
江苏省泰州师范学校	565	184	200	87	48	1	2	27	18			
江苏省高邮师范学校	795	253	255	134	70	3	25	36	6		幼	
江苏省泰兴师范学校	829	276	270	154	72	8	23	30	11			
江苏省扬州师范学校	845	197	276	94	60	4	6	25	25			
江苏省镇江师范学校	881	262	231	97	52	3	10	21	18		体	
江苏省丹阳师范学校	662	293	205	97	62	9	25	17	11		音、美、幼	中函
南京师范大学附属幼儿师范学校	336	86	80	70	51	11	17	18	5			

续　表

学校名称	在校学生数	毕业生数	招生数	教职工数						音乐、美术、体育、幼师班情况	指导小学教师中师函授情况
				计	专任教师						
					计	高级讲师	讲师	助理讲师	教员		
南京特殊教育师范学校	831		200	127	73	7	16	27	23		
总计	27 977	8 869	8 897	4 815	2 374	239	724	903	508		

二、学制

（一）晚清——仿照与初设（1902—1911）

1902年，张謇创办通州民立师范学校时，学制方面主要参照日本师范教育的经验，并结合当时的实际需求，设三年至四年毕业的本科、二年毕业的简易科和一年毕业的讲习科。该校招收"举、贡、生、监中性淑行端文理素优者"，入学后根据其年龄、财力、意愿分别编入各科学习。三江师范学堂则设三年毕业的本科、二年毕业的速成科和一年毕业的最速成科。其他如公立锡金初级师范学堂、如皋公立简易师范学堂的本科、简易科修业年限也大致相仿。1904年1月清廷颁布《奏定初级师范学堂章程》，规定初级师范学堂完全科为五年，简易科为一年。1907年又规定女子师范学堂修业年限为四年。此后，江苏各地初级师范学堂和女子师范学堂均执行上述规定，学制遂渐趋于一致。如江苏省第三师范学堂于1911年成立时定本科为四年，外加一年预科，共五年毕业。

（二）民国——完善与统一（1912—1949）

民国初立，教育部公布的《师范学校规程》规定师范学校（包括女子师范学校）分本科和预科，本科又分为第一部和第二部。本科第一部修业为四年，招收经预科学习毕业或年龄在 15 岁以上有同等学力者；本科第二部修业年限为一年，招收中学校毕业或年龄在 17 岁以上有同等学力者。预科的设置目的是"为欲入本科第一部者施必需之教育"，修业年限为一年，招收高等小学校毕业或年龄在 14 岁以上有同等学力者。根据上述规定，江苏省行政公署教育司于 1913 年 6 月公布的《江苏省立师范学校学则》规定：省立师范学校设本科、预科，其修业年限均按教育部规定；另得设甲、乙两种讲习科，甲种讲习科修业年限为二年，招收 18 岁以上 25 岁以下曾任初等小学副教员或同等学力者，乙种讲习科修业年限为一年，招收同样年龄在高等小学毕业或同等学力者。[①] 此外，江苏省行政公署教育司还于民国初年颁布过甲、乙两种讲习所规程。规定甲种师范讲习所为养成初等小学校教员之所，修业年限为二年，招收 16 岁以上 25 岁以下修毕高等小学校课程或同等学力者；乙种师范讲习所为养成单级编制之初等小学校教员之所，修业年限为一年，招收 18 岁以上曾任小学校教员或私塾老师者。[②]

[①]《江苏省立师范学校学则》（二年六月十四日民政长训令公布　十一月十四日修正公布），《江苏教育行政月报》1913年第7期，第23—25页。

[②]《甲种师范讲习所规程（元年十二月二日都督通令公布，附表）》《乙种师范讲习所规程（元年十二月二日都督通令公布，附表）》，《江苏教育行政月报》1913年第2期，第15—18页。

1922年实行新学制以后，省立中学师范科修业年限为三年，招收初中毕业生。乡村师范科修业年限也为三年，招收高小毕业生。为推广乡村教育而设的县立师范学校或简易师范科修业年限则一、二、三年不等，招收初中或高小毕业生。

1932年师范学校恢复独立设置以后，按照当时国民政府教育部公布的《师范学校规程》规定，江苏省立中等师范学校和女子师范学校修业年限均为三年，招收初中毕业生。乡村师范学校修业年限为三至四年，招收高小毕业生。简易师范学校修业年限为四年，招收小学毕业生。此后直至全国解放未有变动。

1927年陶行知创办的南京试验乡村师范学校（后改名晓庄学校）的学制与其他师范学校不同。原拟设两院，后先办第一院。第一院修业年限当时暂定为一年，招收下列几种对象：（1）初级中等学校第三年学生之有农事经验者；（2）高级中等学校第三年学生之有农事经验者；（3）大学第三年学生之有农事经验者；（4）在职之教育行政人员及教职员之具有上列各项相当程度者。

（三）苏皖根据地对学制的改革（1944—1949）

全国抗战开始后，中国共产党提出的《十大救国纲领》和中国共产党六届六中全会决议，都提出要改变旧的教育制度，实行以抗日救国为目标的新制度。因此，苏皖各个抗日根据地从开始创建师范学校起，就对学制进行了改革。根据地的师范学校有简师、初师、乡师和高师（相当于现今中师），其任务主要是培养小学教师，但也培养、培训社会教育教师和其他文艺工作者、文教工作者、财经工作者以及区乡干部。招收对象有初中毕业生、高小毕业生，也有在职小学教师和干部，以及社会青年等。学习年限长短不一，简师多为半年制，初师和中师多为三年制，其他干部训练则以短期为主。以盐阜师范学校为例，该校在建校初期曾规定初师、高师均为三年。后来，一方面由于战争时期各部门迫切需要干部，另一方面不少学生又因家庭困难，难以坚持三年的学习，故改为二年，同时还采用一年制或弹性制，即根据斗争形势需要，部分学生或整个班级学生提前毕业走上工作岗位。

为了使教育工作适应形势发展的需要、适应新民主主义建设的需要，根据《解放日报》1944年4月至5月间连续发表的《根据地普通教育的改革问题》《论普通教育中的学制与课程》两篇社论的精神，苏皖抗日根据地开始对教育工作进行全面改革。1944年7月31日至8月24日，苏中行政公署首先召开教育会议，议定了新学制。新学制把根据地的学校分成乡学、区学、县学、专门学校、大学、研究所或研究院六个层次，进行分级领导。其中规定师范学校为专门学校的一种，并规定师范学校除尽可能招收有相当文化基础与初步实际工作经验的人员外，得招收旧制初中三年级以上肄业生或有同等程度而无实际工作经验之人员，修业期限视实际需要而定。继苏中之后，苏北盐阜区也从1945年春天开始进行改革，议定的新学制分为村学、初级干部学校、中级干部学校、专科学校、大学五个层次。师范学校作为专科学校的一种，招收村师、塾师及具有中等学校程度的青年入学。

抗日战争胜利以后，1946年3月18日至4月27日，华中宣教大会在苏皖边区政府所在地清江（今淮安市）召开。苏皖边区政府教育厅长刘季平在大会上作了题为《论目前华中解放区教育工作》的总结报告，提出苏皖边区的学制分为初级国民教育、高

级国民教育、初级中等教育、高级中等教育、大学五级。初级师
范学校属初级中等教育，培养初级国民教育师资，招收高小毕业
生及有同等学力的青少年，修业年限为三年。师范学校属高级中
等教育，培养高级国民教育师资，招收初级中学毕业生及有同等
基础知识技能之青年或在职教师，修业年限为二年。此外，必要
时得开设塾师训练班、短期师资训练班，修业年限半年至一年。[①]
1948年10月，华中行政办事处召开中等教育会议，会上确定学
制为：初高中、初师、高师各为二年，初级和高级简师各为一
年。其后，随着新解放城镇的日益增多，教育工作的重心由乡村
转入城市。关于学制问题，华中行政办事处于1949年2月又作出
以下规定：（1）凡新解放区中学，原来采用"三三制"的不要变
更，仍用原学制；（2）凡老解放区采用"二二制"的，在校学生
仍为"二二制"，招收新生时改为"三三制"；（3）凡普通中学与
师范的学习编制，过去用队制的都改用班级制；等等。

（四）新中国学制沿革（1950—1988）

新中国成立后，中央人民政府政务院于1951年10月1日颁
布《关于改革学制的决定》，其中规定师范学校属中等教育层次
的中等专业学校，包括师范学校和初级师范学校，其任务是培养
初等教育师资。师范学校修业年限为三年，招收初级中学毕业生
或具有同等学力者；初级师范学校修业年限为三至四年，招收小
学毕业生或具有同等学力者。还规定师范学校和初级师范学校均

---

① 刘季平：《论目前华中解放区教育工作》，《老解放区教育资料选编》，人民教育出版社
　1959年版，第83—86页。

得附设师范速成班，修业年限为一年，招收初级中学毕业生或具同等学力者。并得附设小学教师训练班吸收在职小学教师加以短期训练。幼儿师范的修业年限和招收对象与师范学校同。① 新中国成立初期，江苏各地师范学校和幼儿师范的学制均按中央规定执行。

在1958年至1960年的教育大革命中，不少师范学校改三年学习时间为二年，一些师范学校提前分配了一批师三和师二的学生，有的地方又办了一年制的师范速成班和初师速成班。由于初中教师紧缺，还有一些师范学校办了大专班培养初中教师。其时徐州地区曾从运河师范、海州师范二年级学生中选送了一部分去徐州师范学院学习，一年后分配工作。这些做法，影响了师范教育质量，也造成了不少学历上的遗留问题。

进入1966年后，江苏全省中等师范学校连续四年没有招生。1970年以后恢复招生，师范学校先办红师班，培训在职小学教师，后来主要承担培养初中教师的任务，招收对象为农村知识青年和应届高中毕业生，学习期限一般为二年。

1980年6月，教育部召开全国师范教育工作会议，会后印发《教育部关于办好中等师范教育的意见》（教80教师字004号），规定"中等师范学校的学制定为三年和四年两种。均招收初中毕业生和具有同等学力的社会青年。……也可以招收民办（或代课）教师"②。此前，江苏已于1979年改变中等师范学校培养初中教师的做法，当年招收的高中毕业生在校学习两年，毕业后分

---

① 《中央人民政府政务院关于改革学制的决定》，《人民日报》1951年10月3日第1版。
② 《教育部关于办好中等师范教育的意见》，《师范教育文件选编(1980—1987年)》，国家教育委员会师范教育司编，东北师范大学出版社1989年版，第362页。

配做小学教师。1981年起，从全省小学教师队伍状况和中师的办学条件，以及普及小学教育的需要出发，确定全省中等师范学校的学制主要为三年制，招收初中毕业生。但为解决少数地区小学教师紧缺问题和提高小学民办教师质量，仍存在少量的二年制师范，招收小学民办教师和高中毕业生。招收小学民办教师的班按各地区民办教师的比例分配名额，招收高中毕业生的班主要安排在徐州、淮阴、盐城等小学教师缺额较多的和一些经济、文化比较落后的地区。

1984年，经省政府批准，省教育厅在全省进行中等师范学校学制改革的试验，为实验小学和中心小学培养了一批具有专科文化水平和较强的小学教育教学能力的教育骨干，并为90年代继续提高小学师资水平积累了经验。当年在南通师范学校试办的五年制师范采取五年一贯制，招收对象为初中毕业生，修业年限为五年。1985年起在南京晓庄师范学校和无锡师范学校试办的五年制师范采取三二分段制，招收对象为本省应届中等师范学校毕业生，选送到该两校大专班继续学习两年。

三、课程设置

（一）清末至民国之变迁

张謇创办通州民立师范学校，对于学校开设的课程，主张"师范者，专科之一门，习专科者须先历普通之程级"[1]。他参照

---

[1] 张謇：《通海请立师范学校公呈》，《中国近代学制史料》（第2辑下册），朱有瓛主编，华东师范大学出版社1989年版，第285页。

日本师范教育经验，规定学校开设的课程既有教育专业课，也有文化知识课。据该校首届毕业生、后曾长期担任通州师范学校教务主任的顾怡生写于1934年的《开校时的几个回忆》一文所述，开校第一天"公布日课表于本科教室前，计伦理（西洋伦理学史）两小时，《汉文典》两小时，算术六小时，日文语十八小时，图画（用器画）两小时，体操六小时"[①]。这是学校初创时本科开设课程的情况。另据相关资料记载，通州民立师范学校本科开设的课程有国文（包括文法、习字）、修身、教育、教学法、伦理、算术、理化、历史、地理、博物、农业、日文、图画、体操等。

1904年初清廷颁布的《奏定初级师范学堂章程》第一次统一规定了初级师范学堂开设的课程。完全科开设的科目共分12种，即修身、读经讲经、中国文学、教育学、历史、地理、算学、博物、物理及化学、习字、图画、体操。另外规定，"视地方情形，尚可加外国语、农业、商业、手工业之一科目或数科目"[②]，即选修课。同时规定学科程度为"初级师范学堂，与中学堂入学学生学历相等，故学科程度亦大略相同；惟初级师范学堂着重在教育学，故特增此科，其钟点除经学外为最多，乃中学堂所无。且教幼童亦重习字，故习字列为专科"。《章程》还规定"教授时数每星期三十六点钟"，并详细订出各学科教学内容、讲授次序及讲授时应注意之点。1907年颁布的《女子师范学堂章程》又规定了女子师范学堂完全科科目共13种，即修身、教育、国文、历史、地理、算学、格致、图画、家事、缝纫、手艺、音乐、体操等，

---

① 顾怡生：《开校时的几个回忆》（1934年），《教育家顾怡生诗文选集》，陆又尉等编，江苏古籍出版社1991年版，第134页。

② 《奏定初级师范学堂章程》（湖北学务处本），《中国近代教育史资料》（中册），舒新成编，人民教育出版社1961年版，第675页。

合计每周授课 34 小时。清末，江苏的初级师范学堂和女子师范学堂基本上按此规定开设课程。

1912 年 12 月，教育部在《师范学校规程》中规定了师范学校本科、预科应开设的课程及各科要旨，1913 年又公布了《师范学校课程标准》。江苏省行政公署教育司根据《规程》和《标准》，在《江苏省立师范学校学则》中具体规定了本省省立师范学校本科、预科、讲习科学科课程和教授时数。男子师范学校预科和本科第一部开设修身、教育、国文、习字、英语、历史、地理、数学、博物、物理化学、法制经济、图画、手工、农业或商业、乐歌、体操；每周教授时数预科为 32 学时，本科为 34—35 学时。本科第二部不开习字、英语、历史、地理、农业或商业；每周教授时数为 34 学时。女子师范学校预科和本科第一部开设修身、教育、国文、习字、历史、地理、数学、博物、物理化学、法制经济、图画、手工、家事园艺、缝纫、乐歌、体操，英语为选修课；每周教授时数预科为 30 学时，本科为 32—33 学时。本科第二部不开习字、历史、地理、家事园艺，也不开英语选修课；每周教授时数为 34 学时。师范学校附设讲习科和特别乙种讲习科，所开设的课程和内容都较本科第二部少。

各科学科课程和教授时数附后（见附表 1、2）。

1912 年 9 月，江苏省教育行政会议曾议决推广实业补习学校师资案一条，拟由省立各师范学校加设农业科或商业科，省行政公署教育司即致函各校令议办法。教育部颁发的《师范学校规程》中本科第一部（男校）开设的课程应加设农业、商业，"令学生选习之"，江苏省行政公署教育司又令各省立师范学校限期认定增设科目。各省立师范学校认定加课农、商各科情况如下：

江苏省立师范学校加课农、 商各科表

校　别	科　别	备　注
第一师范	农　业	俟农业办有头绪再设商业科
第二师范	商　业	
第三师范	商　业 农业中之蚕科	
第四师范	农　业	
第五师范	农　业	
第六师范	农　业	
第七师范	农　业	

以上课程设置的情况与清末比较有很大变化，即：取消了封建主义的读经讲经课；将英语设为男子师范学校的必修课，且课时较多；国文、数学、博物、理化等课程教学时数增多，所占比例较大；增开了乐歌、手工为必修课；增开农业或商业为选修课；理科课程的实验实习被列入了教学计划。此外，每周教授时数也较清末略有减少。

对于师范讲习所的课程设置，江苏省行政公署教育司颁布的甲、乙两种师范讲习所规程也作了规定：甲种师范讲习所开设修身、教育、国文、习字、历史、地理、算术、理科、图画、手工、音乐、体操，每周教授时数为 34 学时。乙种师范讲习所开设修身、教育、国文、算术、理科、图画、手工、音乐、体操，每周教授时数也为 34 学时。学科程度及教授时数附后（见附表 3）。

1916 年，袁世凯复辟帝制，教育界也刮起一股"尊孔""复古"风，教育部修改的《师范学校规程》恢复了"读经讲经"课程，并规定这门课程应选讲《论语》《孟子》《礼记》《春秋》《左传》等有关章节内容。因此，1916 年前后，江苏各师范学校又增

开了"读经讲经"课。但这门课在恢复开设的过程中，遭到了师生的不满和反对。例如如皋县立师范学校学生早在 1914 年就因反对读经而举行罢课，后遭政府弹压，学生季敦源等 7 人被开除学籍。

1922 年 11 月新学制公布以后，全国教育联合会组织了新学制课程标准起草委员会，于 1923 年 6 月公布了《新学制课程标准纲要》。《纲要》中规定，高中师范科和后期师范学校（即单独设置的二年或三年制师范）课程分为公共必修科目、师范专修科目和纯粹选修科目三部分，并实行学分制。江苏的中等师范学校按此《纲要》开设课程，情况如下：

1. 公共必修科目。有国语、外国语、人生哲学、社会问题、科学概论、体育、音乐等。共 68 学分。

2. 师范专修科目。分必修和选修两类。必修科目有心理学入门、教育心理、普通教学法、各科教学法、小学各科教材研究、教育测验与统计、小学校行政、教育原理、实习等，共 48 学分。选修科目又分为分组选修和教育选修，前者按文、理、艺术科目分组，后者则开教育史、乡村教育、职业教育概论、儿童心理、教育行政、图书馆管理法、幼稚教育、保育学等，任学生选修其中若干门。

3. 纯粹选修科目。由各校自定，学分也无限制。

1932 年，中等师范学校恢复独立设置。此时，国民政府为了在学校推行"三民主义教育"，除继续在高中和师范开设"公民"课外，并添设"军事训练（女生为军事看护）"课。公民课开 2 学年，每周 2 学时。军事训练则在新生入学后第一学年开设，每周 3 学时，还规定每年暑假要"连续施行三周极严格之军事训练"。自 1932 年起，江苏中等师范学校执行部颁教学计划，开设课程有公民、国文、历史、地理、数学、物理、化学、生物学、体育、卫生、军事训练、劳作、美术、音乐、论理学、教育概论、教育心理、教育测验及统计、小学教材及教学法、小学行政及实习等，共 20 门。全国抗战时期，很多学校外迁，开设课程常有变动。抗战结束，在国民党统治区的师范学校执行教育部于 1947 年颁发的教学计划修订稿，课程设置较抗战前无大变化。

晓庄学校开设的课程有着与一般师范学校不同的特点。1926年 12 月，该校在《试验乡村师范学校第一院简章草案》中规定，学校开设的课程分为五个部分，均按学分计。这些课程都遵循陶行知"教学做合一"的原则，即"教的法子根据学的法子，学的法子根据做的法子。事怎样做就怎样学，怎样学就怎样教"。这五个部分的课程为：

甲 中心学校活动教学做，共 30 学分。包括：（1）国语教学做，（2）公民教学做，（3）历史地理教学做，（4）算术教学做，（5）自然教学做，（6）园艺农事教学做，（7）体育教学做，（8）艺术教学做，（9）童子军教学做，（10）其他学生活动教学做。

乙 中心学校行政教学做，共 3 学分。包括：（1）整理校舍教学做，（2）布置校景教学做，（3）设备教学做，（4）卫生教学做，（5）教务教学做，（6）经济教学做。

丙 分任院务教学做，共 6 学分。包括：（1）文牍教学做，（2）会计教学做，（3）庶务教学做，（4）烹饪教学做，

（5）洒扫整理教学做，（6）缮写教学做，（7）招待教学做。

　　丁　征服天然环境教学做，共16学分。包括：（1）科学的农业教学做，（2）基本手工教学做，（3）卫生教学做，（4）其他教学做。

　　戊　改造社会环境教学做，共5学分。包括：（1）村自治教学做，（2）平民教育教学做，（3）合作组织教学做，（4）乡村生活调查教学做，（5）农民娱乐教学做。[①]

　　虽然晓庄学校存在时间不长，但陶行知的教育思想和晓庄学校的教学经验在江苏的乡村师范学校中产生很大影响。例如，江苏省立洛社乡村师范学校除语文、数学等文化课外，为培养学生具有为农村和农村小学服务的本领，开设了养蚕学、果树栽培、美工劳作、乡村教育等课程。江苏省立界首乡村师范学校开设有农业概要、作物学各论、园艺与蔬菜、林业等课程。1935年以后江苏的乡村师范学校和简易乡村师范学校执行国民政府教育部颁布的《修正师范学校规程》，乡村师范学校开设公民、体育、军事训练（军事看护及家事）、卫生、国文、算学、地理、历史、生物、化学、物理、论理学、劳作、美术、音乐、农业，及实习、农村经济及合作、水利概要、教育概要、教育心理、小学教材及教学法、小学行政、教育测验及统计、乡村教育及实习等课程。简易乡村师范学校除不开论理学，生物改为植物、动物外，其他大致相同。

---

① 陶知行：《中华教育改进社设立试验乡村师范学校第一院简章草案》，《新教育评论》1926年第3期，第14—15页。

（二）苏皖根据地课程设置特点

抗日战争时期，苏皖抗日根据地的师范学校根据中共中央关于教育工作所提出的"废除不急需与不必要的课程""教授战争所必要的课程"等指示，开设的课程分政治课、文化课、业务课三类。政治课（包括时事政治）占较大比重，主要是听形势报告，学习毛泽东、刘少奇等领导人的著作和社会发展简史、大众哲学以及报纸社论等。例如盐阜师范学校开设的课程有政治常识、根据地建设、行政工作与群众工作、中外历史、中外地理、自然（物理、化学和生物合并而成）、数学、新民主主义教育概论、教育心理、教育问题研究、实习、国文、音乐、军训、时事等，共计 15 门。为应付战争形势，除国文、音乐、军训、时事等外，其他课程常采取集中一段时间讲授的办法。在敌人"清乡"和"扫荡"时，各地师范学校改为"流动教学"，开设课程往往变动较大。

抗日战争胜利后，在 1946 年召开的华中宣教大会上，代表们曾讨论并制定了各级各类师范学校的课程标准。归纳如下：

1. 高级师范学校课程

课程设置总的比例是，业务课占 40％，政治课占 30％，文化课占 30％。开设的课程有时事政治、政治理论、中国农村问题研究、思想方法论、中国历史（近代史）、中国地理、世界历史、世界地理、国语、实用数学、实用自然、艺术、体育、新民主主义教育概论、国民教育各科教学法、教育史略、教育行政、心理学、实习与参观、研究实习中的问题、总结等。教学计划表附录于后（见附表4）。

2. 初级师范学校课程

课程设置总的比例与师范学校相同。开设的课程有：

（1）政治课：时事政治、政治常识、中国农村问题研究、中国历史（中国史话、中国近代革命史）、中国地理（本区域地理、解放区地理、全国地理概况）、世界史地。

（2）文化课：国语、实用数学、实用自然、艺术（音乐、美术、戏剧、舞蹈）、体育。

（3）业务课：与师范学校同，但不开教育史。

3. 简易师范科课程

简易师范科分甲、乙两种。

甲种简易师范科开设的课程有：

（1）政治课：开时事政治、民主建设两门。

（2）文化课：开国语、实用数学、实用自然（生产知识）三门。

（3）业务课：开新民主主义教育概论、教育问题研究、实习三门。

乙种简易师范科开设的课程有：

（1）政治课：政治概论、思想方法初步、时事政治。

（2）文化课：国语、实用算术、实用自然、中国史地、世界史地、艺术（包括农村文娱等课）、体育。

（3）业务课：新教育概论、教育心理、各科教学法、教育实习、实习参观总结。

4. 师资训练班课程

（1）政治课：时事政治、政治常识（包括中国政治讲话及民主建设一部分材料）。

（2）文化课：参考初级师范课程，根据各地小学教学的实际需要编订教材。

（3）业务课：与初级师范课程同。

5. 幼稚师范科课程

（1）政治课：时事政治、政治概论、世界史地、中国史地。

（2）文化课：国语、自然、医药卫生、音乐、舞蹈、游戏研究。

（3）业务课：新教育概论、幼稚教育概论、教育史略、儿童生理学、儿童心理学、幼儿教育教学法、实习。[1]

1948年10月，在全国解放战争取得胜利的新形势下，华中行政办事处召开的中等教育会议提出中等教育"要走向新民主主义正轨教育的道路"。为了提高学生的文化知识水平，规定师范学校政治课的比例占总课时的10%。

（三）新中国课程设置概况

1951年8月，第一次全国师范教育会议划定师范教育格局，会上讨论了各类师范学校的教学计划。按照全国统一的教学计划规定，解放初期江苏各地师范学校开设情况如下：

---

[1]《中等教育组总结节录》，《解放战争初期苏皖边区教育》，戴伯韬编，人民教育出版社1982年版，第114—122页。

师范学校开设的课程有语文及教学法（包括语文、语文教学法）、数学及算术教学法（包括算术教学法、代数、几何、三角）、物理、化学、达尔文理论基础、自然教材教法、地理及教学法（包括地理、地理教学法）、历史及教学法（包括历史、历史教学法）、政治（包括社会科学基础知识、共同纲领、时事政策）、心理学、教育学、学校卫生、体育及教学法（包括体育、体育教学法）、音乐及教学法（包括音乐、音乐教学法）、美术及教学法（包括美术、美术教学法）、参观实习等。三年教学总时数为 3 368 学时。

幼儿师范的课程与师范学校不同的是教育专业课程。幼儿师范开幼儿心理、幼儿教育、幼儿卫生及生活管理、认识环境教学法、语言教学法、计算教学法、体育教学法、音乐教学法、美工教学法。三年教学总时数为 3 400 学时。

初级师范不开达尔文理论基础和自然教材教法，改开自然及教学法（包括植物、动物、生理卫生、自然教学法）；不开社会科学基础知识，改开中国革命常识；其他课程门类均与师范学校相同。四年制初级师范教学总时数为 4 340 学时，三年制初级师范教学总时数为 3 418 学时。

师范速成班的课程门类较少，共开语文及教法，算术及教法，自然、地理、历史教材教法，政治（共同纲领、时事政策），心理学，教育学，以及体育、音乐、美术（均包括教学法），教学总时数为 1 088 学时。

以上教学计划在 1953 年和 1954 年连续作过修订。师范学校数学中减去了三角；化学增加矿物学称化学及矿物学，增开人体解剖生理学；地理开设中国经济地理和世界经济地理；历史开世

界近代史和中国近代史（历史、地理仍开教学法）。到 1955 年和
1956 年，又有以下一些较大变化：一是 1955 年暑假后，师范和
普通中学一样，语文课改为汉语、文学分科施教，直到 1958 年才
重新恢复语文课；二是 1956 年 2 月，江苏省教育厅发出通知，要
求师范学校实施基本生产技术教育，在教学计划中增设"工厂实
习及农业实习"课。

1957 年和 1958 年，江苏省教育厅参照教育部颁发的教学计
划，结合本省实际情况，部署了全省师范学校 1957—1958 学年度
和 1958—1959 学年度各个年级的教学计划。在 1957—1958 学年
度教学计划中，师范学校开设的课程有语文（汉语、文学分科）
及小学语文教学法、数学及小学算术教学法、物理学、化学、人
体解剖生理学、生物、地理、历史、政治、心理学、教育学、体
育、音乐和美术教学。在这一年的教学计划中，停开了地理、历
史、体育、音乐和美术教学法。在 1958—1959 学年度师范学校的
教学计划中，政治课改为社会主义课，人体解剖生理学改为生理
卫生学，生物学改为农业生物学，同时将生产劳动列入教学计
划。为了减轻学生的学习负担，各年级教学周时数和同时并进的
学科数都有所减少。到 1960 年，由于片面地强调提高师范学校的
文化科学水平，又停开心理学、小学语文教学法和小学算术教学
法。1961 年才重新恢复小学语文教学法，1962 年恢复小学数学
教学法。

1970 年以后，全省中等师范学校陆续恢复招生，承担培养初
中教师的任务，学生入学后，按文、理分专业进行教学，教学计
划由各校参照师范专科学校的教学计划自行安排。

1979 年，江苏中等师范学校恢复了培养小学教师的任务，

江苏省革委会教育局于当年拟订了两年制中等师范的教学计划。计划中各类课程的比例为：政治课占 7％，文化课占 60％，教育课占 13％，体育、艺术课占 20％。开设的课程有语文（包括文选及习作、语文基础知识、小学语文教材教法）、数学（包括数学、小学数学教材教法）、物理、化学、生物、历史、地理、教育心理、教育学、体育、音乐、美术。教学总时数为 1 953 学时。

1980 年 10 月，教育部下达了全国师范教育工作会议讨论通过的《中等师范学校教学计划试行草案》和《幼儿师范学校教学计划试行草案》。江苏全省中等师范学校三年制普师和幼师 1981 年度一年级新生全部执行部颁教学计划，其余年级逐步过渡。普师开设的课程有政治、语文、数学、物理学、化学、生物学、生理卫生学、历史、地理、心理学、教育学、小学语文教材教法、小学数学教材教法、小学自然常识教学法、体育及体育教学法、音乐及音乐教学法、美术及美术教学法等。幼师开设的课程有政治、语文、数学、物理学、化学、生物学、历史、地理、幼儿心理学、幼儿教育学、幼儿卫生学、语言常识教学法、计算教学法、体育及体育教学法、美工及美工教学法、音乐及音乐教学法、舞蹈等课程。招收高中生和小学民办教师的普师班的教学计划由省教育厅参照部颁三年制计划，在原有的二年制教学计划基础上拟订。

1983 年底，江苏省教育厅提出全省中等师范教育必须进行教育教学等方面的改革以后，至 1984 年 6 月，为了解决当时三年制中等师范课程门类过多、统得过死和学生负担过重等问题，让师范生更加主动地、生动活泼地学习，培养师范生的开拓创新精神、自学能力、动手能力和教育教学能力，省教育厅组织力量，在调查研究的基础上对教育部 1980 年颁发的三年制中等师范教学计划作了一次调整。修改后的教学计划，教学总时数从原计划的 3 131 学时减为 2 837 学时；周学时从原计划的每周 31 学时减为第一学年每周 30 学时，第二、三学年每周 28 学时。同时对有些课程的开设顺序、内容和学时作了变动，并在第三学年增设了选修课，共 56 学时。这份教学计划从 1984 年招收的一年级新生班级开始使用。教学计划（修订稿）附录于后（见附表 5）。

　　1986 年 4 月，省教育厅又组织修订了三年制幼儿师范的教学计划。修改后的教学计划，教学总时数从原计划的 3 131 学时减为 2 796 学时；周学时从原计划的每周 31 学时改为第一学年 32/31 学时，第二学年 29/30 学时，第三学年 29/24 学时。文化课、教育专业课、艺体课等各类课程的比重作了适当调整，主要是适当增加政治、语文的课时，减少理化的课时，艺体课的课时稍有增加；同时在基本保证教育学科课时的前提下，对开课顺序作了适当调整。教学计划（修订稿）附录于后（见附表 6）。

　　从 1984 年起，江苏试办五年制中等师范，对拟订五年制试点班的教学计划确定如下原则：（1）加强思想政治教育和师德教育，提高师范生的政治素质；（2）加强教育理论的教学和实践，使学生具有较为厚实的教育理论知识和较强的小学教育教学工作能力以及教学研究能力；（3）在文化知识方面，一方面加强语文学科的教学，达到专科水平，同时重视其他学科的教学，使学生具有较为广博的知识；（4）注重美育，提高学生的美育素养，促进学生身心健康发展；（5）压缩周学时，以利于开辟第二渠道，培养学生自学能力、动手能力和独立工作能力。

根据上述原则，省教育厅批准下达南通师范学校五年一贯制师范的教学计划，开设政治、语文（文选及习作、语文基础知识、说话训练）、数学、物理、化学、生物、生理卫生、历史、地理、逻辑学、电化教育基础及微电脑基础、心理学、教育学、小学语文教材教法、小学数学教材教法、体育、音乐、美术、英语。另开设选修课248学时。上述课程中，小学语文教材教法和小学数学教材教法两门课程均为一年必修，一年在两门中选修一门；音乐、美术两门课程均为三年必修，两年在两门中选修一门。教学总时数为4 435学时。

1985年，晓庄师范学校和无锡师范学校试行"三二分段"形式的五年制，两校教学计划参照上述原则，开设的必修课主要是政治、语文、数学、英语、体育、音乐、美术和教育专业课程。选修课则按文、理分科由两校拟订具体科目。如无锡师范学校文科开设的选修课有文学史、诗词欣赏、文学概论、古汉语、外国文学、历史、地理；理科开设的选修课有高等代数、微机程序设计、微机辅助教学、初等数论、电化教育、历史、地理。

1988年，国家教委下达新的教学方案。同年年底，江苏省教委按照新方案精神，制订并下达了江苏省中等师范学校新的教学计划，形成必修课、选修课、教育实践和课外活动有机结合的新的教学体系。新教学计划开设思想政治、语文、小学语文教材教法、数学、小学数学教材教法、物理学、化学、生物学（包括少年生理卫生）、历史、地理、小学心理学教程、小学教育学教程、体育、音乐、美术等必修课，教学总时数为2 693学时。另开选修课190—384学时，包括文化知识、教材教法、艺体、职业技术教育四类。另外，课外活动、劳动技术和教育实践均列入教学计划。

下为教学计划全文：

江苏省中等师范学校教学计划（试行）

一、培养目标

中等师范学校要坚持四项基本原则，主动适应社会主义现代化建设发展需要，培养学生热爱社会主义祖国，热爱中国共产党，热爱小学教育事业，初步树立马克思主义的基本观点，具有良好的社会公德和教师的职业道德，艰苦奋斗和求实创新的精神；使学生掌握从事小学教育教学的基本规律，具备一定的审美能力、初步的生产劳动知识和技能，养成良好的卫生习惯，具有健康的体魄，使他们成为合格的小学教师。

二、修业年限

三年。招收初中毕业和具有同等学力的社会青年。

三、教学计划（见附表7）

四、教育教学活动的安排

中等师范学校的教育教学活动，应根据国家教委《三年制中等师范学校教学方案（试行）》和本教学计划的规定，以及各地各校的实际需要和条件，作妥善的安排。

1. 必修课：

（1）必修的科目、课时及安排顺序原则上不得加以变动。如确因需要必须加以变动的，须经市教育局审核，报省教委批准。

（2）"小学思想品德课教材教法"根据需要确定为必修课程，各校在第三学年思想政治课中安排一定的时间讲授；历史、地理除分别讲授历史及地理外，为重视乡土知识的传授，还要讲授省编《江苏乡土志》《江苏乡土地理》的内容。"小学心理学教程"的安排，如学生接受有困难，可调整为从师一第二学期开设；劳动技术课要对学生进行劳动观点和小学劳动教育必备的生产、技术知识的教育，进行一定的技能训练，并培养学生的劳动习惯。劳动技术课根据内容及各校师资、设备条件的情况，或分散或集中使用。

2. 选修课：

（1）选修课的课时，由各校根据师资、教材、设备等方面的具体条件和当地小学教育发展的实际需要确定，三年中各年级的周课时下限为0、2、4，上限为2、4、6。

（2）选修课的具体科目可参照计划后的中等师范学校选修科目（见附表8）选定，所设科目必须让学生有选择的余地。选修课开设文化知识、小学各科教材教法、艺体和职业技术教育四类，每类至少选修一门。

（3）要加强对学生选修的指导，注意选修科目之间的有机联系，尽量做到对口配套，以便通过选修课学习，培养从事多种学科教学能力。

（4）各校确定的选修科目和教学时间，须经市教育局审核。

（5）选修课教学要有计划、有要求，对学生应考勤、考绩。

3. 课外活动：

（1）课外活动包括体育活动、班团活动和兴趣小组、讲座等形式。

（2）课外活动的时间，应根据必修课和选修课的每周总课时数，以及学生的负担，在 3 至 5 节之间，作统筹安排，既要使学生有必要的时间，又不要把一周的教育教学活动排得过满，以保证学生有一定的时间进行自习和自由活动。

（3）课外活动要结合学科教学内容和小学工作实际需要，有目的、有计划地安排，要根据自愿自主、灵活多样的原则，组织尽可能多的学生参加，各校要从实际出发，因地因校因人制宜，积极创造条件，逐步完善，形成体系。

4. 教育实践：

（1）各年级教育实践的时间，分别为二周、二周、六周。可以分散使用，也可以集中使用。

（2）一年级以参观、调查和参加小学的部分活动为主；二年级以教育教学的见习为主，也可组织少数学生试教；三年级以教育教学实习为主，可分成两次，分别到城镇小学和乡村小学实习，也可以集中一次到附属小学（实验小学）或定向分配地区的小学实习。

同年，江苏省教委普教局召开会议，讨论1984年江苏省教育厅转发的有关学校参照试行的、由晓庄师范学校拟订的中等师范学校音乐、美术、体育班教学计划，并在此基础上拟订了新的教学计划，下达相关学校参照执行（见附表 9、10、11）。

附表 1

民国时期江苏省立师范学校教学计划表（1913 年颁布）

第一表（男子师范学校）

学科	每周时数	预科	每周时数	本科第一学年	每周时数	本科第二学年	每周时数	本科第三学年	每周时数	本科第四学年	备注
修身	二	持躬处世 待人之道 演习礼仪法	二（+1）	对国家之责务 对社会之责务 演习礼仪法	一	对家族及自己责务 对人类及万有之责务	一	伦理学大要 教授方法	一	伦理学大要 本国道德之特色	
教育					三（一1）	心理学大要 论理学大要	四	教育理论 教授法 保育法	一二（+1）	教育史 教育制度 学校管理 学校卫生 教授实习 三（+1） 九	
国文	一〇	讲读 作文	五	讲读 作文 文字源流	四	讲读 作文 文法要略	三	讲读 作文 教授方法	二	讲读 作文	
习字	二	楷书 行书	二	楷书 行书	一	行书 草书 黑板练习	一（+1）	同前学年 教授方法			
英语	四	发音、拼字、读法、译解、默写、习字	五	读法、译解、造句、会话、文法	五	读法、译解、会话、作文、文法	四	读法、译解、会话、作文、文法	三	读法、译解、会话、文法、文学要略	

续 表

学科	每周时数（预科）	预科	每周时数（本科第一学年）	本科第一学年	每周时数（本科第二学年）	本科第二学年	每周时数（本科第三学年）	本科第三学年	每周时数（本科第四学年）	本科第四学年	备注
历史			二	本国史	二	本国史 外国史	二	外国史 教授方法			
地理			二	地理概论 本国地理	二	本国地理 外国地理	二	外国地理概论 自然地理概论 人文地理 教授方法			
数学	六	算术	四	算术 簿记 代数	三	代数 平面几何	二	代数 平面几何 教授方法	二	立体几何 平三角大要	
博物			三	植物 动物 实验、实习	二	动物 生理及卫生 实验、实习	二	矿物 地质学大要 实验 教授方法			（部颁计划未开实验、实习）
物理 化学			三	物理 化学 实验、实习	三	物理、化学 实验	三	物理、化学 实验 教授方法	二	物理、化学 实验	（部颁计划未实习）
法制 经济									二	法制大要 经济大要	
图画	二	写生画 临画 意匠画	三	写生画、临画 意匠画、几何画 黑板画练习	二	同前学年	二	同前学年 教授方法	二	写生画 意匠画 黑板画练习	（部颁计划第四学年 开美术史，省颁计划 未开）
手工			二	竹细工 木工	二	木工 黏土石膏细工	二	小学校各种 细工 教授方法	二	黏土石膏细工 金工	本科第一、二学年图 画、手工每周共三 学时

续表

学科	预科	每周时数	本科第一学年	每周时数	本科第二学年	每周时数	本科第三学年	每周时数	本科第四学年	每周时数	备注
农业或商业							栽培、土壤肥料、农具 教授方法 商业要项 商业算术 商业簿记 教授方法	三（一-1）	蚕桑、畜牧 森林 农业制造 农业经济 商业簿记 商业地理 商品	三	
乐歌	基本练习 歌曲	二	同前学年 乐典	二	同前学年 乐器用法	一	同前学年 教授方法	一	乐典、歌曲 乐器用法	一	
体操	普通体操 游戏 兵式体操	四	同前学年	四	同前学年	四	同前学年 教授方法	四	普通体操 游戏 兵式体操	三（一-1）	
合计		三二		三四（十1）		三四（一-1）		三五		三五	

注：括号内教学系对照教育部颁教学计划的学时增减数。

第二表（女子师范学校）

学科	每周时数	预科	每周时数	本科第一学年	每周时数	本科第二学年	每周时数	本科第三学年	每周时数	本科第四学年	备注
修身	二	持躬处世 待人之道 演习礼仪法	二（十1）	对国家之责务 对社会之责务 演习礼仪法	一	对家族及自己之责务 对人类及万有之责务	一	伦理学大要 教授方法	一	伦理学大要 本国道德之特色	
教育					三	心理学大要 论理学大要	四	教育理论 教授法 保育法	一 二（十1） 三 九	教育史 教育制度 ⎤ 学校卫生 ⎦ 学校管理 ⎤ 教授实习 ⎦	
国文	一〇	讲读 作文	六	讲读 作文 文字源流	四	讲读 作文 文法要略	三（十1）	讲读 作文 教授方法	三	讲读 作文	
习字	二	楷书 行书	二	楷书 行书	一	行书 草书 黑板练习	一（十1）	同前学年 教授方法			
历史	二	本国史	二	本国史	二（一1）	本国史 外国史	二	外国史 教授方法			
地理	二	地理概论 本国地理	二	地理概论 本国地理	二	本国地理 外国地理	二（一1）	外国地理 自然地理概论 人文地理概论 教授方法			

续　表

学科	每周时数	预科	每周时数	本科第一学年	每周时数	本科第二学年	每周时数	本科第三学年	每周时数	本科第四学年	备注
数学	五	算术	三	算术 代数	三	代数 平面几何	三（一）	代数 平面几何 教授方法	二	平面几何 立体几何	教育部颁发的计划中图画手工为一门课程，本科第一、第二学年均为三学时。
博物			三	植物 动物 实验、实习	二	动物 生理及卫生 实验、实习	二	矿物 地质学大要 实验、实习 教授方法			
物理 化学					二（一）	物理、化学 实验	三	物理、化学 实验 教授方法	二（一）	物理、化学 实验	
法制 经济									二	法制大要 经济大要	
图画	二	写生画 临画 意匠画	二	写生画、临画 意匠画 几何画 黑板画练习	二	同前学年	三	同前学年 教授方法	四（十一）	写生画 意匠画 黑板画练习	
手工	二	竹细工 编物 造花	二	竹细工 编物 造花	二	编物、造花 刺绣 黏土石膏细工 小学校各种细工	三	刺绣摘棉等 简单之木金细工 教授方法	四（十一）	刺绣摘棉等 简单之木金细工	

续 表

学科	每周时数	预科	每周时数	本科第一学年	每周时数	本科第二学年	每周时数	本科第三学年	每周时数	本科第四学年	备注
家事园艺	四	初步技术之练习	三（一1）		三（十1）		三（十1）	家事整理卫生 饮食物之调理 实习（洗、濯、烹任等）蔬果花木等之培养法 庭园构造法 教授方法 实习	三（一1）	侍病、育儿 经理家产 家事记簿记 实习（洗、濯、烹任、救急疗法等）同前学年 实习	
缝纫		普通布衣类之缝法裁法补缀法	同前学年		普通布衣类之缝法裁法补缀法	二	普通丝衣类之缝法裁法缀法 教授方法	三（十1）	普通丝衣类之裁法补缀法	二		
乐歌	二	基本练习 歌曲	同前学年 乐典	二	同前学年 乐器用法	三	同前学年 教授方法	一	乐典、歌曲	一		
体操	三	普通体操 游戏	同前学年	三	同前学年	三	同前学年 教授方法	三	普通体操 游戏	二		
英语	（三）	发音、拼字、读法、译解、默写习字	读法、译解、默写、造句、会话、文法	（三）	读法、译解、会话、文法、作文	（三）	读法、译解、会话、文法 教授方法	（三）	读法、译解、会话、作文、文法	（三）		
合计	三〇（三三）		三二（三五）		三二（三五）		三三（三六）		三三（三六）			

备考：手工科之造花刺绣视地方情形得缺之。

本科第二部课程及教授时数

第一表（男子）

学科目	每周教授时数	程度
修身	二	道德之要领　演习礼仪法　教授法
教育	七	心理　论理　教育理论　教授法　保育法　近世教育史　教育制度　学校管理法　学校卫生　历史地理教授法
	八	教育实习
国文	二	讲读　作文　文法　教授法
数学	二	算术　簿记　教授法
博物	一	补习　实验　教授法
物理化学	二	补习　实验　教授法
法制经济	二	法制及经济之大要
图画	一	写生画　意匠画　黑板练习　教授法
手工	二	小学校各种细工　材料及工具之用法　教授法

第二表（女子）

学科目	每周教授时数	程度
修身	二	道德之要领　演习礼仪法　教授法
教育	七	心理　论理　教育理论　教授法　保育法　近世教育史　教育制度　学校管理法　学校卫生　历史地理教授法
	六	教育实习
国文	二	讲读　作文　文法　教授法
数学	二	算术　簿记　教授法
博物	一	补习　实验　教授法
物理化学	二	补习　实验　教授法
法制经济	二	法制及经济之大要
缝纫	二	普通衣服之缝法　裁法补缀法　教授法
图画	一	写生画　意匠画　黑板练习　教授法

续　表

第一表（男子）

学科目	每周教授时数	程度
乐　歌	二	乐典大意　基本练习　歌曲　乐器用法　教授法
体　操	三	普通体操　游戏　兵式体操　教授法
合　计	三四	

第二表（女子）

学科目	每周教授时数	程度
手　工	二	小学校各种细工　材料及工具之用法　教授法
乐　歌	二	乐典大意　基本练习　歌曲　乐器用法　教授法
体　操	三	普通体操　游戏　教授法
合　计	三四	

附表2

师范学校附设甲种讲习科之学科程度及每周教授时数表

学科目	每周时数	第一学年	每周时数	第二学年
修身	二	国民道德之要领　演习礼仪法	一	同前学年
教育	三	心理学大要　教育原理	三、四	教授法及管理法之大要　教育实习
国文	六	讲读　文法　作文　习字	五	同前学年
习字	一	楷书　行书　黑板练习	一	同前学年
历史	二	本国历史之大要	二	同前学年
地理	二	本国地理之大要	二	本国地理及外国地理之大要
算术	五	整数　分数　小数　诸等数	四	百分算　比例　求积　珠算（加减乘除）
理科	四	博物及物理化学之大要	四	同前学年
图画	二	临画　写生画　意匠画　黑板练习	二	同前学年
手工	二	小学校各种细工	二	同前学年
乐歌	二	单音唱歌　乐典大要　乐器用法	二	同前学年
体操	三	普通体操　游戏　兵式体操	三	同前学年
合计	三四		三五	

抄录时附注：教育科目第二学年时的分配如下。

1. 第一学期，教授法及管理法之大要三学时；
2. 第二学期，教育实习四学时。

师范学校附设乙种讲习科之学科程度及每周教授时数表

学科目	每周教授时数	程　度
修　身	二	国民道德之要领　　　演习礼仪法
教　育	四	心理学大要　　　　　教育原理 教授法及管理法之大要
	二	教育实习
国　文	六	讲读　　作文
习　字	一	楷书　　行书　　黑板练习
算　术	六	整数　　分数　　小数　　诸等数　　百分算 比例　　求积　　珠算（加减乘除）
理　科	四	博物理化之大要
图　画	二	临画　　写生画　　黑板练习
手　工	二	小学校各种细工
乐　歌	二	单音唱歌　乐器用法
体　操	三	普通体操　游戏　　兵式体操
合　计	三四	

附表3

甲种师范讲习所之学科程度及每周授课时数

学科目	第一学年	每周时数	第二学年	每周时数
修　身	国民道德之要领	二	同前	一
教　育	教育原理、教授法	四	教授法、管理法大要	二
			教育实习	四
国　文	普通文之讲读、文法、作文	六	同前	五
习　字	楷书	一	行书、黑板练习	一
历　史	本国历史之大要	二	同前	二
地　理	本国地理之大要	二	同前	二
算　术	整数、分数、小数、诸等数	四	百分算、比例、求积	四
			珠算（加减乘除）	
理　科	博物及物理化学之大要	四	同前	四
图　画	自在画	二	同前	二
手　工	手工之大要	二	同前	二
音　乐	唱歌、乐器使用法	二	同前	二
体　操	普通体操、游戏、兵式体操	三	同前	三
合　计		三十四		三十四

乙种师范讲习所之学科程度及每周教授时数

学科目	第一学年第一学期	第一学年第二学期	第二学年	每周时数
修身	国民道德之要领	同前	同前	二
教育	教育原理 教授法	教授法 管理法	教育实习	八
国文	普通应用文之讲读 作文 习字	同前	同前	六
算术	整数 分数 小数	诸等数 百分算 比例	求积 珠算（加减乘除）	五
理科	博物理化之大要	同前	同前	四
图画	自在画	同前	同前	二
手工	手工之大要	同前	同前	二
音乐	唱歌	唱歌 乐器使用法	同前	二
体操	普通体操 游戏 兵式体操	同前	同前	三
合计				

附表 4

1946 年华中宣教大会上规定的师范学校开设课程表

课程	时数				总计
	第一学期	第二学期	第三学期	第四学期	
1. 时事政治	40	40			80
2. 政治概论		60			60
3. 中国农村问题研究			40		40
4. 思想方法论			20		20
5. 中国历史（近代史）	40	40			80
6. 中国地理	40				40
7. 世界历史			40		40
8. 世界地理			20		20
9. 国语	100	80	80		260
10. 实用数学	80				80
11. 实用自然	80	40			120
12. 艺术	40	40	40		120
13. 体育	40	80	80		200
14. 新民主主义教育概论		40			40
15. 国民教育各科教学法			40		40
16. 教育史略			40		40
17. 教育行政			40		40
18. 心理学			40		40
19. 实习与参观				3 个月	3 个月
20. 研究实习中的问题				1 个月	1 个月
21. 总结				1 个月	1 个月
总计	460	420	480	5 个月	

注：每学期以 5 个月计算，每天上课 4 小时。

附表 5

江苏省三年制中等师范学校教学计划表（1984 年 7 月）

科目		周课时			上课总时数
		第一学年	第二学年	第三学年	
政治		2	2	2	202
语文	文选和写作	4	4	4	642
	语文基础知识	3	2		
	小学语文教材教法			2	
数学	代数与初等函数	3	3		474
	几何	2	2		
	小学数学教材教法			4	
物理学		3	3		210
化学		2	2		140
生物学		3			108
生理卫生		2			72
历史				3	93
地理				3	93
心理学			2		68
教育学			3		102
体育及小学体育教学法		2	2	3	233
音乐及小学音乐教学法		2	（3）	（3）	60＋（168）
美术及小学美术教学法		2	（3）	（3）	60＋（168）
电化教育基础				2	56
选修				2	56
每周上课总时数		30	28	28	2 837
每学年上课周数		36	34	31	
教育实习周数			2	6	
生产劳动周数		2	2		

附表6

江苏省三年制幼儿师范学校教学计划表（1986年6月）

科目	周课时			上课总时数	各科占总时数百分比
	第一学年	第二学年	第三学年		
政治	2	2	2	190	6.8
语文	6	6	5	540	19.31
数学	4	4		260	9.3
物理	3			99	3.54
化学	3/2			83	2.97
生物		3		96	3.43
电教		2/		38	1.36
历史			2	60	2.15
地理			2	60	2.15
幼儿心理学		3		96	3.43
幼儿教育学		/3	3/	96	3.43
幼儿卫生学	3			99	3.54
幼儿语言教学法			2/	38	1.36
幼儿计算教学法			2/	32	1.14
幼儿常识教学法			/2	28	1.00
音乐及幼儿音乐教学法	4	4	4	360	13.6
体育及幼儿体育教学法	2	2	3	220	7.87
美术及幼儿美术教学法	3	2	3	253	9.04
舞蹈	2	1	1	128	4.58
总计				2 796	100
每周上课时数	32/31	29/30	29/24		
每学年上课周数	33	32	30		
教育实习/周	1	2	6	324	每天按6课时计算
劳动技术教育/周	2	2		144	

附表7

江苏省中等师范学校教学计划表（1988年）

科目	周课时			授课总课时
	第一学年	第二学年	第三学年	
思想政治	2	2	2	194
语文	6	6	4	520
小学语文教材教法			2	62
数学	5	5		330
小学数学教材教法			3	93
物理学	3	2		165
化学	2	2		132
生物学（包括少年儿童生理卫生）	4			132
历史		2	2	128
地理		2	2	128
小学心理学教程	3			99
小学教育学教程		2	2	128
体育	2	2	2	194
音乐	2	2	2	194
美术	2	2	2	194
周总课时	31	29	23	2 693
选修课	0—2	2—4	4—6	190—384
课外活动	3—5	3—5	3—5	291—485
周活动总量	34—38	34—38	30—34	
劳动技术/周	2	2		4
教育实践/周	2	2	6	10
机动/周	1	1	1	3
复习考试/周	2	2	2	6
全年上课周数	33	33	31	97
学年总周数	40	40	40	120

附表 8

中等师范学校选修课科目参照表

科目举例			周课时		
			第一学年	第二学年	第三常年
文化知识	人际关系学	名著赏析	1	1	2
	时文选读	实用文写作			
	逻辑代数	微机基础			
	现代科技	美学常识			
	中外教育史话	小学教育科研方法			
	陶行知教育思想研究	英语			
教材教法	小学自然教材教法	小学史地教材教法		1	1
	小学音乐教材教法	小学美术教材教法			
	小学体育教材教法	小学英语教材教法			
艺体	音乐技能技巧训练	美术技能技巧训练	1	1	2
	体育技能技巧训练				
职业技术教育	电化教育	口语训练		1	1
	农业生产技术	小学教具制作			
周总课时			0—2	2—4	4—6

附表 9

江苏省中等师范学校音乐班
课程设置与课时安排分配表（1988 年）

科目		课时						上课总课时	占总课时的百分比
		第一学年		第二学年		第三学年			
		一	二	一	二	一	二		
文化教育专业课	政治	2	2	2	2	2	2	192	50.24
	文选	4	4	4	4	4	4	384	
	语基	2	2	2	2			132	
	历史			2	2	2		94	
	地理	2	2					68	
	生理	1	1					34	
	自然概要	2	2					68	
	体育	2	2	2	2	2	2	192	
	美术	2	2	2	2			132	
	心理学			2	2			64	
	教育学					2	2	60	
	小学音乐教学法					2	2	60	
音乐专业课	音乐理论	2	2	2	2	2	2	192	46.43
	视唱练耳	3	3	3	3			198	
	合唱	3	3	3	3	2	2	226	
	欣赏	2	2	2	2	2	2	192	
	钢琴（小组课）	1	1	1	1	2 （含即兴伴奏大课）	2	126	
	手风琴（小组课）					1	1	30	
	声乐（小组课）			1	1	1	1	62	
指挥						1	1	30	
舞蹈		2	2	2	2	2	2	192	
器乐合奏						2	2	60	
艺术实践						2	2	60	
选修课		1	1	2	2			98	3.33
每周总课时		31	31	31	31	31	29	2 946	100
劳动技术课（含军训）		1周	1周	1周	1周	1周			
教育见实习		1周		2周		6周			

附表 10

江苏省中等师范学校体育班
课程设置与课时安排分配表（1988 年）

科目		课时 第一学年 一	第一学年 二	第二学年 一	第二学年 二	第三学年 一	第三学年 二	上课总课时	占总课时的百分比
文化教育专业课	政治	2	2	2	2	2	2	192	42.60
	语文	6	6	4	4	4	4	452	
	数学	4	4	2	2			204	
	物理	2	2	2				102	
	史地					2	2	56	
	音乐			2				34	
	美术				2			34	
	心理学	2	2		2			102	
	教育学			2	2			68	
体育专业课	体育理论及小学			2	2	2	2	124	55.28
	体育教学法								
	运动解剖	2	2					68	
	运动生理			4	2			102	
	运动保健					4	2	90	
	体育统计					2		56	
	身体锻炼方法					2		56	
	体育游戏					2	2	56	
	舞蹈			2	2			68	
	田径	4	4	4	4	选修课共8教时		272	
	球类	4	4	2	4			238	
	体操	4	4	2	2—			204	
	游泳							224	
	武术					2	2	56	
选修课				1	1	1	1	62	2.12
每周总课时		30	30	30	30	31	29	2 920	100
劳动技术教育（含军训）		1 周	1 周	1 周	1 周	1 周			
教育见实习					1 周	2 周	6 周		

说明：第三学年的田径、球类、体操及游泳不单独安排课时，各校可根据具体情况安排几次的选修或必修，每周为 8 个教时。有条件开游泳教学的学校可把游泳安排在第二学年教学，教时可作适当调整。

附表 11

江苏省中等师范学校美术班
课程设置与课时安排分配表（1988 年）

科目		课时					上课总课时	占总课时的百分比
		第一学年		第二学年		第三学年		
		一	二	一	二	一	二		
文化教育专业课	政治	2	2	2	2	2	2	192	43.85
	语文	6	6	4	4	4	4	452	
	历史	3	3					102	
	地理			2	2			64	
	生理卫生	2	2					68	
	音乐					1	1	30	
	体育	2	2	2	2	2	2	192	
	心理学			2	2			64	
	教育学					2	2	60	
	小学美术教学法					2	2	60	
美术专业课	美术鉴赏	1	1	1	1			66	54.03
	文艺常识					1	1	30	
	素描	8	8	8				400	
	色彩			6	6	6	5	357	
	国画			6	6	5	261		
	书法印章	1	1	1	1			66	
	图案	5	5	2	2			234	
	手工				3	4	4	168	
选修课				1	1	1	1	62	2.12
每周总课时		30	30	31	32	31	29	2 928	100
艺术实践					1.5周	1.5周			
劳动技术教育（含军训）		1周	1周	1周	1周	1周			
教育见实习		1周		2周		6周			

四、 教材、教学方法、教育实习

（一）清末

清末，《奏定初级师范学堂章程》规定"各种学科，务以官定之教科书为讲授之本"。如，作为当时重要课程的"修身"课，主要摘讲陈宏谋的《五种遗规》，即《养正遗规》《训俗遗规》《教女遗规》《从政遗规》和《在官法戒录》。"读经讲经"，则主要讲读《春秋左传》《周礼》两部经书。女子师范学堂的修身课则规定讲《列女传》《女诫》《女训》《女孝经》等书。

清政府还组织编写了一批尚处空白状态的师范学校专业课教材。1909 年，商务印书馆出版《教育史》《学校管理法》《教育学》《心理学》《伦理学》《学校卫生》等书，供各师范学堂使用。江苏的师范学堂教师也曾编著和翻译了一些教材，如中国近代学者、曾在通州民立师范学校和江苏师范学堂任教的王国维，于 1907 年重译了丹麦 H. 赫夫丁著的《心理学概论》，并将其列为师范学堂课本。通州师范学校的顾怡生在该校主讲论理学课程时，于 1911 年编译了《论理学》教本，1915 年又编著师范教本《心理学》，两书均由中华书局出版。据顾怡生在《开校时的几个回忆》一文中所述，通州民立师范开校第一天，由学生班长发给书籍，"计有日文读本及文法人各六册，《日本新辞林》一册，《汉文典》一册，画图器一副，曲线板、平行板、三角板、丁字尺各一件。汉文典系日人著作，由上海教育世界出版社出版。当时文法书除《马氏文通》仅此一种"。①

其时，江苏的师范学堂在教学工作中已注意理论联系实际，张謇要求学生"知实践、务合群、增阅历，练能力"，他认为"学问兼理论与阅历乃成，一面研究，一面践履，正求学问补不足之法"。② 1905 年，张謇因博物教学之需，在校内兴建植物园，次年扩为博物苑。后又辟农场，作为学生实习农业之用。校内建立了工科教室、农科教室，学生分工、农两组进行实习。张謇还亲自带领学生植树造林，称为学校林。江苏师范学堂的罗振玉和王国维也都主张理论与实践并重，办学期间，聘请有真才实学的日本教习多人，在教学内容和教学方法上多有改进。

根据师范教育培养师资的特点，清末江苏的师范学堂还很重视教育实习。张謇认为："将欲行之，必先习之，有课本之学习，必应有实地之经验。"③ 因而于 1906 年初创办了附属小学，聘请日人教习木村忠治郎负责实习指导。张謇要求学生实习"必备方案于未习之前，更加评论于既习之后"，因此建立了实习批评会制，印有《教生实习教授评案》等。创立南通女子师范学校后，张謇又在《通州女师范校第一次本科实习教授评案序》中强调师范学校教育实习的重要性："凡毕业（于）我师范学校者，最终一学期，必就附属小学实习教授。"又写道："师范数载之教养，备战具也，修战术也；附属小学之实习，战事之经历也；方案

---

① 顾怡生：《开校时的几个回忆》(1934年)，《教育家顾怡生诗文选集》，陆文蔚等编，江苏古籍出版社1991年版，第134页。

② 张謇：《致师范缪文功、李远衡、顾公毅函》，《张謇全集》(第4卷)，曹从坡主编，江苏古籍出版社1994年版，第101页。

③ 张謇：《运河工程局就职宣言》，《张謇全集》(第2卷)，曹从坡主编，江苏古籍出版社1994年版，第453页。

者，作战之计划也；评论者，使识其胜负原因之果何在也。"[1] 为了使学生实习农村教育，1920 年，张謇又在垦牧乡兴建了通州师范学校第二附小。

此时，江苏的中等师范学校已开始为农村培养单级小学教师，即复式教学。张謇即主张在农村多设单级小学，因此，他要求师范生应掌握复式教学方法。另一位对单级小学的研究、倡导和实施作出更为突出贡献的是无锡人侯鸿鉴。侯鸿鉴曾就读于上海南洋公学师范院，后与顾倬同往日本宏文师范学院学习，毕业回国后在无锡陆续创办了单级小学、竞志女学、速成师范等学校。为了推行单级小学，侯鸿鉴多方设法培养师资，他于 1905 年创办的私立竞志女学本是一所单级小学，该校建立后，采取师范、中学和小学混合编制，小学部有单式、复式之分，且有完全单级一教室，供师范生实习之用。

（二）民国时期

民国时期，教育部在 1916 年 1 月颁布的《修正师范学校规程》曾规定："师范学校教科用图书，由校长就教育部审订图书内择用之。"[2] 实行新学制后，师范学校所使用的教材主要为商务印书馆、中华书局、世界书局等出版的新学制各科教科书，但江苏的相当一部分师范学校中，教学水平较高的教师都自己编选教

---

[1] 张謇：《通州女师范校第一次本科实习教授评案序》，《张季子九录·教育录卷三》，张孝若编，上海书店1931年版，第11页。
[2] 《教育法令：修正师范学校规程（一月八日批准，附表）》，《中华教育界》1916年第2期，第11页。

材。例如著名学者朱东润在私立通州师范学校教授英文时所采用的课本为《林肯传》《天方夜谭》等书。通州师范学校的语文、历史、地理教师如张梅安、何簣庵等人亦大多自编讲义。江苏省立第三师范学校所用的教材，80％为教师自编印发的讲义，而物理、化学教材则全用英文原版书。

1932 年以后，一些进步教师对于政府当局的《教科图书审查规程》（1929 年 1 月 22 日公布），以及教育部反复重申的各中学及师范学校教科书须一律采用审订本，其未经审订者概不准采用的规定采取了强烈抵制的态度。如通州师范学校语文教师李素伯于 1933 年至 1937 年间在该校任教时，即坚决抵制教育部的规定，从不使用全国统一的"审订教材"，而采用开明书店、北新书局的活页文选作为教材，其所选篇章包括古今中外名作，尤以五四运动以后进步的白话文作品为主。另一位语文教师李也止也选用《北新文选》，且常油印鲁迅、巴金、夏衍等人的作品发给学生。他们的行动受到广大学生的支持，对于启发学生的政治觉悟、提高学生的语文水平都起到积极作用。

江苏的几所省立师范学校和省代用师范学校在学生所掌握知识和技能方面都有着较高、较严格的要求。以江苏省立第三师范学校为例，校长顾倬对国文尤为重视，提出国文为各科之基本学科，要求学生人人要学好国文，同时各科成绩也要合格，毕业后能胜任小学各科教学，且有一二科之专长。他物色聘请了一批水平很高的教师，对学生严要求、严训练。学校设有各科课外研究小组，指定教师专任指导。顾倬还鼓励毕业生同母校教师通讯研究教学问题，并在寒暑假召集毕业生回校听讲座，设函授语文学社，发行校友会丛刊，介绍适合小学教师阅读的论文著作等，还设立了巡回讲演台和指导员，到各县小学讲演和指导，以不断提高三师毕业生的水平。

江苏的乡村师范学校坚持理论联系实际，教学工作具有一定的乡村师范特色。例如，1933 年创办的江苏省石湖乡村师范学校，在校长武海楼的倡导下，按照"教学做合一"的原则，开设了乡村师范的各门课程，一方面注重语文和数学两门基础课，另一方面又让学生多接触实际，在校内办了农场、织布厂等作为学生参加生产劳动的基地。武海楼也常和师生一道挖沟凿地，建设校园。又如江苏省立界首乡村师范学校为使培养的学生能够适应乡村生活和乡村教育的需要，在学校辟有实验农场，还有桑园、菜地、苗圃、花圃、鱼池、藕塘，并养了耕牛、猪、鸡、鸭、鹅等。农副业基地都有专人负责管理，学生劳动结束要记载成绩。为了培养学生的农村工作多方面能力，学校还在校外办了民众学校、民众茶园、民众医院、民众问学代笔处、巡回演讲队等。各类社会活动都由学校专门设立的社会活动指导部指导。江苏省洛社乡村师范学校结合学习乡村教育的理论，要求学生利用假期，将家乡的一所祠堂或庙宇改建成小学校舍，并画成平面图。教了养蚕学和果树栽培，又要求学生在学校蚕室养好一季蚕，在学校果园学做治虫、施肥、整枝和疏果等。学校还重视艺术教育，培养学生艺术的兴趣和艺术教育的能力。

关于中等师范学校的教育实习，民国初年的《师范学校课程标准》曾规定本科第一部在第四学年每周开设 9 学时。实行新学制后，高中师范科的教育实习被列为必修科目，20 学分。1933年国民政府颁布的《师范学校规程》中，师范学校和乡村师范学校的教育实习均安排在第三学年，师范学校为第一学期每周 9 学时，第二学期每周 12 学时；乡村师范学校为第一学期每周 3 学时，第二学期每周 18 学时。其后屡有变动，到抗日战争时，曾定为第一学期 7 学时，第二学期 11 学时。江苏的师范学校对学生教育实习一贯较重视。如江苏省立第三师范学校于建校后两年即兴建附属小学，顾倬认为："附小之优劣，有关师范教育之成败。"因此，他在筹建附小时，曾派附小首任主事唐闰生去日本考察，三师附小的房屋布局与结构即以日本东京师范附小为蓝本。顾倬提出附小有三大任务："（1）实施初等教育，造就良好之儿童；（2）指导师范生之实习，以培植小学师资；（3）为地方小学之中心，提挈小学教员共同进取。"① 1920 年后，又将附小范围扩大，分为普通班、职业班两部分。省立三师从首届毕业生开始，各届学生在毕业前都要到附小实习 10 个星期，后来还将毕业生派回家乡的学校试教。实习结束后在教师指导下组织学生去南京、上海、杭州等地小学参观见习。学生实习成绩不及格不得毕业。三师还办有义务小学一所，后改为简易小学，吸收附近失学青少年入学，一年办五期，由师范二年级学生轮流任教，简易小学校的教务和事务工作都由师范学生担任。这一做法使学生得以经常参加教育实践，得益不少。又如江苏省立界首乡村师范学校的教育实习安排在第三、第四学年，实习场所除在附设的三所不同类型的小学——界首附小（农村集镇单班和复式完小）、卢村附小（农村复式完小）、紫英山附小（农村复式单班初小）外，还安排到县内外一般农村小学。

---

① 顾倬：《义务教育之言论：师范附属小学应与小学教员共同研究》，《义务教育》1923年第15期，第2页。

（三）苏皖抗日根据地

苏皖抗日根据地的师范学校贯彻教育为抗日战争服务、教育与生产劳动相结合的方针，在教学内容、方法、教材等方面都根据当时战争和生产的实际需要安排，创造了许多宝贵的经验。例如，盐阜师范学校在教学中特别强调民主自觉，凡学校工作计划和各科教学计划都在学生中进行讨论，征求学生的意见，讨论的过程同时也是发动群众、启发学生自觉的过程。所用教材主要靠教师自编解决，要求能理论联系实际，学以致用。该校编写的《国文（下）》教材，全书共 26 课。政论文有斯大林的《论列宁》、邹韬奋的《对国事的呼吁》、续范亭的《寄山西土皇帝阎锡山的一封五千言书》、解放日报社论《庆祝欧洲反法西斯战争胜利结束》等。记人叙事和反映本地区人民革命斗争方面的文章有朱德的《母亲的回忆》、季军的《中国人民的儿子——蔡邦道》、沙岛飞的《伤亡簿上的第一名》、于之洲的《刘桂英是一朵大红花》等。新闻、通讯及写作知识方面有《怎样写新闻与通讯》《怎样办黑板报》等。学校强调书本知识要和实际斗争相联系，如政治课组织学生访贫问苦，自然学课组织学生参加校内外生产劳动。学校办了农场和工厂作为学生参加生产劳动的基地。教学方法则注重启发学生学习的积极性，采取讲授辅以自学和小组讨论的方式进行授课。

盐阜师范学校的课外活动原本就很活跃。1944 年 2 月，盐阜区行署曾发布《为改进本地区中等教育给各校的指示信》，指出"为进一步开展与充实现有中等教育，使其更适合新民主主义之需要"，"各校应重视抗建活动"，并指出抗建活动是构成整个课程的一部分，和过去的课外活动不同。抗建活动包括各项学术研究会，配合各个时期的政治任务进行社会活动，举行各种竞赛会，组织各种文化娱乐活动和辩论会，举办各种展览会，进行生产劳动，参观工厂和军队，以及请校外或校内人士作专题报告等。盐阜师范学校贯彻这一指示信的精神，积极组织学生参加民兵及地方自卫活动，配合中心工作开展宣传，参加实验学校的各项工作，组织剧团、秧歌队等开展群众文艺活动，出版墙报、黑板报等。这些活动培养和提高了学生的实际工作能力。当时，苏皖抗日根据地很多师范学校的做法皆是如此，如泰兴乡村师范学校也积极组织学生参加动员参军、"二五"减租、征收公粮、拥军优属等工作，当地开展冬学运动时，则将学生分到附近农村为农民夜校上文化课、讲时事政治、教唱革命歌曲等。

在战争环境中，学校经常进行"流动教学"。江苏省泰兴师范学校所写《"抗大"式的泰兴乡师》一文中，记叙了泰兴乡师当时进行流动教学的情况："学校就常常转移、分散、行军。搬迁时少则十里，二十里，多则四五十里。有时还要悄悄地穿过敌人的封锁线、据点。……为了适应动荡不定的环境，学校生活实行了军事化。同学们以班级为单位，选出了班长、排长。规定每天早起就都要把自己的衣物打成背包，准备应付突如其来的紧急情况，好随时转移。一到了安全地带，放下活动桌凳，不论在田头、地边，还是墓地、庙宇，又是书声琅琅，歌声嘹亮。"[1] 又如江都简易师范于 1943 年 7 月正式开学后，因敌伪扫荡频繁，从

---

① 泰兴师范学校：《"抗大式"的泰兴乡师》，《江苏教育史志资料》1990年第1期，第34页。

1943 年冬到 1945 年初夏，曾三次通过敌人封锁线向通扬运河大转移，在敌后坚持教学工作三年，培养了一批青年干部和教师。

根据地的师范学校在战争环境中仍然重视学生的教育实习。盐阜师范学校提出："师范以村学为中心，村学怎么办，师范就应该训练师范生怎么办村学，掌握些什么知识和能力。"该校建校初期即在阜宁县张庄办了实验小学，校长陆维特亲自兼任实验小学校长，又在各个县办了实验小学。盐阜师范学校学生从进校第一学期就安排教育实习，毕业前要进行毕业实习。又如泰兴县乡村师范学校（即南乡师）和北乡师都设有附属小学作为师范生实习基地。朱严师范学校从筹建到停办，不过一年多时间，但在建校之初就同时成立了朱严师范附小。

（四）新中国成立以后

解放初期，南京市和苏南、苏北的中等师范学校，在党和政府的领导下，积极慎重地对课程、教材等进行初步改革，取消国民党时期设置的"公民""军事训练"等课程，增设政治课，同时加强了时事政策的学习。1951 年 8 月教育部召开全国初等教育和师范教育会议以后，江苏的中等师范学校试行《中等师范学校暂行规程》，执行全国统一的教学计划，贯彻中央和华东局下达的"教学工作是学校压倒一切的中心任务"的指示。在"教师的主要任务是教学，学生的主要任务是学习"的要求之下，广大师范学校教师认真备课教课，学生努力刻苦学习。

1954 年，教育部着重编写教育学、心理学等专业课教材，于 1956 年正式出版了师范学校各科教学大纲和教材，江苏的中等师范学校自 1954 年至 1958 年一直使用这套教材。1952 年下半年起，全省中等师范学校教师学习苏联凯洛夫的《教育学》，积极改进教学，在课堂教学中运用五个教学原则，按照五个教学环节组织教学，同时推行五级记分法。各科教学注意面向小学和幼儿园教学实际，加强基本功训练，注重教材教法课程和教育实习。这一段时期，江苏的中等师范学校教学秩序稳定，教育质量有显著提高。

但到 1958 年下半年，师生参加大炼钢铁运动，教学工作基本上停顿。在教育大革命中，很多学校提出在教师指导下由学生上课，并不再使用原有教材，而改由师生自编，或对原有教材进行大幅度删减。这些做法使师范学校的教学质量明显下降。1958 年 12 月 22 日，中共中央批准教育部党组《关于教育问题的几个建议》，对全日制学校的教学与劳动时间的安排提出了具体意见，其中规定高中为 8 小时（最多不超过 10 小时）。1959 年 1 月，省委发出通知，要求各级党组织立即根据中央批转教育部党组《关于教育问题的几个建议》，全面妥善地安排教学、劳动和休息时间。此后，遵照教育部党组的意见和中共江苏省委的通知精神，各地师范学校教学秩序恢复正常。1961 年，教育部委托 13 个省、市分工制订和编写全国通用的中等师范学校教学大纲和教材，由江苏主编的部分语文课本后由人民教育出版社出版。

1980 年 6 月，教育部召开全国师范教育工作会议，会后印发的《中等师范学校规程（试行草案）》中重新确定了中等师范学校必须贯彻以教学为主、全面安排学校工作、教学工作必须贯彻理论与实际相结合和面向小学或幼儿园等原则。江苏省教育厅于同年 10 月转发了《规程》和教育部同时下达的《关于办好中等师范教育的意见》。此后，江苏的中等师范学校普遍重视加强基础知识的教学和基本技能的训练。1982 年 5 月，省政府教育卫生办公室召开全省师范教育工作座谈会，重新学习 1980 年全国师范教育工作会议文件，端正办学方向，研究如何遵循师范教育规律，提高教育质量。省教育厅在会后印发的《关于中等师范教育工作的回顾和今后工作的意见》中，提出全省师范学校"要全面贯彻党的教育方针，按照师范学校的特点，面向小学，努力提高教育质量"。为此，不仅要特别注重思想政治教育和专业思想教育，而且要加强基础知识的教学和基本技能的训练。《意见》强调，要按照《中等师范学校规程（试行草案）》中所指出的，特别加强语文、数学两门学科的教学，对学生严格要求、严格训练。同时，也要注意加强对学生进行体育、音乐、美术等方面技能技巧的训练，培养师范生从事小学教育的多种才能。还要努力提高教育学、心理学、教材教法课的教学质量。要求通过三年的教学，使学生掌握比较宽广的文化科学知识和专业知识，同时掌握分析教材、进行课堂教学、批改作业、写评语、制作教具、写黑板字以及实验操作、开展课外文体活动等多方面的技能技巧。还要学会汉语拼音和普通话，毕业后能用普通话教学。

为了加强基础知识教学和基本技能训练，江苏省教育厅于 1981 年和 1982 年先后召开中等师范学校语文教学座谈会和数学教学座谈会，拟订《江苏省中等师范学校学生语文学习规格要求》和《江苏省中等师范学校学生数学学习规格要求》，印发各校参考使用。上述两门学科的学习规格是以师范生能胜任小学语文和小学数学教学为目标，从知识和能力两个方面提出的。在两个"要求"的基础上，全省师范学校努力提高教学质量，取得较好成效。在加强基础知识教学的同时，学校普遍狠抓基本功训练。如南京晓庄师范学校从 1981 年起即拟订了师范生必须掌握的十项基本功，包括识字、朗读、说话、写字、运算、编写教案、实验操作，及音乐、体育、美术等方面的基本技能，规定了每项基本功的内容、标准和检查方式，分期分批检查过关，不合格者要补考。其后，很多学校还分年度、分学期地制定出具体要求，基本功检查不合格者必须补考，补考不及格者不得参加毕业实习。

1983 年，在省教育厅提出中等师范学校必须在教育教学等方面加以改革的要求以后，有的学校增设了说话课、形体课，有的学校改革课堂教学方法和考试方法，更多的学校开辟第二课堂，大力开展课外活动以开阔视野、丰富知识，培养学生多方面的兴趣、才干和能力。省教育厅从 1985 年起，开始定期举办全省中等师范学校学生优秀美术作品评选活动、全省中等师范学校学生田径运动会和音乐、舞蹈调演等。1985 年 4 月，江苏省教育厅下达《关于改革中等师范教育的意见》后，省教育厅组织全省中等师范学校开展合格小学教师规格要求和中等师范学校培养目标的调查研究。南通师范学校是省教育厅确定的进行全面改革的学校之一，在对教学进行局部改革的基础上进行了整体改革，形成了新的教学模式。新的教学模式以课堂教学为主渠道，选修课、小课、讲座、兴趣小组与社团活动、竞赛活动等为辅助渠道，见习、实习等实践活动为汇合渠道。该校几年的实践说明这一探索已有一定成绩。

1978 年以后，江苏中等师范学校所使用的教材有过几次变动。

1979 年办二年制师范时，为应教学急需，当时的省革委会教育局先转发了教育部《关于介绍一批中等师范学校教材供各地选用的通知》，由各校根据通知中所附目录选定所需教材；同年组织力量编写了语文、数学、物理、化学四门学科的教学大纲，印发各校参照试行。1980 年初，省教育局又委托南京晓庄师范学校和无锡师范学校编写了《小学语文教材教法》和《小学数学教材教法》两本书，作为内部发行教材使用。其他教材如《文选及习作》《语文基础知识》《代数》《几何》《三角》等，则规定与当时省编的小学教师进修教材通用。

1980 年全国师范教育工作会议以后，教育部编写了中师各科教学大纲和四年制中等师范教材。江苏全省三年制中等师范遂开始使用部编的教学大纲和四年制师范教材。同时，省教育厅组织力量，根据江苏省修订后的三年制师范教学计划，拟订了语文、数学、物理、化学、生物、心理学 6 门课程使用四年制师范教材的意见，印发各校参考。

1984 年下半年，由于很多学校反映使用四年制教材困难较大，省教育厅决定组织本省中等师范学校教师编写三年制师范教材。当时确定这套教材的编写原则是：按照党的教育方针，体现改革精神，突出师范性，具有本省特点，并有利于提高师范教育质量，有利于把师范生培养成为德、智、体全面发展的优秀小学教师。编写工作自 1984 年 10 月开始进行，至 1986 年已出齐语文、数学、物理、化学、历史、地理 6 门课程共 23 册教材，供全省中等师范学校使用。1988 年，省教育厅又组织编写了《江苏乡土历史》《江苏乡土地理》两本教材，从 1989 年春季起在三年级学生中开始使用。1988 年，国家教委下达教学新方案后，江苏省教委根据本省中等师范学校师资、设备等条件，同时结合本省经济和社会发展的需要，组织编写了 16 门学科的选修课教学纲要，并根据纲要逐步编写选修课教材。

至于幼儿师范的教材，教育部在 1980 年制订幼儿师范学校教学计划以后，即以北京、天津、上海的幼师为主，吸收其他幼师参加，并借助部分高师院校的力量，编写了一套全国通用的幼儿师范学校试用教材。江苏幼儿师范学校（后为南京师范大学附属幼儿师范学校）参加编写了《幼儿教育学》《美术及幼儿园美工教学法》等教材。这套教材于 1981 年以后陆续出版，全省各幼儿师范学校均使用这套教材。

随着教育教学改革的深入开展，教育实习也得到了进一步加强。新中国成立后 17 年间，江苏各师范学校按照 1952 年师范学校和幼儿师范教学计划的规定，把日常的教育参观实习在第二学年每周安排 1 学时，在第三学年每周安排 2 学时，两学年的实习均与教育学及各科教学法密切配合进行。第三学年下学期安排 4 周的参观实习，系业务课教学总结性的参观实习，一般均集中一次进行。20 世纪 60 年代后期一段时期教育实习不被重视，附属小学也都脱离了师范学校，不再作为师范学校的实习基地。1980 年 6 月，全国师范教育工作会议重申中等师范学校的任务是培养小学或幼儿园师资，指出必须重视教育实习，使学生在实习过程中在政治上、思想上和业务上获得全面的锻炼。8 月印发的《中等师范学校规程（试行草案）》中增加了教育实习的内容，明确教育实习（包括见习）是中等师范学校专业教育的重要组成部分，教育实习的目的是："（1）印证和检验学生学得的文化科学知识、专业知识和技能，并通过实践加以巩固和提高；（2）通过教育实习，使学生在政治上、思想上、业务上得到全面锻炼，培养独立工作能力（包括教学能力和班主任工作能力）；（3）使师范生接触儿童、了解儿童、熟悉儿童、热爱儿童，巩固献身于小学教育事业的专业思想；（4）通过实习，进一步改革师范学校的教育教学工作。"①《规程（试行草案）》同时规定教育实习的内容应包括教学工作、班主任工作、少先队工作、课外辅导及家长工作等。

同时下达的《中等师范学校教学计划（试行草案）》规定教育实习包括平时的参观见习和毕业实习，三年制师范和幼儿师范的教育实习共安排 8 周，其中毕业实习不少于 4 周。1982 年江苏省教育厅印发《关于中等师范学校教育工作的回顾和今后工作的意见》，重申要按照《中等师范学校规程》的规定，重视和组织好教育实习。同时，针对当时一些师范学校尚未确定附属小学的情况，提出一定要办好附属小学，明确"附小是中等师范学校进行教育实习和见习的基地，又是进行教育科学实验的基地，要按照实验小学的要求认真办好附小。附小的师资、经费和设备等均应按照实验小学的要求配备。中师可以选留优秀的毕业生在附小任教"。文件还要求尚未确定附小的师范学校，一定要在 1982 年内解决。

1984 年以后，在全省中等师范学校教育教学改革全面开展的过程中，大多数中师建立了附小—实习学校—挂钩学校的见、实习基地网络，并逐步将网络扩展到农村小学，让中师学生接触农村小学教育教学实际，经受多方面的锻炼，为将来毕业后分配到

---

① 《中等师范学校规程（试行草案）》，《师范教育文件选编（1980—1987年）》，国家教育委员会师范教育司编，东北师范大学出版社1989年版，第373—374页。

农村小学任教做准备。在实习的安排上，很多学校做到了"长流水、不断线"，学生从入学第一年起就接触小学，一般是一年级进行教学观摩活动，二年级开始见习或与小学挂钩，三年级分上、下两学期集中实习。实习时间也较过去增多，集中实习多为6周。1986年，江苏省接受国家教委委托，由如皋师范学校牵头，制订《中等师范学校教育实习大纲（试行草案）》；并根据《教育实习大纲（试行草案）》的要求组成编写组，由如皋师范学校校长、特级教师顾敦沂担任主编，编写《中等师范学校教育实习指导书》，作为通用教材由人民教育出版社出版，供全国中等师范学校使用。

五、德育

（一）封建色彩浓厚的晚清德育

《重订学堂章程折》中有这样几句话："至于立学宗旨，无论何等学堂，均以忠孝为本，以中国经史之学为基。俾学生心术一归于纯正，而后以西学瀹其智识，练其艺能，务期他日成材，各适实用，以仰副国家造就通才、慎防流弊之意。"[①] 同时颁布的《学务纲要》中则更具体地写道："从幼童入初等小学堂始，为教员者，于讲授功课时务须随时指导，晓之以尊亲之义，纳之于规矩之中。一切邪说诐词，严拒力斥，使学生他日成就，无论为士为农为工为商，均上知爱国，下足立身，始不负朝廷兴学之意。

---

①《重订学堂章程折》（湖北学务处本），《中国近代教育史资料》（上册），舒新成编，人民教育出版社1961年版，第197页。

外国学堂于智育、体育外，尤重德育，中外固无二理也。"① 上述两段关于办学宗旨的叙述，清楚表明晚清政府对当时兴办的"新学"重视德育的目的所在和浓厚的封建色彩。

清政府对师范生的德育尤为重视，有很严格的要求。《奏定初级师范学堂章程》中特别提出以下五条德育方面的要求：

1. 变化学生气质，激发学生精神，砥砺学生志操，在充教员者最为重要之务；故教师范者务当化导各生，养成其良善高明之性情，使不萌邪妄卑鄙之念。

2. 尊君亲亲，人伦之首，立国之纲；必须常以忠孝大义训勉各生，使其趣向端正，心性纯良。

3. 孔孟为中国立教之宗，师范教育务须恪遵经训，阐发要义，万不可稍悖其旨，创为异说。

4. 国民之智愚贤否，实关国家之强弱盛衰；师范生将来有教育国民之重任，当激发其爱国志气，使知学成以后必当勤学诲人，以尽报效国家之义务。

5. 膺师范之任者，必当敦品养德，循礼奉法，言动威仪足为模楷；故教师范者宜勉各生以谨言慎行，贵庄重而戒轻佻，尚和平而忌暴戾。②

对于女子师范学校的学生则更以封建礼教严加管束。《女子

---

① 《学务纲要》（湖北学务处本），《中国近代教育史资料》（上册），舒新成编，人民教育出版社1961年版，第199页。

② 《奏定初级师范学堂章程》（湖北学务处本），《中国近代教育史资料》（中册），舒新成编，人民教育出版社1961年版，第675—676页。

师范学堂章程》规定，对女师范生"务时勉以贞静、顺良、慈淑、端俭诸美德。总期不背中国向来之礼教，与懿媺之风俗。其一切放纵自由之僻说（如不谨男女之辨，及自行择配，或为政治上之集会演说等事），务须严加屏除，以维风化"①。

初级师范学堂和女子师范学堂对学生灌输封建思想的主要渠道是"修身"和"读经讲经"两门课程。清政府在《学务纲要》中特别强调："若学堂不读经书，则是尧、舜、禹、汤、文、武、周公、孔子之道，所谓三纲五常者尽行废绝，中国必不能立国矣。"② 因此，"读经讲经"在各门课程中学时最多。江苏的男子师范学堂按照当时规定，一般每星期安排读经 6 个钟点，讲经 3 个钟点，又在自习时间安排温经 3 个钟点，讲授内容为《春秋左传》和《周礼》两经。另再开设"修身"课，摘讲陈宏谋的《五种遗规》。女子师范学堂只开设"修身课"，选讲《列女传》《女孝经》等，也有的以讲四书为主。

清政府一方面通过"修身"和"读经讲经"对学生灌输封建礼教思想，另一方面制定了《各学堂管理通则》《学堂禁令章程》等，对学生的日常行为加以限制管束。1907 年，清廷发布上谕，宣称学生"不准干预国家政治及离经叛道、联盟纠众立会演说等事，若有违犯，学生和教员一并重处，决不姑宽"。对女子师范学校学生的管理则事无巨细，严加约束。如规定："教习管理员及学生之亲族，有因事来堂者，须先经总理监督察验属实，始准在外面客厅接见；若非亲族，一概不准在学堂接见。"又规定：

---

① 《女子师范学堂章程·学科程度章第二》，《中国近代教育史资料》（下册），舒新成编，人民教育出版社1961年版，第812页。
② 《学务纲要》（湖北学务处本），《中国近代教育史资料》（上册），舒新成编，人民教育出版社1961年版，第203页。

"女师范生皆须住堂，不得任意外出。其星期及因事请假者，必须家人来接，方令其行。"甚至规定女学生的服装"尤不宜规抚西装，徒存形式，贻讥大雅"，等等。①

不过，从江苏的师范学堂来看，由于有些学校的创办人思想比较开明，德育实施虽保留封建主义的色彩，却有着一些不同于封建统治阶级的主张和做法。例如张謇在创办通州民立师范学校时，就主张师范生首先要有立志救国的理想和抱负。他在《师范学校开校演说》中阐述他创办师范学校的宗旨时说："中国今日，国势衰弱极矣！国望亏损极矣！……欲雪其耻而不讲求学问，则无资；欲求学问而不求普及国民之教育，则无与；欲教育普及国民而不求师，则无导；故立学须从小学始，尤须先从师范始。"他要求师范生："诸君诸君！须是将'天下一家，中国一人。民吾同胞，物吾与也'之道理，人人胸中各自理会；须是将'先知觉后知，先觉觉后觉'之责任，人人肩上各自担起。"②他冀望学生开拓胸襟，立定志愿，求人之长，成己之用，不妄自菲薄，不妄自尊大，忠实不欺，坚苦自立，成就通师学风。1909年，"坚苦自立，忠实不欺"遂定为通州民立师范学校校训。张謇主张对师范生要严格要求，曾说："范者，法也，模也。学为人师，而不可不法"；"今日能行，异日能守，是为师范之结果"。他亲任学校总理、校长十三年，为建立南通师范学校良好的校风、学风奠定了基础。

---

① 《女子师范学堂章程·监督教习管理员章第五》，《中国近代教育史资料》（中册），舒新成编，人民教育出版社1961年版，第818页。

② 张謇：《师范学校开校演说》，《张季子九录·教育录卷一》，张孝若编，上海书店1931年版，第16—17页。

（二）不同阶段、不同阶层各具特点的民国德育

1. 蔡元培提倡道德教育和美感教育

辛亥革命后，蔡元培就任南京临时政府教育总长，立即着手对旧教育进行改革。师范学校废除了读经讲经。1912 年 9 月，教育部公布《教育宗旨》，否定清末公布的"忠君、尊孔、尚公、尚武、尚实"的旧宗旨，提出"注重道德教育，以实利教育、军国民教育辅之，更以美感教育完成其道德"① 的反映资产阶级民主革命思想的新宗旨。对于道德教育，蔡元培解释道："何为公民道德？曰法兰西之革命也，所标揭者，曰自由、平等、亲爱。道德之要旨，尽于是矣。"② 至于美感教育，实际上就是美育。蔡元培认为美育对于人的道德起着重要的作用。在新教育宗旨的思想指导下，1912 年 12 月公布的《师范学校规程》，对德育提出了新的要求和内容。

具体规定为："陶冶性情，锻炼意志，为充任教员者之要务，故宜使学生富于美感，勇于德行。爱国家，尊法宪，为充任教员者之要务，故宜使学生明建国之本原，践国民之职分。独立博爱，为充任教员者之要务，故宜使学生尊品格而重自治，爱人道而尚大公。国民教育，趋重实际，故宜使学生明现今之大势，察社会之情形，实事求是，为生利之人，而勿为分利之人。世界观

---

① 《教育部公布教育宗旨令》（中华民国元年九月初二日），《教育杂志》1912年第7期，第5页。

② 《教育部总长蔡元培对于新教育之意见》，《中华教育界》1912年第2期，第5—6页。

与人生观，为精神教育之本，故宜使学生究心哲理而具高尚之志趣。"①

2. 袁世凯复活晚清政府旧教育宗旨

以上关于德育的要求和内容较清末所颁《奏定初级师范学堂章程》中所提出的要求有了明显不同，然而未及贯彻，师范学校的"读经"课重又恢复。1915 年 1 月，时任中华民国大总统的袁世凯亲自颁定的《教育要旨》归纳了爱国、尚武、崇实、法孔孟、重自治、戒贪争、戒躁进七项，实质上是清政府旧教育宗旨的复活。此后，一直到 1919 年爆发了中国人民反对帝国主义、封建主义的五四爱国运动，广大师范学校的学生才开始从封建主义思想的禁锢中解放出来。

3. 南京国民政府以"三民主义"为德育宗旨

1927 年，南京国民政府提出"三民主义为中华民国教育之根本原则"，特别强调"师范教育为实现三民主义的国民教育之本源"，"必须以最适宜之科学教育，及最严格之身心训练，养成一般国民道德上、学术上最健全之师资为主要之任务"。根据这个宗旨，在《师范学校规程》中特别加了"训育"一章，对师范生实施严格的思想控制和生活管理，并规定"师范学校校长及全体教员均负训育责任"。1932 年 7 月，国民政府行政院公布《整顿教育令》，其中写道："至于学生管理方针，亦决力矫宿弊，不可姑息放任，以逢长少数分子之嚣张。实行严格监督，以维持多数

①《教育部部令第三十四号(中华民国元年十二月初十日：师范学校规程)》，《政府公报》1912年第227期，第3页。

学生之安定。"提出对屡犯校规、言行越轨者要分别惩戒甚至开除，对"违犯法律，或企图作大规模之破坏行动者，则授权当地军警，严厉制止"等。[1] 这一时期，师范学校公民课一度改为党义课，并设纪念周，每逢星期一课前举行纪念周活动，师生需立正集体背诵"总理遗嘱"。

全国抗战爆发后，江苏大部分地区沦陷，流亡的江苏省政府在其所办的几所临时师范学校贯彻《战时各级教育实施方案纲要》，对学生施以"严格主义"的管理。日伪占领地区则对学生灌输奴化思想，妄图扼杀民族意识。抗战胜利后，国民政府教育部于1947年公布《修正师范学校规程》，江苏省境内国民党统治区的师范学校均执行这一《规程》。其中"训育"一章的内容与过去所颁并无不同之处。此时期很多学校建立了国民党、三青团组织，它们在校内通过公民课、军训课和各种活动宣扬"一个党（国民党）、一个主义（三民主义）、一个领袖（蒋介石）"，向学生竭力灌输独裁专制意识，并严密监视广大师生的思想行动，使很多进步师生遭受迫害。

4. 中师教育工作者对德育的主张与实践

民国时期，江苏中等师范学校学生思想教育所受到的影响还来自另一方面，那便是学校中广大的教育工作者，特别是一些具有进步思想的教育工作者。他们热心于教育事业，有着为教育事业献身的精神；热爱青年一代，爱护新生力量的健康成长；勤勤恳恳，认真负责，言传身教，以身作则。正是这样一支队伍的努

---

[1]《行政院整顿教育令》，《中华教育界》1932年第6期，第141—142页。

力，使得师范生受到了较好的爱国主义教育，培养出一大批有用人才。其中不少人走上了革命道路。

江苏省立第三师范学校的创办人顾倬十分重视师范学校的思想品德教育。他定"弘毅"为校训，其源于《论语》中"士不可以不弘毅，任重而道远"这句话——弘在于博学多闻，毅在于坚韧不拔。顾倬的品德教育大纲是淡荣利、耐劳苦、守纪律；其德为身体力行、谨小慎微、刻苦诚笃、黜华崇实、自动自治而尤重自治。其教育原则是以身作则，要求教职员言行一致，成为学生的表率。[①] 在教育方法上，他一方面重视培养学生的自治能力，提倡学生自治，另一方面又建立起一套严格的管理制度。例如学生的自修室、宿舍都推行由高一级学生推选一人管理低一级学生的制度，学校环境卫生规定都由学生打扫，师范生平日要穿校服、布鞋等。就这样，省立三师逐渐形成了"学习认真、纪律严明、生活俭朴、整洁卫生、安心小学教育、工作负责热情"的独特校风。学校以治学严、学风好在省内外享有较高声誉。1920年，教育部颁发了"教衍东林"的匾额予以表彰。

任诚是江苏省立第五师范学校校长，从 1913 年起直至 1927 年五师与江苏省立第八中学合并为江苏省立扬州中学为止，担任该校校长职务共十五年。他每天早晨 6 时到校，晚 10 时待学生就寝后才离校回家；一日三餐与学生同桌共食，十五年如一日。任诚曾于清末留学日本，加入孙中山领导的同盟会，后来又赴欧美考察。一方面，他的思想开明民主，常延请当时不同流派、不同观点的名人学者来校讲学，鼓励学生自由组合出壁报、组织社

---

① 张正三：《顾述之与省立第三师范学校》，《无锡文史资料》（第 16 辑），中国人民政治协
　商会议江苏省无锡市委员会文史资料研究委员会编印，1987年4月，第18页。

团、开展争论、参预政事，学生思想很活跃。另一方面，他治校又很严谨，每天早晨要在教学大楼前集合行升旗礼，升旗礼毕向师生讲话，从国内外大事到学生言行，都是他讲话的内容。任诚离校时曾赠学生小影，在题词中有"教育建国，责在何人？愿诸同学，奋发牺牲，自强互勉，努力前程"等语句。其言传身教对学生影响很大。

全国抗战开始时，私立通州师范学校在一度停课后复课，校长于敬之在开学典礼上动员大家坚持抗日，坚持上课。南通沦陷后，为坚守民族气节，坚持抗战教育，于敬之和教务主任顾怡生，教师尤慎铭、曹勋阁、曹风南、王绍筏、胡履之等共商，毅然将学校迁到南通县海复镇农村，在十分艰苦的条件下继续办学，一直坚持到抗战胜利。于、顾等几位先生都已年近六十，仍和学生共同战斗、生活在一起。顾怡生还常在课余时间和教师们深入到散居农民家中的学生中间，了解他们的思想和生活状况，鼓励他们艰苦奋斗，努力学习。顾怡生反对国民党在学校的法西斯统治。抗战前，私立通州师范学校在镇江集中军训时，顾曾亲笔写信给学生，教导学生"何者应同，何者应独，须善自处之，不可随波逐流"，启发学生明辨是非，提高觉悟。

还有一些教师，如江苏省立第三女子师范学校教员吴亚鲁（共产党员），1923 年至 1925 年间在省立三女师教国文、哲学、教育心理学、伦理学等课程，并兼任第三班级主任。省立三女师当时的状况是"校规严紧，学生无反抗性，大部时间花在手工劳动、图画、家事上面"（吴亚鲁写给中国社会主义青年团中央的报告中语）。吴亚鲁在课堂上一有机会就宣传马列主义；课外广泛接触学生，和个别学生谈心，介绍学生阅读《新青年》《向导》

等进步刊物。他还陆续组织了学生会、妇女协会、平民夜校等。夜校的教师多由三女师的学生担任，吴亚鲁自己也常到夜校讲课。在他的教育引导下，三女师不少学生提高了觉悟，走上了革命道路。又如私立通州师范学校国文教员李素伯在任教期间，通过语文教学大量选讲鲁迅等进步作家的作品，介绍《中学生》《文学》《生活书刊》等刊物给学生阅读。"一二·九"运动时，他和学生一起参加示威游行，受到国民党特务的监视和威胁，他写诗明志以示抗议。这些教师通过教学工作和自己的表率作用教书育人，尤其在对师范生进行思想教育的工作方面取得很好成效。

陶行知关于德育的主张，最早于1926年11月21日他在中华教育改进社特约乡村教师研究会上的演讲——《我们的信条》中得以体现："我们从事乡村教育的同志，要把我们整个的心献给我们三万万四千万的农民。我们向着农民'烧心香'。我们心里要充满那农民的甘苦。……我们必须有一个'农民甘苦化的心'才配为农民服务，才配担负改造乡村生活的新使命。"[1] 因此，他在创办晓庄学校以后，提出了"捧着一颗心来，不带半根草去"两句话。他解释说："晓庄是从这样的爱心出来的，晓庄可毁，爱不可灭。晓庄一天有这爱，则晓庄一天不可毁。倘使这爱没有了，则虽称为晓庄，其实不是晓庄。爱之所在即晓庄之所在。"这就是陶行知要求乡村教师应具有的思想境界和理想情操，也是他在晓庄学校实施德育的具体目标和首要内容。

陶行知一贯反对教育与训育分家。1926年，他在《南京中等

---

[1] 陶行知：《我们的信条》，《陶行知教育思想理论和实践》，中国陶行知研究会编，安徽教育出版社1991年版，第258页。

学校训育研究会》一文中指出："训育上还有个最不幸的事体，这事就是教育与训育分家……殊不知学习知识与修养品行是受同一学习心理定律之支配的，我们如果强为分家必致自相矛盾。"[①] 1930年3月，陶行知在主持晓庄学校成立三周年的纪念活动时发表《晓庄三岁敬告同志书》，他说："生活教育的要求是：整个的生活要有整个的教育。每个活动都要有目标，有计划，有方法，有工具，有指导，有考核。知识与品行分不开；思想与行为分不开；课内与课外分不开；做人、做事与读书分不开；即教育、训育分不开。"[②] 他创办的晓庄学校就是以乡村中心学校的生活为训练的中心，通过所设的五个部分的课程实行"教学做合一"，对学生进行教育与训育不分家的教育。

江苏几所乡村师范学校在陶行知教育思想的影响下，学校的思想教育工作也都具有乡村师范的特色。洛社乡村师范学校的新生入学时要带锄头、镰刀，被誉为"锄头精神"；运河简易乡师的校门两侧悬挂着"耕读一室，得天下英才而教；弦歌四起，树乡村文化之基"。石湖乡师的教室墙上写着"乡村是我们的乐园，农民是我们的好友"。

石湖乡师校长武海楼从建校时起四年多时间一直单身住在学校，和学校师生同吃同住同劳动。他亲自为石湖乡师作校歌，其中有"读书求知，服务为怀，愿成为有用之英才。自强自治，自尊自爱，更毋忘国家之兴衰。披荆棘，斩草莱，将农村重安排。启农人智，除农人灾，化育农村，责任在吾侪"之词。石湖乡师

---

① 陶知行：《南京中等学校训育研究会》，《新教育评论》1926年第23期，第4页。
② 陶行知：《晓庄三岁敬告同志书》，《陶行知教育思想理论和实践》，中国陶行知研究会编，安徽教育出版社1991年版，第283页。

每到 9 月 18 日，总要举行国耻纪念仪式，武海楼亲自对学生讲述"九一八"事变经过，有时吟诵岳飞的《满江红》和文天祥的《正气歌》，还请书法家写了"还我河山"四个大字挂在校门之上。全国抗战开始后不久，石湖乡师被迫解散，在他的影响下，绝大多数学生抱着抗日救国的热情，投身到民族解放的事业中去。

（三）苏皖革命根据地

1. 注重对学生进行思想政治教育

抗日战争和解放战争时期，苏皖革命根据地的师范学校根据中国共产党提出的抗战教育和新民主主义教育的方针，在党的直接领导下，十分重视对学生的思想政治教育。1946 年华中宣教大会讨论制定的师范学校教学计划，曾规定高级师范部（即中师）的第一、第二阶段着重于政治教育与文化教育，第三、第四阶段着重于业务教育与思想教育。对学生的思想政治教育的核心是进行革命的人生观教育。盐阜师范学校校长陆维特曾说："当前，我们的任务是帮助学生树立革命的人生观。只有这样，他们才能确立远大理想，坚决跟党走，不怕艰苦，不怕流血牺牲。"

政治课是学校对学生进行思想政治教育的主要渠道。盐阜师范学校的政治课开设社会发展史和中国革命基本问题两门课程。泰兴县乡村师范学校的政治课主要讲毛泽东的《中国革命和中国共产党》《论持久战》《抗日游击战争的战略问题》《新民主主义论》等。华中宣教大会拟定的师范学校教学计划，规定政治课包括时事政策、政治概论、中国农村问题研究和思想方法等，还曾将中外史地划归政治课范围，但在讨论中遭到大多数人的反对。政治概论规定讲中国的阶级、中国的政党、中国的革命、新民主主义、联合政府、社会发展的规律和革命的人生观等。

对学生进行思想政治教育的另一重要途径是对学生进行形势教育。形势教育分课内和课外两部分。课内部分即"时事政治"课，列入教学计划；课外部分则在学期开始或结束，或在形势发生重大变化及有重大事件时进行。当时很多师范学校的校长是由县长或教育行政部门的领导兼任的，他们经常到学校向师生作形势报告。例如朱严师范学校校长由县长李健兼任，学校的政治形势报告人除特殊情况外，一般都由李健亲自担任。李健在作报告前，常亲自用一张大纸把革命歌曲谱子写好，先教学生唱歌，会场气氛激越高昂。根据地各级党政军领导也常到师范学校作政治报告。盐阜联中时期，新四军代军长陈毅即亲自到该校作政治报告。师范部从联中分出来建立盐阜师范后，新四军军部生活指导部主任薛暮桥、文化部主任钱俊瑞等都到该校作过形势报告。通师侨校举行四十周年校庆时，专署季方专员参加纪念会，并在会上作了报告。

以批评和自我批评为主要内容的生活检讨会，是当时师范学校学生进行自我教育、提高思想觉悟的一种有效方式。这种教育方式一般以小组进行，被称为"民主生活会"，通常安排在晚间，每两三周举行一次。

2. 举办夏令营、讲习会和学习会等活动

除师范学校通过政治课、形势报告、民主生活会对学生进行思想政治教育外，根据地的党政军领导也以举办学生夏令营的方

式对学生进行教育。1941 年 6 月下旬，苏中第四军分区政治部在如东县丰利镇举办中学生夏令营，通师侨校很多学生参加了这次夏令营。在此期间，粟裕、向明、管文蔚、夏征农、沈西蒙、涂克等领导同志先后去作报告，陈同生、俞铭璜分别担任《新民主主义论》《革命人生观》和哲学等课程的讲授。夏令营结束前组织学生参加了一段时间的农村减息运动。通过夏令营活动，学生们思想收获很大，很多学生觉悟得以提高并加入了中国共产党。苏中四分区还成立了学生抗日救国会，盐阜区成立了中学生联合救国会。苏中根据地通过这些学生组织来培养骨干，团结教育广大青年学生。通师侨校、盐阜师范等校学生均参加了上述组织，盐阜师范学校学生张根还被推选为学联主任。在盐阜区中学生联合救国会举行成立大会时，曹荻秋、戴伯韬参加了大会并讲了话，指出"学联要和党政机关一样进行斗争"。

　　组织师范生参加小学教师讲习会、学习会是当时对师范学校学生进行政治思想教育和专业思想教育的另一种行之有效的做法。例如，宝应县文教科于 1944 年 6 月至 7 月间在安宜师范举办小学教师暑期讲习会，三联师部分学生参加了讲习会。会上，刘季平作关于学习《在延安文艺座谈会上的讲话》精神的报告。

3. 发挥基层党支部作用

　　苏皖根据地的师范学校，但凡有条件的都建立了党支部。如盐阜师范学校，早在联中初期即建立了党支部，但由于处在战争环境，党支部并不公开。学校设有生活指导部，党支部对学校的领导即是通过生活指导部进行的。党的直接领导保证了党的方针政策在学校的贯彻执行。党组织还注意在学生中发展党员，通过学生党员在青年学生中进行思想政治工作，取得较好成效。

（四）新中国成立以后

1. 加强学习革命理论和时政教育

新中国成立以后，江苏各地师范学校学生一方面通过政治课学习革命理论，通过时政教育认清形势，另一方面在土地改革、镇压反革命、抗美援朝和"三反""五反"等运动中接受阶级教育、爱国主义和国际主义教育，政治觉悟得到很大提高。特别是在抗美援朝运动中，许多师范生以极大的政治热情参军参干，奔赴抗美援朝前线。还有不少学生离开学校，服从祖国需要，走上革命工作岗位。这对旧学校的改造起到很大的推动作用，学校内出现了前所未有的朝气蓬勃的新气象。

2. 明确培养目标的政治要求

党和政府十分重视对师范学校学生的思想政治工作。1951 年8 月 27 日，教育部部长马叙伦在第一次全国初等教育及师范教育会议的开幕词中指出："师范教育是整个教育建设中的中心环节，师资问题如不解决，文化建设的高潮就很难到来，甚至会影响经济建设。"因此，他提出："我们所培养的各级各类学校的新师资，必须是用马克思列宁主义、毛泽东思想武装起来的、熟悉业务的、全心全意为人民教育事业服务的人民教师。"[1] 1952 年 7月，教育部颁发试行《师范学校暂行规程（草案）》，对师范学

---

[1] 马叙伦：《第一次全国初等教育及师范教育会议的开幕词》，《人民教育》1951年第6期，第10页。

校培养目标政治方面的要求是："根据新民主主义的教育方针，以理论与实际一致的方法，培养具有马克思列宁主义和马克思列宁主义与中国革命具体实际相结合的毛泽东思想的初步基础……全心全意为人民教育事业服务的初等教育和幼儿教育的师资。"①1956年5月29日，教育部又下达《关于试行师范学校规程的命令》，所提培养目标的政治要求改为："培养具有社会主义的政治觉悟、辩证唯物主义的世界观、共产主义的道德……全心全意为社会主义教育事业服务的初等教育和幼儿教育师资。"② 这就比1952年提出的要求更加提高一步。

3. 重视政治课、班主任工作、青年团及学生会活动

新中国成立后十七年间，江苏的师范学校对学生进行思想政治教育的主要途径是政治课、班主任工作、青年团及学生会活动。政治课内容先后有共同纲领、社会科学基础知识讲座、政治常识、党在过渡时期的总路线宣传提纲、中华人民共和国宪法、社会主义教育、经济常识等。班主任工作则按照《师范学校规程》的规定进行。至于师范学校中新民主主义青年团的组织，一般在解放后不久即已建立。如无锡师范学校在1949年5月就公开成立了团支部，后来团员人数很快发展，到1950年1月改为团总支；学生会也是1949年成立的。很多学校的青年团和学生会积极配合学校行政领导开展各项活动，成为党在学生中进行思想政治工作的得力助手。

①《师范学校暂行规程(草案)》，《教育文献法令汇编(1949—1952)》，中华人民共和国教育部办公厅编印，1958年6月，第147页。
②《关于试行师范学校规程的命令》([56]中师行张字第13号)，《教育文献法令汇编(1956)》，中华人民共和国教育部办公厅编印，1957年12月，第30页。

4. 十一届三中全会以来的各项举措

党的十一届三中全会以后，在总结新中国成立以来经验教训的基础上，党和政府进一步重视和加强师范学校的德育工作。1980 年 8 月 22 日教育部发布的《中等师范学校规程（试行草案）》中明确，中等师范学校思想政治教育的任务是：培养学生具有爱国主义和国际主义思想，拥护共产党的领导，拥护社会主义，愿意为社会主义现代化建设事业服务，为人民服务，热爱教育事业；逐步树立马克思主义的阶级观点、劳动观点、群众观点、辩证唯物主义观点；培养优良品德和从事小学生思想、品德教育的能力。同时该规程对中等师范学校学生提出思想品德方面的十条要求：

（1）热爱专业，努力学习。积极提高社会主义觉悟，掌握文化科学知识和教育专业知识技能，增强体质，使自己成为一个思想品德好、学习好、身体好的全面发展的小学（或幼儿园）教师。

（2）热爱儿童，使自己的言行成为儿童的模范。

（3）尊敬师长、团结同学。

（4）尊重附属小学的干部和教师，在教育实习和见习中虚心接受他们的指导和帮助。

（5）自觉地遵守法纪，勇于同坏人坏事作斗争。

（6）对人有礼貌，尊敬长者，助人为乐。

（7）热爱劳动，爱护公共财物。

（8）注意公共卫生和个人卫生，经常保持整洁的仪表。

（9）表里如一，忠诚坦白，有错就改。

（10）爱护学校和班级荣誉，遵守学校的各项规章制度，劝止同学一切不良行为。[①]

1983年2月，教育部又颁发了《中等师范学校学生守则》，提出了对师范生思想品德方面的具体要求。

江苏省贯彻教育部1980年颁发的《中等师范学校规程（试行草案）》，在中等师范学校大力加强思想政治教育。1982年，江苏省教育厅在全省师范教育工作座谈会上，要求全省中等师范学校高度重视对学生的思想政治教育工作。提出要加强政治理论课教学，对学生进行系统的马列主义、毛泽东思想基础理论的教育；要加强爱国主义教育、专业思想教育和共产主义道德品质教育，把师范学校建设成为社会主义精神文明的阵地，使师范生真正成为建设社会主义精神文明的模范。

在对师范生进行思想政治教育的过程中，各中等师范学校根据师范学校的任务和特点，突出了对学生的专业思想教育，教育学生热爱党的教育事业，热爱儿童，把爱当小学教师，特别是爱当农村小学教师的教育贯穿三年始终。例如，南京晓庄师范学校注意对学生进行革命传统教育和校史教育，在教育学科教学中增加"陶行知教育思想"的内容，号召学生学习陶行知"捧着一颗心来，不带半根草去"的精神，组织学生进行农村小学教育调查，访问农村家长，及在农村小学见习、实习等，以教育培养学生树立革命的人生观和事业心，为农村小学教育事业献身的精神。该校1981届学生杨端清、李亮在毕业时向学校递交的志愿书

---

① 《中等师范学校规程（试行草案）》，《师范教育文件选编(1980—1987年)》，国家教育委员会师范教育司编，东北师范大学出版社1989年版，第371—372页。

中写道："捧着一颗心来，不带半根草去，走行知之路，到农村艰苦的地方办学，这就是我们的决心，这就是我们的理想。"他们毕业后在江浦县建设乡五里小学，艰苦办学。该校于1985年被命名为行知实验小学，杨、李二人被任命为正副校长。后来实验小学又成为晓庄师范学校第二附小。

很多师范学校注意师范生的年龄和心理特点，在不同的年级和阶段，提出不同的要求和重点，开展不同教育内容的活动，形成了序列化的专业思想教育。丹阳师范学校在一年级着重进行"树立专业思想，适应师范生活，做光荣的师范生"的定向教育；在二年级着重进行"巩固专业思想，珍惜人生价值，做合格师范生"的正向教育；在三年级着重进行"正确评价自己，树立献身精神，服从国家安排"的去向教育。三年中，通过入学时集中进行专业思想教育，平时请老校友和优秀教师作报告，到小学听课和参加小学生班会及少先队的活动，以及见习实习等举措，其思想教育工作收到了很好的效果。

在对学生进行专业思想教育的同时，很多师范学校把专业思想教育和师德教育、校风建设结合起来。师德教育是中等师范学校德育的重要内容，也是师范性的重要体现。江苏的中等师范学校大力开展"为人师表今日始"活动，以强化师范生"为人师表"的意识。而对学生的师德教育又离不开师范学校领导和教师的示范影响，很多学校把塑造两代师表作为目标，重视师资队伍的建设，特别是加强对青年教师的师德教育和作风培养。丹阳师范学校要求学生做到的，首先要求领导和教师做到。海州师范学校提出教师要当"严师"，必须首先"严己"，并且制定了《为人师表公约》。

　　师德教育的成效促进了师范学校优良校风的建设。江苏省教育厅在 1983 年召开的中小学师资工作会议上指出："校风代表一个学校的精神面貌……师范学校有良好的校风，就能培养出为人师表的好教师，因此，师范学校建设良好的校风是件大事。"很多师范学校根据本校的传统，结合当前的情况，提出了校风建设的目标和措施，做了不少工作。各校的提法虽不一样，但有一个共同点，即"严格治校"。不少学校根据教育部颁发的《中等师范学校学生守则》，制订了一系列的规章制度。如南通师范学校制订了《南通师范学生行为规范》，作为评定学生操守的依据之一，班级又制定了"一日常规"，学生会成立了"规范监督岗"。丹阳师范学校制定了师范生日常行为规范，编印了《师范生手册》，从新生入学第一天起，就对学生严格要求、严格管理。

　　优美的校园环境在对中等师范学校的学生实施德育的过程中起着潜移默化的影响。1987 年以来，江苏省教委重视中等师范学校校园环境的建设，立足现有条件，以"文明校园"和富有师范性作为校园建设的目标，先后拟订了《江苏省中等师范学校建设的基本标准》《江苏省中等师范学校建设文明校园的意见》，使各中等师范学校在校园的总体布局、净化、绿化、美化以及校园的文化环境方面，努力按照思想性、艺术性、知识性、实用性的要求，创建文明校园，优化育人环境。

　　1987 年 5 月，国家教委下达《中等师范学校培养目标（初稿）》（87 教育司字 013 号），对中等师范学校学生提出思想品德方面的四条要求：

（1）热爱祖国、热爱社会主义、热爱中国共产党，初步树立为人民服务的思想；认真学习马克思主义，初步树立辩证唯物主义和历史唯物主义的观点，具有社会主义道德品质、集体主义精神和良好的文明习惯。

（2）热爱教育事业，热爱儿童，愿意为小学教育作出自己的贡献，服从国家分配。

（3）遵纪守法，文明礼貌，诚实公正，团结友爱。

（4）勤奋好学，意志坚强，理智热情，性格开朗。

江苏省教委转发了这一文件，要求各校组织学习和实施。为了进一步做好中等师范学校德育工作，省教委要求师范学校对德育工作实行计划管理，安排好德育工作的内容和活动，并加强对学生行为规范的训练。1988 年全国中小学德育工作会议以后，省教委拟订《江苏省中等师范学校学生日常行为规范》《中师德育工作评估指标体系》等，以进一步加强中等师范学校的德育工作，使德育工作趋向制度化和规范化。

六、 革命传统

江苏的中等师范学校具有光荣的革命传统。清末民初，广大师生曾积极参加辛亥革命、五四运动。随着新文化、新思想特别是马克思主义的传播，进步师生阅读马克思主义的书籍，研究马克思主义的学说，进一步提高了政治觉悟。特别是中国共产党诞生以后，较早地在一些师范学校建立了共产党和社会主义青年团组织，团结教育各校师生，使其投入轰轰烈烈的反帝反封建反军阀的斗争。在历次学生运动中，江苏中等师范学校的学生始终站在运动的前列，成为运动中的骨干力量。

（一）五四运动时期

1919年5月4日，北平学生高举反帝爱国的旗帜，在天安门前集会并举行声势浩大的示威游行后，5月6日苏州报纸开始报道五四运动消息。当日，东吴大学、景海女师等校师生立即行动起来，酝酿罢课，以声援北平学生的斗争。稍后，省立第二女子师范学校学生组成中华女子学生救国团，在学生宁宝瑜的带领下走上大街游行示威，查抄日货。5月18日，苏州学生联合会召开成立大会，省立第一师范学校、省立第二女子师范学校和省立蚕业学校等12所学校派代表参加。会上，省立一师学生沈炳魁与东吴大学学生尤敦信被推选为学联负责人。运动后期，省立第一师范学校毕业生汪伯乐、刘铭九、孙卓人、张粒民等人在旧学前文山小学创办了一所工人义务学校——平民夜校，后因入学人数较多，又创办了分校。当江苏省教育厅为制止学生运动发出"提前放暑假"的训令后，省立第二女子师范学校学生4人刺臂血书以示抗议，并将血书交校长杨达权转交江苏省省长。

5月6日，在苏州学生开始行动声援北平学生的同一天，武进省立第五中学（今江苏省常州中学）、武进县立女子师范学校和武进县立师范学校（即男师）三所学校的学生代表在县文庙明伦堂集会，成立"三校学生联合会"，以协调各校的运动。会上，县女师学生会会长史良当选为三校学生联合会的副会长。三校学生联合会成立后，首先发表罢课宣言，学生们纷纷走上街头。县女师的学生在史良的带领下，高举"罢免曹、陆、章""取消二十一条""抵制日货、提倡国货"等标语旗帜，劝导居民不买日货，动员商人交出日货。学生们带头不用、不买日货，县女师学生还组织妇女讲演团在公园讲演，向市民群众宣传。一时间，武进全城掀起了反日爱国高潮，武进县各界联合会决定成立武进县抵制日货委员会，并举行大规模的群众游行示威。

稍后于苏州和武进，无锡各校学生于5月9日停课一天纪念国耻，师生们奔赴街头游行示威，宣传演讲。当日上午，省立第三师范学校师生集会，有一学生当场咬破手指血书"此仇必报"四个大字，群情激愤。下午，省立三师学生首先走上街头示威游行，散发传单。"六三"运动以后，省立三师学生会成立，随即联合省立五中、武进县中、辅仁中学等八所学校发表函电宣告罢课。6月中旬，无锡学生联合会成立，省立三师学生担任正副会长，学联办事机构即设在三师。

徐州学生联合会在5月上旬宣布成立，省立第七师范学校学生郭邦清（即郭子化）当选为学联会长。在学生联合会领导下，各校学生举行集会，示威游行，查抄日货。下旬，徐州所属丰县、沛县、萧县、砀山、邳县、睢宁、铜山、宿迁等八县学生代表在徐州集会，成立八县学生联合会，省立七师郭邦清当选为副会长。

省立第一女子师范学校学生在5月底宣布停课后，学生自费买布买线，赶做帽子等物品由南京钟英中学贩卖部代销，以抵制日货。由于一女帅校长吕惠如反对学生参加爱国运动和参加南京学生联合会召开的会议，一女师学生于9月8日举行罢课，并向省教育厅请愿，要求撤换校长。女师学生的行动得到了南京学生联合会的支持，终于迫使吕惠如辞职。

五四运动期间，镇江、淮阴、南通、如皋、扬州等地师范学校学生也都纷纷投入运动，声援北平学生的反帝爱国行动。

（二）五卅运动时期

1925 年，"五卅惨案"发生。5 月 31 日，省第一代用师范学校（原私立通州师范学校）首先积极行动，学生徐家瑾（共产党员）主持召开了全校学生大会，声讨英、日帝国主义在上海屠杀工人、学生的罪行，并决定着手筹备南通学生联合会，进一步开展反帝爱国运动。南通学生联合会后于 6 月 3 日成立，领导全市学生运动。同日，省第一代用师范学校学生上街游行、演讲和散发传单，号召人民群众团结起来，打倒帝国主义。

省立第三师范学校学生于 6 月 1 日晚举行紧急会议，讨论声援上海工人，联合各校共同行动等问题。6 月 3 日，无锡辅仁中学、省立第三师范学校等 30 余校和锡社、救国五七团等 28 个团体成立了"英日外人惨杀同胞无锡各界后援会"，省立三师学生巫恒通被推选为委员长。三师学生连续十余日组织演讲团分赴无锡县全城及各乡镇演讲。三师分校的学生还在农村举行化装演讲，向农民进行宣传。

自 6 月 2 日至 6 月 4 日，省立第八师范学校、省立第九师范学校、省立第三女子师范学校、太仓县立师范学校、私立毓娄女子师范学校等均纷纷集会游行，声讨英日帝国主义的罪行。省立第六师范学校的师生成立了"上海惨案后援会"，组织讲演团，分成 12 个小组，到校外演讲和募捐，以援助上海工人。

江苏很多师范学校师生都在校内外发起募捐。如，省第一代用师范学校、南通女子师范学校学生素食两星期，节约了 5 000 元寄往上海援助工人。学生们还走上街头募捐，或举行义演，所得捐款立即汇寄上海。

"五卅惨案"发生后，江苏的中等师范学校除参加各地学生联合会统一发电外，另单独发表通电的有：

省立第一师范学校文理科、省立第三师范学校、省立第五师范学校、省立第六师范学校、省立第七师范学校、省立第八师范学校、常熟淑琴女子师范学校、省立第一女子师范学校、阜宁县立师范学友会、昆山师范学校学生会、无锡竞志女学、省第一代用师范学校血案后援会。

（三）"九一八"事变和"一二·九"运动时期

1931 年"九一八"事变后，全国各地各界纷纷要求政府抗日，反对国民党当局的不抵抗政策。9 月 20 日，扬州中学（此时中学、师范合并）首先罢课。9 月 30 日起，扬州中学学生 900 余人分成 150 个宣传小组，携带宣传品在城乡各地演讲。继扬州中学之后，南京、苏州、南通学生也纷纷走上街头游行，并组织义勇军准备抗日，很多师范学校成立了"抗日救国会"。

省无锡中学（即原江苏省立第三师范学校）学生组织 200 多人的宣传演讲团，分赴四乡进行宣传，同时积极参与筹建全县、全省学生抗日救国会。10 月中旬，无锡县大中学生 5 万余人在火车站召开无锡县学生抗日救国大会，会后举行游行。11 月 22 日，经无锡、吴县、南通、镇江等地学生抗日救国会发起，全省学生抗日救国会各县代表大会在无锡开幕，正式成立了江苏省学生抗日救国会。会上决定晋京请愿，并推定总指挥由江苏省教育学院和省无锡中学担任。24 日，无锡学生总罢课，1 300 余名学生晋京请愿。12 月中旬，为反对南京国民政府所作的中央大学及南京各中学提早放假的决定，在无锡中学的带动下，无锡全县学生再一次罢课，并通电全国。无锡学生的这一行动促成了全省学生的统一行动，12 月 17 日，江苏省学生抗日救国会决议，全省学校总罢课，要求蒋介石"实践前言即日出兵北上，收回失地"，"政府明令保障学生抗日救国运动"。

一些师范学校的校长、教师也积极支持并参加学生的抗日救亡运动。江苏省立镇江中学（原江苏省立第九师范学校与省立第六中学合并而成）校长任中敏支持学生的爱国行动，率领教职员和学生一起游行示威，后为此被迫辞职。

1935 年底，北平爆发"一二·九"爱国学生运动的消息传到江苏后，再一次引起江苏中等师范学校学生的强烈反响。省立无锡师范学校和无锡教育学院等校学生首先发表宣言、通电，反对华北自治，誓作北平学生后盾。接着，南京、扬州、苏州、徐州等地学生也纷纷示威游行。南通师范学校、南通女师和南通一些中学的学生在崇英女中操场举行大会，要求国民党和南京国民政府严惩伤害北平学生的军警，立即释放被捕学生，保障学生爱国运动等。会后举行游行，散发传单。

经过抗日救亡运动的锻炼，江苏很多师范学校学生离开学校，走上了革命征途，在抗日战争和解放战争中英勇战斗，为实现民族解放、争取人民民主作出贡献。抗日战争胜利以后，江苏省境内国民党统治下的师范学校进步师生则在中共地下党的领导下，同国民党专制独裁统治展开不屈不挠的斗争。如江苏省立苏州女子师范学校（原江苏省立第二女子师范学校），当时教师中有党员 3 人，学生中也有党员 3 人，他们建立了党支部，组织全校师生员工开展反饥饿、反迫害、反内战斗争，后来又为迎接解放、保卫学校作出了很大努力。又如江苏省立镇江师范学校在解放前夕接到国民政府通知，命令学校南迁，校长夏佩白带领全校师生坚决抵制，坚持上课，直到江苏解放。

（四）各校建立党团组织简况

早在 20 世纪 20 年代初期，江苏一些师范学校即已建立了中国共产党和社会主义青年团组织。在党的直接教育下，很多学生得以提高觉悟，参加了党团组织。在长期的革命斗争中，不少人为中国人民的解放事业献出了年轻的生命，更多的人则战斗在各个不同的岗位上，其中一些人成长为党政军的各级领导干部。以下为中国共产党早期在江苏中等师范学校（主要是省立师范和省代用师范）建立党团组织的简况。

1. 江苏省立第七师范学校

1920 年上半年，省立七师学生陈亚峰、解慕唐、郭子化、戴蔚侠、苏鸿鉴、徐怀云、张继超、冷启英等十余人，自由结合成立了一个读书小组。后来该小组通过本地在北京大学读书的学生与北大共产主义早期组织取得联系，并得到李大钊的关心与指导。1921 年初，他们在原来的读书小组的基础上建立了共产主义小组，并建立公开的群众组织——赤潮社，社员发展到 30 余人，还创办了《赤潮》旬刊，在徐州青年学生中影响极大。赤潮社的建立及其活动引起了当时直系军阀徐州镇守陈调元的注意，被其下令解散，陈亚峰等人被开除。此事激起省七师学生的愤慨，在徐州八县学生联合总会的领导下，学生坚持斗争三个月之久，迫使当时的省教育厅接受学生提出的要求，恢复被开除学生的学籍，撤销校长陆裕楠的职务，以及聘请北大进步教师到七师任教。

2. 江苏省立第三女子师范学校

1923 年，共产党员吴亚鲁在江苏省立第三女子师范学校以教员身份为掩护，在徐州开展建党活动。1924 年初，他先组织青年读书会，在此基础上积极筹备建立团组织，于当年 6 月成立徐州社会主义青年团。第一批入团的团员共 12 人，其中省立三女师学生 3 人，省立七师学生 3 人，徐州中学学生 4 人，培心中学和省立十中学生各 1 人。1924 年冬，徐州社会主义青年团已发展团员 27 人，共分 5 个支部，省立三女师支部由吴亚鲁兼任支部书记。1925 年，吴亚鲁按照上级党组织指示，在团内培养和发展党员，建立了中国共产党徐州支部。省立三女师学生苏同仁是徐州市第一个女共产党员。

3. 江苏省第一代用师范学校

1924 年 5 月，进步学生丛永踪、徐家谨、王盈朝等人组织晨光社，得到在上海的恽代英的指导和帮助，《中国青年》第 36 期曾刊载有关晨光社的活动。王盈朝等并经恽代英的介绍先后加入共青团、共产党。1926 年 5 月至 6 月，中共南通第一代用师范支部成立，王盈朝为支部书记。这个支部是江海平原上最早的党支部之一。1927 年，中共江苏省委特派员到南通，召集当时第一代用师范学生中成立的革命青年社社员开会，其后吸收了一批积极分子入党入团，第一代用师范党团支部先后恢复和建立，刘瑞龙任党支部书记，李锡龄任团支部书记。

4. 江苏省第二代用师范学校

吴亚鲁原为省第二代用师范学校毕业生，1922 年暑假回如皋，发起组织平民社。省第二代用师范学校进步学生 30 余人参加。平民社创办半月刊《平民声》，提倡平民教育，宣传马克思主义。1924 年，学生陆景槐（陆植三）、苏德馨等发起组织劲社。1925 年，陆景槐参加上海学生联合会暑期讲演会听讲时，经人介绍加入中国共产党。陆毕业后在如皋任小学教员，在同班同学中发展苏德馨等人入党。1926 年 10 月，中国共产党如皋县支部成立，陆景槐任支部书记。是年冬，江苏省第二代用师范学校成立党支部，学生陈其理任支部书记。

5. 江苏省立东海师范学校

1928 年暑假后，当时在东海中学（其时师范与中学合并）读书的共产党员惠浴宇接受中共江苏省委在海州建党的任务，与上级派来的共产党员李振华、宋元培（宋绮云）联系上后，决定成立中共东海、赣榆、沭阳、灌云四县特别支部。其后又根据特支决定，建立了海州党的第一个基层支部——中共东海中学支部，学生吕德愚任支部书记。

6. 江苏省立第三师范学校

1925年，恽代英应省立三师学生会邀请来校演讲，学生中一些积极分子开始走上革命道路，如黄祥宾、管文蔚等先后加入中国共产党。1926年后，学生中建立了革命的地下组织。1932年，共青团无锡中学支部成立，这一个时期共青团县委中心组织也在无锡中学，领导全县的学生运动。担任过团支部书记的有张春生（张之宜）、吴启章（吴伯文）。共青团还建立了公开的进步组织白虹文艺社，并利用社会科学研究会教育学研究会的一些学术活动，团结进步同学，宣传革命思想。

7. 江苏省立第五师范学校

1925年5月，恽代英应省立第五师范学校等校邀请，来扬州作公开演讲，宣传马克思主义，号召革命青年加入国民党（左派）组织。不久后扬州以省立五师、八中为主要基地建立了国民党（左派）组织。同时该地秘密发展共青团员，于1927年6月建立了共青团扬州特别支部，有团员8人，同年9月在此基础上建立了扬州第一个中国共产党独立支部。

8. 晓庄学校

1927年3月，陶行知创办晓庄学校后，一批革命青年来到晓庄学校求学，同时坚持革命斗争。其中有些是共产党员或共青团员，如石俊、刘季平、叶刚、郭风韶、徐一冰等。1928年夏，中国共产党在晓庄学校建立了支部，由刘季平任支部书记。同时成立了共青团支部，由徐一冰任支部书记。地下党组织支持陶行知的事业，并领导师生参加反帝爱国斗争。1930年，晓庄师生参加了 4 月 5 日的反帝示威游行，支援下关工人罢工斗争，国民政府强令陶行知开除进步学生，被陶拒绝。不久，当局封闭晓庄学校，师生 30 余人被捕。石俊、叶刚、郭凤韶、谢纬棨、袁咨桐等青年学生在雨花台英勇就义。陶行知也被当局通缉，被迫逃亡国外。

9. 铜山师范学校

1928 年成立党支部，有党员 6 人。1931 年，铜山师范的党、团组织合并，有党团员 30 余人，占全校学生总数的十分之一。党支部书记靖实秋同时负责徐州学生工作委员会工作。

10. 沛县师范学校

1929 年夏，沛县中学（其时师范与中学合并）成立党支部，中共党员孟昭沛任校长，中共沛县县委书记朱菊池、委员李培楠均在该校任教师，中共沛县县委也设在沛县中学。

七、 教师

（一）清末

1. 品德与教学方面的要求

晚清政府针对师范教育的特点，对初级师范学堂教师强调以下两个方面的要求：一是在品德方面提出"膺师范之任者，必当敦品养德，循礼奉法，言动威仪足为模楷"；二是在教学方面提出"讲堂教授，固贵解本题之事理，尤贵使学生于受业之际，领会教授之有法。教师善于语言者，则其讲解学理，醒豁确实，启悟必多；固当教授之际，宜时使学生演述所学以练习言语"。① 对女子师范教育则阐述道："家国关系至为密切。故家政修明，国风自然昌盛。而修明家政，首在女子普受教育，知守礼法。又女子教育，为国民教育之根基。故凡学堂教育，必有最良善之家庭教育，以为补助，始臻完美。而欲家庭教育之良善，端赖贤母，须有完全之女学。凡为女子师范教习者，务于此旨体认真切，教导不怠。"在教师课堂讲授方面，亦强调："言语明了正确，为教习者最宜加意。"②

2. 重视师资队伍建设

江苏的师范学堂，如通州民立师范学校、如皋公立简易师范学堂、三江师范学堂等都很重视师资队伍的建设。张謇认为"唯教不可无师"，"经师易得，人师难求"，先后为通州师范学校聘请了王国维、陈师曾、季方、朱东润、曹勋阁等许多知名学者作为教员。他还在本校选留一批成绩优异、有志献身教育事业的毕业生担任教职，如该校教师于敬之、顾怡生、尤慎铭等均为通州民立师范学校首届毕业生。于敬之和尤慎铭两人由学校派往日本留学，回国后在母校工作，顾怡生则一毕业就留校，三人均在通州师范学校勤勤恳恳工作了几十年。如皋公立简易师范学堂的沙元炳也很重视教师的选聘，不惜人力和财力，从福建、直隶、浙江、安徽、湖北等省广聘学有专长者来校担任教职。

---

① 《奏定初级师范学堂章程》（湖北学务处本），《中国近代教育史资料》（中册），舒新成编，人民教育出版社1961年版，第676页。
② 《女子师范学堂章程·学科程度章第二》，《中国近代教育史资料》（下册），舒新成编，人民教育出版社1961年版，第812—813页。

他们还很重视在职教师的进修提高，采取多种措施提高教师的知识水平和教学能力。例如如皋公立简易师范学堂在建校初期曾派出多名教师赴日本进修，时间 1—2 年不等，进修教师回校后，学校又定期举办讲座，组织这些教师向在校教师介绍有关知识，以达到共同提高的目的。经过几年努力，这些学校均建立起一支水平较高的教师队伍。

3. 聘请外籍教师

江苏的初级师范学堂初创办时，有些学科如外文、数理化、教育学科等缺乏教员，一些学校还采取聘请外籍教师担任教职的办法。张謇曾在《女师范校友会演说》中道："鄙人向来提倡教育，本希望人才辈出，但于用人一端，无论教育实业，不但打破地方观念，并且打破国家界限。人我之别，完全没有的。只要那个人能担任，无论中国人外国人都行。"[①] 是故他不惜以双倍于国内教师的待遇聘请了八位日籍教师。他们是：吉泽嘉寿之丞和森田政子夫妇，前者教授算术、理化，后者在南通女子师范学校教算术、唱歌、体操和图画；木造高俊，教授日文；远藤民次郎，教授算术、外国地理；西谷虎二，教授日文、教育学及西洋史、伦理学等；照井喜三，教授农科知识；宫本几次，教授测绘科和工科课程；木村忠次郎，教授理科课程（包括物理、化学、动物、植物、矿物等）和教学法，并负责教育实习指导。八位日籍教师中，西谷虎二任教达十一年，是在校时间最长的一位。另外，如皋公立简易师范学堂、三江师范学堂、江苏师范学堂和南

---

① 张謇：《女师范校友会演说》，《张謇全集》（第4卷），曹从坡主编，江苏古籍出版社1994年版，第207页。

通女子师范学校等也都聘请过一批日籍教师。这些日籍教师对江苏早期初级师范学堂的教学工作，特别在自然学科、教育学科和教育实习等方面作出了积极贡献。

（二）民国时期

1. 标准、要求和规定

中华民国成立以后，在 1912 年颁布的《师范学校规程》第一章中，对教师教学工作提出要求："教授时常宜注意于教授法，务使学生于受业之际，悟施教之方"；"教授上一切资料，务切于学生将来之实用，以克副高等小学校令及国民学校令并其施行规则之旨趣"；"为学之道，不宜专恃教授，务使学生锐意研究，养成自动之能力"。[①] 1932 年，国民政府修改《师范学校规程》，增加"教职员及学校行政"一章，对师范学校教师的聘用、编制、任务、要求等作了更为详尽的规定。如规定师范学校各科除音乐、图画、劳作等科外，都必须聘请专任教员，专任教员不得在校外兼任任何职务。规定师范学校及特别师范科的专任教员每周教学时数为 20—24 小时，每日在校时间至少 7 小时。还规定专任及兼任教员均应轮值指导学生自修等。该规程对师范学校教师应具有的学历、思想品德等方面则提出了具体要求：

> 师范学校教员须品格健全，其所任教科，为其所专习之学科，并于初等教育具有研究且合于下列规定资格之一者：

---

① 《教育部部令第三十四号（中华民国元年十二月初十日：师范学校规程）》，《政府公报》1912 年第 227 期，第 3—4 页。

（1）经师范学校教员考试或检定合格者；

（2）国内外师范大学或大学教育学院、教育科系毕业者；

（3）国内外大学本科，高等师范本科，或专修科毕业后有一年以上之教学经验者；

（4）国内外专科学校或专门学校本科毕业后，有二年以上之教学经验者；

（5）有价值之专门著述发表者；

（6）且曾精练技能者（专适用于劳作科教员）。[①]

以上这些要求，直至1947年，在当局公布的《修正师范学校规程》中未有变动。

2. 定期检定

民国时期，中小学及师范学校教师均须定期检定。1934年5月教育部公布《中学及师范学校教员检定暂行规程》，规定中学及师范学校教员的检定分无试验检定与试验检定两种。无试验检定由委员会审查其各项证明文件决定之，试验检定除审查其各项证明文件外，并加试验。检定合格者发给合格证书，有效期为六年。期满重新检定。1944年，教育部对上述检定规程中无试验检定者应具有的资格等作了修改，于7月公布《中学及师范学校教员检定办法》，其后于1947年又修正一次。

3. 强调德才兼备

江苏很多中等师范学校非常重视教师队伍的建设。如，江苏

---

① 《师范学校规程》，《教育部公报》1933年第15—16期，第37页。

省立第三师范学校校长顾倬认为，学校之进步与否，非校长一人之责，乃全体教职员共同之责。他认为教职员必须学识超群，行为出众，其言者必为其所能行者，其能行者始以此教学生，[①] 故对举荐来校的候选人必亲自进行考察。在他的努力下，省立三师形成了一支水平较高的教师队伍，其中有建校初期在该校任国文教员的钱穆，继而有物理教员董伯度、生物教员陈纶和刘宝善、化学教员张式之、数学教员孙纯一、美术教员钱松嵒等。又如，江苏省立第五师范学校聘任教师坚持要求其德才兼备，对教师实行年功加俸制，对名师还实行高薪制，有的教师月薪超过校长一倍以上，以至于一些教师乐于长期在该校工作，如徐慕杜、曹刍、吕凤子等。江苏省立第二女子师范学校也聘请了一些知名人士如孙其敏（孙起孟）等。

4. 苏皖根据地的教师队伍

抗日战争和解放战争时期，在刘少奇、陈毅等领导同志的亲自关怀下，苏皖革命根据地各级党政军领导正确贯彻党的知识分子政策，使根据地的师范学校教师队伍在十分困难的战争环境中逐步建立并发展壮大。

1941 年秋，当盐阜区联立中学初办时，刘少奇就指出，学校缺少教师，新四军军部可以调给他们一些。由是，军部和盐阜区党委抽调了林珏、赵敬之、顾崇实、朱泽甫、陆维特等进行筹备工作，后来又从这些单位和行署抽调了一些干部担任教员。刘少奇还指出，根据地办教育，主要是团结地方上的知识分子，要大

---

① 杨兆昆：《风范永存无锡城》，《师范群英光耀中华》（第11卷上册），吴椿主编，陕西人民教育出版社1993年版，第3页。

量吸收社会上的知识分子去办教育和当教员。当时，很多地方都聘请了当地的知名人士和教师参加教育工作。1941年春，苏中泰兴县乡村师范学校（南乡师）创办时，县长杜干全亲自登门邀请当地教育界知名人士刘伯厚任校长。1942年春创办泰兴乡村师范学校北分校时，该校又聘请了靖江县民主人士商宗衢为教务主任。1943年，泰兴县办高中师范，聘请了在泰兴县上层人士中有一定影响的国民党进步人士易君实（邵鸿声）为校长，聘请教育界知名人士朱伯吾为教务主任，聘请教学水平高的赵八雁、高季可为国文、数学教师。这些人参加教育工作后又带动了一批知识分子和教师出来工作，影响很大。

苏皖根据地的师范学校都很重视教师政治和业务素质的提高，当时各个行政区和县常利用每年寒暑假或农忙假举办教育研究会或教师学习班，组织中小学教师学习时事政治和业务，交流教学经验，师范学校的教师也参加了这些学习活动。学校还组织教师们阅读毛泽东的《论持久战》《新民主主义论》《中国革命与中国共产党》《在延安文艺座谈会上的讲话》和刘少奇的《论共产党员的修养》等著作，并经常请党政军领导同志来校向师生作时政报告，以提高教师的思想政治觉悟。根据地还在教师队伍中表彰先进，树立榜样。1944年，苏中行署文教处召开教育会议，表彰了八位年高德劭、办学成绩卓著的老教育工作者，称之为"苏中八老"。其中就有通州师范侨校的于敬之、顾怡生，泰兴乡村师范学校的刘伯厚，安宜师范学校的冯立生等。在提高教师政治觉悟的基础上，党组织重视在教师中发展党员，刘伯厚、冯立生等先后被吸收为中国共产党党员，在广大教师中产生相当大的影响。

当时，苏皖根据地财政困难，教育经费短缺，学校办学条件很差，加之在战争环境中进行流动教学，因而教师生活很艰苦。如，1941年盐阜区联立中学开办时，学校连课桌椅都没有，后来学校经常流动迁徙，师生常住群众家里。为了节约灯油，师生们响应区行政公署的号召，提倡"日光教育"，即阅读、书写尽量在白天进行。为了改善生活，建校后每迁到一处办学，都要在校舍周围开垦荒地种植蔬菜瓜果，师生共同劳动。到了1948年，学校办学条件有所好转，但全校也仅有房屋86间（其中师范部31间），图书5 123册，每月经费19 784斤大米，包括实小教职工薪金、学生生活学习费用、办公费、医药费以及出差费等。但大部分教师不以为苦，在教学工作中积极贯彻学用一致的精神和理论联系实际的原则，自己编教材，指导学生参加社会实践，改革教学方法，创造了许多宝贵经验。师生之间的关系是平等的、同志式的，课堂上教师认真教、学生认真学，课后师生生活在一起，共同战斗、教学相长。

苏皖革命根据地的师范学校在中国共产党的领导下，在残酷的对敌斗争中，逐渐形成了一支新型的教师队伍，为培养革命战争和新民主主义建设事业所需要的人才艰苦奋斗，有些人为之献出了宝贵生命，他们为建立和发展新民主主义教育事业作出了不可磨灭的重要贡献。

（三）新中国成立以后

1. 新中国成立初期教师队伍情况（1950—1957）

新中国成立之初，江苏全省中等师范学校教职工人数共900

人，其中专任教师 600 人。教师的文化程度和待遇等情况，以苏南、苏北区为例概述如下：

（1）苏南区　据苏南区人民行政公署文教处 1951 年上半年统计资料，全区有中等师范学校 14 所，教职员共 451 人。其中专任教员 339 人，正副校长 18 人，正副教导主任 32 人，正副总务主任 13 人。文化程度方面，专科以上学历 269 人，高中后师 59 人，其他情况 10 人。各校教师（包括校长、教导主任、总务主任）的待遇，按苏南折实单位，即每一单位约合大米 7.5 斤计算，苏南直属学校为 65—75，县（市）立学校和私立学校为 60—70。

（2）苏北区　据苏北区人民行政公署 1951 年 1 月统计，全区有中等师范学校 9 所，教职员共 301 人。其中专科以上学历 154 人，高中后师 105 人，初中以下 42 人。教师待遇按大米计算，高师（即中师）最高的为大米 480 斤，最低为 260 斤，平均 360 斤；初师最高 420 斤，最低 200 斤，平均 300 斤。

1951 年 8 月，教育部部长马叙伦在第一次全国初等教育及师范教育会议开幕词中分析了全国中等师范教育的情况，指出："当前首要的问题是立即制止师范教育中混乱的现象，适当地改善教师和学生的待遇，巩固和提高教师的为人民服务的专业精神，把各级师范学校安定下来，并在巩固的基础上力求发展。"[1]会议上讨论制定、后于 1952 年 7 月颁布试行的《师范学校暂行规程（草案）》具体提出："师范学校教导工作采教师责任制，教师应对学生课内学习、课外活动全面负责，并通过各科教学和各

---

[1] 马叙伦：《第一次全国初等教育及师范教育会议的开幕词》，《人民教育》1951年第6期，第10页。

项活动，培养学生科学的世界观、革命的人生观及为人民服务的专业思想。"在教学方面，则要求教师"应充分掌握教材内容，注意教学方法，同时在教师的示范作用下使学生领会各科教学方法的特点"。[①]

江苏的中等师范教育认真贯彻全国初等教育及师范教育会议精神和《师范学校暂行规程（草案）》，从三年恢复时期到第一个五年计划时期，全省中等师范学校教师队伍趋于稳定并略有发展。

1950—1957 年江苏省中等师范学校教师队伍情况表

	恢复时期			"一五" 时期				
	1950	1951	1952	1953	1954	1955	1956	1957
教职工数	1 000	1 600	3 200	2 500	2 200	1 400	1 700	1 900
专任教师数	600	800	1 600	1 000	900	600	800	900

这几年中，广大教师在各级党委、政府和教育行政部门的领导下，经历土改、镇反、抗美援朝和思想改造等运动，学习政治与业务，开展教学研究活动，思想政治觉悟、文化知识水平和教学业务能力都有较大提高。解放初期，教师中党、团员很少，特别是在新解放地区，很多学校的教师中没有党员。到 1956 年，专任教师中共产党员所占比重已达 6.4％，共青团员所占比重为 19.5％；1957 年共产党员所占比重为 7.6％，共青团员所占比重为 20.8％。由于中等师范教育事业的发展，教师数量有所增加，而

[①]《师范学校暂行规程（草案）》，《教育文献法令汇编（1949—1952）》，中华人民共和国教育部办公厅编印，1958年6月，第155页。

专任教师的学历达高等学校本科毕业及以上的比重到 1955 年时达 57.4%，为江苏建省以后直至 1966 年前中等师范学校教师学历的最高年份（1964 年后无统计资料）。教师思想政治和文化业务素质得以提高，保证了这一段时期全省中等师范学校的教育质量。

2. 20世纪50年代末至70年代末教师队伍简况（1958—1979）

经过大跃进和"文革"的起落，特别是 1969 年以后大批骨干教师下放农村，教师队伍建设受到影响。1980 年，教育部在全国师范教育工作会议上重新强调要继续贯彻落实党的知识分子政策，充分调动广大教师的积极性，切实抓好师范学校师资队伍的建设。教育部副部长高沂在会议报告中指出，有计划地搞好师范院校师资队伍的建设，是提高师范教育质量的关键，各级师范院校应将这项工作列入重要的议事日程，切实抓紧抓好。会后印发的《中等师范学校规程（试行草案）》中增写了"教师"一章，强调"教师是办好师范学校、提高教育质量的主要力量，必须依靠他们，尊重他们，信任他们，放手使用他们，积极培养他们"，规定师范学校教师的根本任务是"按照党的教育方针，认真教好学生，把学生培养成为又红又专的合格的小学教师或幼儿教师"。[①] 同时对教师提出了四条基本要求：一是教好功课，二是爱护学生，三是努力学习，四是以身作则。

据江苏省革委会教育局 1980 年统计，此时全省有中等师范学校 25 所，教职工共计 3 120 人，其中专任教师 1 646 人（含幼

---

① 《中等师范学校规程（试行草案）》，《师范教育文件选编（1980—1987年）》，国家教育委员会师范教育司编，东北师范大学出版社1989年版，第376页。

师）。专任教师学历情况为：本科毕业及以上的 596 人，占 36%，低于 1963 年的比例（53.9%）；专科毕业及本科肄业的 724 人，占 44%；中专、高中毕业及以下的 326 人，占 20%。在专任教师中，还存在着熟悉中等师范教育的少、教学骨干少，及教育学、心理学、教材教法等专业课师资普遍缺乏的问题，与中等师范教育担负的任务很不适应。

3. 20世纪80年代：大力加强师资队伍建设

为了建设好中等师范学校师资队伍，提高师范教育质量，江苏省教育厅在 1982 年 6 月印发的《关于中等师范教育工作的回顾和今后工作的意见》中提出大力加强师资队伍建设的要求，并提出奋斗目标是："争取通过三到五年或更长一点时间的努力，使我省师范学校拥有一支基本达到高师本科文化水平的、热爱中等师范教育并初步掌握师范教育规律的又红又专的师资队伍，各科教学骨干达三分之一，并有一批造诣较深、学有专长的师范教育专家。"

此后，江苏省教育厅于 1984 年下达中等师范学校编制标准，规定中等师范学校每班学生数 40—50 人，每班教职工 6.0—7.0 人，其中教师 3.5—4.0 人。1986 年 6 月，省教育厅转发教育部《关于中等师范学校和全日制中小学教职工编制标准的意见》，又明确中等师范学校教职工编制按教育厅原规定的下限执行。全省各中师按标准实行定编、定员、定工作量。对于教师队伍的充实，各中师则采取以下办法解决：一是由省戴帽分配高师毕业生，"六五"期间共分配高等师范院校本、专科毕业生 850 人。二是由各个市从重点小学选调一批有教学实践经验的骨干教师充实到中等师范学校任教。三是从 1986 年开始，将优秀的中师应届毕业生保送到高等师范院校深造，毕业后回原校任教。江苏省在充实加强师资队伍的同时，要求各校全面规划在职教师的文化业务进修，特别注意发挥有经验的中老年教师的作用，做好对青年教师的"传、帮、带"工作。省教育厅则从 1980 年起，在全省范围内举办各门学科的短训班、研究班，同时建立全省中等师范学校各门学科中心组，通过这些教研和培训活动，提高在职教师的教学水平。

1984 年 3 月，省教育厅发出《关于评选第二批特级教师的通知》，中等师范学校教师也被列为评选对象。晓庄师范学校叶树明（语文）和凌铮（物理）、南通师范学校刘秉镕（语文）、常州师范学校邱学华（数学）、如皋师范学校副校长顾敦沂（教育学）被评为特级教师。

从 1981 年开始，全省中等师范学校开始进行教师职称评定的试点工作。1987 年又将南通师范学校作为试点单位，并以此为基础在全省中等师范学校进行教师高级职务首批评审工作。到 1988 年，全省中等师范学校共有教职员 4 815 人，其中专任教师 2 374 人。专任教师的文化程度在大学本科毕业及以上的有 1 532 人，占教师总数的 64.5%。专任教师中，高级讲师 239 人，占专任教师总数的 10.07%；讲师 724 人，占专任教师总数的30.5%。青年教师在教师中所占比例为 47.3%，他们在中老年教师的指导和帮助下，在教育教学实践中锻炼成长，已有越来越多的人成为教学骨干。在国家教委师范司委托《师范教育》编辑部举办的全国首届中师青年教师教育科研论文评比中，江苏省中等师范学校的青年教师共获得 4 个一等奖，6 个二等奖，5 个三等奖。

八、学生

（一）招生入学

1. 清末：初创时强调生源"文理优通"

关于初级师范学堂学生来源问题，《奏定初级师范学堂章程·考试入学章第三》中如是表述："此时初创，各学未齐，暂时应就现有之贡廪增附生及文理优长之监生内考取。"同时规定："省城初级师范学堂学生，须选本省内各州县之贡廪增附监生。"至于招生条件，则要求"品行端谨，文理优通，身体健全"，入学年龄规定"完全科生年在 18 岁以上，25 岁以下；简易科生年在 25 岁以上，30 岁以下"。该章程特别强调"考取初级师范学生，专以中国文理优通为主"，认为"文理为百事之根，他项学问即使全然不解，自可于入堂后按课学之，不在乎粗通算学西文，一知半解也。若文理未通，此堂所讲中国文皆止浅近功夫，该生入堂后必无暇自行研求深造，则永远不能读中国之书，又焉能教人乎？初基既坏，谬种流传，将使此等师范生所教各学堂无一人能通中国文理者，为害不可救药矣。故考选初级师范学生者，尤宜深知此意"。当时还规定："初级师范学生初入学之四月以内，谓之'试学'，须在此四月以内细察其资性品行，实在相宜者，始准留学；惟已经于师范学堂预备科毕业者不在此例。"①

至 1907 年颁布《女子师范学堂章程》时，对学生来源的规定

① 《奏定初级师范学堂章程·考试入学章第三》（湖北学务处本），《中国近代教育史资料》（中册），舒新成编，人民教育出版社1961年版，第688页。

已完全不同。其时定为"以毕业女子高等小学堂第四年级，年15岁以上者为合格。其毕业女子高等小学堂第二年级，年13岁以上者，亦可入学，惟当令其先入预备科补习一年，再升入女子师范科。至现时创办，可暂以与毕业高等小学堂学力相等者充之"[①]。

顾怡生在《开校时的几个回忆》中记述了通州民立师范学校初创时新生入学考试的情况。当时有初试和复试两次考试，初试考经义、国文、历史、地理、教育、算术。学校将试题拟定后，"通（南通）、泰（泰兴）、如（如皋）、海（海门）、静（静海，今并入南通）五属，由官府出示。外府外省登报。从出示登报日起，以十五日为限，志愿投考者各自备卷封寄校中。初试是试验投考者的素学，国文、史地必须完卷；复试是试验投考者的程度与初试符合否"[②]。初试录取本科者参加复试，录取讲习科者免复试。复试考经义兼国文、历史、地理、算术。另须检查体格。这样的办法连续采用过两届。

2. 民国：实行二十年保送和具保方法

中华民国成立后，1912年教育部颁发的《师范学校规程》中规定："凡志愿入学者，须由县行政长官保送，并由妥实之保证人具保证书，送校长试验收录，其在高等小学校毕业者，并呈验毕业证书。"[③] 至于试验的项目，则规定高等小学校毕业生试国

---

① 《女子师范学堂章程·考录入学章第三》，《中国近代教育史资料》（下册），舒新成编，人民教育出版社1961年版，第816页。

② 顾怡生：《开校时的几个回忆》（1934年），《教育家顾怡生诗文选集》，陆义蔚等编，江苏古籍出版社1991年版，第129页。

③ 《教育部部令第三十四号(中华民国元年十二月初十日：师范学校规程)》，《政府公报》1912年第227期，第13页。

文、算术二科，非由高等小学校毕业者试国文、算术、历史、地理、理科等。入学后，须试习四个月以内。根据这一规定，江苏省行政公署教育司颁布的《江苏省立师范学校学则》中还要求"保证人须居住学校所在地而有公民资格者，校长于保证人认为不适当时得命其变更"。而且规定学生经试验收录后要缴誓约书。至于非本省人志愿入学者，则规定"由该省行政长官咨明本省行政长官得其许可，但担保人仍依前项办理"。① 保证书及学生誓约书样式如下：

书约誓	书证保
贵校录取入学凡校中规则命令誓当遵守弗违如须偿还学费及给予各费时遵与保证人同负责任 如数缴还立此为证 江苏省立第　师范学校校长鉴 中华民国　年　月　日学生（姓名） 父（兄）姓名及职业 年　岁　省　县人令蒙	入贵校肄业所有关于该生在学中一切事项悉由保证人处理如须偿还学费及给予各费时遵由保证人担负责任立此为证 江苏省立第　师范学校校长鉴 中华民国　年　月　日保证者（姓名　印） 住址 保证者职业 与本人之关系 年　岁　省　县人愿保学生

1932年12月，国民政府公布《师范学校法》，接着修改《师范学校规程》，取消了民国初年关于师范学校学生须经保送和具保等做法，仅规定"师范学校及幼稚师范科入学资格为初级中学毕业。特别师范科入学资格为高级中学或高级职业学校毕业。均

①《江苏省立师范学校学则（二年六月十四日民政长训令公布　十一月十四日修正公布）》，《江苏教育行政月报》1913年第7期，第21—22页。

须经入学试验及格"①。此后一直未有变动。

3. 苏皖根据地的做法

在苏皖革命根据地，关于师范学校的招生入学等问题，起初未有统一规定。1946年，苏皖边区政府颁布《苏皖边区中等学校办理规则（草案）》，其第四十五条规定："中等学校学生入学须经入学试验，并应由各校校长呈报主管机关发给学生学籍鉴定证书。"② 1948年10月，华中行政办事处召开中等教育会议，提出中等教育必须具有一定的要求、计划和制度，再一次明确新生入学必须经过测验。学生在学期间，为保证学生修完一定的课程，各级政府不得随意抽调在籍学生。同时规定了学生的来源：一方面要大量吸收工农劳苦群众的子女入学，文化上稍差的，必要时可开特别班为其补课；另一方面，对地主富农家庭出身的子女，只要他们愿意接受新民主主义的教育，就不应该拒绝或加以歧视。

师范学校学生修业期满，毕业成绩及格，准予毕业，由学校发给毕业证书。

4. 新中国成立后的规定与方法

新中国成立后，1952年7月教育部颁布试行的《师范学校暂行规程（草案）》中规定，师范学校招收学生，须经考试合格方得入学，不受民族、宗教信仰的限制，除专收女生的女子师范学校外，并不受性别的限制。还规定初级中学毕业生成绩优良者，

---

① 《师范学校规程》，《教育部公报》1933年第15—16期，第32页。
② 《苏皖边区中等学校办理规则（草案）》，《解放战争初期苏皖边区教育》，戴伯韬编，人民教育出版社1982年版，第302页。

得由原校保送免试升入师范，但免试人数应有一定限制。1955年，教育部颁发《关于中学和师范学校招生工作的规定》，明确中等师范学校招生以省、市为单位统一领导进行。1971年至1976年间，中等师范学校招收新生，主要在到农村插队的知识青年中采取由当地推荐的方法。

1980年8月，教育部颁发《关于办好中等师范教育的意见》，强调"为了切实保证新生的质量，中等师范学校必须招收政治思想进步、品德优良、学习成绩优秀、身体健康、志愿献身小学教育事业的初中毕业生或具有同等学力的社会青年"。同时提出要适当照顾女生名额。至于招生办法，则"应体现师范教育的特点，各地可以提前单独招生，采取推荐和考试相结合的办法。经过面试和体检，发现考生中有口吃、重听、高度近视、五官不正、身体畸形等生理缺陷者，不予录取"。①

1981年以后，江苏省在中等师范学校招生工作方面采取了以下一些改革措施：

一是实行提前单独招生或者参加本地区高中统一招生考试，与当地重点高中同一批录取的办法。1985年《关于改革中等师范教育的意见》强调要坚持提前单独招生，争取把优秀的初中毕业生招收到中等师范学校来。

二是严格进行面试。面试的项目包括口语、写字、音乐、绘画、体育等。《关于改革中等师范教育的意见》中提出："面试成绩按不低于四分之一的比例计入总分。面试不及格，虽文化考试成绩及格，也不予录取。"

---

① 《教育部关于办好中等师范教育的意见》，《师范教育文件选编（1980—1987年）》，国家教育委员会师范教育司编，东北师范大学出版社1989年版，第362页。

三是定向择优录取。从 1982 年起，江苏省教育厅即提出："为了解决农村，特别是山区、边远地区缺乏教师的问题，各地要在总结过去中师招生工作经验的基础上，实行定向招生，把招生名额分配到县。"1985 年，更提出对于小学教育基础薄弱的山区、渔区和边远地区，还可以定向到乡，录取分数线可适当降低。

四是从 1985 年起，在少数中等师范学校试行保送办法，即在招生总数中确定一定的保送比例，由当地中学选送优秀初中毕业生免于参加文化考试，经面试合格进入中等师范学校学习。

五是为了保证中等师范学校的音乐、美术、体育班生源的文化素质，1988 年规定报考学生的文化考试分数线不得低于普师班录取分数线的 80％。

（二）在校待遇

1904 年颁布的《奏定初级师范学堂章程》中即规定，初级师范学堂经费由各地筹款备用，学生毋庸纳费，《女子师范学堂章程》中亦有相同规定。

据江苏省徐州师范学校校史记载，清末，徐州师范学堂学生膳食一律由学校供给，当时的供应标准是每人每月一千文，叫作"膏火费"，所谓一文就是一个四方孔的制钱。此外，学校每年还发给学生单、棉校服各一套，当时称为"操衣"。

通州民立师范学校因属私人办学，故张謇在《通州师范学校议》中说："中国今日民立之师范学校不得不酌收膳费。惟向学之士，贫者居多，今定十成中学者出其半，而本校助其半，然以补助半费计，岁费已四五千元矣，合衣食卧具，灯油茶水，夫役工食，每人每月约八元，以十个月计每人须八十元，今收四十。"[1] 而顾怡生也忆及："校章每生年纳膳学费四十元，半年二十元。"对于这个收费标准，他认为"当时纳费不能算是多"。[2] 另外，学校还发给学生操衣、操帽，及划一之被褥帐席，都不收费。

民国初年，江苏省行政公署教育司根据教育部颁发的《师范教育令》《师范学校规程》和《学校征收学费规程》等文件，规定师范学校公费生免纳学费，并由学校给以膳食及杂费。非本省生每学年缴膳费 36 元。另外，学生入学时须预缴保证金 10 元、操衣靴帽费 10 元和课业用品费 5 元。其中保证金除中途退学者，在毕业时仍照数发还。

1922 年实行新学制后，师范归并中学，曾一度取消师范生的公费待遇。

1933 年，南京国民政府公布的《师范学校规程》重新规定"师范学校学生一律免收学费，各省市应斟酌情形免收学生膳费之全部或一部"[3]。到 1944 年，国民政府行政院公布《全国师范学校学生公费待遇实施办法》，将师范生的公费待遇分为"应享受公费部分"和"得享受公费部分"两部分，前者指免交学费、膳费、宿费及图书、体育、医疗、卫生等杂费，所用各科教科书亦由学校供给；后者指制服，外出参观费用，劳作、美术、理化、生物等科实习材料费，以及新生到校及毕业生分配工作时按

---

[1] 张謇：《通州师范学校议》，《中国近代学制史料》（第2辑下册），朱有瓛主编，华东师范大学出版社1989年版，第282页。

[2] 顾怡生：《开校时的几个回忆》（1934年），《教育家顾怡生诗文选集》，陆文蔚等编，江苏古籍出版社1991年版，第133页。

[3] 《师范学校规程》，《教育部公报》1933年第15—16期，第32页。

程发给的旅费等，由负担经费的机关酌财力供给一部分或全部。[1]
但在当时教育经费连年削减的情况下，上述规定并未全部兑现，
连学生的膳食标准也逐年下降。

1952年7月，中华人民共和国教育部颁发《中等师范学校暂
行规程（草案）》，其中明确规定师范学校学生一律享受人民助
学金。

据苏南人民行政公署文教处1951年上半年调查统计，解放初
苏南区师范学校（当时享受人民助学金是以大米计算的）每生每
月发给人民助学金平均为50斤大米，最高65斤。教育部具体规
定师范学校学生享受人民助学金标准后，江苏各地即执行国家统
一规定，并改以人民币计算，如每生每学期缴收杂费折合为人民
币，平均为3元，最高4元。

（三）毕业服务

从清末创办初级师范学堂起，师范毕业生都必须按规定年限
在小学校服务。《奏定初级师范学堂章程》中专门有"毕业效力
义务"一章，其中规定"省城初级师范学堂毕业生，应有从事本
省各州县小学堂教员之义务，州县初级师范学堂毕业生，应有从
事本州县各小学堂教员之义务"。至于从事教员之义务年限，则
规定由官费毕业者，本科生为6年，简易科生为3年；私费毕业
者，本科生为3年，简易科生为2年。在此期限内，"不准私自应
聘他往并营谋他事"。还规定"如有不肯尽教职之义务，或因事

---

[1]《全国师范学校学生公费待遇实施办法（三十三年十月十八日本院公布）》，《行政院公
　报》1944年第11期，第18—19页。

撤销教员凭照者，当勒缴在校时所给学费，其数多少临时酌定"。① 至于女子师范学堂毕业生从事教员之义务年限，则在《女子师范学堂章程》中规定为3年，在此3年时间内"有充当女子小学堂教习或蒙养院保姆之义务"②。江苏的初级师范学堂和女子师范学堂均按上述规定执行。

民国初年公布的《师范学校规程》规定："本科毕业生，应在本省小学校服务，其期限自受毕业证书之日起算，第一部公费生七年，半费生五年，自费生三年，第二部生二年。女子师范学校本科毕业生应行服务之期限，公费生五年，半费生四年，自费生三年，第二部生二年。"③ 其后，教育部还在有关文件中多次具体规定过师范生在服务期内不得改就他职，不得应各项考试，各行政机关亦不得录用在服务期限内的师范生等等。服务期限曾作过几次变动，1946年2月，教育部《修正师范学校毕业生服务规程》最后确定"师范学校毕业生服务年限一律定为三年"④。

在苏皖革命根据地，师范学校学生修业期满，毕业成绩及格，准予毕业，由学校发给毕业证书。师范学校学生毕业后，有的担任小学教师，也有的分配做其他革命工作。

新中国成立后，教育部规定，中等师范学校毕业生由国家分配，分配计划由省、市、自治区教育行政部门会同计划部门、人

---

①《奏定初级师范学堂章程·毕业效力义务章第四》（湖北学务处本），《中国近代教育史资料》（中册），舒新成编，人民教育出版社1961年版，第688—689页。

②《女子师范学堂章程·教职义务章第六》，《中国近代教育史资料》（下册），舒新成编，人民教育出版社1961年版，第818页。

③《教育部部令第三十四号（中华民国元年十二月初十日：师范学校规程)》，《政府公报》1912年第227期，第14页。

④《教育部令：第九三六一号（卅五年二月十五日）：兹修正师范学校毕业生服务规程第三十一条条文公布之此令……（公布令二件）》，《教育部公报》1946年第2期，第5页。

事部门制定。派遣工作由教育部门负责。江苏省中等师范学校学生的毕业分配一直执行教育部的规定。1985 年 4 月，江苏省教育厅在《关于改革中等师范教育的意见》中提出，从 1985 年起，中等师范学校毕业生试行优秀毕业生优先分配的原则，即给学校一定的发言权，把统一分配和择优分配结合起来。[①]

按国家相关规定，中等师范学校学生毕业后，必须服务教育工作至少 3 年。

九、 学校管理

（一）清末

《奏定初级师范学堂章程》规定：初级师范学堂每州县必设一所，初办时可先于省城暂设一所，俟各省城优级师范学堂毕业有人，再于各州县以次添设。此时《章程》中尚未明文规定初级师范学堂的领导体制。1907 年《女子师范学堂章程》中同样规定初办时可先于省城及府城暂设一所，但已明文规定此种于省城或府城办的女子师范学堂"由官筹设"。还规定民间也可设立女子师范学堂，"惟须由地方官查明，确系公正绅董经理者，方许设立，并须先将详细办法禀经提学使批准，与章程符合方许开办"。[②] 这一条款具体规定了私立女子师范学堂的批准手续。

[①] 吴大年:《江苏省中等师范教育十年大事记》,《江苏省中等师范学校简介》,江苏省教委普通教育局编,人民教育出版社1989年版,第159页。

[②]《女子师范学堂章程·立学总义章第一》,《中国近代教育史资料》(下册),舒新成编,人民教育出版社1961年版,第817页。

至于学校内部的机构设置与管理体制，《奏定初级师范学堂章程》中规定，初级师范学堂设监督、教员、副教员、监学、附属小学办事官、小学教员、庶务员。监督统辖各员，主持全学堂事务。教员掌教育学生、副教员助教员之职务。监学以教员或副教员兼充，掌学生斋舍事务，禀承于监督。小学办事官以教员兼充，管理附属小学堂教育事务，亦禀承于监督。小学教员掌教授附属小学堂之学生，并指导初级师范生实事练习。庶务员管理收支及一切庶务，仍禀承于监督。女子师范学堂设监督、教习、副教习、监学、附属小学堂堂长、蒙养院院长，其职掌与初级师范学堂相同。

通州民立师范学校初创时，张謇在《通州师范学校议》中提出，学校拟设总理1人，教习1人或2人，或3—4人，监理1人，司收支1人，司图书仪器1人，或增司书记1人。总理即校长，因1902年颁布的《钦定学堂章程》称总理，故当年通州民立师范学校和如皋公立简易师范学堂成立时，学校负责人均称为总理。

（二）民国时期

中华民国成立，教育部于1912年9月颁布《学校管理规程》，确定这一管理规程为"各学校管理学生之准则"。《规程》改称总理或监督为校长，并规定"校长、教员及学监，负训育学生之责任"。要求校长应按照学校种类状况，订定管理细则，包括教室、自习室、操场、食堂、寝室等，均须分条作出规定。根据这一《规程》，教育部在《师范学校规程》中对编制、入学退学及做戒、设备、职员、设立、变更及废止等均作了详细规定。江苏省行政公署教育司具体贯彻《规程》的各项规定，于 1913 年 6 月制订了《江苏省立师范学校学则》。此后《师范学校规程》作过几次修改，对学校管理的规定日臻完善。

关于师范学校的设置、变更及隶属关系，1932 年 12 月国民政府公布的《师范学校法》中规定："师范学校由省或直隶于行政院之市设立之，但依地方之需要，亦得由县市设立，或两县以上联合设立之。""师范学校由省市或县设立者，为省立、市立或县立师范学校，由两县以上联合设立者，为某某县联立师范学校。""师范学校之设立、变更及停办，由省或直隶于行政院之市设立者，应由省市教育行政机关呈请教育部备案，由县市设立者，呈由省教育厅核准转呈教育部备案。"①

对学校内部的管理机构及人员，则规定师范学校设校长 1 人，综理全校校务，并应担任不少于专任教员教学时间最低限度二分之一的教学工作。设教导主任 1 人，协助校长处理教务训育事项，六学级以上的师范学校经核准得设教务、训育主任各 1 人，协助校长分别处理教务、训育事项。六学级以上师范学校并得设事务主任 1 人。各主任均由专任教员兼任。此外，师范学校得设训育指导委员会、经费稽核委员会两个委员会。学校的会议有校务会议、教务会议、训育会议、事务会议等。

民国初年，省立师范学校校长由省行政长官任用，1932 年以后改为由省教育厅提名，经省政府委员会议通过后任用。

---

① 《师范学校法（二十一年十二月十七日公布）》，《教育部公报》1932 年第 51—52 期，第 12—13 页。

（三）苏皖根据地

在苏皖革命根据地，抗日战争时期师范学校的组织机构与领导管理体制与其他中等学校一样，一般都实行校长兼校务委员会主任委员或主席，统一领导校务会议或校务委员会的制度。如盐阜区联立中学成立后，即规定本校设校务会议，为校内最高权力机关，凡一切施政方针，皆须经过校务会议之通过，出席会议者为校长、各部主任、教师及学生代表（人数不得超过教师）。校长为当然主席。会议每月开一次，遇有临时重大事项，得由校长召集临时会议，校务会议发生争执不能解决之事项，校长得有解决之权。

1946 年，为保证与领导新教育方针路线的执行，苏皖边区政府颁发的《苏皖边区中等学校办理规则（草案）》《苏皖边区国民教育办理规则（草案）》等文件规定，中等学校（包括师范学校）应"设校长一人（必要时得设副校长一人）、校务委员三至五人，成立校务委员会，以校长为主席，综理校务"；"校务会议以校长、全体教职工、学生代表及工友代表组织之，以校长为主席，讨论并决定一切有关校务事宜，每学期至少二次"。[1] 为了使"教"与"训"不致脱节，学校设有教导部、总务部、经济稽核委员会等部门。经济稽核委员会"由教职员代表二人、校董会代表一人，学生代表一人及当地教育委员会五人组织之，公推一人

---

[1]《苏皖边区中等学校办理规则（草案）》，《解放战争初期苏皖边区教育》，戴伯韬编，人民教育出版社1983年版，第297页。

为主席。每假期前开会一次，负责审查收支账目，并公布之"①。

上述这些做法为新中国成立后改造旧有师范学校的领导管理体制和管理方法提供了经验。

（四）新中国成立以后

新中国成立以后，关于中等师范学校的领导管理体制在1952年7月颁布试行的《师范学校暂行规程（草案）》中被规定为："师范学校除师范学院附设者外，均由省、市、县人民政府设立。私人或私人团体不得设立师范学校或师资训练机关。省、市师范学校的设立、变更、停办，由省、市人民政府决定，报经大行政区教育部批准，层转中央教育部备案。省属市和县师范学校的设立、变更、停办，由市、县人民政府报请省人民政府决定，层转中央教育部备案。省、市、县设师范学校均由省、市教育厅、局统一领导，但省属市和县设师范学校的日常行政由市、县人民政府领导，省设师范学校的日常行政亦得由省教育厅委托所在地专员公署或市、县人民政府领导。"②

到1956年5月，教育部修订《师范学校规程（草案）》，规定中等师范学校的设立、变更与停办都由省、自治区、市人民委员会决定，并报中华人民共和国教育部备案。中等师范学校均由省、市、自治区教育厅、局统一领导。县和高等师范院校均不再

---

① 《苏皖边区国民教育办理规则（草案）》，《解放战争初期苏皖边区教育》，戴伯韬编 人民教育出版社1983年版，第293页。
② 《师范学校暂行规程（草案）》，《教育文献法令汇编（1949—1952）》，中华人民共和国教育部办公厅编印，1958年6月，第148页。

设立或开办中等师范学校。

1980 年 8 月教育部发出的《中等师范学校规程（试行草案）》对中等师范学校的领导管理体制重新作了规定："中等师范学校的设立、变更与停办，由省、市、自治区人民政府决定，并报中华人民共和国教育部备案。中等师范学校由省、市、自治区教育厅（局）根据国家的教育方针、政策、规章、制度，实行统一领导。省、地两级教育行政部门分级管理。"① 江苏省教育厅于 1981 年 3 月发出《关于我省中等师范学校布局设置、服务范围和规模等问题的意见》，文件规定，全省中等师范学校的领导体制实行省和地、市双重领导，分工管理。

根据教育部《中等师范学校规程（试行草案）》的规定，江苏省各中等师范学校的行政管理机构和人员配备为：校长 1 人，负责领导全校的教育教学和行政管理工作；副校长若干人，协助校长工作。下设教导处和总务处，分别负责学校教育教学、教育实习、学生生活辅导和学校的总务工作。学校建立由校长主持，教师和职工代表参加的校务会议。1980 年以后，很多学校新设了负责学生思想政治教育的政教处，有些承担在职小学教师进修任务的中等师范学校成立了小教进修处。另外，还有相当一部分学校成立了小学教育研究室。1985 年，南京晓庄师范学校进行了学校内部管理体制的改革，实行校长负责制，建立了行政指挥、教育科研、考核评估三个管理系列。

为了提高中等师范学校的领导管理水平，1986 年 10 月中旬至 11 月初，江苏省教委在南通师范学校举办第一期中等师范学校

---

① 《中等师范学校规程（试行草案）》，《师范教育文件选编（1980—1987 年）》，国家教育委员会师范教育司编，东北师范大学出版社 1989 年版，第 368—369 页。

校长研讨班，其后又于 1987 年、1988 年连续在丹阳师范学校和海州师范学校举办了第二期、第三期中师校长研讨班。研讨班采取学习、研讨、参观和视导相结合的方式，就中师的办学方向、教育教学、后勤管理、领导班子和师资队伍建设等问题进行学习研讨，同时视导了全省大部分中等师范学校，收到了较好效果。

于 2022 年 11 月修订，2023 年 12 月完稿。

上世纪八十年代中等师范
教育工作回顾与思考

    此文写于 2011 年，其缘由固然与 20 世纪 80 年代各级政府十分重视师范教育，全社会也都关心和支持师范教育，把加强和改革师范教育作为发展教育事业的战略措施对待，而我有幸参与其中相关。另一方面，可引文中所言进一步释明："转眼间，距我参加《江苏教育志》编纂工作又过去十余年了，这些年里，虽然我离开工作岗位已久，但 80 年代我的这段中师教育经历依然是一段魂牵梦萦的不了情缘。由于官方修志总存在一定局限性——好比勾画一个人，虽有完整骨架，但缺少血肉相衬，终不能生动鲜活地详尽道来，所以，我又写下这一篇琐忆以为补阙，并借此对为江苏中等师范教育作出默默奉献的所有'中师人'表达我由衷的敬意。"

    本次选用，内容上略有增删。

    1979 年元月初，我和老钱举家离开扬州，回到阔别十年之久的南京，重返江苏省教育厅（时称"江苏省革命委员会教育局"）工作。时逢改革开放之初，大家心情舒畅，对未来充满期待，尤其在教育界，从各级行政部门到大中小学校，无不加倍努力工作，我就是在此背景下出任新组建的师范教育处处长的，这也是我教育职业生涯中的最后一站。

上任伊始，处室仅我一人。分管师范教育的副局长方非找我谈话，她对我说，师教处工作主要有两大块，一是中小学教师在职进修，一是中等师范教育。眼下全省中小学教师不仅数量上紧缺，而且文化程度和业务水平都降到了历史最低点，严重影响了中小学教育的质量，所以抓好师资队伍建设刻不容缓。但师教处人手少，她要我先把教师进修工作抓起来。我说，人手再少也不能只有我一个"光杆司令"啊。她答应和几位局长商量后调个把人给我。几天后，普教处的年轻人孙征龙被调来了，8月，十多年前的一位同事张行（后担任副处长）也被调回教育厅分到师教处，这样我们就有了三个人。我们的办公室紧挨着人事处，实际上是一个大套间，他们在里间，我们在外间。一部电话机放在人事处，两家合用。头两年冬天，连烤火的煤球炉都是合用的。其实，当时教育厅各处室人手都很紧，办公条件也都比较简陋。机关位于傅厚岗 30 号，原为李宗仁公馆，内部建筑多为民国时期的平房，全厅包括事业单位在内大概也就六十来个人。即便是厅领导，也是几个厅长共用一个大办公室，冬天生一个火炉取暖，夏天用一个吊扇驱暑而已。印象中公车只有一辆伏尔加，司机只有沈庆林一个人，后来又多了一辆吉普。厅领导们上下班都不怎么用车，或步行或骑车，像江坚厅长就一直是步行上下班。记得有一次，省教育厅在扬州举办政治教师培训班，我和副厅长徐航及教研室小鞠同乘一辆吉普，一路颠颠簸簸地到了扬州。徐航要我和他一起住到市招待所，我说不用了，和学员们住一起反倒更方便些，因住处离会场还有一段路程。他又说，明天让司机来接我去开会，我说我自己走去就行。哪知第二天清早，我走到半路就遇到他坐着吉普来接我去开会了。

现在回想起来，厅里那时虽然人手少、条件差，但工作效率并不低，上下级之间和同事之间的关系也比较自然融洽。每当下班铃声响起，大家就从办公室走出来，一路说笑着走出大门。有时厅长召集我们开会，就在他们的办公室里开，大家相互之间也没什么距离感。厅里有一个大会议室，每逢春节大家就聚在这里高高兴兴、热热闹闹地团拜，就像一家人一样，其乐融融。那时同事之间，包括上下级之间，以"老某"或"某某同志"相称是普遍现象。1982年以后，师教处陆续调入马幸年、刘明远和沈世江几个大学生，虽都是小青年，但他们都叫我"老吴"，从不叫"吴处长"。但这种曾经显得比较随意、亲和、平等的称谓习惯随着时代的演变而逐渐消失，公职人员之间言必称官职已是约定俗成。机关于1984年夏搬到中央路一座新建的三层楼里，师教处分到两间，并安装了一部电话机，大家已很满意。我离休后，机关先是于90年代中期搬到位于北京西路的一幢十几层的大楼里，后又于新世纪头几年在这幢楼旁盖起了一幢更高更大的办公大楼。记得我因参加老干部活动第一次看到这幢大楼时，即被它雄伟壮观的外表所震住；待到走进大楼里面，映入眼帘的大厅气派堂皇，办公室间数既多又宽敞明亮，现代化办公设备一应俱全，简直让我有一种刘姥姥闯进大观园，转眼换了人间的感觉。这些都是题外话。

前面提到，抓全省中小学教师进修是当务之急。面对这一项全然陌生的工作，我按照自己的老办法，先从搞调查摸情况做起。1979年6月初，镇江地区教育局召开全区中小学教师进修工作会议，我觉得是了解情况的好机会，便和孙征龙一起去参加。接着，我们又在南京和邻近的江都县继续调查。这一次，我们不仅听市、区、县介绍情况，还调查了几所学校。例如在南京市区，我们选了三所中学和一所小学，请校长将全校教师的学历和实际文化水平、教学能力逐一介绍。后来去江都，在樊川公社我们也同样了解了每一位教师的情况。我还记得我们住在公社的一家小旅店里，旅店主人用没有烟囱的煤球炉为旅客烧水，煤气呛人，床上被褥十分油腻肮脏，只好将就着住了一夜。这种调查方法看似很笨，却让我在掌握统计报表上的数字之外，更了解到这支队伍的实际状况，包括它的结构和成因，从而理顺并形成了自己开展工作的思路。

在听取我们的汇报后，方非副厅长和我们商定在全省范围内对中小学教师进行一次文化、业务的全面普查，由我草拟了《江苏省中小学教师在职进修暂行条例（试行草案）》。在经过多次与相关进修院校的校长和教师座谈研讨、征求意见和反复修改后，《条例》于这年 12 月底下达全省各地试行。同时，省教育厅还制定出《江苏省 1981—1985 年中小学教师培训规划》并正式印发下去。自此江苏的中小学教师进修工作本着着眼长远、立足当前和分类指导的原则，有计划地开展起来。

那几年，中学教师培训工作十分繁重，各地教育学院作为在职教师重要培训基地承担着主要任务。南京教育学院即是我联系主抓的一个点。1986 年，国家教委决定对全国教育学院进行复查，江苏的复查工作于 11 月 25 日至 12 月 12 日进行。复查组由吴椿（省教委副主任）、李一本（国家教委师范司副司长）、颜金炼（国家教委师范司师训处处长）、王世华（省教委普教局副局长）和我五人组成领导小组，吴椿任组长。省教委和各市教育局抽调 21 人，加上外省、市 17 位同人，整个复查组共 41 人。

复查工作是本年度一件大事，我们从上半年即着手准备，国庆前出去检查了一次，各地学校的准备工作则更加细致具体。这件事做好了，对全省教育学院的建设能起到很大的推动作用。从 11 月中旬开始，我集中精力抓三件事：修改向复查组汇报的材料并定稿、复查的组织工作和后勤工作。

复查组自 26 日至 29 日对江苏教育学院和南京教育学院进行复查。我先参加了对南京教院的复查，历时三天。南京教院面向南京市的中学教师，开展多种形式、多种类型的在职培训，成绩显著，于当年教师节被国家教委表彰为教育系统先进集体。复查下来，李一本同志很满意，认为南京教院不愧为全国表彰的一面红旗。秦琪、王泽农等几位院领导非常高兴，说取得的成绩有我倾注的一份心血。我当然也很高兴，因为我对这所历史悠久、办学质量很高的学校确有感情，而且提供过一些具体帮助。记得六年前（1980 年 11 月），学校尚称南京教师进修学院，某日下午我陪同李一本来校视察，该校给他留下踏实苦干、认真负责的好印象，由于李看得十分仔细，结束时天已擦黑，学校因条件太差无车接送，我打电话向厅里要车，可那边早已下班，坐公交又太挤，学校只得叫来一位校工，用一辆拉货的脚踏三轮车，上面放两只小木凳，一路颠簸着把我们拉回去。

接着，12 月 1 日至 8 日复查组对无锡教育学院和镇江教育学院进行复查。总体印象，两所学校（特别是镇江教院）虽然办学条件差，但办学指导思想明确，校领导和教师队伍素质较高，艰苦奋斗精神尤显可贵，准备工作也做得很充分。

图 9 1986 年 12 月初在无锡教育学院复查

12 月 9 日下午复查组回宁，进行复查工作汇总、总结，并向省委、省政府汇报，结果是出乎意料地好。这是一次对全省中学教师在职进修的总检阅，成绩喜人，我甚为欣慰，虽感疲惫，但如释重负。

相较而言，我感到办好中等师范教育、培养合格新师资具有更长远的根本性意义。20 世纪 60 年代后期，全省中师连续四年停止招生，不少学校停办，校舍被占，设备遭破坏，一支素质较高的教师队伍被打散。70 年代初，由于各地中小学教师紧缺，中师陆续恢复，却以培养初中教师为主要任务，虽能暂解初中之急需，但毕竟偏离了中师培养方向，影响到小学新师资的补充。1978 年，教育部重申中等师范学校的任务是培养小学教师，江苏决定于 1979 年暑假后招高中毕业生，学制两年，学生毕业后分配做小学教师，此时正处于恢复与"转向"的关键时期。

事有凑巧，在参加镇江地区教师进修会议时，我意外得知地区教育局正在组织所属两所中等师范学校对口交流，并定于会议结束后进行汇报。于是我决定在镇江多留一天听汇报。这两所学校是丹阳师范和武进师范，后者原为我和老钱50年代初曾经工作过的常州师范，但于1958年初莫名其妙地从青果巷迁至根本不能用于办学校的清凉寺，1961年底又迁至武进县南夏墅。汇报会上，武进师范的办学条件之差及存在困难之大让我这个老校友大吃一惊：河水不能用，井水水位低，造成用水紧张；日用品供应稀缺，如肥皂每人半年半块尚得不到保证；蔬菜只能靠买黑市菜等等。如此状况使得学生情绪不稳定，一部分学生要求退学，教师中也有人要求调离。与之相比，在十多年前丹阳师范校舍也曾被地质勘探队占用，复办后困难也不小，但校领导在短短两年中将工作重心转移到教学上。老校长成功重视对师生的思想教育和校风建设，提出"以三好为目标，以教学为中心"的口号和"热爱专业，勤奋学习，严守纪律，讲究文明"的十六字校风。他自己以身作则，经常到课堂听课，还组织教师自编了一部分教材。教研组的活动也很活跃，教师间常相互听课，切磋教学。后勤工作也能为教学和师生生活提供保障，整个学校呈现出一派蓬勃向上的新气象。成功是从1955年起就担任丹阳师范校长兼支部书记的老校长，过去我不认识他。那天他从丹阳赶来镇江，头戴一顶草帽，身着短袖布衣，脚蹬一双黑布鞋，虽已是六十开外的人了，但精神矍铄，步履有力。从他身上，我看到50年代一大批中师教育工作者的身影，想起他们当年执着坚韧的教育理念和奋发向上的工作精神，不禁对成老校长心生敬意。此后到过丹阳师范的张行还告诉我，在丹阳师范校园里看不到地上有一丁点纸屑，在食堂吃饭也看不到桌上和地上有一颗饭粒。其时，教育部正准备召开全国师范教育会议，我们便约请丹阳师范写了一篇题为"树立良好校风，培养合格师资"的总结材料报送教育部。后来，大会将其作为会议交流材料印发给全体到会代表。

听完两所中师的交流汇报后，我下决心对江苏中师的现况作一些实地调查了解，并把自己的想法对方非说了，而她也正有此意。我们决定先看看武进师范，并就近再看一下常州市师范学校。那天，我们一早从南京坐火车到常州，再搭乘汽车到南夏墅，抵达武进师范时已近中午。我们两人一路走来早已是满面尘土，汗流浃背，本想好好地洗把脸，但校总务主任只端来大半盆洗脸水，抱歉地说："学校用水紧张，只好请两位将就着用一盆水洗脸了。"听了他的话，我们不仅把这盆水留着饭后再用，而且连茶水都不敢多喝。第二天下午，我们来到常州市师范学校。该校所在地本是一所规模不大的初级中学，校舍显得十分破旧，师范和进修学校都设在这里。常师副校长陈啸天是我在常师时的老同事，他陪同我们查看学校全貌，当登上女生宿舍那吱吱咯咯作响的木板楼梯时，老陈不断地叮嘱我们："小心啊，扶好栏杆噢！"倒是宿舍里茶缸、饭碗、脸盆、热水瓶、毛巾、鞋子都整整齐齐地一字排开，这几条线让我眼前一亮，心里高兴地想：这就是50年代中师的老传统呵！

此行不久，我又和张行夫了无锡师范、洛社师范、淮安师范和淮阴师范。洛社师范是一所建于1923年的老乡村师范，十多年前校产被分光，学校变成公社的社办厂和饲养场；1973年复办时，校园里除几间破旧房屋外一无所有。我们到达洛社时天色已晚，在程宝琦、徐钜两位校长的办公室里和他们边吃晚饭边谈工作时，本就昏暗的电灯几次断电，他们不得不几次点燃事先备好的蜡烛，而教室里的学生们也只能忍受着断电之苦坚持上晚自习。到淮阴师范时，学校刚迁到建在一片沙土地上的新校址不久，校园里尘土飞扬，师生们在食堂吃饭，饭菜上经常会蒙上一层黄沙。

当时的江苏中等师范学校就是在如此艰难的条件下重新起步的。

1981年4月，我们花了半个月时间跑了南通和盐城两个地区，看了五所中等师范学校，其中南通和如皋两所师范都是办学近八十年、自有其优良传统的老中师。一年前，我参加了全国师范教育工作会议，会上强调师范教育是教育事业中的工作母机，是造就培养人才的基地，一定要努力办好，并重申中等师范教育的任务是培养小学教师。此时，省里正准备召开全省师范教育工作会议，已决定从当年秋季起中师恢复招收初中毕业生，开展教学工作，学制三年。我们此行的目的，就是要重新找回江苏老中师的优良办学传统，使之得以传承和发扬光大。同时也想求教于这些学校的校长和老师们，和他们共商办好中师之大计。

调研的第一站是南通师范学校。这是我国第一所独立设置的中等师范学校，辛亥革命后曾被孙中山领导的南京临时政府誉为"开全国之先河"，在我国近代师范教育史上占有重要地位。学校创办人张謇主张师范生首先要有立志救国的理想和抱负，严格治校，树立了优良校风，亲笔写下"艰苦自立，忠实不欺"八字校训。他还十分重视师资队伍建设，强调教学必须理论联系实际。这些都为日后南通师范建设优良的校风、教风和学风奠定了基础。我们在南通师范逗留了四天，召开了五个座谈会，并去通师一附小和二附小听了杨秀兰和李吉林两位老师的语文课。南通师范党支部书记谢铮向我们介绍学校近几年面向小学培养小学师资而加强对学生的专业思想教育，在教学中注意联系小学实际和加强基本功训练，同时建立和健全了学生的见、实习制度等情况。在教师座谈会上，大家认为有必要对过去的办学传统和经验加以认真总结，不少老师从张謇所定校训谈起，对如何按照中等师范教育规律办好学校提出不少很好的建议。我特别记得一位年轻的语文教师讲到了通师老教师的示范作用，他十分动情地介绍这些老教师的敬业精神、工作态度、道德操守以及对青年教师的关爱提携，使得他们耳濡目染、受益匪浅。这位年轻教师提到的刘秉镕、王焖、罗玉芬这些老师我后来多次接触过，确实给我留下了"为人师表"的印象。我感到，南通师范不仅是培养小学教师的摇篮，确切地说，更是塑造两代师表的园地。他们所做的看似是师范教育应该达到的基本要求，但实际上这件事真正要做好，从而体现出师范教育的精神本质并不容易。南通师范的努力收到了较好效果，实属难能可贵。

接着，我们马不停蹄地看了盐城、阜宁、如皋和海门四所学校。其间，如皋师范之行让我进一步加深了对师范教育特性的认识。

如皋师范与南通师范一样，也是一所诞生于1902年的有着优良办学传统的老中师，在我们召开的几次教师座谈会上，教师们对学校领导不得力、不熟悉业务，校舍陈旧漏雨以及图书资料缺乏等方面意见很大。其中反映最强烈、最集中的是师资队伍问题。不少人谈到，20世纪五六十年代如皋师范师资力量比如皋中学强，但现在差得不能比，还普遍存在不熟悉小学教育教学实际的情况，且缺少作为中师主要学科的教育学、心理学和小学各科教材、教法、教师，这些状况都与中师的培养任务很不相称。面对这些问题，教师们表示了深深的焦虑和无奈。有人说，老师们要求改变现状，但是不知道该怎么办，怎样才能使上劲。他们认为当下最急迫的事，是把之前被打散在外，包括教育学教师顾敦沂这样一些业务能力强的老教师调回来以充实师资队伍。

不过，学校的一面镜子让我感到这所老中师的传统影响力依然存在。我们刚到如皋师范的那天上午，当迈进大门走到学校前厅时，看见一面大镜子巍然伫立在眼前。我不由自主地停下脚步，抬起手来捋一捋途中散乱的头发，端详着自己的衣冠是否整齐。我觉得这面镜子似乎是一双严肃而满怀期待的眼睛，它透露出蕴意深刻的四个字：为人师表。接下来在该校的所见所闻，亦让我感到这种影响力的无处不在。如传达室工作人员面带微笑、礼貌周到地接待所有来访者，校园环境被整治得非常整洁清爽，教师们对师范教育事业一往情深，小小图书馆藏书不多却被管理得井井有条。由是我相信如皋师范是有希望的。另外，校园里一座古色古香的平房及庭院也吸引了我的目光——这座建于晚清时的老建筑，显得那么端庄典雅，它见证着当年学校创办人沙元炳先生建校的一片苦心和对青年学子的殷切期望，令人肃然起敬。这不就是如皋师范悠久历史和优良传统的象征吗？离校前和学校领导交换意见时，我提出一定要保护好这座古老建筑。

结束五校之行回到南通后，在与地区教育局领导交换意见时，我们根据调查了解到的实际情况，直抒己见地提出了一些改进建议。不久，地区教育局对如皋师范领导班子进行调整，顾敦沂等老教师也被调了回来，学校面貌有了很大改观。1988 年国家教委在全国范围内表彰了一批中等师范学校，江苏有七所中师受到表彰，如皋师范名列其中（另六所是南通师范、晓庄师范、无锡师范、丹阳师范、泰州师范、南京特殊教育师范）。后来，我曾多次收到过如师给我寄来的新年贺卡，画面背景即为该校古老的建筑，上书"诚朴、严谨、文明、奋发"八个大字。这株历经风雨沧桑的老树已再现蓬勃生机。

图 10　如皋师范

半个月的寻觅之旅使我收获颇丰。通过和校长、老师们的广泛接触和交谈，我已经近距离地触摸认知到了江苏中师的优良传统。在几十年的沧桑岁月里，一代又一代热衷于中等师范教育事业的志士仁人以坚忍不拔的意志和信念在教育实践中探索中等师范教育的规律，取得了丰硕的成果，且随着时代的前进而不断充实丰富。这些凝聚着智慧和心血的经验结晶形成了江苏中师的优良传统。虽历经风霜雪雨，但其生命力和影响力犹存，这是江苏中师的优势所在。我由此欣喜地看到了希望，增强了信心。我认定虽然面临重重困难，但江苏的中师一定能够很快从遭受的困厄中走出来，越办越好。其实，从第一次见到成功老校长，看到常州市师范学校女生宿舍里几条整齐的"线"，我的这一信念就已开始萌发了。

当时我们要做的事情很多也很急,其中,师资队伍不适应中师培养任务的矛盾十分突出。各地虽然将多年前下放或分散的教师调回,但教育学、心理学、各科教材教法和音乐、美术教师依然奇缺告急,唯一的办法是通过短期培训以解燃眉之急。好在江苏高等师范院校可以相助,几所老中师也还有些力量。依靠这一优势,我们于 1980 年暑假先后举办了心理学和教育学的讲习班。前者请江苏省心理学会、南京师范学院教育系丁祖荫等几位老师授课;后者则由南京师范学院、扬州师范学院、江苏师范学院、丹阳师范和新苏师范的一些教师共同讲课,全省中师和幼师已担任或准备担任这两门课程的教师都来听课,效果不错。有了这两次的经验,往后我们又接连举办音乐、小学语文、小学数学教学法的讲习班,由这几门课师资力量较强的南京晓庄师范和常州师范分头举办,效果也挺好。

1983 年的暑假是办短训班最红火的一年,教育部委托江苏省教育厅以南京师范学院美术系为主编写的中师美术教材已经出版,为了帮助美术教师掌握新教材,教育部决定在江苏新苏师范学校举办全国中等师范学校美术新编教材暑期讲习班,各省都有名额。因江苏有举办方的得天独厚之便,除规定的两名代表外,我们还让全省中师美术教师都来列席听讲,这样讲习班的规模就很大,讲课教师加听课学员近百人。讲习班由教育部师范教育司副司长岩明远主持,会务由新苏师范承担。前来讲课的除南京师范学院美术系教师外,还有来自外地的专家、教授,是一次高水平的讲习班。由于条件所限,前来听课的学员住地很分散,更增加了会务工作量。我和马幸年是在讲习班开始前到达苏州的,亲

图11　1983年8月全国中等师范学校美术新编教材暑期讲习班（第二排左七至左九：周尔辉、岩明远、吴大年。后排右一为马幸年）

眼看到新苏师范的校长和总务工作人员竭尽全力，精心安排，将代表们的学习和生活都安排得井然有序。不料天公不作美，素有"天堂"之称的苏州气温骤然飙升到40℃左右，比"火炉"南京还热，而其时新苏师范却连一台电扇都没有，代表们晚上热得睡不成觉，既影响授课质量又影响大家健康，令人心焦不已。我和小马赶紧找到代表教育厅出席讲习班的周尔辉副厅长，他也急坏了。三人商量，只有赶快去买电扇才能解暑。于是周尔辉拿起电话就与罗明厅长通电话，厅领导都同意立即拨专款给新苏师范买电扇，并要苏州方面当天就办。我们不敢耽搁，马上通知苏州教育局和新苏师范，学校总务人员和一些教师顶着大太阳跑遍了苏州市，总算买到了几十台电扇，并于当晚将各住处的电扇都安装完毕，给大家送去习习凉风。哪知，就在讲习班快要结束时，老天爷又突然变脸，苏州又遭遇了狂风暴雨的袭击，一时间代表们住的屋子里又进了不少水。可以说，我们这次办讲习班经受了"水深火热"般的考验，但最后总算是克服了重重困难，有了一个圆满的结局。记得在次年召开的全省中师总务工作会议上我还特地表扬了新苏师范学校。

这一年暑假，我们还请南京师范学院体育系举办全省中师体育教师暑期备课班，委托师资力量有优势的无锡师范、丹阳师范和常州师范分别举办了舞蹈、小学语文教材教法和小学数学教材教法备课班。也还是在这一年的暑假里，我们按照教育部的部署，组织第一批教学有困难不能胜任教学工作的在职中小学教师九万人集中学习教材教法，各个市教育学院和县教师进修学校都紧张地全力投入，无论是讲课的还是听课的老师都不畏高温炎热，挥汗如雨，连续奋战。例如无锡教育学院老院长何莘耕在火辣的阳光炙烤下骑着自行车到处奔忙的情景，就着实令人感动。由于这年暑假培训进修任务特别繁忙，我和师教处的张行、孙征龙、马幸年四个人，个个忙得够呛，却忙得高兴，忙得充实。

1983 年的暑假实在是一个难忘的、令人精神振奋的暑假！

1983 年之所以令人难忘，还因为从这一年开始，江苏的中等师范教育迈上了一个新台阶。这年 5 月，中共中央、国务院发出《关于加强和改革农村教育若干问题的通知》；10 月，邓小平提出"教育要面向现代化，面向世界，面向未来"。继省委、省政府召开的全省普教工作会议对师资队伍建设提出具体要求后，省教育厅于 11 月底召开了全省师资工作会议，罗明厅长在会上讲到，为了普及小学教育，特别是农村小学教育的需要，中等师范学校必须在教育、教学方面加以改革，而且应该走在整个教育改革的前面。自此江苏中师步入了改革发展的新阶段。

众所周知，早在 20 世纪 20 年代，陶行知先生抱着救国救民的理想，立志改造中国的乡村教育，在南京神策门外劳山脚下创办了一所新型的乡村师范学校——晓庄师范学校。进入 80 年代，该校秉承陶先生"教学做合一"的办学理念，"以陶为师"，在教育教学上采取不少改革措施，收到很好效果。我因就近常去晓庄，对此印象深刻。如：该校在省内较早地拟订师范生必须掌握的包括识字、朗读、说话、写字、运算、实验操作及音体美等方面的十项基本功；重视学生思想教育，专门开设陶行知教育思想课，提倡"捧着一颗心来，不带半根草去"的乡村教育精神；重视劳动教育，开设了农业栽培、金工、木工、电工、教具制作等劳动技术课；在教学上推行"小先生制"等。1981 年 8 月，中师毕业生杨瑞清、李亮在陶行知教育思想和精神的感召下，要求分配到江浦县五里村小学办行知实验班，他们在志愿书上写道："走行知之路，到农村艰苦的地方办学，这就是我们的决心，这就是我们的理想。"1983 年 11 月省教育厅召开全省师资工作会议时，我们特地请杨瑞清到大会发言。那次大会除中师校长外，还有各市教育局长、省市教育学院院长和高等师范院校的院校长、教务处长们。杨瑞清发言时，大会议室里人人屏气聆听。会后，很多中师校长感慨地对我说，如果中师毕业生都能像杨瑞清这样，我们的教育就成功了。杨瑞清后曾被任命为江浦县团委副书记，但他舍不下乡村小学教育事业，也舍不下五里小学的孩子们，不到两个月又回到了学校。1985 年，五里小学更名为行知小学，由杨瑞清任校长。

1984 年 3 月中旬，师教处在南通师范学校召开部分中等师范学校校长会议，总结 1979 年以来的经验教训并具体研究如何进行教育教学改革的问题。此时，江苏的中等师范学校已经有了三届两年制招高中生的中师毕业生，而首届招收初中生的三年制中师

图12 在晓庄师范了解小学自然教师培训班教学情况

班的学生也即将毕业。五年来，学校教育质量逐步提高，各地的反映是好的。但在实际工作中也发现不少问题。校长们建议要从招生、学制、教学计划和教学内容、方法等各个方面进行全面改革，才能适应面向小学、面向农村和邓小平提出的"三个面向"的要求，培养合格的小学新师资。校长们要求改革的积极性很高，思想活跃，信心十足，使我受到很大鼓舞和启发。会后，江苏中师教育教学改革全面展开。在招生方面，实行提前单独招生，强调加强面试，以求把具有教师必备素质的优秀初中毕业生吸收到中等师范学校来；为了解决农村，特别是山区、边远地区缺乏教师的问题，还实行定向招生，把招生名额分配到县后又到乡。在教学计划方面，关键是要解决课程门类过多、统得过死、学生负担过重的问题，让师范生更加主动、生动活泼地学习，培养创新精神、自学能力、动手能力和教学能力。因此，我们约请几所中师的校长、教导主任讨论修订三年制普师教学计划，减少总学时，增开选修课，还对课程的开设顺序、内容和学时作了调整，其后又修订了三年制幼师的教学计划。鉴于很多学校反映使用部编四年制教材困难甚大，我们决定自编三年制教材。召开教材编写会议时，罗明厅长和吴椿副厅长都到会上讲话，认为教材编写工作是教学改革最关键也是难度最大的改革，是意义重大的一件事。参加编写教材工作的有晓庄、无锡、南通、如皋、淮安、新苏、高邮、常州八所师范学校的教师。为了编好教材，我们决定成立编委会，罗明任主任委员。这套教材包括语文、数学、物理、化学、历史、地理六门，共 23 册，于 1986 年全部出齐。记得当时还有贵州、云南、四川等省中师采用过。1988 年又组织编写了《江苏乡土历史》《江苏乡土地理》两本教材，于次年起使用。

加强基本功训练方面，有的学校开设了说话课、形体课，更多的学校开辟第二课堂，大力开展课外活动。省教育厅从 1985 年起，陆续举办全省中等师范学校学生优秀美术、书法作品评选活动，全省中等师范学校学生田径运动会和音乐、舞蹈调演，这些活动在新中国成立以来都是首次。特别是 1987 年 4 月底在各市选拔的基础上举行的全省首届中师音乐、舞蹈调演给我留下了极其生动深刻的印象。其时，我已办离休手续不坐班了，虽然举办这次活动是我于去年全省中师运动会后在处务会议上的倡议，大家都很赞成，后经厅里同意，各地就积极准备了起来，但我没有参加具体的组织工作，师教处陈宗伟为这次活动出了大力。参加调演的共 27 所中师，演出 67 个节目，这些节目反映了江苏中师几年来音乐教学的成绩，更展现了江苏中师"奋发、向上、清新、纯正"的精神风貌，以至于很多中师校长都激动地说，这次活动的意义远远超出了音乐、舞蹈的范围。

演出中，成绩尤为突出的是丹阳师范，共出四个节目，获一等奖三个，二等奖一个。三个一等奖《二泉映月》《育苗曲》和《骏马奔腾》均为舞蹈。其中《骏马奔腾》后来成为学校的传统剧目。该校前身为著名艺术教育家吕凤子先生创办的私立正则职业学校，自有其艺术传承特点，取得好成绩并不出人意料。而复办仅五年多的江苏省幼儿师范学校也表现不凡。我坐在徐州市体育馆里观看了演出全程，心里十分高兴。老陈常会坐到我后排的位子上问我："老吴，怎么样?"我说："不错。""很好。"随后他笑着说上一句："有你这句话，我就放心了。"其实，我哪里有老陈他们在行，不过这也确实从一个小小的侧面反映出当年师教处同事之间齐心合力、团结协作又互相尊重的好风尚吧。

本次调演不仅受到上下一致好评，且影响力辐射到省外，很快在全国推广开来，外省、市中师纷纷效法搞起文艺调演，这倒是我们事先没想到的。

中师教育教学改革最大的动作是五年制师范的试行。此前一年的1983年，教育部副部长张文松到江苏，在教育厅副厅长沙尧的陪同下，视察了泰兴、如皋、南通、无锡、丹阳、晓庄六所师范学校，建议江苏试办五年制师范，培养专科水平的小学教师。教育厅党组研究后，决定由南通师范试办。那时江苏中师从实践中已感到招初中生学三年的学制有一定的局限性，难以施展教育教学的全面改革，以适应"三个面向"的需求，培养出高素质的小学教师来，因而对学制改革有了一些议论，一些学校如南通师范、无锡师范已有了办五年制师范的设想。当时，校长们对试办五年制师范有两种意见，一种是招初中生学五年，一种是在三年制的基础上选拔优秀学生继续学两年。南通师范倾向于五年一贯制，我们同意他们的意见，就请学校来人商讨教学方案，对拟订教学计划的原则和课程设置等问题作了详尽的讨论，确定了五条原则：特别强调加强思想教育和师德教育；加强教育理论的教学和实践，使学生有较为厚实的教育理论知识和较强的小学教育教学工作能力以及教学研究能力；强调注重美育，提高学生的美育素养；同时压缩周学时，以利于开辟第二渠道，培养学生的自学、动手和独立工作能力；在文化知识方面，则要求在语文方面达到专科水平，其他学科应具有较为广博的知识。总之，我们的指导思想是通过五年制这样一种新的学制，以期使未来小学教师的素养得到全面提高，而并不只是文化知识一个方面的提升。因此，这种学制完全不能等同于一般意义上的师范专科，而是中等师范教育在新的历史时期为适应其需要而进行改革的探索，是在总结经验、继承传统的基础上力求赋予中师教育时代气息的创新之举。后来，南通师范根据以上原则拟订了教学计划上报省教育厅，经省政府批复同意后，这个试点班于1984年暑假招生后如期开学。第二年五年制师范扩大试点，又由晓庄、无锡和江苏幼儿师范各办了一个三二分段的试点班。1985年4月，省教育厅印发了《关于改革中等师范教育的意见》，明确提出中等师范教育的整个教学体系必须改革，同时提出师资、设备条件和生源素质都较好的学校可以根据自己的优势和传统，报省教育厅批准后，在省颁教学计划的基础上作较大的改革，办出自己的特色。《意见》中确定，无锡师范、淮安师范和南通师范为全面改革的试点学校，进行管理体制和教育教学体系的改革；晓庄师范和如皋师范各办一个试点班，进行教育教学的大改。

改革不仅推动了江苏中等师范教育的发展进程，而且深入人心。1984 年底在洛社师范召开的全省中师总务工作会议上，有校长在发言中激动地说："现在江苏的中等师范教育已经进入改革发展的最佳时期。"改革的效果也是明显的，教育厅师资处几位年轻朋友最近为我提供的一份资料中称："一些市级教育部门的同志常说：改革开放以来，江苏小学教育的质量不断提升，教师整体素质好于其他各类教育，得益于上世纪八九十年代培养的一批中师生，尤其晓师、锡师和通师培养的大专班学生。"而五年制试点班的历届毕业生中，以晓庄和无锡两校为例，首届毕业生共 80 名，至今已有 12 名特级教师、3 名"江苏人民教育家培训工程"培养对象（全省中小学仅 50 名）。

改革的进程是一个不断探索和思考的过程，势必会触及一些根本性的问题，其中之一即是应如何理解合格的"格"？随着时代的进步，"格"的标准有着怎样的变化？对此，校长们在思考，教育部师范司在思考，我们也在思考，在 1985 年初的处务会议上我们决定就这一问题开展深入研讨。

1985 年 4 月，教育部师范司的徐丕凯、孙溶溶来江苏，对合格小学教师的规格与中等师范学校的培养目标进行调查研究。我们便配合他们组成城市和农村两个组一起搞，并于 5 月初在南通师范会合，召开了一次中等师范教育研讨会。参会的有部分中师校长，通师一附和二附校长，特级教师李吉林、张育新和张兴华等。师范司副司长岩明远也来参加会议。会上，大家各抒己见，讨论热烈。次年，国家教委（原教育部）发出通知，委托江苏承担"合格小学教师的规格标准"和"中等师范学校（普师）的培养目标及各门课程的培养训练标准"两个研究课题，我们请如皋师范、丹阳师范、宜兴县教师进修学校和扬州市教师进修学校承担前一个；晓庄师范、南通师范、无锡师范、淮安师范承担后一个。分工学校十分认真负责，晓庄师范校长叶树明亲自动手对分布在南京市城区、郊区的历届毕业生进行调查，扬州市教师进修学校对扬州十一个县的一千余名小学教师进行了为期一个月的调查，这些材料为研讨会分析小学教师队伍进而讨论合格小学教师的规格标准与中师培养目标提供了有力依据。全省研讨会于1986年12月召开，讨论了两个课题组提出的初稿。为了广泛听取各方意见，我们请厅里初教处和教研室的有关人员参加，还请来南京师范大学教育系教师作指导，省教委副主任吴椿也全程参会。会议准备充分，研讨也较深入，但对合格小学教师的"格"应放在什么基点上看法不一。进修学校面对小学教育和教师的现实状况，认为"格"的要求不宜过高；中师从培养未来教师的角度出发，则认为"格"的要求不能定得太低。又如对中师生在文化知识方面应达到何种程度的问题，一种意见认为可提"中等文化程度"，也有人主张提"小学教育工作必备的文化专业知识"等等。这些问题虽一时未取得一致性意见，但通过讨论甚至是激烈的争论，大家因经历了一次理论联系实际的学习研讨，体味到正确的教育思想来源于实践而深受教益，并感到这对今后工作有着重要的指导意义。

时隔多年忆往事，我想说的是：真正的教育改革，应该是一个认真学习、科学探究和反复实践的过程，非如此不能达到提高教育质量的目的和解决培养什么样的人的问题。那种拍拍脑袋就标新立异，或奇思乱想弄个什么新名词，或流于形式搞个花架子，除了达到瞎折腾的效果，恐怕只能让人笑话和诟病。

1987年6月，国家教委师范教育司在吉林市召开全国中师教学计划改革研讨会，会上由承担任务的六个省（江苏是其中之一）提出改革方案，进行研讨修订。我因师范司指定要参加，便和晓庄的叶树明、《师范教育》编辑部编辑杨朝平一起赴会。会上争论也很激烈，研讨气氛十分浓厚，以致会议未作最后结论，仍交六个省继续讨论修改，最后的成果便是国家教委于1988年下达的新的教育方案。这次吉林之行还有一件有趣的事：因为旅途较长，我们都准备了一些食物，上车后，三人坐在一起说说话，倒也不觉寂寞。到了吃饭的时候，三人不约而同地拿出方便面吃起来。邻座是三个约莫三四十岁的人，看上去像是企业工作人员，他们拿出肉罐头、烤鸡、盐水鸭、啤酒等，摆满了一桌子，午餐如此，晚餐亦复如是。到长春下车后，老叶笑着对我说："有趣呵，他们三个人，我们也是三个人，大家都是出差的，他们喝酒吃肉，我们怎么都带的是方便面呢？"我和小杨听罢都哈哈大笑起来，这也从一定程度上反映出80年代后期的社会众生相吧。

说起到外地出差开会，还有一次经历值得一记。

1986年2月，我参加国家教委师范司在广州召开的全国师范教育处长会议。那时从南京到广州没有直达火车，必须先到上海，而上海去广州的火车票又极难买到。正踌躇无计间，小马提醒我可找新苏师范的教导主任钱振庭帮忙解决，说着便为我打长途电话过去。未几，老钱回电话说没问题，叫我一早到上海火车站去找某个人。春节刚过，我先出发到上海嘉定妹妹家，第二天请侄子代我到上海火车站找某人，不料侄子下午回来说，车票没拿到，那位同志叫明天早晨六点钟到他家里去拿。我满腹狐疑，但也只好听候安排。次日天未亮，我就乘长途汽车赶到上海，准六点钟到了这位同志家，他才刚刚起床，对我说："不忙，等我吃过早饭送你上车。"我这才明白是怎么回事。后来他一直把我送到列车员休息的车厢，然后再补票。第二天傍晚到广州，我下车后无人接站，广场上人头攒动，来去匆匆，我找人问路，也无人理睬，这一下我慌了神。会议地点在广东省教育学院，但我并不知道该院地址在哪里。定了定神，我找了个电话亭打电话给广东省教育厅，但对方一口广东话，我一句也听不懂。幸亏当时看电话亭的人告诉我教育厅的地址，又告知坐几路车。待找到教育厅时，大门早已关闭，我敲了半天门，总算右侧的一扇窗户打开了，露出一位老者望着我。我向他说明来意后却听不懂他说的一口广东话，无奈之下，只得示意他拿纸和笔给我，我通过笔谈总算问清楚广东教院的地址。这位老者告诉我，路还远着呢，坐公交车去下车后还得走上好一段路，我听后按他指点奔向公交车站。上车后，我紧挨着售票员再三嘱咐她到站后提醒我，站在我身旁的一个中年人操着口音很重的广东普通话对我说他也在那个站下，到时候可跟他一起走。我半信半疑，但到了站也还是跟他一起下了车，走了一段路程，这位热心人对我说他到了，要我再向前走，看到左前方有灯的地方就是教育学院了。于是我一个人在黑暗中继续再向前行，边走边忆起下放农村走夜路的情景，心想我这个人怎么老是碰到这种尴尬事呢？好不容易赶到教院，会务组早就没了人影，我又左问右问，折腾了半天才找到住处。同屋的是我认识的贵州省教育厅师教处处长，她一见到我就高兴地说："哎呀，你怎么才来呀，都几点了?!"我一看表，果真已九点钟了，经历了一番平常而又离奇的周折，我还饥肠辘辘，没吃晚饭呢。

　　忆及此，该说说从 1986 年到 1988 年我们办的三期中师校长研讨班的事了，这也是我要说的在师教处工作期间的最后一个话题。其实，此事酝酿已久，1981 年我和张行去南通、盐城看过五所中师后，在归途的汽车上就曾说起一个好校长是办好学校的关键，江苏中师有一批好校长，但也存在不平衡的状态，因而萌生办校长研讨班以促进全省中师领导管理水平整体提高的设想。其后，教育厅曾委托省教育学院办过一期包括部分中师校长在内的干训班，但因与中学校长在一起，自然不可能突出师范性，以致未取得理想效果，后来我们就一直想自己办。1984 年按照广西与江苏对口交流的协议，广西邀请江苏派出几位中师校长介绍总务工作经验，1985 年又邀请几位校长去参加他们的视导活动，反映良好，更让我觉得我们为什么总是墙里开花墙外香呢？进入 1986 年，为了推动全省中师教育教学改革，我们决定把办校长研讨班的设想付诸实施。于是，第一期校长研讨班于当年 10 月 12 日至 11 月 2 日在南通开班。我和陈宗伟、刘明远于 11 日晚乘十一时半的江汉轮离宁，第二天上午八时左右抵达南通，通师书记成楷民、校长朱嘉耀已在码头等候。参加此次研讨班的有全省 22 所老中师主持工作的校长或副校长，另有广西、浙江等省中师校长列席。研讨班以中等师范面向小学的办学方向为主题，采取学习、研讨和参观、视导相结合的办法。南通师范作为本次研讨班的承办单位，在 20 天的时间里向校长们全面开放，供大家随时参观和检查。在学习相关文件，听取南通师范校长介绍情况后，校长们全面展开听课，看基本功汇报，与各个部门负责人以及教师、学生交谈等活动，并召开了教育教学改革、师资队伍素质和教师队伍建设、思想政治工作、学校管理四个专题座谈会。上述活动中，给我印象尤为深刻的是我参加的普师三班基本功检查、幼师三（1）班基本功汇报演出、五普二（即五年制普师）"闪光的职业"主题班会和幼师三（2）班 18 岁生日晚会，还有学生小记者的采访。通师的这些"未来教师"们落落大方、彬彬有礼、思想活跃、基本功扎实，组织活动能力相当强。更可贵的是他们倾注在刻苦训练中的对"小学教师"这一专业的感情，从中我看到南通师范几年来面向小学进行教育教学改革的成效。后来，大家普遍反映南通师范"经得起看，值得看，是最好的现场，是江苏中师的骄傲"，有校长以"老"和"新"两个字评价该校——"老"指老校，"新"则指改革落到实处后出现的新面貌。在对南通师范进行全面视导检查后，研讨班分四组视导丹阳、新苏、如皋和泰兴四所师范学校。几年来这些学校在面向小学、科学管理、提高教育质量方面也做了大量工作，取得显著进步。例如丹阳师范严格治校、严格育人思想指导下的"严、细、实"后又加上一个"活"字的作风，"严得合理，活得适当"。如皋师范青年教师多达 75%，但学校从实际出发，称他们为"学校的主力、主人和希望"，对他们充分信任，着力培养，为他们创造条件，通过教改实践、进修提高、教学研究以及从生活上多干实事予以关心，收到"心诚则灵"的良好效果。在学习和参观视导的基础上，校长们联系实际就面向小学的中心议题进行研讨，谈认识，谈体会，也实事求是地反映现实工作中的困难。突出的问题是小学教师低人一等的看法不论在社会上还是学校师生中依然普遍存在，初中生志愿升中师的不多，相当一部分学校女生多于男生。例如无锡师范当年 296 名新生中男生仅 39 人，常州师范 260 多名新生中男生 70 多人。另外，一些学校反映学生实习时，实习学校和学生家长都不欢迎，怕影响教学质量，一般不开高年级课。还有体制上的束缚，经费上的困难等等，都使大家深切感受到要真正做到从思想认识和具体措施上解决面向小学的问题还有很长的路要走，有大量的工作要做。研讨班结束前一天，吴椿来看望校长们，并开了小型座谈会。后来，我应他"唱双簧"的要求和他一起为研讨班作了总结。

有了南通办班的经验后，第二期校长研讨班于 1987 年 11 月在丹阳师范举行，第三期于 1988 年 11 月在海州师范举行，全省 37 所中师的校长（书记）参加了研讨。这两期的主题都是深化教育教学改革，提高领导管理水平，办班形式与第一期基本相同。其间，与会校长（书记）分别对苏南片的常州、武进、无锡、洛社师范和苏北片的徐州、淮阴、盐城、连云港几个市的师范学校进行了视导。以下仅就第二期研讨班对洛社和武进两校的视导作重点回顾。

七年前第一次去洛社师范时，它给我留下的印象是破旧的校舍和摇曳的烛光。但洛社师范继承发扬乡村师范的"锄头精神"，在条件十分困难的情况下艰苦办学，承担起培养新师资和在职小学教师中师函授业务辅导的双重任务。他们以 70 年代的四名工人、一千元资金、一间教室（厂房）和几台旧机床起家，后在省教育厅教学仪器公司的扶持下，生产光学实验组合教具箱和力学仪器箱，使校办工厂资金略有扩展，规模逐渐扩大，进而办起微型电机厂。到 80 年代中期，校办厂创利已达 540 多万元（这在当时是一笔相当大的数额），上缴学校 200 余万元，为改善办学条件和师生福利发挥了极大作用。学校的基建经费 75% 来自校办厂上缴的利润，而学校也旧貌变新颜。1984 年底，我们决定在洛社师范召开全省中师总务后勤工作会议，来自27所学校的校长和总务主任60多人的食宿均在校内，学校为会议所提供的有条不紊、全面周到的服务展示了洛社人的精神风貌。

图13 在全省中师总务后勤工作会议上讲话（右为谢全海副厅长）

一年后我再次到洛社师范去，和当时的书记刘华民、校长徐钜、副校长邹校良交谈。徐钜告诉我，省里召开的后勤工作会议对他们鼓舞很大，他们总结自己的工作，提出"治校严，办学活，工作实，有所发展，有所前进"的口号，力争两三年后到1988年建校六十五周年时，学校工作有新的起步。在教育教学方面，他们的做法是"提倡小改，积小改为大改"，增设了写字、时政等课程；在教育实习方面已实行从师一到师三教育实习系列化，并将科研与实习结合，重点进行农村小学复式教学和农村小学语文教学的研究；在对学生的思想政治教育方面则特别重视加强对学生的劳动教育。徐钜说："目前学生太娇养，很多学生开学和放假都由家长开车接送，被子都要家长来洗，乡村师范不加强劳动教育不行啊。"洛社师范是全国军训试点单位，已在师一年级试行，他也认为大有好处。他们几位还和我谈了不少办学中存在的困难。如 54 间琴房只有 20 架好风琴，实验室里的设备还达不到高中水平，而教师队伍不稳定，乡村师范留不住人更是突出问题。他们告诉我，洛社师范的教工都是镇上户口，是不得流动的，于是带来了一系列问题：青年教师是找对象问题，中年教师是子女上学和就业问题，而老年教师则是离退休问题。如果在这些问题上政策放宽事情就好办得多。不过，徐钜说："也还得讲点牺牲精神。"对于这位乡村师范学校的校长，我在洛师校园里听到的一句话是："校长每天五点半到校，长年累月勤勤恳恳，献了青春献子孙。"以上所述便是第二期校长研讨班在视导洛社师范时耳闻目睹的情景。

再谈谈我参加的对武进师范的视导。当我和参加视导的校长们抵达武进师范时，甫一下车，即被校园里一种特殊的清新幽静的气氛所吸引。在此后的三天半时间里，校长们分办学条件、学校管理和教育教学三个专题组，通过听该校校长全面介绍、与有关部门交谈、听课、看基本功汇报、开师生座谈会、访问毕业生等，对武进师范作了全面调查了解。大家高兴地看到一所比较典型而又典雅的乡村师范学校正在成长。而我对比过去多次和该校的接触，特别想起第一次和方非到该校时连水都不敢多喝一口的情景，实在为这几年中武进师范惊人的变化而欣喜。变化始于1984 年，这一年，武进师范的领导班子进行调整，由陈国松任校长兼支部书记，包括副校长李敏敏在内的一批年轻人充实到学校各个部门。这支队伍老中青结合，以年轻人居多，有干劲，有朝气，干实事，团结协作得也较好。陈国松重视这支队伍自身的建设，他在支部会上约法三章，并向全体师生公布：队伍一定要经得起任何时候、任何情况下的检查。他同时十分重视教师队伍的建设，认为教师队伍的建设实际上就是做"人心"的工作。1984年以来，他和几位副校长与教师们有过数次全面的个别谈心，做了大量思想工作，充分调动了教师的积极性。他们关心师生生活，为解决吃菜难问题，他们与附近生产队挂钩，并自己养猪、磨豆腐、腌咸菜。教学方面，除校长和总务主任外，所有人都要兼课，最多每周八课时，如副校长李敏敏、李再芳都是数学教师出身的教学骨干。对这样一支干部队伍，用一位老教师的话说："照这样办下去，学校有前途。"

该校教师师德好，事业心、责任心和上进心强，热爱学校和学生，其中老教师的表率作用尤为感人。语文教研组组长邱寿朋坚持记教研组日记，每次听课后都立即提意见不过夜。数学教师章景星已退休多年，71岁了，仍到校上课而不要补贴。章老师曾参加师教处召开的座谈会和编写教材工作，在我和他的几次交往中，他那种老派知识分子的作风令人心生敬意。老教师主动关心青年教师的成长，每一位青年教师来校，教研组都要听课、提意见、开公开课。而青年教师也经常虚心请教，十分尊敬老教师。不少参加视导的校长说，武进师范的教育质量很大程度上得益于师德的熏陶。

为了培养农村小学教师，武进师范在教育教学方面作了不少努力。例如学生的教育实践就具有乡村师范的特色，由于附小规模小，学校另与15所农村小学建立联系，建起了1所附小—5所村小—10所中心小学组成的见、实习基地。假期里，学校还组织学生回农村，以乡为单位办小学生辅导站，要求每个师范生都必须参加。学校对学生的思想品德教育也从培养农村小学教师的要求出发，特别注重艰苦奋斗、勤俭朴素的思想习惯的养成，学生们自己理发、缝洗被子，在农村实习时自办伙食。这些措施都取得一定的成效。在毕业生座谈会上，学生们说："毕业分配时，确实并不都想着要到大城市，而是希望到工作需要的地方，到可以施展自己才华的地方。"这让我想起 50 年代前期常州师范几届学生的毕业誓言，由衷地感动而欣慰。

通过视导洛社和武进两所学校，校长们感触颇深，受益良多，他们赞赏"洛社师范勤俭办学、艰苦奋斗的精神令人敬佩；武进师范是一所典雅而朴实的农村师范，方向正，管理严，学风好"。同时，我和老陈、小刘也觉得这一期研讨班比第一期收效更好，为之总结了"团结、紧张、认真、高效"八个字的班风。后来，我在总结时特别提到这八个字，受到大家的热烈鼓掌认同。在总结中，我特别强调江苏的中师不强调客观困难，坚持面向小学、艰苦奋斗、开源节流、勤俭办学，尽主观努力改善办学条件，在困难中办学、前进、发展、提高，这正是江苏中师的骄傲。从我个人来说，研讨班还为我建起一个"广交友"的平台。记得在武进师范视导时，大家分散住在学校教工腾让出来的宿舍里，我被安排和徐州师范副校长吴银娣同住一间屋，同睡一张床，刚开始有点生疏，但很快就熟悉起来，我们谈工作，拉家常，很是随意。在总结会中途休息时，吴银娣和几位女校长围着我说："我们在议论你呢。"我说："议论我什么呀？"她们说："议论你这位老太太可真能总结啊！"我说："讲得太啰唆唠叨了吧？"她们说："哪里呵，你讲的都是实话，没有一句套话。"

至今，我和当年中师的朋友们依然有着难以割舍的联系，特别是每逢年终岁尽时，我总会收到南通师范朱嘉耀、淮安师范王之琦、常州师范钟敏等一些校长的贺年片。而每年一次与省幼师的朋友在新年联欢会上的聚会已成为少不了的迎春点缀。也还记得几年前的一个夜晚，晓庄师范数学教师周全英和高邮师范副校长、数学教师金成樑来到我家，他们是参加过数学老教师的聚会后受众人委托给我送来他们的合影照的。当年，在我们组织的中师各主要学科中心教研组中，数学组是开展活动最好的一个。此后，这些老师虽都已年老退休，但仍经常聚会。那晚在我家里，几个人谈到夜深，回顾往事，既兴奋又感慨。

我在1985年已年满六十，于年底办了离休手续，此时吴椿找我谈话，说是厅党组决定我"离休不离岗"，要我再继续工作一段时间。待到三期校长培训班办完，倏忽又过了三年，我向厅领导提出不能再干下去了，一来要给年轻人让道，二来老伴年老体弱需我照料。这样，我从1989年起便不再到机关去了。然而我的"教育生涯"却未就此结束。不久，吴椿又来找我，要我参加《江苏省志·教育志》的编纂工作，这可是一项极为庞大的工程，任务艰巨繁重。我负责撰写的是该书第八章"师范教育"第一节"中等师范教育"和第三节"中小学教师进修"，合计近10万字。其中"中等师范教育"一节从清光绪二十八年（1902）、二十九年江苏创办通州民立师范学校、如皋公立简易师范和三江师范学堂写起，直至1988年为止，时间跨度近90年。在我查阅大量史志资料的过程中，张謇、沙元炳、顾倬（无锡师范学校创办人）、吕凤子（丹阳师范学校前身私立正则女校创办人）、陶行知等中等师范教育前辈们在耀眼光环下——生动地展现在我面前，他们勇于创业、艰难办学的精神和人格魅力令我感佩。在不同的历史时期特别是全国抗战爆发以后，江苏中师的校长和老师们不畏强敌入侵，坚守民族气节，采取各种应变措施把学校继续办下去，如无锡师范校长周毓莘，南通师范校长于敬之和教务主任顾怡生、教师尤慎铭，以及苏州女师（新苏师范前身）教师们的诸多事迹可歌可泣，感人至深。在漫长的几十年岁月中，先辈们从教育教学实践中探索追寻而积累的丰富经验亦有着长远的继承和借鉴意义。另外，抗战期间中共在敌后创建的华中抗日根据地为发展新民主主义教育事业而创建的一批新型师范学校也在办学和教学方面创造和积累了很多宝贵经验，所有这些已积淀成为江苏特有的"中师文化"，弥足珍贵，令我心生敬畏和尊重。于是，我决定采取因事及人、叙中寓评的写法，在当时《江苏教育志》主纂、原省高教局局长顾尔钥的支持下写完"中等师范教育"这一节。初稿完成后，中国地方教育史志研究会于1995年在南京召开学术研讨会，对《江苏教育志》进行评审，我收到河北省代表写的一份书面意见，题为《一幅师范教育的宏丽画卷——喜读〈江苏教育志〉师范教育章》。阅后，我非常高兴，因为这是对江苏中师而言恰如其分、当之无愧的评价。书成后，顾老问我是否有新的写作计划，并建议我进一步挖掘史料，写一些关于江苏中等师范教育师德师风方面的文章。

转眼间，距我参加《江苏教育志》编纂工作又过去十余年了，这些年里，虽然我离开工作岗位已久，但80年代我的这段中师教育经历依然是一段梦牵魂萦的不了情缘。由于官方修志总存在一定局限性——好比勾画一个人，虽有完整骨架，但缺少血肉相衬，终不能生动鲜活地详尽道来，所以，我又写下这一篇琐忆以为补阙，并借此对为江苏中等师范教育作出默默奉献的所有

"中师人"表达我由衷的敬意。

20世纪90年代后期，江苏中师在高校扩招、合并、升格的大潮中遭遇拆、并、挂靠等令人始料未及的局面，以至于在世纪之交走到了尽头。对这种历史上似曾相识的大干快上现象，我只想说：初等教育（包括学前教育）是整个教育事业的基础，小学教师（包括幼儿教师）是特殊的专门人才，师范教育则是培养这类特殊人才的基地，是教育事业的工作母机，它和初等教育在教育界乃至全社会都应该得到更进一步的重视和加强。这就是我这个在教育岗位上工作了一辈子的年近九旬老人的深切体会和真诚期待。

原题名：《上世纪八十年代师范教育工作回顾》。载《跨世纪的教育情怀》，上海远东出版社2012年版，第144—163页。

江苏省中等师范教育十年大事记
（1979—1988）

1979 年

编号 7901

2 月 12 日

省教育局提出 1979 年工作计划。根据党的十一届三中全会精神，党组提出要把工作的重点转移到提高教育质量上来。要有计划地大力抓好师资队伍建设。

根据省教育局计财处统计，1978 年全省小学教师总数 27 万余人，比 1966 年前净增 10.7 万余人，而自 1966 年以来国家分配的中师毕业生仅 29 600 人。在小学教师队伍中，公办教师占 38.2％，民办教师占 61.8％。小学教师的文化程度达中师（含高中）的占 59.1％，其中达中师毕业程度的占 18.4％。

编号 7902

5 月 21 日

为开好全国师范教育座谈会，教育部发出通知，将草拟的

《关于办好中等师范教育的意见》印发各地征求意见。省教育局按照通知要求，组织本省部分中师讨论，并在南京市晓庄师范学校召开了行政干部和教师座谈会，于5月21日将汇总意见上报教育部。

编号 7903

7月3日至5日

教育部《关于加强和发展师范教育的意见》（1978年印发）重申了中等师范学校的任务是培养小学教师。我省贯彻文件精神，决定从1979年起，全省中等师范学校招收高中毕业生，学制两年，学生毕业后分配做小学教师。为解决两年制中师的教学计划问题，省教育局师范教育处召开部分中等师范学校教导主任座谈会，参照教育部印发的两年制中师教学计划征求意见稿，研究草拟了我省中师暂行教学计划。

编号 7904

7月18日

省教育局发出通知，将《江苏省中等师范学校教学计划试行草案》印发各地，于秋季试行。通知并明确幼师教学计划仍由各地自行安排。

编号 7905

8月5日至25日

省教育局委托无锡师范举办第一期普通话培训班，培训对象为全省实验小学、师范附小语文教师和中等师范学校担任语音教学的教师，共 44 人。

编号 7906

8 月 15 日

省教育局下达江苏省中等师范学校语文、数学、物理、化学四门课程教学大纲（试行草案），于秋季开学后试行。参加编写大纲工作的有晓庄、无锡、南通、淮安、丹阳、武进、泰兴以及苏州地区师范学校（后改为苏州师专）、溧阳教师进修学校、扬州教师进修学校等校教师 16 人，并请江苏教育学院徐仲涛、吴新萃、刘书超、陆统鋆等同志指导。

编写工作于 7 月 26 日至 8 月 1 日在南京进行。

编号 7907

10 月 10 日至 12 日

十年动乱以后，我省相当一部分中等师范学校承担了培训在职小学教师的任务。为了提高小教进修质量，省教育局于 10 月 10 日至 12 日召开小学教师进修计划和大纲讨论会。参加讨论会的有晓庄、淮安、淮阴、丹阳、武进、南通、如皋、常州师范的有关教师。会上讨论修改了由晓庄师范草拟的进修计划和大纲初稿，并决定分工编写全套小学教师进修教材。

12 月 10 日，省教育局下达《江苏省小学教师进修计划和大纲（试行草案）》。

12 月 24 日，省教育局发出《关于分工编写部分中小学教师进修教材的通知》。确定编写的小学教师进修教材有文选及习作（淮安师范编写）、语文基础知识（南通师范编写）、小学语文教材教法（晓庄师范编写）、代数（武进师范编写）、几何（扬州市教师进修学校编写）、三角（苏州市师范学校编写）、算术理论与小学数学教学研究（无锡师范编写）。其中部分教材与中师通用。

1980 年

编号 8001

1 月 10 日至 12 日

省教育局师范教育处在南京召开部分中等师范学校教导主任座谈会，晓庄、无锡、武进、苏州、淮安、盐城一师、南通、海州等 8 所中师的教导主任参加。座谈会就如何办好中师交换意见，并讨论两年制中师的教材问题。

编号 8002

2 月 25 日

省教育局召开全省教育工作会议。会上讨论了 1980 年全省中师招生问题，包括招生对象、招生数以及招生办法等。

编号 8003

3 月 15 日

陶行知纪念馆在南京晓庄师范学校恢复开放。

编号 8004

4月9日

省教育局发出《关于八〇年中师招收民办教师及中学毕业生招生指标的通知》，为了提高小学教师质量，逐步缩小民办教师比重，确定在招生总数 8 500 人中，安排招收计划内的民办教师 5 500 人。其余 3 000 人仍在社会上招收，普师招高中毕业生，幼师招初中毕业生。

编号 8005

4月15日至18日

全省招生工作会议在南京举行。

省教育局将中师招收民办教师的办法提交会议讨论，会后作了修改。

编号 8006

5月3日

省教育厅印发《江苏省中等师范学校一九八〇年在民办教师中招收部分新生的办法》。（备注：江苏省人民政府决定成立江苏省教育厅，于 1980 年 4 月 21 日起启用"江苏省教育厅"印章。）

编号 8007

6月4日至6日

省教育厅师范教育处召开部分中师教导主任座谈会，讨论

1980 年暑假招收的民师班教学计划（委托淮安师范草拟），以及高中生班教学计划的调整问题。

编号 8008

6 月 13 日至 28 日

全国师范教育工作会议在北京召开。

江苏省参加会议的代表共 11 人，其中普教方面有江苏教育学院党委书记余卫群，淮安师范学校书记、校长周俊，晓庄师范学校副校长黄贵祥，江苏省扬州中学副校长吴和钧，省教育厅师教处负责人吴大年。高教方面有省高教局副局长胡才基，高教局办公室蔡霖村和南京师院、江苏师院、扬州师院、南通师专的领导同志共 6 人。

在省教育厅上报的会议材料中，丹阳师范学校"树立良好校风，培养合格师资"作为会议交流材料由大会印发到会代表。

会后，将会议精神向省委科教部作了汇报，并决定先通过有关会议传达贯彻和组织学习。

编号 8009

6 月 19 日

为加强中等师范学校教育专业课的教学、提高教师教学水平，6 月 19 日起，省教育厅举办为期两周的心理学讲习班，由江苏省心理学会、南京师院教育系丁祖荫等同志讲课。参加讲习班听讲的有全省中师、幼师担任心理学课程的教师约 30 人。讲习班结束印发了教学建议。

编号 8010

6 月 25 日

中师招考民办教师的命题工作于 6 月 25 日开始。命题人员由南京市、镇江地区、淮阴地区、扬州地区推荐，经省教育厅研究确定，共 12 人。

编号 8011

7 月 11 日至 22 日

全省中等师范学校教育学教师备课班在苏州市师范学校（后恢复原校名为新苏师范学校）举行。由南京师范学院教育系和江苏师院、扬州师院教育学教师以及中师的老教师讲课。参加备课班的有全省中师、幼师教育学教师约 30 人。

编号 8012

7 月 30 日

全省中师招收民办教师举行统考。共考政治、语文、数学 3 门课程。具体考务工作由各地、市教育局负责。

编号 8013

8 月 22 日至 24 日

省高教局召开会议传达全国高等学校政治理论课教师暑期讲习会精神。全省中师和教育学院每校派政治课教师一人参加。

编号 8014

10 月 9 日

教育部委托江苏省教育厅，以南京师范学院美术系为主编写中师美术教材。教学大纲初稿于 8 月底前完成。为讨论大纲初稿，省教育厅师范教育处于 10 月 9 日召开全省中师美术教师座谈会。会上还交流了教学情况，提出了改进教学的建议。

中师美术教材编写组名单：陈通顺（南京师范学院美术系）、佘孟孝（南京师范学院美术系）、袁振藻（江苏教育学院）、奚传绩（南京艺术学院）。

编号 8015

10 月 17 日至 18 日

全国师范教育工作会议的文件已由教育部陆续下达。10 月 17 日省教育厅转发教育部下达的《关于进一步加强中小学在职教师培训工作的意见》《关于办好中等师范教育的意见》和《中等师范学校规程（试行草案）》。11 月 18 日转发教育部下达的经国务院批准的《关于师范教育的几个问题的请示报告》和教育部副部长高沂在全国师范教育工作会议上的报告和总结，并再次明确中等师范教育的任务是培养小学教师。《请示报告》中共提出五个主要问题：

1. 关于师范教育的地位和任务问题。指出师范教育是教育事业中的"工作母机"，是造就培养人才的基地，不是可办可不办的问题，而是一定要努力办好。

2. 关于加强教育科学研究问题。

3. 关于保证师范生的质量和提高教师待遇问题。

4. 关于中等师范教育的目标问题。

5. 关于加强中小学在职教师培训工作问题。

编号 8016

10 月 19 日

江苏省陶行知教育思想研究会在南京市晓庄师范学校成立。

编号 8017

11 月 1 日至 11 日

教育部在南京召开中师美术教学大纲审稿会议，对以南京师范学院美术系为主编写的中等师范学校美术教学大纲和美术教材编写要点（初稿）进行讨论修改。参加审稿会议的代表除编写组人员外，有上海市第四师范张树汝、哈尔滨师范学校陈发锟、湖北教育学院杨平、西南师范学院吴敬甫、安徽淮南师专徐尚馨、北京教育学院孙光深、晓庄师范罗仲基、中央美术学院赵元安、河北省教育科研所石孝慈等同志。教育部师范教育司中师处处长岩明远主持审稿会议。

审稿会议期间，教育部师范教育司副司长李一本到会。会后视察了晓庄师范学校。

编号 8018

11 月 5 日至 8 日

全省中师语文教学经验讨论会在淮安师范举行。会议交流了各校语文教学经验，并围绕"一个合格的小学教师应具备哪些语文基本功？中师语文教学如何加强这些基本功的训练？"开展了热烈的讨论，草拟了中师学生语文学习的规格要求。

1981 年

编号 8101

1 月 6 日

省教育厅印发中师语文教学座谈会上讨论拟订的《江苏省中等师范学校学生语文学习规格要求（草案）》。

编号 8102

3 月 3 日至 7 日

省教育厅召开地、市教育局长座谈会。

会上对中等师范教育和中小学教师在职进修讨论了下列几个问题：

1. 全省中等师范学校布局设置、服务范围和学校规模。

2. 1981 年中师招生问题。决定自 1981 年暑假起全省中师招收初中毕业生。

3. 江苏省 1981—1985 年中小学在职教师培训规划。

编号 8103

3 月 12 日

省教育厅转发教育部制订的、经全国师范教育工作会议讨论通过的《中等师范学校教学计划试行草案》和《幼儿师范学校教学计划试行草案》，要求全省中师参照执行。

编号 8104

3 月 13 日

省教育厅与省新华书店联合发出《关于一九八一年秋季中等师范学校教学用书预订工作的通知》，并转发了教育部通知。

（备注：此时教育部正组织编写中师各科教学大纲和四年制教材，1981 年秋季仅语文等少数教材第一册可以出版，多数教材仍使用教育部过去推荐的上海、北京等地教材或借用高中课本。）

编号 8105

3 月 14 日

省教育厅发出通知，将地、市教育局局长座谈会上讨论修改的《关于我省中等师范学校布局设置、服务范围和规模等问题的意见》印发各地贯彻执行。文件规定，全省中等师范学校的领导体制实行省和地、市双重领导、分工管理，并对全省中师的布局、规模、服务范围以及充分发挥老中师的潜力和增加重点师范等问题提出具体意见。

文件中列入名单的中师共 25 所，其中幼师 2 所。

编号 8106

4 月 1 日至 10 日

按照教育部通知要求，我省派无锡师范学校数学教研组组长李泰祺前往北京参加教育部召开的中师数学教学大纲座谈会。

11 月 11 日至 30 日，李泰祺同志参加在湖南长沙召开的中师数学教材审稿会。

编号 8107

4 月 28 日

中等师范学校职称评定工作的试点单位确定为南通师范和新苏师范。两校负责同志在苏州研究试点工作的进行办法。省教育厅人事处和师教处负责人参加研究。

编号 8108

5 月 3 日

省教育厅转发教育部《关于中等师范学校招生工作的通知》及随文附发的《河北省教育局师范教育处关于中等师范学校招收高、初中毕业生利弊比较的调查》。《通知》强调中等师范学校应招收政治思想进步、品德优良、学习成绩优秀、身体健康、志愿献身小学教育事业的初中毕业生和小学民办教师，招生办法应体现师范教育特点。

编号 8109

5 月 8 日

省教育厅将教育部印发的中等师范学校暂用全日制十年制学校高中数学、物理、化学课本的意见转发各中师。

编号 8110

5 月 28 日至 6 月 1 日

省教育厅会同高教局在南京召开全省中小学在职教师进修工作会议。晓庄、淮安、盐城、高邮、洛社师范函授部负责人参加了会议。会议的主要内容是总结交流各种形式进修工作的经验，研究如何进一步提高进修质量问题。

教育厅副厅长方非到会讲话。

编号 8111

6 月 3 日至 18 日

全省中等师范学校的小学语文教学法和小学数学教学法教师讲习班分别在南京市晓庄师范学校和常州师范学校举办。参加对象为全省各中师已担任或准备担任两门课程教学工作的教师。

编号 8112

6 月 27 日

省教育厅发出关于复办江苏省南京幼儿师范学校的通知。学校的主要任务是招收初中毕业生，培养幼儿园教养员。同时培训在职幼儿教师。

1983 年 9 月 17 日省教育厅批复同意学校名称改为江苏幼儿师范学校。

编号 8113

7月3日至9日

省教育厅委托晓庄师范举办中师音乐教师讲习会，学习教育部组织编写的中师音乐教学大纲，并交流教学经验，有20所中师的音乐教研组组长参加。

编号 8114

8月1日至12日

南通师范学校党支部书记谢铮出席了全国学校思想政治教育工作会议，并为会议准备了书面经验材料。

编号 8115

8月8日至28日

第二期普通话培训班在丹阳师范举行，培训对象为全省实小和附小语文教师，共40人。

编号 8116

8月11日

省教育厅发出《关于江苏省南京幼儿师范学校举办示范幼儿园主任进修班的通知》。这是省幼师复校后举办的第一期短训班，学员40人，时间半年。

编号 8117

8月20日至30日

省委召开全省学校思想政治工作会议。会议内容是：（一）进一步明确思想政治教育在学校工作中的地位和任务，提高对加强思想政治教育的重要性和迫切性的认识；（二）总结交流经验，讨论今后如何加强学校的思想政治工作。晓庄师范、淮安师范、南通师范和无锡师范各派校长一人参加会议。

编号 8118

8月

南京市晓庄师范学校应届毕业生杨瑞清、李亮在陶行知教育思想和精神的感召下，怀抱着发展社会主义农村教育事业的宏大志向，要求分配到江浦县五里小学办行知实验班。他们在志愿书上写道："捧着一颗心来，不带半根草去，走行知之路，到农村艰苦的地方办学，这就是我们的决心，这就是我们的理想。"

（江浦县五里小学于1985年被命名为行知实验小学，杨瑞清、李亮被任命为正、副校长。学校现为晓庄师范第二附小。）

编号 8119

12月28日

省教育厅师范教育处召开小型座谈会，研究如何办好中等师范教育问题。参加座谈会的有晓庄、无锡、苏州、常州、南通、淮安、丹阳、洛社、泰兴师范等校校长和教师。

1982 年

编号 8201

3 月 22 日

省教育厅与省计划委员会发出通知，下达 1982 年初、高中和中等师范学校招生计划。本年中师计划招生 4 320 人，比 1981 年实际招生数增加 240 人。

（1982 年实际招生 4 360 人。）

编号 8202

3 月 27 日至 30 日

省教育厅在南京召开中师函授教育会议。淮阴、盐城、扬州、镇江、苏州地区和南京市有关中师的语文、数学教师参加会议。会上讨论修改《关于进一步办好中师函授教育的意见》和省教育厅前已颁发试行的《江苏省小学教师进修计划和大纲》，并研究进修教材的使用和选编问题。

编号 8203

4 月 20 日

为提高师范院校教育专业课的教学质量，教育部派出以人民教育出版社副总编章炼峰为组长的调查小组，于 4 月中旬来宁了解各级师范院校教育专业课程的设置和教材使用等情况。在宁召开了中师和教育学院的座谈会，参加座谈的有江苏教育学院、南京市教师进修学院、晓庄师范、丹阳师范、新苏师范等校教师，并请南京市教育局召开了小学优秀教师座谈会。

编号 8204

5月5日至9日

省教育厅委托无锡师范举办中师数学教学大纲学习班，学习教育部制订的中师数学教学大纲（草稿），为秋季使用全国统编的中师数学教材做准备。参加学习班的人员为各校数学教研组长。学习班还研究了中等师范学校学生学习数学的规格要求。

12月8日，省教育厅印发《江苏省中等师范学校学生数学学习规格要求（草案）》。

编号 8205

5月16日至20日

教育部委托北京师范大学心理系编写中等师范学校心理学教材。主编彭飞（北师大心理系主任）与参加编写的教师共4人来我省组织座谈，听取意见。参加座谈的教师有晓庄师范戴相华、新苏师范康儒铭、丹阳师范李百篇、省教育学院楼滨缪、南京教育学院梁惠珠等人。

编号 8206

5月17日

南通师范学校八十周年校庆。南通师范是我国独立设置的第一所中等师范学校。校庆日举行隆重纪念活动，省委科教部部长郑康参加了南通师范的校庆活动。

编号 8207

5月26日至6月3日

教育部在北京召开中等师范学校课本《教育学》审稿会，我省派晓庄师范学校教育学教师戴相华参加审稿会议。另外，《江苏教育》编辑部总编辑钱闻亦应教育部邀请参加了审稿会。

编号 8208

5月28日至6月1日

为进一步贯彻以调整为中心的八字方针、加强我省师范教育工作，省政府教育卫生办公室在南京召开全省师范教育工作座谈会。参加会议的有各地、市教育局长，高等师范学院院长，中等师范学校校长和省教育学院院长，及地、市教师进修学院院长，共70余人。

会议的主要内容是：（一）重新学习1980年全国师范教育会议文件，端正办学方向；（二）交流办学经验，研究如何遵循师范教育规律，提高教育质量。

会议期间，省教育厅副厅长徐航、省高教局副局长叶春生就如何进一步办好我省师范教育，以及中师和高师当前工作中的若干问题分别作了发言。中师校长讨论了省教育厅草拟的《关于中等师范教育的回顾和今后工作的意见》。最后，省委科教部部长郑康作了总结。

会上还强调了中等师范学校必须尽快收回或建立附小，办好附小。

编号 8209

6 月中旬

教育部在西安召开全国小学教师进修工作会议。省教育厅师范教育处副处长张行和淮安师范函授部主任陈锦魁参加了会议。

编号 8210

7 月 7 日

省教育厅印发经全省师范教育工作座谈会讨论修改的《江苏省教育厅关于中等师范教育工作的回顾和今后工作的意见》。文件指出，近几年来，我省中等师范教育进一步明确办学方向，解决了学制、招生对象和学校布局、服务范围等方面的问题；加强了学校思想政治工作，特别加强了对师范生的专业思想教育；试行《中等师范学校规程》，执行全国统一的教学计划，教学工作逐步走上正轨；师资队伍得到充实，办学条件有所改善。文件对今后工作提出以下五点意见：

1. 进一步提高认识，明确中等师范教育的地位和任务。

2. 继续加强对中师学生的思想政治教育工作。

3. 全面贯彻党的教育方针，按照师范学校的特点，面向小学，努力提高教育质量。

4. 大力加强师资队伍建设。

5. 加强领导。

编号 8211

7月22日至8月1日

中学政治教师暑期讲习会在南京举行。全省中师每校派政治教师一人参加。

编号 8212

8月5日

省教育厅发出通知，委托南通师范学校举办小学语文骨干教师培训班，为全省培养一批高水平的小学语文骨干教师。通知中明确，教学工作应贯彻理论联系实际的原则；教学内容以深入钻研小学语文教材教法为主，适当加深拓宽文化专业知识；教学方法以自学和研究为主，辅以必要的讲课和辅导。培训时间四个半月。

9月2日，省教育厅师范教育处召开小型会议，研究培训班的教学计划。参加会议的有南通师范刘秉镕（培训班负责人）、曹祖清，晓庄师范叶树明，丹阳师范戴正兴，常州师范李钟珂。

培训班于9月20日开学。

编号 8213

9月21日

教育部、江苏省人民政府批转《关于筹建、代管南京特殊教育师范学校的会商纪要》。

（12月3日，教育部正式决定建立南京特殊教育师范学校，委托江苏省教育厅和南京市教育局筹建并代管。学校系中等师范性质，为全国培养特殊教育的小学师资，设盲童教育、聋哑教育、智力迟钝教育三种班级，招收初中毕业生，学制四年。）

编号 8214

9 月 20 日至 10 月 4 日

教育部在湖南省岳阳市岳阳师范学校召开中等师范学校数学教材审稿会，我省派常州师范学校教导副主任唐仲根（数学教师）参加。

编号 8215

9 月份

为了解决县教师进修学校教育学教师短缺问题，省教育厅委托苏州地区教师进修学院和新苏师范学校联合举办培训班，时间四个月。教学工作以新苏师范学校教师为主，晓庄、丹阳、洛社师范等校教师参加。另请高等师范院校教师担任讲座教师。

（培训班于 1983 年上半年又继续举办一期。）

编号 8216

9 月底

按照教育部召开的小教进修会议的决定，各门进修教材的教学大纲由有关省、市分工编写。语文教学大纲编写会议在安徽黄山召开，我省南通师范刘秉镕、晓庄师范叶树明二同志参加了编写会议。

编号 8217

10 月 27 日

按全国小教进修会议议定，四川、浙江、江苏、上海四省、市小学教师进修教材协作会议在四川峨眉山召开。省教育厅师教处副处长张行及我省中师叶树明、朱嘉耀、金成樑、戴正兴、侯钟焕等同志参加。

11 月 26 日，省教育厅发出《关于编写小教进修协作教材的通知》。按照分工，我省负责编写《语文基础知识》和《小学语文教材教法》两本教材。《语文基础知识》由南通师范负责编写，《小学语文教材教法》由晓庄师范主编，常州、丹阳师范协编。

编号 8218

11 月 8 日至 9 日

10 月，教育部发出《关于召开研究加强中小学教师教材教法进修工作会议的通知》。省教育厅发出通知，要求各地调查了解教学上的困难，不能胜任教学工作的高、初中和小学教师的确切人数以及他们现有的文化、业务水平的实际状况，提出加强这一工作的意见。有关中师参加了调查工作。南京晓庄师范、盐城师范等校有关同志参加了 11 月 8 日至 9 日省教育厅师范教育处召开的座谈会。会上议定，小学教师进修教材教法的教学计划及教学要点由晓庄师范草拟。

1983 年

编号 8301

1 月 14 日

省教育厅决定，从 1983 年上半年起，两三年内扩大中师培训小学骨干教师的规模。除委托南通师范继续举办小学语文教学研究班外，另由无锡师范办一个语文班，由常州师范、高邮师范各办一个数学班，晓庄师范办自然班。各校视具体情况或连续招几期，或隔一个学期招一期。1 月 24 日发出办班通知。

6 月 21 日，省教育厅师范教育处在南通师范召开有关中师的座谈会，交流办班经验，进一步研究了培训班的教学工作。

编号 8302

1 月 31 日

为适应全省幼师职业班提高专业课教师水平的需要，省教育厅决定省幼师于 1983 年上半年举办一期职业中学（班）幼教专业教师培训班，学习时间三个半月。1 月 31 日发出办班通知。

编号 8303

2 月 8 日

省教育厅、省计委下达 1983 年初、高中和中等师范学校招生计划，确定 1983 年中等师范学校招生数增加到 7 000 人，其中招初中毕业生 4 000 人，高中毕业生 1 500 人，民办教师 1 500 人，招收高中毕业生的班主要安排在徐、淮、盐和经济文化比较落后的地区。招民办教师的班按各地区民办教师比例分配名额，由各市安排到所属县教师进修学校。

3月9日，省教育厅转发教育部《关于一九八三年中等师范学校招生工作的通知》，并对我省1983年中师招生工作提出具体意见。

编号 8304

3月28日

省教育厅转发教育部《关于颁发〈中等师范学校学生守则（试行草案）〉的通知》及《中等师范学校学生守则（试行草案）》。

编号 8305

3月29日至4月2日

省教育厅在南京召开中等师范学校教导主任会议，研究中师招收高中生和民办教师班的教学计划和教材问题，同时交流教师职称评定工作的情况。

为了加强我省中等师范学校校际协作交流，提高教育质量，会上决定成立5个协作组。普师按地区划片成立4个组，幼师1个组。

省教育厅在会上宣布，全省中等师范学校统一定为"江苏省××师范学校"。更名手续由各市教育局向省教育厅提出报告，由省教育厅批复。

编号 8306

4 月 28 日

省教育厅印发我省中师招收高中生班和民办教师班用的两种教学计划，供有关中师和县教师进修学校试行。

编号 8307

5 月 13 日至 17 日

为了总结交流几年来进修工作的经验，研究如何开创全省中小学教师进修工作的新局面，部署 1985 年底以前的进修工作，省教育厅在南京召开全省中小学教师进修工作会议。省教育厅副厅长徐航在会上作题为"加快步伐，建设一支合格的中小学教师队伍"的讲话。党组书记、代厅长罗明到会讲话。南通师范在会上介绍了培训小学骨干教师的经验。

编号 8308

6 月 24 日至 25 日

2 月下旬，省教育厅在南京召开各地、市教育局长和教育局有关部门同志参加的座谈会，传达教育部召开的改革农村教育座谈会精神，联系我省普通教育工作实际，围绕改革教育问题进行讨论。5 月，中共中央、国务院发出《关于加强和改革农村教育若干问题的通知》。为了学习领会中央通知和教育部座谈会精神，讨论中等师范教育改革问题，6 月 24 日，省教育厅师范教育处在南通师范召开部分中师校长座谈会，参加座谈的有南通师范、无锡师范、如皋师范、常州师范、海门师范、盐城师范、阜宁师范等校校长。

编号 8309

7月12日

省教育厅发出通知，将委托有关中师编写的三年制中师、幼师以及高中生班、民办教师班部分学科使用四年制中师统编教材的意见印发各中师和有关县教师进修学校，供教学中参考。

编号 8310

7月24日至8月6日

应广西壮族自治区教育局邀请，省教育厅派出中小学、师范和幼儿园的领导及教师13人赴广西学习、交流教育工作经验。中师方面为无锡师范学校校长薛宏昌、南通师范学校党支部书记谢铮、丹阳师范学校教导主任包国桢。

编号 8311

8月1日至15日

为帮助中等师范学校美术教师掌握新教材，教育部在我省新苏师范学校举办全国中等师范学校美术新编教材暑期讲习班。讲习班由教育部师范司副司长岩明远主持，省教育厅副厅长周尔辉在会上讲话。我省淮安师范学校美术教师江鸣歧、常州师范学校美术教师曹英义参加讲习班。全省中师美术教师列席听讲。

编号 8312

7 月份至 8 月份

为提高我省中等师范学校艺术、体育和教育专业课教师教学水平，暑假期间，除美术教师列席全国中等师范学校美术新编教材暑期讲习班听讲外，省教育厅委托有关学校举办了体育、舞蹈、小学语文教材教法和小学数学教材教法讲习班。

7 月 22 日至 8 月 14 日

请南京师范学院体育系在南京地质学校举办全省中师体育教师暑期备课班，共 30 人参加。

7 月 26 日至 8 月 10 日

委托无锡师范举办全省中师舞蹈教师备课班，中师、幼师共 40 人参加。

8 月 4 日至 8 月 18 日

委托丹阳师范举办全省中师小学语文教材教法备课班，中师共 50 人参加。

8 月 14 日至 8 月 28 日

委托常州师范举办全省中师小学数学教材教法备课班，中师共 50 人参加。

编号 8313

8 月 1 日至 8 月 20 日

第三期普通话培训班在盐城师范举行，培训对象为全省实验小学和师范附小的语文教师，共 45 人。

编号 8314

9 月 8 日至 17 日

教育部副部长张文松由省教育厅副厅长沙尧陪同，在我省视察了泰兴师范、如皋师范、南通师范、无锡师范、丹阳师范和晓庄师范，对加强和提高中等师范教育提出了许多重要意见。张文松同志十分强调师范教育的重要地位和作用，指出中等师范学校第一位的工作是培养合格的小学教师，勉励师范学校的同志们把工作做好。他还对中师必须重视语文教学以及中师的教学计划、教材建设和学制等问题提出了具体意见。

编号 8315

9 月 16 日

为了帮助师范学校掌握新教材，教育部于暑假期间除举办美术讲习班外，还举办了中师语文、数学、教育学讲习班。我省按教育部分配的名额派出教师参加学习。9 月 16 日省教育厅发出通知，部署有关学科暑期讲习班内容的传达问题。

编号 8316

10 月 15 日

《人民日报》刊登了我省南通师范学校《明确办学方向，坚持面向小学，培养出大批优秀小学教师》的报道，同时发表了《中等师范应该面向小学》的短评。

1984 年 1 月 21 日，《中国教育报》以"小学教师的摇篮——江苏省南通师范学校"为题，用整版图片报道了南通师范办学情况。

编号 8317

10 月 27 日至 12 月 1 日

9 月，省委、省政府召开了全省普教工作会议。会议提出要把培养和提高师资作为办好普通教育的第一位工作来抓，并对师资队伍建设提出了具体要求。为了贯彻落实全省普教会议的精神，省教育厅于 10 月 27 日至 12 月 1 日在南京召开全省中小学师资工作会议。到会的有各市教育局局长，省、市教育学院院长，中等师范学校校长，并邀请各师范学院、师范专科学校和苏州大学负责同志以及负责高师函授的教务处长参加。会议的主要内容是：（一）学习有关文件，进一步提高对师资工作的认识；（二）讨论全省师资规划，研究确定中师的布局、规模和 1984 年招生任务；（三）交流办学经验，研究进一步加强中等师范和教育学院建设的问题。代厅长罗明、副厅长吴椿、谢全海等到会。罗明同志在会议开始和结束时两次讲话，指出自 1980 年全国师范教育工作会议以来，我省中等师范教育进一步明确了培养目标和任务，教育质量逐步提高，但还存在很大不平衡性。他还指出，为了适应四化建设和普及小学教育，特别是发展农村小学教育的需要，中师必须在教育、教学等方面加以改革。

南京市晓庄师范学校毕业生、江浦县五里小学校长杨瑞清应邀到会发言。

晓庄师范、丹阳师范、南通师范、如皋师范、海州师范和南京市幼师等校在大会上介绍了办学经验。

编号 8318

12 月 5 日至 7 日

为加强和改革幼儿师范教育，教育部于 9 月 5 日通知省教育厅，组织幼师有关同志对幼师的学制、培养目标的规格要求、课程设置及教学内容等进行讨论，提出方案。并委托上海市教育局师范处处长左淑东同志牵头，福建、江苏、浙江、上海三省一市为一个协作区进行讨论。协作会议于 12 月 5 日至 7 日在浙江杭州召开，我省派省幼师孙逊、南京市幼师徐欣二同志参加。

1984 年

编号 8401

1 月 7 日

教育部师范教育司中师处处长徐丕凯和包同曾二同志来江苏，在南京视察了晓庄师范、南京市幼师、江苏幼师和南京教育学院，后又去高邮师范、新苏师范、无锡师范、洛社师范等校。徐丕凯同志提出我省要对近几年来中小学教师队伍建设工作进行全面总结，为教育部召开全国师范教育会议做准备。

编号 8402

2月8日

教育部下达《关于创办师范教育刊物的批复》，委托江苏省教育厅立足江苏、面向全国，创办中等师范教育刊物。

2月19日，省委宣传部通知省教育厅，同意接受教育部委托，创办《师范教育》月刊。《师范教育》于1984年7月试刊，1984年10月正式创刊。

编号 8403

2月25日

为了进一步办好师范教育，加快建设合格的中小学师资队伍的步伐，并为全国师范教育工作会议做准备，省教育厅发函布置总结工作。

编号 8404

2月29日

省教育厅与省计经委下达1984年中等师范学校招生计划。1984年中师招生8 500人，其中招初中生5 500人，高中生1 500人，民办教师1 500人。

编号 8405

3 月 14 日

省教育厅发出《关于评选第二批特级教师的通知》，中等师范学校和教师进修学校教师也被列为评选对象。

评选结果分两次于 1984 年 12 月、1985 年 9 月先后公布。晓庄师范学校叶树明、凌铮，南通师范学校刘秉镕，常州师范学校邱学华，如皋师范学校顾敦沂等五同志被评为特级教师。

编号 8406

3 月 15 日至 17 日

省教育厅师范教育处在南通师范召开中师校长座谈会，总结了 1980 年以来我省中等师范教育的经验、成绩和存在的问题，研究中等师范教育的改革。参加座谈会的有晓庄、丹阳、常州、无锡、新苏、徐州、淮阴、盐城、海州、高邮、南通和如皋师范等 12 校校长。会后写成书面总结《江苏省中等师范教育一九八〇年以来的回顾》，刊登在《师范教育》创刊号上。

为贯彻江苏省高教局、教育厅、人事局、劳动局（84）8 号《关于六十年代初停办的部分高校、中专校非毕业班学生学历问题的通知》，省教育厅发出苏教师（84）63 号《关于贯彻苏高教学（84）8 号文件几个具体问题的通知》，对停办学校（中师）的认定、学历问题的审查、补发证书的审批手续，以及证书式样、负责发证的学校等均作了明确的规定

厅领导研究决定，此项学历问题的处理交由师教处会同人事处办理，以师教处为主。

编号 8407

3月17日至31日

教育部召开部分省、市教育行政部门和师范院校同志参加的师范教育研讨会。研讨会分析了中小学师资队伍状况，研究了各级各类师范教育如何更好地为普通教育服务的问题，并交流了经验。省教育厅派师教处处长吴大年参加研讨会。

编号 8408

3月28日

为了总结经验，找出薄弱环节，研究改进中等师范教育工作，省教育厅发函各中等师范学校，部署对八四届三年制普师班学生（中师恢复招收初中毕业生后的第一届毕业生）进行质量分析。内容包括政治思想和专业思想情况，掌握基础知识、基本功的情况和教育教学能力的情况等。分析的方法采取以一个学校为单位进行，或在一个协作片、一个市的范围内进行对口检查。

编号 8409

4月23日

省教育厅发出《关于一九八四年全省中等师范学校招生工作的意见》。为了保证新生质量，要求做好招生宣传工作，加强面试，面试成绩确定比例并纳入总分。特别对保证专业班新生质量问题，提出必须先参加当地中师招生的统一文化考试，分数不低于或接近普师面试的分数线者方可参加专业加试。

编号 8410

6月8日

遵照邓小平同志"教育要面向现代化，面向世界，面向未来"的指示精神，根据教育部领导同志的建议，省教育厅党组研究决定由南通师范学校试办五年制师范，培养具有专科水平的小学教师，为今后逐步提高小学教师质量进行试点。6月8日，省教育厅向省人民政府报送苏教师（84）157号报告，请示关于南通师范试办五年制师范问题，并送上五年制（五年一贯）师范教学计划试行草案，请省政府审批。

五年制师范试点班教学计划拟定的原则是：（一）加强思想政治教育和师德教育，提高师范生的政治素质。（二）加强教育理论的教学和实践，使学生具有较为厚实的教育理论知识和较强的小学教育教学工作能力以及教学研究能力。（三）在文化知识方面，一方面加强语文学科的教学，使其达到专科水平，同时重视其他学科的教学，使学生具有较为广博的知识。（四）注重美育，提高学生的美育素养，促进身心健康发展。（五）压缩周学时，以利于开辟第二渠道，培养学生自学能力、动手能力和独立工作能力。

编号 8411

6月21日至23日

省教育厅在南京召开部分中等师范学校校长会。会议的主要内容为：（一）支援淮阴普及初等教育困难较大的六个县尽快实现普及任务，包括派出领导干部和骨干教师帮助新办泗洪师范，今年暑假为淮阴培训一批小学领导干部和语文、数学骨干教师。
（二）讨论修订三年制普师（包括专业班和高中生班）教学计划。

编号 8412

7 月 2 日

省教育厅发出通知，委托南通师范办小学语文教学法教师培训班、常州师范办小学数学教学法教师培训班，为各县教师进修学校今后自己培训小学骨干教师培训师资。两个培训班均定于1984 年 9 月开学，学习时间 4 个月。

编号 8413

7 月 12 日

省教育厅印发《三年制师范教学计划（修订稿）》。晓庄师范草拟的专业班教学计划一并发出供有关学校参考。

修订三年制教学计划，总的指导思想是：以改革的精神，解决当前中师课程门类过多，统得过死，学生负担过重的问题，让学生主动地、生动活泼地学习，大力培养他们的开拓创新精神、自学能力、动手能力和教育教学能力。修订后的教学计划总学时减为 2 837 学时，周学时第一年减为 30 学时，第二、三学年各减为 28 学时，有些课程的开设顺序、教学内容和学时作了变动，并增设了选修课。

编号 8414

7 月 21 日至 31 日

根据省教育厅与广西壮族自治区教育厅的安排，我省教师进修院校和中等师范学校与广西方面的对口经验交流活动在桂林举行。罗明同志在交流活动结束前也到广西访问。

参加这次交流活动的，教师进修院校方面有无锡教育学院院长何莘耕、南通教育学院院长董魁如、金湖县文教局副局长汪镇平、宜兴县教师进修学校副校长唐继延、东台县教师进修学校副校长任伟；中师方面有如皋师范学校副校长顾敦沂、高邮师范学校总务主任林景唐、南通师范学校总务主任茅云琳。交流活动由省教育厅师范教育处处长吴大年领队。

编号 8415

7 月 24 日

省人民政府批复同意南通师范试办五年制师范，并对五年制师范教学计划签注了意见。

8 月 23 日，省教育厅发出《关于南通师范学校试办五年制师范班的通知》。1984 年招生 40 名。

10 月 16 日，省教育厅发文批复南通师范关于试行五年制师范教学计划的报告。

编号 8416

7 月 30 日

省人民政府发文向有关市、县人民政府批转省教育厅《关于加速泗洪等九个县普及初等教育的报告》。暑假期间为淮阴市有关县培训小学领导干部和骨干教师的工作作如下安排：

1. 小学语文、数学教师培训班分别在淮阴师范、淮安师范举办。小学语文教师培训班由无锡师范派教师一人参加办班，请晓庄师范叶树明、常州师范李钟珂和南通师范刘秉镕参加讲课。小学数学教师培训班由高邮师范、常州师范各派教师一人参加办班，请常州师范邱学华、江都县教研室田毓珩参加讲课。

2. 小学校长培训班在新苏师范和晓庄师范举办，共计 150 人参加培训。

编号 8417

8 月 1 日至 20 日

第四期普通话培训班在丹阳师范举行，培训对象为中师和县教师进修学校担任语音教学的教师。

编号 8418

9 月 12 日至 19 日

由无锡、常州、新苏、晓庄、南通、高邮、如皋 7 所老中师派出支援新办泗洪师范的行政领导干部和教师肖梅等 8 人于 9 月 12 日来省教育厅报到。13 日上午省教育厅召开座谈会，罗明、吴椿同志到会讲话，办公室、人事、计财、师教处负责同志参加座谈。

14 日晨出发，省教育厅师教处张行、陈宗伟同志陪送去泗洪。淮阴市教育局和泗洪县文教局派人来宁迎接。

19 日，关于停办学校（中师）非毕业班学生学历问题的处理基本结束，写成《关于处理六十年代初停办学校非毕业班学历及其他历史遗留的学历问题的情况汇报》，经人事处会签后，送厅领导审阅。该项工作从 1984 年 3 月开始，根据省高教局、教育厅、人事局、劳动局联合所发苏高教学（84）8 号文件精神，共审核发证 12 412 人。此外，根据苏高教中（83）5 号文件和教育部（84）教学字第 031 号文件精神，师教处会同人事处对各市报来的一些历史遗留下来的特殊学历问题也作了讨论研究，报厅领导同意后予以处理。

以上学历问题的处理，面广量大，情况复杂。师教处吴大年、张行和马幸年三同志投入该项工作。同时，师教处还根据有关文件精神处理了一批进修院校学员的学历问题，由孙征龙具体办理。

编号 8419

9 月 26 日

省教育厅发出《关于设立江苏省普通教育改革成果奖的通知》，规定凡我省普教系统各级各类学校包括中等师范、教育学院、教师进修学校均可参加评奖。成果奖分集体和个人两种，第一次评奖将在 1985 年上半年进行。

编号 8420

9 月 27 日至 29 日

省教育厅在南京召开中师教材编写工作会议，决定组织编写三年制师范语文、数学、物理、化学、历史、地理六门课的教材，第一批教材将于 1985 年 5 月定稿付印。

10 月 16 日，省教育厅发出《关于组织编写三年制中师教材的通知》。根据 9 月会议研究的意见，对编写教材的指导思想、原则、方法和具体工作的安排都作了明确规定，并成立中师教材编写委员会，罗明同志任主任委员。委员共 15 人，师教处张行、陈宗伟二同志参加编委会。

这份通知指出，这套教材的编写要按照党的教育方针，体现改革的精神，突出师范性，具有我省自己的特点，有利于提高师范教育质量，有利于把师范生培养成德智体全面发展的优秀小学教师。

编号 8421

10 月 11 日

转发教育部《关于印发〈改进和加强中专、中师政治理论课的意见〉的通知》。

编号 8422

10 月 23 日

省教育厅发函各中等师范学校，印发三年制师范语文等六科课程使用四年制师范课本意见。

编号 8423

11 月 21 日至 23 日

省教育厅师范教育处在南京召开部分中师校长座谈会，讨论中师教育改革问题。参加座谈的有晓庄师范校长叶树明、淮阴师范校长陈锦魁、如皋师范副校长顾敦沂、南通师范副校长朱嘉耀、无锡师范校长薛宏昌、泰州师范校长曹健、洛社师范校长程宝琦、常州师范副校长邱学华。会后草拟了《关于中等师范教育改革的意见》。

编号 8424

11 月 28 日

教育厅以苏教人（84）354 号通知下达《关于中等师范学校和全日制中小学、幼儿园教职工编制暂行规定》。规定中等师范学校每班学生 40—50 人，每班教职工 6.0—7.0 人，其中教师 3.5—4.0 人，职工 2.5—3.0 人。

编号 8425

12 月 6 日至 11 日

为学习、了解全国普教战线改革的信息，推动我省普通中学、中等师范教育的改革，省教育厅召开全省部分中师、中学教育改革座谈会，同时列席全国部分中学校长（40 所重点中学）座谈会。中师共出席 13 人，即无锡师范薛宏昌、淮安师范王之琦、南通师范朱嘉耀、晓庄师范叶树明，以及徐州师范、盐城师范、高邮师范和江苏幼师等校负责同志。除参加全国会议的活动外，与会人员并参观了晓庄师范，请该校介绍大改班经验，最后讨论了《关于中等师范教育改革的意见（初稿）》。

编号 8426

12 月 18 日至 21 日

省教育厅在洛社师范召开全省中等师范学校总务工作会议，

交流经验，改进师范学校管理，使总务工作更好地为教学、为师生生活服务。省教育厅副厅长谢全海到会看望大家并讲话。师范教育处处长吴大年作总结。会议期间，与会人员参观了洛社师范学校。

1985年1月25日，省教育厅印发《江苏省中等师范学校后勤工作会议纪要》。要求全省中师积极贯彻该《纪要》精神，努力改进学校管理，使学校后勤工作更好地为教学、为师生生活服务。

本年内

省政府批复，同意新办10所中等师范学校：

3月13日，批复同意恢复太仓师范学校、东台师范学校，增办沭阳师范学校；4月16日，批复同意建立南京市师范学校；6月28日，批复同意创办泗洪师范学校；11月16日，批复同意新建连云港师范学校；11月24日，批复同意建立扬州师范学校；12月10日，批复同意恢复镇江师范学校、吴江师范学校。建立徐州幼儿师范学校。

1985年

编号8501

1月7日

省教育厅师教处发出通知，要求各中等师范学校选送开展写字训练的经验总结和经过挑选的书法展览习作（照片），以便报教育部和有关单位。

编号 8502

3 月份

8 日，省教育厅印发《一九八四年工作总结和一九八五年工作任务》。提出师范教育要作为整个教育事业的重点来抓，要加强各类师范院校和教师进修院校的建设，人员配备和经费投资都要摆到首要位置。并提出要大力发展幼儿师范教育。

21 日至 26 日，省政府召开全省师范教育工作会议。参加会议的有全省师院、师专的院校长和教务处长，各市教育局长，省、市教育学院院长和中等师范学校校长。省计经委、人事局、财政厅等有关部门负责同志也参加了会议。

会议的指导思想是：以党的十一届三中全会精神和邓小平同志"三个面向"的指示为指针，大力推进我省师范教育改革，多层次、多规格、多形式、多渠道地加速发展师范教育，努力提高教育质量，使之能适应以城市为重点的经济体制改革和"四化"建设以及普通教育发展的需要。会议的主要任务是：在充分认识师范教育现状以及交流总结经验的基础上，进一步明确师范教育的办学指导思想，讨论、研究加速发展我省师范教育的目标、途径和措施，制订师范教育发展的"七五"规划，并研究解决有关政策及实际问题。杨泳沂副省长在会上作报告。罗明同志代表省教育厅发言，介绍普通教育事业发展和对师资需求的情况。会上确定我省中师从 1985 年起，3 年内每年招收新生 1 万人（含幼师）。

编号 8503

4 月 5 日

教育部下达《我国政府与联合国儿童基金会已就 1985—1989 年加强小学和幼儿师资培训合作项目正式达成协议》的通知，我省省幼师和扬州市教师进修学校被批准为合作项目学校。

编号 8504

4 月 9 日

省教育厅向省人民政府报告，拟在1984 年南通师范试办五年一贯制师范班的基础上，于1985 年在无锡师范和晓庄师范以"三二分段"的形式各试办一个两年制大专班，为实验小学、师范附属小学和部分中心小学培养专科水平的小学教师。新生从全省当年应届中师毕业生中经推荐与考试相结合择优录取。

编号 8505

4 月 16 日

省教育厅、省计经委下达1985 年中等师范学校招生计划，招生总数 10 080 人，其中招初中毕业生 7 895 人，高中毕业生1 345人，民办教师 840 人。

编号 8506

4 月 17 日

教育部师范司徐丕凯、孙溶溶同志来江苏，对合格小学教师的规格与中师培养目标进行调查研究。省教育厅师教处配合教育部同志分城市、农村两个组进行调查。

5月3日至5日，省教育厅在南通师范召开中等师范教育研讨会，研究现阶段合格小学教师规格要求和中等师范学校培养目标。参加研讨会的有南通师范胡锦江、朱嘉耀、曹振东，无锡师范薛宏昌，晓庄师范叶树明，常州师范汤化庆，如皋师范顾敦沂，丹阳师范赵炳生，洛社师范徐钜，淮安师范王之琦，南通市教育局秦同，特级教师李吉林、张育新、张兴华，通师三附小校长周琪等。

教育部师范司副司长岩明远以及徐丕凯、孙溶溶同志参加研讨会。《师范教育》编辑室徐文怀、羌以任也参加了会议。

研讨会上，大家以邓小平同志"三个面向"的指示为指导，围绕新时期小学教师应有的规格，对中等师范教育的新要求和中等师范学校的培养目标展开了热烈的讨论。研讨会推动了我省中等师范教育改革。会后，有关学校进一步作了大量调查研究。

编号 8507

4 月 26 日

省教育厅将《关于改革中等师范教育的意见》印发各市教育局、各中等师范学校试行。该《意见》指出："当前经济体制的改革迫切地要求教育体制进行改革。师范教育是整个教育的基础，办好师范教育是提高教育质量和人才水平的关键。因此，中等师范教育必须改革，而且应该走在整个教育改革的前面。"改革师范教育的具体意见包括：在计划管理方面，省下达的指令性计划应尽可能符合各地实际情况，做到供需见面，在改革学校内部的领导管理体制方面，要积极创造条件，实行校长负责制；要进一步改革中师招生办法，实行提前单独招生，并从招生总数中确定一定的保送比例，同时继续实行定向招生，中师毕业生的分配要体现"优生优配"原则，把统一分配和择优分配结合起来；在教育、教学改革方面，要按照"三个面向"的要求，进行整个教学体系的改革，同时继续进行学制改革试点，培养具有大专水平的小学教师；以及做好后勤工作，大力开展勤工俭学活动，办好校办工厂、农场等。《意见》确定无锡、淮安、南通师范为全面改革的试点学校，进行管理体制和教育教学体系的改革。晓庄、如皋等校各搞一个试点班，进行教育教学的大改。

编号 8508

5 月 4 日

省教育厅、共青团江苏省委发布《关于表彰普通中学、农职业中学、中等师范学校三好学生、优秀学生干部和先进集体的决定》。受到表彰的中等师范学校三好学生共 21 名，优秀学生干部 3 名，先进集体 6 个。

编号 8509

5 月 15 日至 20 日

全国教育工作会议在北京举行。会议的中心议题是讨论《中共中央关于教育体制改革的决定》，中央领导同志邓小平、胡启立、万里等在会上作重要讲话。5 月 27 日，《中共中央关于教育体制改革的决定》正式公布。

参加全国教育工作会议的江苏代表共 18 人，其中普教 6 人。省教育厅副厅长吴椿代表省教育厅参加了会议。南通师范学校副校长朱嘉耀和盐城教育学院副院长吴士欣也参加了会议。

8 月 15 日至 19 日，省政府在南京召开全省教育工作会议，传达贯彻全国教育工作会议精神。省、市教育学院院长参加了会议。丹阳师范和宜兴县教师进修学校作为中等师范和教师进修学校代表也参加了会议。

编号 8510

5 月 20 日

省教育厅向省人民政府报送《关于无锡师范学校和晓庄师范学校进行五年制学制改革试点的补充报告》和《关于挑选部分优秀应届幼师毕业班学生培养为幼教职业班专业课师资的报告》。

6 月 20 日，省政府批复同意在无锡、晓庄等师范学校进行学制改革试点。

6 月 24 日，省教育厅发出办班通知，三校各办一个班，每个班 40 人，共计 120 人。

9 月 1 日，省教育厅印发五年制师范（三二分段）试点班教学计划。

编号 8511

6 月 18 日至 20 日

省教育厅在南京召开小学教师进修工作会议，讨论如何进一步加强和改革中师函授教育，以及如何保证在 1985 年年内基本完成教材教法进修任务等问题。负责各个中师函授的中等师范学校函授部主任参加会议。吴椿同志到会讲话。

编号 8512

6 月 30 日

省人民政府发出通知，批转省高教局、教育厅《关于加强和改革师范教育意见》（即 3 月全省师范教育工作会议后形成的文件）。通知中指出，办好师范教育，是发展教育事业，提高教育质量和开发智力的关键。各级政府都要十分重视师范教育，全社会都要关心支持师范教育，把加强和改革师范教育作为发展教育事业的战略措施。该《意见》中明确提出，教育事业上人、财、物的分配都要突出师范教育。

编号 8513

7 月 30 日

省高教局、教育厅、编制委员会、人事局、财政厅、省军区司令部、政治部、后勤部发出《关于我省高等院校、高级中学进行军事训练试点工作的通知》，江苏省洛社师范学校列为全国军训试点单位。

编号 8514

8 月 22 日至 24 日

日本关西"日中教育交流恳谈会"师范教育考察团在宁活动，8 月 23 日上午拜访省教育厅，下午参观晓庄师范学校。

8月28日至9月1日，经国家教委批准，应中国教育学会邀请，日本专修大学教授、著名陶研（编者注：陶行知研究）专家斋藤秋男先生来宁，在宁活动内容主要是考察我国新安旅行团活动旧迹，并参观晓庄师范。

编号 8515

9月2日至5日

华东七省市和四川省幼教进修教材第二次协编会议在山东济南召开，会议主要内容是讨论修改教材编写大纲，确定教材出版计划。我省省幼师徐伟、张树华，南京市幼师陈景同，南通师范刘秉镕，师教处孙征龙参加会议。

编号 8516

9月10日

省教育厅公布江苏省普通教育改革优秀成果奖评奖结果，南通师范以系统改革中等师范学校的教育教学工作获集体二等奖，常州师范副校长邱学华以小学数学尝试教学法的实践和理论获个人二等奖。

编号 8517

9月18日

国家教委于7月31日发出《关于委托研究小学、幼儿园教师规格和师范课程标准的通知》，确定我省承担"合格小学教师的规格标准""中等师范学校（普师）的培养目标及各门课程的培养训练标准"两个研究项目。9月18日，省教育厅发出通知，向有关市、县教育局，中师和进修学校作了部署。确定"合格小学教师的规格标准"由如皋师范、丹阳师范、宜兴县教师进修学校、扬州市教师进修学校承担，"中等师范学校的培养目标和课程设置"由晓庄师范、南通师范、无锡师范、淮安师范承担。两个课题由分工学校各自组织调查，按专题进行讨论提出初稿，然后召开全省研讨会。

编号 8518

9月6日至13日

国家教委在新疆吐鲁番召开儿基会（编者注：联合国儿童基金会）合作项目主任会议，省教育厅师教处副处长张行参加会议，在会上作《加强幼教师资队伍建设，积极发展幼儿教育事业》的发言。省幼师副校长居群也参加了会议。

编号 8519

9月份

南京特殊教育师范学校正式招生，开学上课。

编号 8520

10月7日至9日

为推动我省中师美术教学，提高中师生学习美术的积极性，1985年6月5日省教育厅发出举办中师生优秀美术、书法作品评选活动的通知。评选活动先由各校美术教研组于7月31日前做好作品的初选工作，经学校审定后送省评选委员会最后评定。10月7日至9日省评选委员会结合全省美术教研活动在南通师范进行最后评定，共评出一等奖11名，二等奖15名，三等奖21名。评选活动中成绩突出的是江苏幼师、南京幼师、海门师范、盐城师范、淮安师范和无锡师范。

编号 8521

10月15日

省教育厅印发《关于改进和加强中师函授教育的意见》。为了加强对全省中师函授的业务指导，决定成立省中师函授业务指导中心，由晓庄师范牵头，有关中师和进修学校参加。

编号 8522

10月26日至11月11日

南通师范学校校长朱嘉耀参加国家教委组织的中国师范教育考察团，访问日本。

编号 8523

10月27日

根据国家教委和财政部的通知，世界银行东亚与太平洋地区项目局师资培训考察组一行5人10月下旬至11月初来江苏考察师资培训情况。共考察了晓庄师范、江苏幼师、无锡师范、江苏教育学院、南京教育学院、无锡教育学院、扬州教育学院以及宜兴、扬州教师进修学校等9所学校。

编号 8524

10 月 20 日至 25 日

为贯彻《中共中央关于教育体制改革的决定》，实行九年制义务教育，提高基础教育水平，建设一支数量足够、质量合格和相对稳定的中小学师资队伍，国家教委在北京召开中小学师资工作会议。我省出席会议人员共 12 人。普教方面出席会议的代表为省教育厅副厅长吴椿、师教处副处长张行、省教育学院院长曹阳、淮安师范学校党委书记兼校长李立海。另外，晓庄师范学校校长王伦元参加国家教委召开的体育师资工作会议，一并参加中小学师资会议。

编号 8525

10 月 28 日至 11 月 10 日

在扬州召开关于合格小学教师规格的研讨会，参加讨论的有如皋师范顾敦沂（副校长）、姚烺强（语文教研组长），丹阳师范王松威（小学教育研究室主任）、朱敬苏（教育学教师），宜兴教师进修学校唐继延（副校长）、史济康（教师），扬州市教师进修学校戴有智（校长）、王璨（教务副主任）、丁惠玲（教育学教育组组长）、陈开甲（教师）等。省教委师教处孙征龙参加。

在南京晓庄师范召开中师培养目标和课程设置研讨会，参加讨论的除晓庄师范同志外，另有南通师范曹振东，无锡师范张百川、淮安师范陆维忠等。师教处吴大年、陈宗伟、刘明远参加。

参加全省研讨会负责两个课题的有相关中师和县进修学校校长、教师叶树明、顾敦沂、唐继延、戴有智，以及南京市小学校长和教师等，共 30 余人，并请南师大教育系同志指导。

副厅长吴椿、初教处副处长成尚荣及李一民等同志也参加了研讨会。

按照我省和广西商定的协作项目，我省派往广西学习交流、参观视导活动的教育学院和中等师范学校校长启程赴桂。省幼师党支部副书记钱彬担任领队，在广西活动时间一个月。参加交流活动的中师校长有晓庄师范学校原副校长王问奇、常州师范学校原副校长陈啸天、无锡师范学校原副校长史克方、新苏师范学校原副校长姜为镛。

编号 8526

12 月 1 日至 10 日

省教育厅对 25 所老中师进行普通话检查，合格 22 所。

1986 年 11 月 20 日至 30 日，省教委（原省教育厅）对 15 所中师（老中师 4 所，新建中师 11 所）进行普通话检查，合格 11 所。

1987 年 11 月 25 日至 12 月 5 日，省教委对最后 4 所中师进行普通话检查，全部合格。

编号 8527

12 月 9 日

省教育厅、江苏教育出版社、省新华书店联合发出《关于出版、征订三年制中等师范学校课本的通知》。这套教材已在江苏省试用一年，作了修改，决定由江苏教育出版社正式出版，省新华书店向全国发行。全部教材共 6 门学科，23 册。

编号 8528

12 月 10 日至 13 日

省教育厅在南京召开小学教师规格和中师培养目标研讨会。参加会议的有负责两个课题的有关中师、县教师进修学校校长、教师，南京市小学校长和教师等，并请南师大教育系指导，共 30 余人。

1986 年 3 月 12 日，省教育厅将我省拟定的《合格小学教师的规格》《中等师范学校（普师）的培养目标》及三个附件报送国家教委师范教育司。4 月 5 日，报送《中等师范学校（普师）各门课程的培养训练标准》。

本年内

4 月，省政府批准复办宿迁师范学校。

1986 年

编号 8601

1 月 15 日至 22 日

省教育厅召开各市教育局长、部分县教育局长和教改试点的中小学、师范校长会议。

会议先后在南通、盐城分两段召开。第一阶段在南通开，内容为汇报交流教改情况。南通师范学校校长朱嘉耀在大会作《全面地改革中师教育，培养新时期合格师资》的发言。各市教育局长和师范学校校长参观南通师范学校，并参加了学生班级的基本功汇报活动。第二阶段在盐城开，内容为研究 1986 年全省教育工作。

省教育厅副厅长吴椿在会上作 1985 年工作总结和 1986 年工作部署。

代厅长罗明为大会作总结。

参加会议的中师校长有：晓庄师范副校长谢方泽、无锡师范校长范近先、南通师范校长朱嘉耀、淮安师范副校长王之琦、如皋师范副校长顾敦沂。

编号 8602

1 月 25 日至 29 日

为使用省编三年制中师教材，省教育厅决定在 1986 年举办有关学科教师的讲习班。1 月先在无锡师范办数学教材讲习班。

编号 8603

1 月 31 日

省教育厅印发《江苏省一九八六年普教工作要点》，提出 1986 年工作的指导思想是"要进一步贯彻好全国党代表会议和全国教育工作会议精神，端正教育思想，抓住改革这个中心环节，继续抓好教育体制改革和中等教育结构改革，积极推进学校的教育教学改革，切实加强和改进思想政治工作，加强师资队伍的建设，实事求是，稳步前进，扎扎实实地迈出第一步，使'七五'期间全省普教事业的发展和提高有一个良好的开端"。对师范教育，提出"要加强和改革师范教育，真正把师范教育作为发展教育事业的战略重点来抓"。

编号 8604

3 月 12 日至 27 日

省教育厅将我省拟定的《合格小学教师的规格》《中等师范学校（普师）的培养目标》及三个附件报送国家教委师范教育司。

省教育厅张行、朱士国陪同世界银行官员苏姗和国家教委师范司办公室主任孟吉平考察淮阴、盐城地区的教育学院和中师。

编号 8605

4 月 16 日至 18 日

2 月在广州召开的全国师范处长会上议定，为准备进行中小学教师考核合格证书工作，先组织拟订各门课程考试大纲。我省分工的科目是小学全套和中学物理、政治、生物、音乐、美术 5 门。无锡师范和宜兴县教师进修学校承担了拟订小学全套考试大纲的任务。4 月 16 日至 18 日在宜兴召开讨论会，除无锡师范和宜兴县教师进修学校外，常州师范、晓庄师范、丹阳师范、洛社师范等校教师也参加了讨论会。

编号 8606

4 月 24 日至 26 日

省教育厅师教处在江苏幼师召开修订《三年制幼儿师范教学

计划》讨论会，同时交流幼师的教育教学工作。全省幼师和附设幼师班的普师均派分管教学的副校长或教导主任、专业课教师参加。

6月11日，省教育厅印发《三年制幼师教学计划》，供1986年招收的三年制幼师用。八四、八五级幼师班教学计划参照此计划适当调整。

编号 8607

4 月 30 日

省教育厅、省高校招生办公室发出《关于我省四所师范院校试招中师保送生工作的通知》，确定1986年我省省属四所高等师范院校在音乐、美术、教育、政教、中文5个本科专业试行接受中师免试推荐应届优秀毕业生，毕业后回原推荐中师任教。保送名额按1986年全省中师毕业生总数的2％计划为80名。这是为加强中等师范学校师资队伍建设而采取的一项措施。

编号 8608

5 月 1 日至 3 日

江苏省首届中等师范学校学生田径运动会在海门师范学校举行。省教育厅副厅长薛守固和体卫处吴堂华、杨明广及师教处张行、陈宗伟、马幸年到会。在运动会上获团体总分前三名的学校是：

男子甲组（普师）：运河师范、海州师范、晓庄师范。

女子甲组（普师）：无锡师范、海州师范、武进师范。

男子乙组（体育班）：海门师范、海州师范、盐城师范。

女子乙组（体育班）：海门师范、武进师范、盐城师范。

编号 8609

5月4日

省教育厅、共青团江苏省委员会发出表彰普通中学、农职业中学、中等师范学校、中等专业学校三好学生、优秀学生干部和先进集体的决定。受表彰的中等师范学校三好学生共24名，优秀学生干部3名，先进集体3个。

编号 8610

5月19日

省计经委、省教育厅下达1986年中等师范学校招生计划。全省中师计划招生9617人，其中招初中毕业生9047人，高中毕业生570人。在招生总数中，有委托代培117人。

编号 8611

5月20日至26日

国家教委师范司在湖南省衡阳市湖南第三师范学校召开"中等师范学校培养目标和课程标准研讨会"，我省参加会议的名额为3人，由省教育厅师教处陈宗伟和原晓庄师范学校校长叶树明、宜兴县教师进修学校副校长唐继延3位同志参加。

编号 8612

5 月 24 日至 28 日

为了贯彻落实全国中小学师资工作会议精神，经请示省人民政府，省教育厅在南京召开中小学在职教师培训和中等师范教育会议。参加会议人员为各市教育局长，省、市教育学院院长，各中等师范学校校长和每个市一所县教师进修学校校长。会上学习了全国中小学师资工作会议上万里、何东昌同志讲话及有关文件，交流了经验，讨论修改了省教育厅草拟的文件初稿。罗明、吴椿同志参加会议并讲话。会议结束时杨泳沂副省长到会讲话。

6 月 17 日，省教育厅印发经全省中小学在职教师培训和中等师范教育工作会议讨论修改的三个文件：《关于"七五"期间加强在职中小学教师培训工作的意见》《关于加强教师进修学校建设的意见》《关于进一步加强和改革中等师范教育的意见》。其后又印发吴椿同志在会上的两次讲话。

省教育厅对进一步加强和改革中等师范教育，提出如下具体意见：

1. 坚持为小学（幼儿园）服务的办学方向。

2. 适应初等教育需要，加强小学薄弱学科师资的培养。

3. 继续改革中师招生和毕业生分配制度。

4. 遵循师范教育规律，积极进行教育和教学改革，并继续进行学制改革试点。

5. 加强师范学校师资队伍建设，特别要十分重视并加强青年教师的工作。

6. 改善办学条件，争取在三五年内，使师范学校的办学条件得到较大的改善。

7. 加强学校领导班子建设。省教育厅要抓紧轮训工作，提高中师领导班子水平。

8. 切实加强对中等师范教育的领导。

编号 8613

6 月 4 日至 8 日

国家教委在南京召开全国中小学和中等专业学校（包括成人中小学和中等专业学校）教师职称改革工作会议。我省各市教育局局长和中小学、中等专业学校教师职称改革有关单位及其省主管部门负责教师职称改革的领导列席这次会议。中师列席会议的是南通师范和新苏师范。

编号 8614

6 月 20 日至 30 日

省教育厅计财处、师教处调查全省老中师危房情况，共调查23 所学校，其中苏南 11 所，苏北 9 所，南京 3 所。调查结束后，研究了解决危房的办法。提出在 1986、1987 两年内，由省、市签订合同，共同负责解决。省教育厅在两年内拟每年补助 250 万元用于危房维修。

编号 8615

6 月 20 日

省编制委员会、省教育厅转发教育部《关于中等师范学校全日制中小学教职工编制标准的意见》。通知中说，"我省中等师范学校和全日制中小学、幼儿园教职工编制标准，按省教育厅苏教人（84）345 号《暂行规定》的下限执行"。

编号 8616

7 月 1 日

省教育厅召开会议，欢迎支援泗洪师范的同志归来。

支援新办泗洪师范的人员在两年中因有部分轮换，总数为 13 人。7 月 1 日上午省教育厅召开座谈会，请全体支援的同志参加。罗明、吴椿、谢全海等领导同志及人事、计财、办公室、师教处负责同志参加座谈会。淮阴市教育局和泗洪县文教局同志也参加了座谈。在会上发言的有无锡师范副校长肖梅（任泗洪师范副校长）、音乐教研组组长程蕴华、新苏师范数学教研组组长周柏春等。

13 人名单为：肖梅、程蕴华（无锡师范）、张树生（高邮师范）、高纯林（常州师范）、周庆康（南通师范）、陶钺、浦季良、周柏春（新苏师范）、陈茂旺（如皋师范）、庄弘醒、孙金德、王向友、管策（晓庄师范）。

编号 8617

7 月 5 日至 10 日

为便于各中师更好地使用省编新教材，委托有关学校举办讲习班。义选与写作、化学讲习班由无锡师范办；物理、世界历史讲习班由新苏师范办；地理讲习班由海州师范办。每个讲习班时间为 3 天，各中师有关学科每校一人参加。

7月中旬至8月初，又因四川、云南、贵州三省及广西壮族自治区采用我省三年制中师教材，经商定由我省派教师分别参加由四川等省举办的三年制中师教材研讨班讲学。其中语文班由云南举办，数学班由贵州举办，化学班由四川举办，物理班由云南举办。

编号 8618

7月5日至8日

省教育厅在江苏幼师举办"幼儿心理学"备课班，全省幼师及中师附设幼师班每校一人参加。

编号 8619

7月7日

国家教委《关于分配一九八六年中等师范教育科研课题和经费的通知》确定我省承担"中等师范学校（培养小学教师）的课程设置、课程结构和各类课程比例"的科研课题。7月7日，省教育厅发出《关于下达中等师范教育科研课题的通知》。决定此项任务由晓庄、无锡、南通、淮安、丹阳、如皋等六所师范学校承担，课题负责人为晓庄师范叶树明、如皋师范顾敦沂。先分苏南、苏北两组分别召开一次研讨会提出方案，然后在年底召开第二次研讨会形成一个方案。

后于1987年4月23日至25日，在南京召开中等师范学校的课程设置、课程结构研讨会（国家教委师范教育司部署的科研课题）。参加研讨会的人员为南通师范、无锡师范、晓庄师范、淮安师范、丹阳师范、如皋师范各 2 人，南京市教育局师教处 1 人。并特邀南通市教育局秦同、无锡市教育局程宝琦、无锡师范校长薛宏昌、常州师范校长陈啸天等同志参加。研讨会上，苏北三校和苏南三校各提出课程设置方案及说明，经研究讨论，决定两个方案修改后都报送国家教委师范教育司。

编号 8620

7 月 16 日至 21 日

应广西壮族自治区教育厅和共青团广西区委邀请，省教育厅决定由无锡、晓庄、南通、淮安、常州、新苏、丹阳师范和江苏幼师 8 校派三好学生共 32 人赴桂参加广西全区中师生夏令营活动。江浦县行知实验小学副校长李亮作为特邀代表参加。赴桂中队由新苏师范教导主任钱振庭和江苏幼师幼教研究室副主任徐伟领队，出发前在新苏师范学校集中，进行了训练和准备工作。

编号 8621

10 月 9 日

省高教局、教育厅印发《关于转发全国教育系统先进个人奖金的通知》。1986 年教师节，国家教委、全国教育工会表彰了1 000 名全国教育系统先进个人，我省受表彰的有 52 人，其中中师 2 人：无锡师范程蕴华、南通师范王炯。

编号 8622

10 月 13 日至 11 月 1 日

江苏省第一期中等师范学校校长研讨班在南通师范举行。参加研讨班的有全省 22 所老中师主持工作的校长、副校长（不含幼师），每校 1 人。另有广西、浙江等省、区中师校长列席。

研讨班以中等师范学校面向小学的办学方向为主题，采取学习、研讨和参观、视导相结合的方式，以南通师范为现场，对该校作了全面的参观调研，又对丹阳、新苏、如皋、泰兴 4 所中师进行了视导。研讨班在举办期间，并请晓庄师范原副校长王问奇、无锡师范原校长薛宏昌、南通市教育局原局长秦同和如皋师范副校长顾敦沂作了 4 次讲座。

吴椿同志在研讨班结束时到班看望大家并讲话。吴大年同志作小结。

1987 年 2 月 25 日，省教委印发《江苏省第一期中师校长研讨班小结》。

编号 8623

10 月 18 日至 11 月 14 日

省教委师范教育处副处长张行参加国家教委组织的中小学师资培训考察团，赴西德考察，回宁后向普教局同志作了考察情况汇报。

编号 8624

12 月 16 日至 20 日

江苏省 1986 年中师数学年会暨华东地区中师数学中心教研组第三次会议在无锡师范召开。年会的中心议题是总结交流中师数学学科教学改革的经验，深入研讨数学学科突出师范性的问题。会上，江苏省中师数学中心组提供了"五个一套"以反映我省中师数学学科改革的情况，即一套三年制教材，一套课外活动资料，一套标准化考试参考题，一套学生数学学科培养训练标准，一套中师数学教师的规格要求。

年会期间，代表们观摩了无锡师范、新苏师范数学学科课内外教学活动，听了常州师范副校长特级教师邱学华、洛社师范教导副主任徐南昌、无锡师范数学教研组组长傅耀良、新苏师范数学教研组组长周柏春和晓庄师范青年教师赵洁的公开课。

原国家教委师范司副司长李一本到会并讲话。

1987 年

编号 8701

1 月 11 日

省教委决定，为检查中等师范学校教学质量，1 月 11 日举行全省中师（不含幼师、特师）八五级学生数学统考，考试内容为省编中师数学教材《代数与初等函数》《解析几何与简易微积分》的有关部分。

本次统考经由师教处吴大年同志在处务会议上提出，且经教委领导同意而进行。为组织好这次统考，各校均召集八五级学生及监考人员作了严格的考试规则的学习与动员，基本上做到了正确对待、积极准备、不搞突击，保证了正常的教学秩序。

通过这次统考，各中师普遍认为，要进一步提高中师数学教学质量，还须进一步注意：

1. 加强双基教学。2. 在培养学生观察、分析和解决问题的能力方面，要加强严谨性、准确性、灵活性及辩证法的培养和训练。今后在继续抓好双基的同时，要多给学生动手动脑的机会，重视进行综合性训练。3. 要加强教师教书育人的责任感，尤其对中差生要多指点，多鼓励，做好转化工作。

编号 8702

3 月 15 日

1987 年 3 月 15 日是人民教育家陶行知先生倡导的生活教育运动六十周年，也是晓庄师范六十周年校庆。晓庄师范举行了盛大纪念活动。国务委员张劲夫，中国教育工会主席方明，省委、省政府领导同志孙颔、杨泳沂，南京市委、市政府领导同志等出席纪念会，省教委、南京市教育局等单位的领导同志也参加了纪念活动。

编号 8703

4 月 28 日至 30 日

江苏省首届中师音乐、舞蹈调演在徐州举行。领导小组由省教委委员薛守固、徐州市副市长肖树平及张行、赵立伯、蔡葵 5 位同志组成。评委会由程蕴华、朱惠琴、杨毓慈、高行素、徐沛然、施友云、陈宗伟 7 位同志组成。

这次全省中师调演为新中国成立以来第一次，是在各市选拔的基础上举行的。陈宗伟、施友云（教研室教研员）、程蕴华（无锡师范音乐教师）3 位同志于 4 月 2 日至 16 日去 11 个市选拔审定参加全省调演的节目。

参加调演的共 27 所中师（含幼师、特师），调演节目共 67 个，其中普师音乐班及幼师 42 个、普师 25 个。评出一等奖 12 个、二等奖 12 个、三等奖 36 个、纪念奖 7 个、节目创作奖 10 个，并设了精神文明奖。获一等奖的学校有丹阳师范、新苏师范、省幼师、海州师范、徐州幼师、铜山师范、常州师范等。其中丹阳师范获一等奖的节目有 3 个。

获一等奖的是：新苏师范的民乐合奏《光明行》和《苏南小曲》、丹阳师范舞蹈《育苗曲》、新苏师范女声弹唱《校园颂》、省幼师舞蹈《快乐的手工课》、海州师范舞蹈《血染的风采》、徐州幼师女声独唱《五月的鲜花》、铜山师范唢呐独奏《赶车的小伙》、省幼师舞蹈《小海军》、丹阳师范舞蹈《二泉映月》、丹阳师范舞蹈《骏马奔腾》、常州师范舞蹈《江南雨》、徐州师范手风琴独奏《马刀舞》和《西班牙舞曲》。

本次调演节目反映了江苏中师学生的精神面貌和较高的艺术水平，获得广大师生一致好评。

编号 8704

5 月 5 日至 15 日

国家教委师范司在安徽肥西召开"全国农村中等师范教育改革座谈会"。江苏省泰州师范支部书记、原校长曹健，洛社师范校长徐钜和省教委师教处陈宗伟 3 位同志参加了会议。

编号 8705

5 月 17 日至 23 日

国家教委师范司在江苏召开培养专科程度小学师资试验科研

课题研讨会。参加研讨会的有北京市第三师范学校、上海市师范专科学校、广州市师范学校、南京市晓庄师范学校、江苏省无锡师范学校、江苏省南通师范学校的代表。福建省教委师资处处长梁孝忠列席会议。研讨会采取先考察后研讨的方法。师范司中师处副处长包同曾和各试验学校的同志先后考察了晓庄师范、无锡师范进行"三二分段"试点和南通师范进行"五年一贯制"试点工作的情况，然后集中在南通师范就有关培养专科程度小学师资的问题，包括培养目标、办学方针、学校体制等进行研讨。包同曾同志作总结性发言。

会后写了研讨会纪要，其中部分内容摘登在省教委第 13 期简报上，标题是"我省培养专科文化程度小学师资试点工作初见成效"。

编号 8706

6 月 3 日

由南师大牵头，南师大与全省幼师及中师附设幼师班举行协作会，研究建立幼师科研网络问题。

编号 8707

6 月 27 日至 7 月 2 日

国家教委师范教育司在吉林省吉林市召开全国中师教学计划改革研讨会。会上由承担任务的 6 个省提出改革方案，大会进行研讨修改。研讨会由师范教育司副司长岩明远主持。我省吴大年、叶树明同志参加了研讨会。《师范教育》编辑部杨朝平也参加了会议。

编号 8708

7月6日至17日

全省中等师范学校男篮、女排比赛分别在淮安、晓庄师范举行。

男篮比赛获优胜的前三名为：运河师范、淮安师范、淮阴师范。

女排比赛获优胜的前三名为：徐州师范、晓庄师范、南通师范。

编号 8709

7月31日至8月11日

广西举办中师校长讲习班。江苏省晓庄师范叶树明、南通师范朱嘉耀、泰州师范曹健、无锡市教育局程宝琦以及省教委师教处陈宗伟应邀参加讲习班活动。

编号 8710

7月份

晓庄师范、无锡师范五年制师范（三二分段）试点班第一届毕业生毕业离校。

编号 8711

8月21日

省教委转发国家教委1986年8月29日印发的（86）教师字

008 号《关于调整中等师范学校教学计划的通知》及调整后的三年制、四年制师范学校教学时数表。

编号 8712

8 月 27 日

省教委发出通知，下达《江苏省中等师范学校学籍管理暂行规定》。

编号 8713

10 月 17 日至 11 月 9 日

国家教委先后在杭州和福州召开全国中小学教师专业考核工作八七年总结会议和全国中师建设标准化座谈会。省教委师教处处长张行参加了两个会议。在福州，同时举行了儿基会项目主任会。

编号 8714

11 月 11 日至 28 日

省教委在丹阳师范举办第二期中师校长研讨班。主题是深化教育改革、提高领导管理水平。办班形式仍采取学习、视导、参观与研讨相结合的方法。

本期研讨班集中视导了丹阳师范学校，然后分两组视导无锡、洛社、常州、武进师范学校，并参观了无锡一中。

参加研讨班的成员为全省中师、幼师、特师校长或副校长（个别学校由教导主任参加），共 37 人。研讨班并邀请无锡师范原校长薛宏昌、常州师范原副校长陈啸天等同志参加。研讨班举办期间，省教委师教处处长张行传达了全国中师标准化建设座谈会精神。省教委普教局副局长王世华在研讨班结束时到会看望大家并讲话。原师教处处长吴大年作小结。

研讨班结束后印发了纪要。

编号 8715

12 月 31 日

根据省教委苏教计（87）76 号通知精神，江苏幼儿师范学校划归南京师范大学统一领导和管理，《关于江苏幼儿师范学校划归南京师范大学领导和管理的实施细则》于 12 月 31 日签字。

1988 年

编号 8801

1 月 26 日

省教委普教局于 1 月 26 日下达《关于建立健全中等师范学校学科中心组的通知》，并于 3 月 16 日至 17 日在南京特师召开了中师各学科中心组长工作会议，明确中心组工作必须坚持方向，围绕培养目标，服务于教学这个中心任务，强调了工作的计划性、针对性

编号 8802

4 月 1 日至 4 日

国家教委师范司在山东昌乐召开全国中等特殊师范教育研讨会，研讨中等特殊师范教育的发展方针及教学计划等问题。师教处陈宗伟同志及南京特师孙振东同志参加会议。

编号 8803

4 月 14 日至 20 日

国家教委师范司在河南郑州召开全国中等师范学校教学研究工作会议。师教处陈宗伟同志及《师范教育》编辑部徐文怀同志参加。

编号 8804

5 月份

国家教委师范司孟吉平副司长参加在南京特师举办的全国特殊师范学校电教人员培训班期间，于 5 月 6 日至 9 日视察了晓庄师范、丹阳师范，并在丹阳师范的文艺节目汇报演出后发表了热情洋溢的讲话，赞扬节目的质量在全国中师名列前茅。

编号 8805

5 月 20 日至 25 日

华中师大教育系和武昌幼儿师范受国家教委师范司委托，在武汉召开全国幼儿师范学校课程改革研讨会，讨论修订幼儿师范学校现行教学计划。南师大附属幼师慈达仁、孙逊两同志参加会议。

编号 8806

5 月 25 日至 27 日

为适应小学教育事业发展对音、体、美师资的需要，进一步办好中师音乐、体育、美术班，省教委普教局在晓庄师范召开了全省中师音乐、体育、美术班改革座谈会，讨论并统一了中师音乐、体育、美术班办班宗旨及发展方针。修订了中师音乐、体育、美术班教学计划，并于 7 月 27 日正式下达。同时还下达了音乐、美术中师教材的教学建议及体育学科教学纲要。

编号 8807

5 月 28 日

下达关于 1988 年中师招生工作的意见。中师招生工作在原有基础上作了两项大的改进：一是扩大定向到乡的比例，以满足边远地区对小学师资的需求；二是规定报考中师音乐、体育、美术班的文化考试分数线不得低于普师班录取分数线的 80%，以保证生源的文化素质。

编号 8808

6 月 9 日至 11 日

为适应基础教育战略性的转变，在南通师范召开了中师深化教育改革研讨会，会议回顾了 10 年来中师改革的历程，着重研讨了适应基础教育"转轨"的需要，突出面向农村，深化中师改革的必要性，以及改革的目标和内容。全省 22 所中师的校长（或副校长）参加了会议。

编号 8809

7 月 7 日

下达《江苏省中等师范学校教育水平评估指标体系与测评方法（试行稿）》的通知，要求中师对教育水平进行科学的检查评估，引导学校从经验型管理逐步转向科学型管理。

编号 8810

8 月 3 日

国家教委下达《关于表彰部分师范专科学校和中等师范学校的决定》。我省受表彰的中师为晓庄师范、南通师范、如皋师范、丹阳师范、无锡师范、泰州师范、南京特师。该《决定》希望广泛宣传优先发展师范教育的重要意义和受表彰学校的经验，面向加强基础教育的需要，推动本地师范教育事业的建设和发展。

编号 8811

10 月份

国家教委师范司副司长孟吉平在主持全国中师文艺录像评比活动期间，视察了扬州市教师进修学校、扬州师范及泰州师范。肯定了泰州师范重视青年教师队伍的建设，认为学校在条件较差的情况下有较好的管理水平。

编号 8812

10 月 17 日至 19 日

江苏省选送部分中师声乐、器乐、舞蹈节目各 4 个参加全国中师文艺录像评比。评比结果为，丹阳师范的舞蹈《骏马奔驰》和南师大附属幼师的女声小合唱《我们的事业无比荣光》获一等奖。另获 8 个二等奖，2 个三等奖，1 个创作奖，2 个舞美奖。

编号 8813

10 月 15 日至 17 日

为了交流图书馆工作经验，加强中师图书馆建设，提高中师图书馆为教育、科研服务的水平，在晓庄师范召开了全省中师图书馆工作座谈会，这是新中国成立 40 年来第一次。会后，印发了《江苏省中师图书馆工作座谈会会议纪要》。

编号 8814

10 月 26 日至 11 月 5 日

国家教委师范司在湖南召开全国深化改革、加强中师建设座谈会。各省、市师范处处长，中师校长代表和部分省计财处处长，地、市教育局局长共 100 余人参加了会议。柳斌同志到会作了重要讲话，师范司孟吉平副司长作了工作报告。这次会议的主要任务是讨论、修订三年制中师教学方案，交流、检查中师标准化建设进展情况，并研究今后 5 年中等师范教育的任务。

我省张行、张其龙、朱嘉耀、赵炳生、徐文怀、王丽珍同志参加了会议。

编号 8815

11 月 13 日至 24 日

省教委在海州师范举办了第三期中师校长研讨班,全省 37 所中师的校长(或书记)和 4 名市教育行政干部参加了培训。这次研讨班以深化改革、加强管理为题,仍采取学习、视导、研讨和总结相结合的方式进行。研讨班听取了省教委吴椿副主任的报告和师教处处长张行同志关于湖南会议精神的传达,分 3 组视导了徐州师范、运河师范、沛县师范、徐州幼师、淮阴师范、淮安师范、盐城师范、阜宁师范、海州师范等 9 所师范学校,讨论修改了国家教委下达的教学方案和江苏省教委师教处提出的深化中师改革意见,以及建设中师文明校园的意见。

编号 8816

11 月 29 日至 30 日

省教委师教处、省电教馆、省电教研究会联合召开全省中师电教研讨会,会议研究了如何进一步开好中师电教基础课及开展电化教育工作。

编号 8817

12 月 1 日至 3 日

江苏省中专学校教师高级职务首批评审工作结束。中师方

面，省教委职改办确定南通师范为职评试点单位。1987年12月
25日至31日，1988年3月15日至25日、6月25日至30日及12
月1日至3日，全省先后组织对中专学校进行了4次评审工作，
中师有297人被评为高级讲师。目前，我省中师有专任教师2 374
人，高级讲师占总数的12.5％（含评退及退评者）。

编号8818

12月2日至4日

我省化学学科第二届年会暨华东地区化学学科中心组第四届
年会在南京特师召开。

编号8819

本年度

根据省教委计财处统计，全省小学教师总数26万余人，学历
达到中师（含高中）毕业程度的占72.58％，其中达中师、高师毕
业程度的占48.38％。民办教师的比例已下降到41.4％。10年来，
中师毕业生共6万余人。

选自《江苏省中等师范学校简介》，人民教育出版社1989年
版，第120 187页。本次收录作了适当增补。

江苏省中小学教师进修概述
（1950—1988）

一、 小学教师进修

　　中华人民共和国成立后，在三年经济恢复发展时期，南京市和苏南、苏北区的小学教育也以较快的速度得到恢复和发展，小学教师队伍不断扩大。1949 年，小学教师有 4.12 万人；1952 年增至 8.84 万人，增加了 4.72 万人，较 1949 年增加了一倍多。为了巩固小学教育事业的发展成果和不断提高小学教育质量，南京市和苏南、苏北区党政领导、教育行政部门十分重视小学教师的地位和作用，关心教师的政治、业务和文化水平的提高。1951 年1 月，《苏南文教月刊》第 2 卷第 1 期刊登题为《重视我们的小学教师》的短论，指出"小学教育是教育的基础，小学生是我们革命事业的继承者，因此小学教师是应该被重视的"。这一时期，各地小学教师的学习内容以政治教育为主，各地一方面通过抗美援朝、土地改革、镇压反革命以及"三反""五反"等运动，对广大教师进行阶级教育、爱国主义和国际主义教育；同时组织教师们学习《社会发展史》《新民主主义论》和《共同纲领》等论著。1952 年以后，各地以教师代表会的方式在小学教师中开展思想改造运动。文化业务学习方面，据苏南人民行政公署教育处 1952 年《苏南区小学教师业余学习总结及 1952 年小学教师业余学习计划》记载，主要有以下内容：

1. 星期学校。1952 年 2 月底，苏南有星期学校 2 所，到 9 月，已增至 273 所，有小学教师 14 191 人参加学习，占苏南小学教师总数的 34％。

2. 各科教学研究会与各科讲座。有语文、算术、历史、地理、自然等科。参加学习的教师有 6 862 人，占全苏南小学教师总数的 18.42％。

3. 学习通讯网运用通讯方式，帮助小学教师解决诸如乡村环境分散和设备不足等困难，及时介绍新的教育理论和教学方法，广泛交流经验。一般由县文教科和县教育工会统一领导，在师范学校建立总站，以区为单位设立分站。

1952 年 8 月，中央人民政府教育部召开中小学教育行政会议。会上对中小学教师的学习问题进行了讨论，并要求各地建立经常性、系统性的旨在提高教师质量的业余学习制度。10 月，华东军政委员会教育部发出指示，提出各省、市、行署可先行试办相当于初级师范程度的函授学校（部或班）两三所，借以积累经验，且对函授初师的办理方针、课程设置、组织编制以及经费来源等问题提出具体意见。同时，确定了编选教材分工：算术、历史由苏北承担；自然、地理由苏南承担。并明确由担任编选教材的地区负责试用所编教材，在全部或大部分试用一遍后，根据试用经验进行研究、修改。

此时，苏北区已有函授初级师范（或函授部）3 校，即东台县小学教师业余函授学校、建湖县初级函授师范学校和附设于扬州师范学校的函授部。东台县小学教师业余函授学校创建于1951年5月，初名中国教育工会东台县教师业余学校，1952年改校名。建湖县初级函授师范学校亦于1951年创建。

1953年1月江苏建省后，省教育厅在徐州市和江宁县试办了两所小学教师业余进修学校。1954年8月，省教育厅发出《关于一九五四年下半年小学教师业余进修工作的指示》，要求各主管教育行政部门首先必须加强对所属函授师范（函授部）或进修学校的政治领导，适当调整现有师资，配备政治素质较高的领导骨干，并明确函授师范、进修学校属中等教育性质，教师的政治、业务学习与各项待遇，应比照中等师范办理。针对当时参加业余进修的小学教师政治与文化学习在时间上存在矛盾的情况，该《指示》一方面提出要加强对学员进行社会主义教育，端正学习态度，明确认识政治学习的重要性；另一方面规定学员的时政学习时间不超过省厅规定的每周4小时，文化学习时间一定要保证每周6至8小时。

1954年6月，中央人民政府教育部发出《关于举办小学教师轮训班的几点指示》，强调提高不到初师毕业水平的教师教学质量的重要性，提出举办小学教师轮训班是对这部分教师补习课业的主要方式之一。根据这一指示精神，江苏省教育厅将初级师范的任务改变为培养、提高现任小学教师教学质量，并扩大在职教师的轮训人数，由各专区分区举办小学教师轮训班，轮训不足初师毕业程度的小学教师。1954年省教育厅发出《对师范、初师轮训班招生和选送等若干问题的意见》，确定初级师范由当年起转变为小学教师轮训班性质，教学年限改为2年，小学教师轮训班学习年限则为 1 年。当年暑期后，各地都有一批小学教师被选送入初师和小教轮训班学习。与全国情况无异，这一时期江苏省小学教师的文化业务水平相当低。根据 1954 年全省小学教师学历统计（此前无统计数字），不到初师（初中）毕业水平的小学教师计有 41 763 人，占总数的 40.2%，若加上不到师范（高中）毕业水平的小学教师，则有 85 857 人，占总数的 87.2%。

1955 年 7 月，中华人民共和国教育部发出《关于加强小学在职教师业余文化补习的指示》。文件特别指出："由于国家社会主义建设的需要，提高小学教师，已不能仅仅满足于初师毕业水平，必须进一步把已达初师毕业水平的小学教师，逐步提高到师范学校毕业水平。"[①] 并提出建立小学教师业余进修学校、函授师范学校等进修机构和组织自学小组。业余进修学校主要设在小学较多的城市；函授师范学校主要吸收农村和小城镇的小学教师进行函授学习，可由师范学校附设，也可单独设置；对未参加业余进修学校或函授学校学习的小学教师，则可组成自学小组，在业余时间学习。按照教育部指示精神，江苏省在 1955—1956 年进行了以下几方面的工作：

1. 1955 年 9 月，省教育厅发出《举办中、小学教师业余进修学校的通知》，根据本省实际需求，决定年内在原有基础上适当发展一批中、小学教师业余进修学校，并对办理方针、要求、课程、教材、编制、经费等作了具体规定。1955 年 11 月，省教育厅发出《关于进一步开展小学教师业余文化进修工作的通知》，再次提及"为了加速提高师资质量和满足广大小学教师业余补习

①《中华人民共和国教育部关于加强小学在职教师业余文化补习的指示》，《江苏教育》1955年第18期，第17页。

文化的要求，本省教师业余文化进修组织应根据部颁指示，加强领导，大力发展"。在教育部文件和省教育厅的两次通知下达以后，全省各地积极筹办小学教师业余进修学校。据统计，截至1988年底，经省备案的72所教师进修学校中，1966年之前建校的有62所，其中1951—1954年建校（含函授师范学校）12所，1955—1956年建校19所，仅1956年一年就建校15所，是这一时期小学教师进修学校发展最快的一年。

2. 1955年11月省教育厅发出通知，要求各专署、市、县在1956年4月底以前，全面地进行一次小学教师的摸底排队工作。1956年4月22日至23日，省教育厅在常州召开小学教师业余进修工作会议，讨论并制订了《江苏省小学教师业余进修工作的规划（修订稿）》①，提出全省不足初师毕业水平的初小教师，在1960年前先后提高到初师水平；不足师范毕业水平的高小教师（包括公私立幼儿园的教养员），在1960年前先后提高到师范毕业水平。同时，还逐年规划了组织参加业余进修学校和参加函授师范学习的小学教师人数。

3. 1955年12月，省教育厅、中国教育工会江苏省筹备委员会发出《关于教师进修组织应逐步移交行政领导的通知》。决定将本省各地教育工会所举办的教师进修学校逐步移交教育行政部门领导。此后，全省各地进修学校改变了过去由教育工会领导的管理体制。

4. 从1956年起，江苏各地开始举办中师函授，以后逐步发展成为小学教师文化进修的主要形式。中师函授分别由中等师范

---

①《积极开展小学教师业余进修工作——江苏省教育厅召开小学教师业余进修工作会议》，《江苏教育》1956年第9期，第4—5页。

学校或小学教师进修学校划定施教范围负责办理。

例如，扬州师范学校负责扬州专区的高邮、宝应、兴化、邗江、扬中（后归属镇江专区）等县，丹阳师范学校负责丹阳、金坛、溧阳、溧水、高淳5县，常州师范学校负责宜兴县，洛社师范学校负责无锡县，徐州师范学校负责徐州专区睢宁等县的中师函授任务。苏州市教师进修学校负责苏州、镇江、松江三个专区共29个市、县的中师函授任务，其后又改由苏州专区教师进修学校负责。而有的地区，如南通则先由南通师范学校、如皋师范学校承担中师函授任务，1958年以后则将中师函授任务下放到县，由县教师进修学校接管。

还有一些地区，如盐城专区是在其范围内由盐城师范学校、阜宁师范学校和东台县教师进修学校分工负责几个县的中师函授。中师函授一般设语文、数学两科，单科独进，一科学完再转科。扬州师范学校在扬中县办的中师函授则开设语文和教育学两门必修课，选修数学或史地。负责函授教学的学校在施教范围内设若干教学点，学员平时以自学为主，教师定期到各个点巡回辅导，并印发学习辅导资料，假期进行集中面授和复习考试。

1957年2月，省教育厅为了改进业余师范教育工作专门发出通知，要求各地在切实保证中小学当前教学任务及不妨碍教师健康的前提下，根据业余进修的特点，贯彻"重点进修，学用结合"的原则，以提高教育质量。同年6月召开了业余师范教育工作会议，于会后发出《关于业余师范教育工作中几项决定的通知》，提出"系统提高，联系实际"的教学方针，并根据业余师范教育的方针任务调整了教学计划和教学时间。规定业余初师设语文（汉语、文学）、算术、自然（上册）3 科，学习年限约为 3 年。至于代数、几何、历史、地理等课程可作为选修，在学员毕业后根据学员的要求和进修学校师资条件开设。业余师范以语文（汉语、文学）为必修科，另设史地（自然地理、中国地理、外国地理、中国历史、世界近代现代史）、数学（算术、代数、平面几何）、理化（生物、化学、物理）等 3 组选修科，学员可自选 1 组课程，学习年限约为 4 年。教学时间则规定每学期 16—17 周，每周 6 小时，并可在暑假中适当安排教学时间。由于 1956 年业余师范教育发展速度稍快，该《通知》提出采取实事求是的措施，对学员进行整顿。

1957 年 10 月，教育部发出《关于试行函授师范学校（师范学校函授部）、业余师范学校若干问题的规定（草案）的通知》，对 1955 年指示中的教育任务、课程设置和领导关系等方面作了一些修改，如在课程设置方面规定开设必修课和选修课。省教育厅先于 1957 年 2 月作出的《关于业余师范教育工作中几项决定》，内容基本上与教育部的规定一致。

"大跃进"时期，江苏省的小学教育事业迅猛发展，小学教师数量大幅度增加。1958—1960 年，小学专任教师数陡增 6.42 万人，其中 1958 年小学教师数为 14.08 万人，较 1957 年增加了 2.58 万人。小学教师队伍质量却严重下降，1958 年小学教师学历达中师毕业及以上的比例仅为 10.8%，为新中国成立以来的最低点。通过培训提高师资水平已成为刻不容缓的紧要任务。

为了有计划地培训提高中小学师资水平，并加强对这项工作的领导，1959 年 8 月，江苏省教育厅和高教厅联合成立江苏省师资过关规划领导小组，由省教育厅厅长吴天石、省高教厅副厅长王韦平主管。1960年1月下旬，省教育厅在南通市召开全省教师进修工作会议，总结交流进修工作经验，讨论1960年的工作任务。会后，省教育厅印发《关于进一步贯彻全省教师进修工作会议精神的几点意见的通知》，并在当年《江苏教育》第3期发表题为"加强领导，全面规划，进一步做好教师进修工作"的评论。会后，各地教育行政部门、师范学校、教师进修学校积极行动，进修工作出现了兴旺景象。

1958年，省教育厅在拟订的《关于中、初等学校干部和教师的培训规划的意见（草案）》中提出，要把中等师范学校"办成一揽子师范，将长期培养、短期训练、业务进修、函授教学、教学研究等工作，一并由各市、县的师范学校负责"。为此，1958至1962年，全省大部分教师进修学校、函授师范学校与中等师范学校合并，或在新建的中等师范学校设进修部、函授部。到1962年暑期，全省中等师范学校根据"调整、巩固、充实、提高"的八字方针，进行大幅度调整，很多中等师范学校停办，教师进修学校恢复单独建制。这几年中，教师进修机构的设置虽有较大变化，但小学教师进修工作并未受到多大影响。1962年停办中师的师资、设备充实到进修学校，使办学条件得以增强。由于省和地、市党政领导和教育行政部门的重视，各师范学校、教师进修学校的共同努力，加之师范学校毕业的新师资的补充，小学教师队伍质量得到一定提高。小学教师学历达中师、高中毕业及以上的比例逐年上升，1959年为11.5％，1960年为12％，1962年上升为36％。

1960年4月8日，国务院副总理陆定一在全国人民代表大会二届二次会议上作了《教学必须改革》的报告。江苏省教育厅按照省委提出的教师进修工作要狠抓当前，结合长远，彻底贯彻"服从教学、结合实际、逐步提高"和"教什么、学什么，缺什么、补什么"的原则，密切结合教改形势，以十年制试用教学大纲、教材的内容组织教师进修，于 1960 年暑假用 10—15 天时间，组织全省中小学语文、数学、外语和理化等主要学科教师集体备课，进一步做好迎接大改、积极小改的准备工作。试点中小学大改班的教师，分别集中在省、专区（市），依照省编十年制（五年分段）的试用大纲和教材组织进修备课，一般中小学则由专区（市）和县（市）分科设点集中备课。根据教改精神，各学校重点学习补充教材，研究改进教法。参加进修备课的人数总计达到主要学科教师总数的 90% 以上。同时，省教育厅还举办了广播师范，入学人数 5 万余人。

各级教育行政部门和学校自下而上、自上而下地对教师政治、文化和业务情况进行了摸底排队，同时调整了教师进修网，进一步健全了教师进修机构。从城乡不同特点和学校分布的实际状况出发，在城市一般选择大改学校或条件较好的学校，在农村则在辅导区中心小学建立辅导站，划片设点，进行辅导，同时以各个小学为基地普遍建立进修小组。在辅导力量上，除有专职辅导教师外，按"能者为师"的原则，发掘兼职教师的力量，辅导站、辅导点和进修小组都配备了兼职辅导教师。此外，还要求进修与教研密切结合，以促进教学质量的提高。

1963 年，为了进一步贯彻"调整、巩固、充实、提高"的八字方针，江苏省教育厅发出《关于教师进修院校调整精简的意见》，对全省教师进修学校的设置和任务作了较大调整和变动。当时全省有县（市）教师进修学校 61 所，保留常州、沛县、宿迁、东台、海门、泰兴 6 所学校，其余一律撤销。经过如此调整和变动，各地小学教师进修工作分别由保留的中等师范学校、教师进修学校和中师函授辅导站承担，进修工作的开展受到一定影响。其时，进修形式仍以中师函授为主，辅以短期轮训班。特别在 1963—1964 学年度，为了适应尽早地在全省各全日制公办小学试行《全日制小学暂行工作条例（草案）》的要求，省教育厅于 1963 年 8 月发出《我厅关于 1963—1964 学年度举办小教轮训班工作的意见》，要求进一步办好小学教师轮训班。该《意见》中规定：轮训工作由专区、市教育行政部门统一规划，由教师进修学校和师范学校分工负责轮训划定的服务地区的小学教师，轮训班分设语文、数学班，分科进行教学。轮训对象为文化程度未达中等师范学校毕业水平，在语文、数学两科中有一方面基础知识不足，教高年级有困难，年龄在 35 岁以下，身体健康，且自愿学习，有培养前途的教师。轮训时间为半年，要求学员经过轮训回校后能基本胜任 1—6 年级语文和算术学科的全部教学工作，成为学校的骨干教师。

1966 年以后，全省小学教师进修工作陷于停顿，教师进修学校相继被迫停办。

20 世纪 70 年代中期，江苏的普通教育盲目发展，小学学生数骤然上升，要求教师数量相应有所增加。但由于这一时期教师队伍遭受损失，一些骨干教师被下放农村落户，新师资无法得到补充，加之大批小学增设初中班，小学教师严重短缺。1971 年 3 月 29 日，江苏省革委会教育局在《政治工作情况》中反映："目前存在突出矛盾：缺教师、校舍、设备。据统计全省共缺中小学教师五万四千多人，去年下半年以来各地陆续补充一万三千多人，尚缺四万一千多人。"同年 11 月 24 日，省教育局在《关于增加 1972 年中小学公办教师指标的报告》中提出："1972 年随着中小学学生的增加，需要相应增加教师四万七千八百五十人，其中公办教师一万九千六百四十二人。还有自然减员一万六千人，要求按照规定补充起来。"1972 年 7 月 12 日，省教育局在《关于1972 年要求增加全省中小学教师劳动指标的补充情况汇报》中，除再次反映全省急需补充中小学教师 44 000 名外，还说明"这样教师编制全省平均可达到小学每班一点二人，中学每班二点一人，这个编制同 1966 年前比较仍然是紧的"。以上材料说明师资数量不足已成为当时十分突出的矛盾。为了解决师资不足的困难，各地不得不采取大量吸收民办教师的办法。据 1978 年相关统计，当年小学民办教师占教师总数的 61.8％。这批民办教师大多是 1966—1967 年的初、高中毕业生，文化基础差，又缺乏专业训练，教学水平较差。在公办教师中，一些 20 世纪 60 年代后期初、高中毕业的教师质量同样不高，加之骨干教师缺乏，小学教师队伍整体水平大大下降。教师队伍形成了民办教师多、不具备合格学历的多、教学水平低的多，以及教师总量缺少、教学骨干缺少，且很不稳定的"三多二少"的严重局面。

为了提高师资质量，江苏各个县（市）从 20 世纪 70 年代初起举办了红师班、师训班等，恢复了小学教师进修工作。培训对象主要是新吸收的民办教师，培训内容以疏通小学教材为主，结合学习初、高中教材，培训时间一般不超过一个学期。从 1973 年起，江苏一些中等师范学校也恢复了中师函授教育，招收未达合格学历的小学教师进行系统的函授教育。

进入 1976 年下半年以后，广大小学教师要求进修提高的积极性很高。据统计，全省有小学教师共 270 690 人，其中未达中师、高中水平的有 108 000 人，占 40%。由于此前 10 年间多数高中毕业生实际只有初中程度，且大量小学骨干教师被选拔到初中任教，因此，小学教师中实际文化水平达到中师、高中毕业程度的估计只占 40%左右，其中达到中师毕业、受过师范专业训练的估计不到 20%，而骨干教师则不到 10%。这种状况极其严重地影响到小学教育质量的提高。

1977 年，江苏省革委会教育局在南通地区召开中小学教师培训工作经验交流会，接着又转发教育部《关于加强中小学在职教师培训工作的意见》，同时印发本省《关于加强中小学教师进修工作的意见》，提出建立和健全师资培训的机构，动员各方面力量组织好培训教师的队伍，从实际出发，采取多种培训形式，制定规划、加强领导等意见。全省各地对小学教师进修工作进一步重视起来。早在 1972 年、1973 年已有少数地方如睢宁、铜山、沭阳、射阳、邗江等县以及南京市雨花台区等地恢复了小学教师进修学校。1977 年、1978 年，各地进修学校大批复办，有些原无进修学校的地区也开始新建进修学校。这些学校边建校边办学，艰苦创业，以各种形式培训各个层次的在职小学教师，十几年中为提高小学教师水平和小学教育质量作出了重要贡献。

1978 年党的十一届三中全会以后，江苏省小学教师进修工作进入一个新的历史发展时期。1979 年初，省革委会教育局提出要有计划地大力抓好师资队伍建设。在总结 1966 年前小学教师进修工作的经验教训的基础上，省教育局制订了《江苏省中小学教师在职进修暂行条例（试行草案）》，确定了师资培训工作的任务、目标、方针和原则，于当年 12 月印发各地试行。该《条例》提出，要正确处理好政治与业务的关系，处理好系统提高与当前教学急需的关系，指出在职教师的进修必须着眼长远，立足当前，使进修的效果体现在教学质量的提高上。为此，《条例》要求全省中小学教师都应从自己的实际水平出发，参加不同条件的在职进修，努力学习文化和业务知识，在所教学科方面逐步达到应有的水平。并具体提出："凡是实际水平未达到中师毕业的小学教师，由学校统筹安排，参加市、县及市属区教师进修学校举办的中师函授、业余面授或脱产培训，系统学习中师语文、数学两门学科，达到中师毕业水平，胜任所教学科的教学工作。凡已达到中师毕业水平的小学教师，通过自学、教学实践及参加市、县、区举办的脱产轮训班等途径，进一步提高文化科学知识和教学水平，熟练掌握部编教材，能运用多种教学方法向学生传授知识，逐步成为所教学科的骨干教师。已经成为小学教学骨干的教师，要积极进行教学改革，不断探索教育教学规律，总结经验，改进教学方法，提高教学质量，使其中一批成为小学教育的专家。文化水平低、教学困难大的小学教师，根据'教什么、学什么，缺什么、补什么'的原则，由市、县、区教师进修学校和所在学校组织他们补文化课，并认真钻研教材教法，使他们能够基本适应所任课程的教学工作，在此基础上参加市、县、区教师进修学校中师程度的业余系统进修。"①

　　为了进一步摸清全省中小学教师队伍状况，1979年省教育局对全省中小学教师进行了一次文化、业务情况的全面普查，并在南京市玄武区和江宁县先行试点。根据对全省中小学教师文化、

---

① 《江苏省中小学教师在职进修暂行条例(试行草案)》，《江苏教育》1980年第3期，第3—4页。

业务普查的结果，经过反复讨论，省教育局制订并印发了《江苏省 1979—1981 年中小学教师培训规划（草案）》，提出的具体措施是：一要狠抓当前，使大多数小学教师能基本适应教学工作；二要继续办好中师程度的各种系统进修，特别是中师函授；三要大力培养骨干教师。1980 年 6 月，教育部召开全国师范教育会议，强调要进一步加强中小学在职教师进修工作，重视教师进修院校的作用并明确其地位。会后，江苏省及时转发了教育部文件，多次召开会议组织学习，进一步推动了小学教师进修工作有计划、有领导地全面展开。

从 1979 年到 1985 年，江苏省小学教师进修工作按照分类指导的原则，多层次、多渠道、多规格、多形式地展开。主要发展过程大体如下。

1. 办好中师函授，努力提高函授质量

20 世纪 70 年代初，各地复办中师函授教育以后，到 1978 年，参加中师函授学习的小学教师约有 8 万人，占小学教师总数的近 30%。复办以后，全省没有统一的教学计划和大纲。为了统一进修的目标和具体要求，保证函授质量，省教育局于 1979 年 12 月拟订了《江苏省小学教师进修计划和大纲（试行草案）》，印发到各市小学、各公社（场）中心小学，以及各地、市、县教师进修院校。试行草案规定进修年限为四年，开设语文、数学、教育学 3 门课程，总学时 864 学时（包括面授、自学时间）。省教育局还建立江苏省中小学教师进修教材编写组，主编了《文选及习作》《语文基本知识》《小学语文教材教法》《代数》《几何》《三角》《算术理论与小学数学教学研究》等小学教师进修教材，于

1980 年暑期后供应各地使用。

1981 年 5 月，江苏省教育厅会同省高教局在南京召开全省中小学在职教师进修工作会议，总结交流各种形式进修工作的经验，研究解决工作中存在的问题，以确保进修质量。由于中师函授复办时，很多地区未进行招生入学考试，学员原有文化程度不齐，相当多的人实际文化水平未达到初中毕业，加之各地举办的中师函授在教学要求、内容和进度等方面也不一致，因此执行 1979 年省颁进修计划和大纲有较大差距，教学上困难较大，影响了函授教育质量。鉴于上述情况，会议酝酿了改进中师函授教育的设想方案。1982 年 3 月，省教育厅召开中师函授会议进行专题讨论，并对 1979 年 12 月省颁的进修计划和大纲作了修订，会后印发《关于进一步办好中师函授的意见》，强调各地举办中师函授必须坚持标准，参加中师函授学习的小学教师必须具有初中毕业或相当初中毕业的文化水平。新招学员要进行严格的入学考试，已在学的学员凡不符合条件或参加系统进修有困难的则要从他们的实际情况出发，组织参加不同要求的在职进修。为了保证中师函授质量，该《意见》中规定，各个地区应有一所中等师范学校统一安排教学进度和要求，提供学习材料，对各县教师进修学校在教学业务上进行指导，负责各门课程考试的命题和统一评分标准，总结交流经验等。中师函授的具体教学工作由各县（市）教师进修学校负责。

1982 年 8 月 20 日，教育部印发《小学教师进修中等师范教学计划（试行草案）》（［82］教师字 010 号），江苏省教育厅转发了教育部颁发的教学计划，并决定从 1982 年暑期后新招收的中师函授和其他形式中师程度的小教进修学员开始试行。按照教育部会议的决定，各门教材的教学大纲由有关省、市分工编写，江苏省参加了语文教学大纲的编写工作。至于教材问题，由于全国暂不统一编写教材，会议期间，江苏与上海、浙江、四川议定协作编写小学教师进修教材。此后，全省中师函授即使用三省一市协作编写的教材。其中《语文基础知识》和《小学语文教材教法》两本书由江苏编写。

1985 年 3 月，在江苏省政府召开的全省师范教育工作会议上，省教育厅介绍了普通教育事业发展和全省"七五"期间普教师资规划，提出到 1990 年，要使小学教师中 60%以上的人达到中师毕业水平，并使绝大多数人胜任教学工作。为了实现这一目标，要求进一步抓好中师系统文化进修，特别是中师函授。1985年 6 月，省教育厅又召开小学教师进修工作会议，讨论进一步加强和改进中师函授工作。会后印发的《关于改进和加强中师函授教育的意见》，特别强调小学教师参加中师函授系统学习具有"在职、成人、业余"的特点。由于小学教师的任课情况和实际水平存在差别，执行同一个教学计划，不仅教学上有困难，进修的实际效果也受到影响。根据这些情况，省教育厅按照不同的进修对象，对执行部颁中师函授教学计划提出如下具体意见：

对 1966 年及以前的高中毕业生，在他们通过中师函授入学考试取得中师函授学籍后，免修文化课程，只学习教育学、心理学、小学语文教材教法和小学数学教材教法及与之有关的语文基础知识和数学基础理论；对 1980 年及以后的高中毕业生，在他们通过中师函授入学考试，取得中师函授学籍后，按教学大纲的要求组织文化课的考试，成绩合格的予以免修，同时采取语文、数学双科并进的办法以缩短年限，加快进修进度；对一般函授学员则实行文理有所侧重的教学计划，学员根据各自任课情况，选定一种教学计划进行学习。另外，在教学机构和分工方面，为了加强对全省中师函授教育的领导，全省建立了中师函授业务指导中心。同时要求县教师进修学校把中师函授作为自己的主要任务，各乡建立函授辅导站配合县教师进修学校做好思想政治工作和函授教学的具体组织工作等。1986 年 9 月，省教育厅印发了文理有所侧重的两种教学计划，并接着制订了《江苏省小学教师中师函授侧重文科和侧重理科类教学大纲（试行草案）》，印发各地试行。

2. 组织教学有困难的小学教师集中一段时间进修所任课程的教学教法，提高教学业务水平

1982 年 10 月，教育部发出加强中小学教师进修教材教法工作的通知，并于 1983 年 4 月在山东烟台召开全国中小学教师教材教法进修工作经验交流会。江苏省教育厅根据教育部通知精神，对仍占较大比例的教学有困难、不能胜任教学工作的中小学教师的文化业务状况进行了具体调查。1982 年，全省有小学教师 28 万余人，学历为中师、高中毕业以上的有 164 000 人，占小学教师总数的 58%，但其中相当多的人实际文化水平只有初中程度，没有受过师范专业训练。学历不足中师、高中毕业的小学教师教学上困难更大。根据调查结果，省教育厅拟订了《关于加强中小学教师进修教材教法工作的意见》，于 1983 年 3 月印发各地。同年 5 月，省教育厅召开全省中小学教师进修工作会议，着重讨论了如何抓紧组织中小学教师进修教材教法，使教学有困难的教师能够胜任教学工作的问题；同时传达了教育部召开的全国中小学教师进修教材教法工作经验交流会的精神。此后，从 1982 年到

1985 年，全省教学有困难的中小学教师集中进修教材教法的工作作为一项突出任务全面展开。

省教育厅在《关于加强中小学教师进修教材教法工作的意见》中强调指出，抓紧组织教学有困难、不能胜任教学工作的教师参加教材教法的进修学习，使他们掌握所任学科的教材，学会基本的教学方法，是当务之急。要求各地加快步伐，采取具体措施，争取到 1985 年在对中小学教师队伍进行调整、整顿、充实、提高的基础上，使全省 80％以上的中小学教师胜任或基本胜任教学工作。该《意见》具体规定了进修对象和进修的基本要求、内容、形式及考核办法等。按照规定，凡 1966 年以后参加工作，教学上存在困难的小学教师，原则上都应参加所任课程的教材和教学方法的学习进修。进修基本内容：一是所任学科的教学大纲；二是所任课程全套教材的编排原则、体系和基本内容，掌握必要的基础知识和基本技能；三是教育学、心理学的基础理论和所任学科教学法的基本知识；四是补充学习必要的文化知识，适当扩大知识面。进修的形式则以业余形式为主，县进修学校将必要的讲授和辅导安排在寒、暑假，再在平时安排学员一定的自学时间。学习期限一般不超过一年，学完一批考核一批。从 1983 年暑假开始，连续用三年时间进行。考核办法包括文化知识的考试和教学业务的考核两个方面，分别由教师进修学校和进修教师所在学校负责。为了保证质量，省教育厅拟订了进修计划和教学要点。当年暑假，各地第一批进修教师集中学习，形成了进修教材教法的高潮。到 1985 年底，全省小学教师被列为教材教法进修对象的共计 111 429 人，占小学专任教师数的 43.5％，进修教材教法已结业的 92 553 人，占进修对象总数的 83.1％，其中镇江市高达 96.7%。[①]

3. 培养骨干教师，带动教师队伍素质的提高

1979 年以来，按照《江苏省中小学在职教师进修暂行条例（试行草案）》的规定精神，各地师资条件较好的小学都注意立足本校，以老带新，在实践中培养中青年教师。县（市）教师进修学校也普遍重视培养骨干教师的工作，举办了多种学科的培训班、教学研究班，为全省培养了一批小学教学骨干，1982 年，省教育厅决定借助中等师范学校较强的师资力量举办小学语文、数学和自然学科教学研究班。1982 年 8 月先委托江苏省南通师范学校举办了一期小学语文教学研究班。研究班的教学工作贯彻理论联系实际的原则，以深入钻研小学语文教材教法为主，适当加深拓宽文化专业知识，教学方法以自学和研究为主，辅以必要的讲课和辅导。培训时间为 4 个月。

1983 年 1 月，省教育厅在总结南通师范学校试办语文教学研究班经验的基础上，决定在两三年内扩大中师培训小学骨干教师的规模，由南通师范、无锡师范办小学语文教学研究班，由常州师范、高邮师范办小学数学教学研究班，晓庄师范办小学自然教学研究班。各校视具体情况或连续办几期，或隔一个学期办一期。上述教学研究班共培训骨干教师 600 余人。1984 年下半年，省教育厅又决定由南通师范和常州师范分别举办小学语文教学法和小学数学教学法教师培训班，为各县教师进修学校今后自己培训小学骨干教师培训师资，学习时间亦为 4 个月。此后，这一办

[①]《江苏省教育厅关于加强中小学教师进修教材教法工作的意见》，《普通教育文件选编》，江苏省教育厅办公室、江苏省教育科学研究所编印，1985年8月，第556—560页。

短训班培养教学骨干的工作即主要由各县（市）教师进修学校负责。1985年全省师范教育会议上，省教育厅提出，小学骨干教师的培训除采取以上办法外，还可以以市为单位，试办二年制专科班，由市教育学院和中等师范学校联合办班，招收具有中师毕业文化程度，有较丰富的教学经验，有培养前途的小学教师。脱产两年，结合小学实际，学习专科课程，研究小学教材教法，为城镇和农村中心小学培养能教大循环的水平较高的小学教师。会后，教育厅和有关院校积极进行了酝酿准备。

　　1979年以后，小学教师进修工作全面展开，要求加强县（市）教师进修学校的建设和管理。1982年教育部在西安召开的全国小学教师进修工作会议及1983年1月20日印发的《关于加强小学在职教师进修工作的意见》（[83]教师字001号），明确规定了县教师进修学校由地、市审批，报省政府备案，由县人民政府领导，县教育局主管。[①] 江苏的县（市）教师进修学校由于过去未明确规定报批手续，省教育厅决定按照教育部规定的审批程序补办报批手续。经向省人民政府报告并批准后，省教育厅通知各市、县对县教师进修学校的领导力量、教学人员、仪器设备、校舍规格等办学条件进行一次复查，具备条件的予以办理报批手续。上项工作进行了近一年，1984年3月，省教育厅审核11个市报来的经市审查批准的县（市）教师进修学校情况，同意对其中63所教师进修学校批准备案，要求各地继续加强对县（市）教师进修学校的领导，不断改善办学条件，使这批学校更好地承担起培训小学教师的任务。江苏省通过补办报批手续，为全省县

---

① 《关于加强小学在职教师进修工作的意见》，《普通教育文件选编》，江苏省教育厅办公室、江苏省教育科学研究所编印，1985年8月，第547页。

（市）教师进修学校的建设打下了良好的基础。

1985 年 11 月下旬，国家教委召开全国中小学师资工作会议，贯彻《中共中央关于教育体制改革的决定》中提出的建设一支数量足够、质量合格和相对稳定的中小学师资队伍的要求。1986 年 2 月 21 日，国家教委印发《关于加强在职中小学教师培训工作的意见》的通知，提出"在今后五年或更长一点的时间内，师资培训工作的重点，是通过认真的培训，使现有不具备合格学历或不胜任教学的教师，绝大多数能够胜任教学工作，并取得考核合格证书或合格学历"①。为了贯彻落实全国中小学师资工作会议精神，省教育厅于 1986 年 5 月下旬召开中小学在职教师培训和中等师范教育会议，会后印发了《关于"七五"期间加强在职中小学教师培训工作的意见》。文件中提出"七五"期间江苏省小学师资队伍建设的目标：（1）小学教师达中师毕业（不包括高中毕业）的比例上升到 60％左右，经过专业考核合格的达到 25％；（2）绝大多数教师能基本胜任所担负的教育教学工作；（3）小学语、数两门学科都有政治和业务素质较好的教学骨干；（4）各科教师不配套的情况有明显的改变。师资培训的主要任务，一是按照国家规定的标准，对不具备合格学历或不胜任教学的教师，分期分批组织《专业合格证书》的考试；二是完成教材教法进修扫尾工作；三是继续办好以中师函授为主要形式的中师系统进修；四是对具有合格学历或胜任教学工作的教师，针对不同对象，组织不同规格要求的继续教育，特别要组织好近几年中师毕业的青

---

① 《国家教育委员会印发〈关于加强在职中小学教师培训工作的意见〉的通知》（86教师字002号，1986年2月21日），《师范教育文件选编（1980—1987年）》，国家教育委员会师范教育司编，东北师范大学出版社1989年版，第763页。

年教师的继续教育。还要重视有计划地培养一批学科带头人和教育教学专家。

1986 年下半年，江苏省按照国家教委的统一部署，开始进行《专业合格证书》考试的准备工作。1987 年 1 月中旬，省教委在南京召开全省中小学教师专业考核工作会议，讨论了省教委贯彻国家教委《中小学教师考核合格证书试行办法》的具体意见，并及时根据国家教委统一印发的考试大纲，组织编写了复习提要，各县教师进修学校从 1987 年起开办了各门学科的辅导班。由于全省小学教师进修教材教法的扫尾工作已于 1986 年内完成，1987 年 8 月，全省小学教师《专业合格证书》考试顺利进行。共开考 10 门课程，据统计，全省应参加考试的小学教师有 9.44 万人，报考的有 4.99 万人，实际应考的有 3.99 万人，占报考人数的 80%。此后，小学教师《专业合格证书》考试每年开考一次。预计到 1993 年可以结束此项工作。

随着小学教师系统进修文化知识取得较大成效，小学教师中学历合格的人数所占比例不断增加，从 1986 年起，越来越多的县、市积极地进行了取得学历后继续教育的试验和探索。比较普遍的做法有：举办新中师毕业生试用期的上岗培训班；与职改挂钩，以一级教师和高级教师的任职条件为标准，组织各种形式的教学研究班、培训班，培训教学骨干和学科带头人；开设小学思想品德、自然常识、电化教育以及音乐、美术、体育等短缺学科师资培训班，有的地方还开办小学复式教学师资培训班等，提高这些学科教师的教学能力。省教委为了多渠道地培养具有专科水平的小学骨干教师，从 1987 年起在南京、无锡两地由南京教育学院、无锡教育学院试办小学教育专业专科进修班，采取业余面授的办班形式，学员进修学习 3 年达到专科毕业程度。今后进修班还将在 11 个市的教育学院普遍举办。

通过上述几个阶段一系列的工作，小学教师水平逐渐提高。到 1988 年，全省已有中师进修毕业生 9.23 万人。1988 年，全省小学教师学历达中师毕业及以上程度的比例已达 72.6%。县（市）教师进修学校也逐步发展壮大起来。1987 年 9 月，省教委发出通知，决定对全省经市人民政府批准，省同意备案的 70 所县（市、区）教师进修学校在两三年内分期分批进行复查。1988 年首批复查的学校校舍面积、仪器设备、图书资料已基本达到省颁标准，形成了一定的办学条件和规模。全省教师进修学校有专职教师 2 000 余人，一半以上具有本科学历，1/3 左右为中小学骨干教师，获得高级职务评聘资格的占总数的 12%。

截至 1988 年底，经江苏省教委（含原省教育厅）备案的县（市、区）教师进修学校有 71 所，它们是：南京市浦口区教师进修学校、南京市栖霞区教师进修学校、南京市雨花台区教师进修学校、江宁县教师进修学校、高淳县教师进修学校、溧水县教师进修学校、六合县教师进修学校、无锡县教师进修学校、宜兴市教师进修学校、江阴市教师进修学校、铜山县教师进修学校、睢宁县教师进修学校、邳州市教师进修学校、新沂市教师进修学校、沛县教师进修学校、丰县教师进修学校、武进县教师进修学校、金坛县教师进修学校、溧阳市教师进修学校、苏州市教师进修学校、吴县教师进修学校、吴江县教师进修学校、昆山市教师进修学校、太仓市教师进修学校、常熟市教师进修学校、张家港市教师进修学校、启东市教师进修学校、海门市教师进修学校、通州市教师进修学校、如东县教师进修学校、如皋市教师进修学校、海安县教师进修学校、连云港市教师进修学校、东海县教师进修学校、赣榆县教师进修学校、灌云县教师进修学校、淮阴县教师进修学校、淮安市教师进修学校、洪泽县教师进修学校、涟水县教师进修学校、灌南县教师进修学校、沭阳县教师进修学校、泗阳县教师进修学校、宿迁市教师进修学校、泗洪县教师进修学校、盱眙县教师进修学校、金湖县教师进修学校、盐城市教师进修学校、东台市教师进修学校、大丰县教师进修学校、射阳县教师进修学校、建湖县教师进修学校、滨海县教师进修学校、阜宁县教师进修学校、响水县教师进修学校、扬州市教师进修学校、邗江县教师进修学校、江都县教师进修学校、泰州市教师进修学校、泰县教师进修学校、泰兴县教师进修学校、仪征市教师进修学校、靖江县教师进修学校、兴化市教师进修学校、高邮市教师进修学校、宝应县教师进修学校、镇江市教师进修学校、扬中县教师进修学校、丹阳市教师进修学校、丹徒县教师进修学校、句容县教师进修学校。

上述学校一般都举办了中师函授班、幼师进修班、小学教师《专业合格证书》考试辅导班、新教师上岗培训班、岗位职务培训班、学校常规管理培训班、校长岗位职务培训班等。少部分教师进修学校与所在市教育学院联合举办了小学教育专科进修班。其中扬州市教师进修学校于 1985 年由国家教委确定为中国政府和联合国儿童基金会 1985—1989 年加强小学师资培训合作项目的学校。

下面是 1979 年江苏省教育厅印发的《江苏省小学教师进修计划》。

一、进修目标：

具有初中毕业或同等水平的小学教师，通过业余的系统进修，掌握中师语文和数学的基础知识和基本功，掌握部编小学语文和数学的教学大纲和教材的基本内容，掌握必需的教育学理论，经考核及格，能胜任小学语文和数学教学，成为合格的小学教师。

二、进修年限：

4 年。可根据不同水平和条件，适当缩短或延长。

三、课程设置及课时分配：

课程名称	语　文			数　学				教育学	合计
	文选及习作	语文基础知识	小学语文教材教法	代数	几何	三角	小学数学教学研究与算术理论知识		
进修时数	216	144	36	138	80	50	143	57	864
合计	396			411				57	

注：

（1）每学期 18 周，每周 6 课时（包括面授、自学时间），计 108 课时。4 年共计 864 课时。

（2）各学期进修的具体课程，由各地或各人根据实际情况决定，或单科独进，每周 6 课时，进修完一门再进修另一门；或两科并进，每科每周 3 课时。教育学可集中，也可分散举办讲座。

四、成绩考核：

1. 成绩考核工作由承担小学教师进修工作的中等师范学校或教师进修院校主持。

2. 成绩考核每学完一门进行一次。考核课程应和各地进修计划一致。凡个人自订计划进修者，也可申请参加当年的考核。对考核成绩及格者，由主持考核单位发给单科结业证书。进修大纲规定的各门课程全部进修完毕并经考核及格，发给毕业证书。

　　3.对考核不及格者应举行一次补考，补考及格后补发单科结业证书。

　　1986年，江苏省教育厅印发中师函授课程设置与教学时间分配计划，见下表：

中师函授课程设置与教学时间分配表

课程名称		教学课时分配	
		侧重文科类	侧重理科类
语文	文选与习作	530	460
	语文基础知识	180	170
	小学语文教材教法	100	80
数学	代数与初等函数	244	328
	几何	186	200
	小学数学基础理论	160	162
	小学数学教材教法	80	80
儿童教育心理学		80	80
自然		220	240
史地		40	40
学时总计		1 820	1 840

二、　中学教师进修

　　1949年，南京市和苏南、苏北区共有普通中学345所，教职员工0.81万人，其中专任教师0.48万人。各地党和政府根据中央提出的"维持原状、逐步改造"的方针，对旧教育事业进行接管和改造，同时对广大教师进行思想政治教育。1949年5—7月间，南京市和苏南、苏北区分别举行师生座谈会，其后还举办了教师暑期讲习会或暑期教育研究会，会上要求大家加强学习，改造旧教育，建设新教育。1949—1952 年，各地安排中学教师的在职学习以政治教育为主，同时，让他们参加政治运动，对教师进行阶级教育。1952 年暑期，南京市和苏南、苏北区又分别集中中等学校全体教师开展大规模的思想改造运动。通过学习，绝大多数教师的政治觉悟和工作积极性有了不同程度的提高，学校面貌呈现出一片新气象。

1952 年，随着国民经济的逐步恢复和发展、人民生活的初步改善，南京、苏南、苏北三地区的普通教育事业有了较快的发展。据统计，1952 年中学在校生数已达 23.24 万人，为 1949 年 9.31 万人的 2.5 倍，其中高中生 2.22 万人，初中生 21.02 万人，中学专任教师数达 0.79 万人。大规模经济建设的到来和教育事业的发展，要求广大教师必须不断提高政治觉悟、科学文化知识和教学业务水平。1952 年 8 月，教育部召开中、小学教育行政会议，着重讨论了教师的在职学习问题，指出"各地应建立起经常的、系统的提高教师质量的业余学习制度"，并建议在大、中城市为中学教师试办教师进修学院，以便取得经验，将一省的教师进修体系逐步建立起来。会后，教育部发出加强中、小学教师在职进修的通知，《人民教育》9 月号发表了《为建立系统的教师进修制度而奋斗》的社论。按照会议精神，1952 年 10 月，南京市教师进修学校在南京市建立，负责全市中学及师范学校在职教师的进修工作。这是江苏建立的第一个中学教师进修基地，即今江苏教育学院前身。1953 年 8 月，江苏省教育厅决定将南京市教师进修学校改名为南京教师进修学院。1956 年改名江苏教师进修学院。1958 年与江苏省教育行政干部学校合并，改称江苏教育学院，由江苏省人民政府领导，江苏省教育厅主管，面向全省承担培训全省中学在职教师和教育行政干部的任务。各专区和省辖市也相继建立中学教师的进修基地，到 20 世纪 50 年代末，全省共有中学教师进修学院 12 所，其中省教育学院 1 所，专区、市教师进修学院 11 所。

20 世纪 50 年代前期，当南京市教师进修学校初办时，学校的主要任务是组织教师备课、制作教具、办教师速成班、编写教学参考提纲等。其后直到 1958 年，学校以办短训班为主要形式，解决中学教师教学中的困难，使他们能够顺利开课。省教育厅也常利用假期举办全省性的短期轮训班，如 1954 年、1955 年暑假由省举办数学、物理、化学、矿物、俄语进修班，培训高中、师范教师；同时由各专署、市举办语文、历史、数学、物理、化学、理化进修班，培训初中三年级教师。1956 年寒假采用集体备课形式，由省、市、专区分别举办高、初中和师范学校的语文、数学、物理讲习会等。

1954 年，教育部发出《关于改进中学教师进修学院工作的几点意见》的通知，指出"当前中学教师进修学院的主要任务应是招收实际程度不及师专毕业程度的初中教师，系统地提高其专业科学知识水平，使其在三年内基本上达到师专程度，胜任教学工作"。对于不能进行系统学习的高中以下程度的教师，文件中指出："可以设补习班组织他们补习，以提高到高中程度。"1955 年 9 月，江苏省教育厅下达《举办中、小学教师业余进修学校的通知》，其中规定中学教师业余进修学校的方针任务是招收实际不到师专毕业程度的初中教师，系统地提高其专业学科知识水平，并结合解决教学中的困难，使其在三年内基本上达到师专毕业程度，能胜任教学工作。在师资条件不够的地区，可根据"学以致用"的原则，举办初中教材研究班，以招收不能胜任教学工作的初中教师为主，学习所任科目的教材教法，解决他们在教学上的主要困难和问题。根据这一规定，20世纪50年代后期各专区、市教师进修学院一般都举办了为期一年或一年半时间的脱产轮训班，学习师专主要课程，学习结束发给结业证书。

1956年，根据教育部召开的第二次全国高等师范教育会议精神，省教育厅委托南京师范学院和江苏师范学院举办高师专科函授。1958年扩大招生，南师、江师招本科函授，另由扬州师范学院和徐州师范学院招专科函授。4所师院在各专区设高师函授辅导站，负责日常面授辅导工作。各专区、市教师进修学院成立以后，辅导站的工作多由教师进修学院承担。此外，华东师范大学也在江苏招收了函授生。

1960年，为了进一步巩固和发展教师进修事业，江苏省教育厅在南通召开全省教师进修工作会议，会后下发《关于进一步贯彻全省进修工作会议精神的几点意见》一文，要求各级教育行政部门必须有领导挂帅，专人负责，将教师进修工作列入经常计划，全面提高在职教师的政治、文化、业务水平。这次会议进一步推动了中小学在职教师培训工作的开展。面对教学改革的新形势，根据省委指示的"狠抓当前，结合长远""服从教学、结合实际、逐步提高"和"教什么、学什么，缺什么、补什么"的原则，省教育厅以十年制试用教学大纲和教材的内容组织教师进修，1960年暑假还集中10—15天时间组织全省中学语文、数学、外语、理化等主要学科教师集体备课。南京师范学院举办的高师专科函授也改学十年制中小学教学大纲和教材，原来的系统进修内容暂停一年。当年6月，省教育厅和高教厅发出通知，从南京师范学院和江苏师范学院抽调主要学科应届本科毕业生 100 人，分赴各地（市）和当地教师进修学院的教学力量结合，组成一支辅导在职进修中学教师的骨干队伍，采取巡回教学、辅导、假期短训等办法，帮助在职中学教师提高业务水平。

1961 年，党中央决定对国民经济实行"调整、巩固、充实、提高"的方针，以解决和纠正从 1958 年到 1960 年间工作中存在的问题和失误，使国民经济得以恢复和继续发展。江苏贯彻党中央的八字方针，在教育事业方面主要是对高等教育和中等专业教育进行了大幅度的调整和整顿，停办了一批新建的师范专科学校。很多地方停办师专以后，将师专的教学人员、仪器设备、图书资料等全部或部分移交给了当地的教师进修学院，使进修学院的办学力量得到了大大的充实和加强。1963 年，为了进一步贯彻八字方针，省教育厅发出《关于教师进修院校调整精简的意见》，对教师进修学院的机构和任务作了调整和变动。当时全省有教师进修学院 10 所，包括江苏教育学院和 9 所专区、市教师进修学院。调整后，9 所专区、市教师进修学院中，仅南京、无锡两市教师进修学院任务不变，各专区教师进修学院均改为教育行政干部学校，负责轮训中、小学行政干部，这一变动使中学在职教师培训工作受到很大影响。1966 年以后，各地师资培训工作全部陷于停顿，教师进修学院和教育行政干部学校相继停办或撤销。师范学院举办的专科函授也在这一时期停办。

基于上述原因，教师队伍一度出现了民办教师多、不具备合格学历的多、教学水平低的多以及教师总量缺少、教学骨干缺少且不稳定的"三多二少"的严重状况。以教师的学历情况来说，据 1973 年统计，高中教师中，大学本科毕业及以上的比例由

1965 年的 66.2％下降为 33％；初中教师中，专科毕业及以上的比例由 1965 年的 77.4％下降为 11.2％。这种状况严重地影响到了中学教育质量。因此，培训提高在职教师已成为一项刻不容缓的紧迫任务。为了提高师资质量，各地从 20 世纪 70 年代初起即已采取了一些应急措施，如举办红师班、师训班等，师训工作的重点重新放到帮助中学教师备课、授课上。粉碎"四人帮"以后，省革委会教育局于 1977 年在南通召开全省进修会议，会上决定四所师范学院在全省范围内划地区分工举办中文、数学、物理、化学 4 个专业的专科函授。与此同时，南京、无锡等几个城市的教师进修学院则利用城市便于集中的特点，以业余面授的形式组织初中教师系统进修和进行中学教材教法研究。由于在职教师培训工作的需要，各地教师进修学院陆续恢复。恢复较早的有无锡（1973）、常州（1975）、苏州（1975）等地，大多数则在 1979 年前后复办。有的地方如连云港，过去没有教师进修学院，也在 1977 年建立起来。到 1979 年，全省各个专区和市都恢复或新建了教师进修学院，连同省教育学院在内，全省省、地（市）两级教师进修学院共 15 所。

党的十一届三中全会以后，江苏省中学教师在职培训工作进入了一个新的历史发展时期。省革委会教育局提出要有计划地大力抓好师资队伍建设。1979 年，省教育局制订了《江苏省中小学教师在职进修暂行条例（试行草案）》，确定了师资培训工作的任务、目标、方针和原则，于 1979 年 12 月下达全省各地试行。该《条例》提出要正确处理好系统提高与当前教学急需的关系，指出在职教师的进修要着眼长远、立足当前。要求全省中学教师都应从自己的实际水平出发，参加不同程度的在职进修。并对未达应有学历的、已达应有学历的、目前教学有较大困难的以及已成为教学骨干的四类教师分别提出具体的进修要求和做法。[①] 在制订《条例》的同时，省教育局又对全省中小学教师的文化、业务情况进行了一次全面普查。根据普查的结果，经过反复讨论，制订了《江苏省 1981—1985 年中小学教师培训规划》。该《规划》提出：一要狠抓当前，使中小学教师大多数能掌握所教学科的教材，尽快过好教材教法关；二要进一步办好系统进修；三要大力培养骨干。

1980 年 6 月，教育部召开全国师范教育会议，强调要进一步加强中小学在职教师进修工作，重视教师进修院校的作用并明确其地位。会后，江苏省教育厅及时转发教育部文件，并多次召开会议组织学习。此后，全省中学教师进修工作在全面规划的基础上，坚持分类指导的原则，开展了多层次、多渠道、多规格、多形式的培训，努力提高教学质量，讲求进修实效，使绝大多数不同水平的教师都有了不同程度的提高。十几年来，大体经历了以下 3 个发展过程：

1. 从 1979 年到 1982 年，在继续举办各种短期培训班以应教学急需的同时，加强以函授教育为主要形式的系统进修。1978 年，江苏教育学院经批准复办，负责全省高中教师培训工作。1980 年起，该院开办中学语文、数学教师脱产进修班，学习年限两年。初中教师的系统进修，在城市主要有业余面授，在广大农村主要有专科函授。参加进修的学员仅高师函授就有近 4 万人。为了确保进修质量，省高教局和教育局在 4 所师范学院统一函授

---

① 《江苏省中小学教师在职进修暂行条例(试行草案)》，《普通教育文件选编》，江苏省教育厅办公室、江苏省教育科学研究所编印，1985年8月，第402—404页。

教学计划、落实教材编写任务的基础上，于 1979 年 6 月发出《关于加强高师函授工作的意见》，对师范学院和各地教育行政部门的分工作了明确规定，以期更好地协作配合，办好专科函授教育。同时公布《江苏省高师函授学员学籍管理暂行规定（试行草案）》，以严格考试制度和学籍管理。[①] 1981 年 11 月，省人民政府批准 4 所师范学院从 1982 年起举办本科函授，专科函授由各地区、市教师进修学院接办。经过一系列准备，师范学院举办的本科函授于 1982 年上半年招生。在加强函授教育的同时，省教育局又组织 7 个市的进修学院拟订了业余面授系统进修班的教学计划和大纲，编写了语文、数学部分教材。1982 年，教育部颁发中学教师进修高等师范专科、本科教学计划后，江苏省执行部颁计划，并部署对已毕业的学员进行严格补课，经考试及格后换发毕业证书。

2. 从 1983 年起到 1986 年，在继续办好以函授为主要形式的系统进修的同时，突出抓教学有困难的教师进修教材教法的工作。1982 年 10 月，教育部发出加强中小学教师进修教材教法工作的通知，省教育厅根据通知精神，对教学有困难不能胜任教学工作的中小学教师的文化业务状况进行了具体调查。在调查研究的基础上，拟订了《关于加强中小学教师进修教材教法工作的意见》，要求从 1983 年暑假开始，连续三年进行此项工作，如前已述，争取到 1985 年底，在对中小学教师队伍进行调整、整顿、充实、提高的同时，使全省 80％以上的教师胜任或基本胜任教学工作。[②] 在此

---

① 《江苏省高教局、教育局关于〈加强高师函授工作的意见〉和〈江苏省高师函授学员学籍管理暂行规定（试行草案）〉的通知》（1979年6月19日），《普通教育文件选编》，江苏省教育厅办公室、江苏省教育科学研究所编印，1985年8月，第407—411页。

② 《江苏省教育厅关于加强中小学教师进修教材教法工作的意见》，《普通教育文件选编》，江苏省教育厅办公室、江苏省教育科学研究所编印，1985年8月，第556—560页。

后 3 年中，各地首先抓了初中和小学教师进修教材教法的工作。为了保证质量，省教育厅组织拟订了进修计划和大纲。到 1985 年底，据统计，全省初中教师列为进修对象的有 45 000 余人，占专任教师数的 37.7%，进修教材教法已结业的有 36 484 人，占进修对象总数的 80.5%。1986 年，全省又组织教学有困难的高中教师进修教材教法，同时进行了初中教师进修教材教法的扫尾工作。在此期间，以高师函授教育为主要形式的系统进修稳步发展，着重提高质量。省教育厅与高教局多次召开会议，强调保证质量，采取了建立健全高师函授网、开展校际协作、加强教学研究活动等措施，并实行全省统一入学考试。专科系统进修从 1985 年起参加全国成人高等教育统一入学考试。

3. 从 1987 年开始，在进修教材教法的基础上开展中学教师《专业合格证书》的考试和辅导，同时在系统进修取得较大成效的基础上进行学历后继续教育的试验和探索。1986 年，江苏省按照国家教委的部署，开始进行《专业合格证书》考试的准备。由于有了教材教法进修的基础，1987 年 8 月，全省中学教师《专业合格证书》考试顺利开考。以后每年开考一次，每年参加《专业合格证书》考试的中学教师有 1 万人左右，这项工作目前仍在进行中。随着中学教师学历达标率的不断提高，省教育厅在 1986 年下达的《关于"七五"期间加强在职中小学教师培训工作的意见》中及时提出，要针对不同对象，组织好不同规格、要求的继续教育，以不断提高教师的业务水平。特别强调要重视近几年毕业的青年教师的继续教育，使他们热爱教育工作，并能较快地适应教学需要；还要重视有计划地培养一批学科带头人和教育教学专家。从 1986 年开始，特别从 1987 年以后，各地教育学院都积极进行了继续教育的研究和试点培训。

通过上述三个阶段一系列的工作，到 1988 年，全省已有本科进修毕业生近 5 000 人；有专科进修毕业生近 5 万人。1988 年，全省高中教师学历达本科毕业及以上的比例已达 46.2％；初中教师学历达专科毕业及以上的比例已达 54.1％。师资培训工作的显著成效对提高中学教育质量起了重要的促进作用。

1979 年以后，中学教师进修工作的全面展开要求加强进修基地的建设。20 世纪 70 年代各地恢复教师进修学院以后，除江苏教育学院早在 1978 年就经当时省革委会批准复办外，省人民政府于 1981 年 4 月 29 日和 1982 年 3 月 16 日分两批批准复办了各地、市教师进修学院，并于 1983 年由省人民政府定名为教育学院，公布了 12 所教育学院名单。1984 年各校均经教育部批准同意备案。十几年来，全省中学教师培训任务十分繁重，作为在职教师重要培训基地的教育学院承担着主要的任务。在各级党委、政府的领导下，全省教育学院边建校、边办学，不断端正办学指导思想，坚持面向中学，为提高中学教育质量服务，"急中学之所急，办中学之所需"，做了很多工作，取得了明显的工作效益。十几年中，省、市教育学院面向未达合格学历的中学教师举办脱产进修和函授教育；面向教学有困难的教师举办教材教法进修班；为适应农职业中学发展的需要举办了专业课师资班；为培养教学骨干举办了各种教学研究班；同时兼顾干训工作，举办了大量的干部培训班。到 1988 年底，按照省教育厅 1983 年下达的中学教育行政干部培训规划的要求，全省已有 50％左右的中学校长参加过省、市教育学院举办的干训班学习。1983 年以后，为了适应全省初中教育事业发展和补充短缺学科教师的需要，全省教育学院还举办了大专班，共培养初中新师资 2 万余名。

在改善教育学院办学条件方面，省、市都采取了相应的措施：(1) 1982 年 10 月 21 日，国务院下达国发〔1982〕130 号文件，批转教育部关于《加强教育学院建设若干问题的暂行规定》的通知。江苏省人民政府于 1983 年 7 月批转了省教育厅为贯彻国务院文件制定的《关于加强我省教育学院建设的意见》，对教育学院的地位、作用、领导关系、机构设置、任务规模、编制标准以及经费等都作了规定，[①] 对全省教育学院的建设起了有力的推动作用。(2) 在经费上予以支持。1980 年以来，省给江苏教育学院的基建投资已达到 511 万余元，设备费 579 万元。11 所市教育学院主要由所在市领导，但省在基建和设备方面也给予支持。1980 年以来，省拨各市教育学院的基建和设备补助约 1 000 万元。(3) 加强教育学院师资队伍建设。1984 年开始，择优戴帽分配高师毕业生给教育学院，连续三年共分配 283 人。各市还选调了一批有教学经验的中学教师到教育学院任教，并从外地高校、科研单位引进一批学有专长的教师充实教育学院的师资队伍。

全省各个教育学院复办时，几乎都是白手起家，经过十年的努力，已具有一定的规模。领导力量、师资队伍和办学条件都得到很大发展。1986 年 11 月，国家教委复查组对江苏省 12 所教育学院进行复查，认为江苏省的教育学院面向中学、为中学服务的指导思想明确，办学方向是基本端正的；办学条件已初具规模，但还待充实改善；已基本建成了一支有一定数量和质量的教师队

[①]《江苏省人民政府批转省教育厅〈关于加强我省教育学院建设的意见〉的通知》(1983年7月30日)，《普通教育文件选编》，江苏省教育厅办公室、江苏省教育科学研究所编印，1985年8月，第577—580页。

伍，但仍需加强提高。1988 年，全省 12 所教育学院共有教职员工 2 913 人，其中专任教师 1 630 人。在专任教师中，有教授 8 人，副教授 365 人（均不含离退休人数）。省、市教育学院共有校舍面积 23.78 万平方米，实验设备 980 万元，图书 174 万册。

江苏省省、市教育学院几个主要时期变化情况表

时期	校数/所	学校名称
20 世纪 50 年代末	12	江苏教育学院
		南京市教师进修学院
		无锡市教师进修学校
		徐州专区教师进修学院
		常州市教师进修学校
		苏州市教师进修学校
		苏州地区教师进修学院
		南通教师进修学院
		淮阴专区教师进修学院
		盐城教师进修学院
		扬州专区教师进修学院
		镇江地区教师进修学院
1963 年调整前	10	江苏教育学院
		南京市教师进修学院
		无锡市教师进修学院
		徐州专区教师进修学院
		苏州地区教师进修学院
		南通教师进修学院
		淮阴专区教师进修学院
		盐城教师进修学院
		扬州专区教师进修学院
		镇江地区教师进修学院

时期	校数/所	学校名称
1963 年调整后	10	江苏教育学院
		南京市教师进修学院
		无锡市教师进修学校
		徐州专区教育行政干部学校
		苏州地区教育行政干部学校
		南通地区教育行政干部学校
		淮阴专区教育行政干部学校
		盐城教育行政干部学校
		扬州专区教育行政干部学校
		镇江地区教育行政干部学校
1979 年	15	江苏教育学院
		南京市教师进修学院
		无锡市教师进修学院
		徐州市教师进修学院
		常州市教师进修学院
		苏州市教师进修学院
		南通市教师进修学院
		连云港市教师进修学院
		徐州地区教师进修学院
		淮阴地区教师进修学院
		盐城教师进修学院
		南通地区教师进修学院
		扬州地区教师进修学院
		苏州地区教师进修学院
		镇江地区教师进修学院

续　表

时期	校数/所	学校名称
1983 年	12	江苏教育学院
		南京教育学院
		无锡教育学院
		徐州教育学院
		常州教育学院
		苏州教育学院
		南通教育学院
		连云港教育学院
		淮阴教育学院
		盐城教育学院
		扬州教育学院
		镇江教育学院

注：

(1) 复办和新建的教师进修学院经省批准的时间是：1978 年 6 月 29 日江苏省革委会以苏革复 (78) 47 号文批准复办江苏教育学院；1981 年 4 月 29 日江苏省人民政府以苏政复 (1981) 33 号文下达《关于同意恢复和建立南京、无锡市等八所教师进修学院的批复》，并上报国务院备案。8 所教师进修学院为南京市、无锡市、苏州市、常州市、徐州市、徐州地区、扬州地区和苏州地区教师进修学院；1982 年 3 月 16 日江苏省人民政府以苏政复 (1982) 21 号文，批复省教育厅 1981 年 12 月 24 日报告，同意增设南通市、连云港市、淮阴地区、盐城地区、南通地区、镇江地区 6 所教师进修学院。

(2) 1982 年 10 月国务院下达国发 (1982) 130 号文件，批转教育部关于《加强教育学院建设若干问题的暂行规定》后，江苏省人民政府于 1983 年 7 月批转了省教育厅《关于加强我省教育学院建设的意见》，并公布了 12 所教育学院名单。全省 12 所教育学院于 1984 年均经教育部批准同意备案。

(3) 南京教育学院于 1986 年获国家教委"全国教育系统先进集体"称号。

　　摘自《江苏省志·教育志》（下）第八章"师范教育"第三节"中小学教师进修"，江苏古籍出版社 2000 年版，第 800—826 页。本次经修订录用，附加重要注释 10 条。

江苏省在职中小学教师进修工作大事记
（1979—1987）

1978年下半年，江苏省革命委员会教育局党组决定设师范教育处。

1979年2月，省革委会教育局制定1979年工作计划。根据党的十一届三中全会精神，党组提出要把工作的重点转移到提高教育质量上来，要有计划地大力抓好师资队伍建设。

1979 年

4 月初

省教育局方非副局长主持召开座谈会，讨论加强中小学教师在职进修问题。会后草拟《江苏省中小学教师在职进修暂行条例（试行草案）》。提出要"用极大的努力，进一步加强教师在职进修工作，迅速提高现有中小学教师的政治文化和业务水平，以适应教育事业发展的需要"。要求全省中小学教师都应从自己的实际水平出发，参加不同要求的在职进修，使自己在所教学科方面的实际文化程度和业务能力逐步达到应有的水平。进修工作的方针是：坚持又红又专的方向，正确处理政治与业务的关系；着眼长远，立足当前，正确处理系统提高与当前教学急需的关系；正确处理在职进修与教学工作的关系，进修的效果要体现在教学质量的提高上。

4月21日至28日

由南京市教师进修学院和无锡市教师进修学院发起，在无锡召开7个市的教师进修院校座谈会。这是1977年以来江苏省各地陆续恢复教师进修学院后的第一次校际交流活动。各校着重讨论了教师进修工作的方针和市一级教师进修学院的任务，并对市教师进修学院当时大量举办的业余面授制订教学计划的原则交换意见。决定会后分工拟订各学科的教学计划和各门课程大纲。

参加座谈会的有江苏教育学院余卫群、张鉴佐，南京市教师进修学院陈凤啸、陈延祚、朱元珍，无锡市教师进修学院何莘耕、姚载熙、胡治华，徐州市教师进修学院封跃中、陆在启，南通市教师进修学院莫惠昌，常州市教师进修学院羊汉、高浩荣，苏州市教师进修学院朱培元、顾博文，扬州市教师进修学院陆龙元等。

方非副局长到会并讲话，师范教育处负责人吴大年参加。

5月17日至18日

省教育局召开高师函授工作座谈会，副局长方非主持会议。参加座谈会的有：南京师范学院业余教育科科长陈云骧、江苏师范学院教务处长李荫生、徐州师范学院教务处长王俊三、扬州师范学院教务处副处长陈兆荣。

座谈会回顾了 1977 年下半年和 1978 年上半年我省两次教师进修工作会议（即南通会议和吴江会议）以来，4 所高师分工举办专科函授教育的情况与成绩，反映了工作中存在的困难与问题，研究了如何加强高师函授工作，确保函授质量。会后，草拟了《关于加强高师函授工作的意见》。

6 月 6 日至 8 日

镇江地区召开教师进修工作会议。

省教育局师范教育处吴大年、孙征龙参加会议，具体了解了一个地区中小学教师进修工作的情况。

6 月 12 日至 30 日

吴大年、孙征龙在南京市第十一中学调查了解师资队伍状况，调查结束后写了《南京市十一中师资情况调查报告》。

6 月 19 日

省革委会高教局、教育局印发《关于加强高师函授工作的意见》和《江苏省高师函授学员学籍管理暂行规定（试行草案）》。《意见》中明确规定 4 所师范学院和地、市、县教育行政部门的分工，同时提出要严格考试制度，加强学籍管理，各级教育行政部门要加强对函授工作的领导，尽快解决好各级教师进修院校辅导教师的配备以及经费、设备等问题。

7 月 16 日

省革委会教育局转发南京等 7 市教师进修院校座谈会拟订的政治、语文、数学、物理、化学、英语、历史、地理、生物、体育等 10 科中学教师在职进修教学计划（初稿），供各市教师进修院校参照执行。

8月13日至27日

省教育局师范教育处在南京市栖霞区教师进修学校、南京市三中、二十八中、鼓楼区一中心小学进行调查，进一步了解中小学教师队伍的状况，并征求对教师进修工作的意见，准备修改《江苏省中小学教师在职进修暂行条例（试行草案）》和三年师资培训规划。

9月4日

为了摸清全省中小学教师队伍状况，制定切实可行的师资培训规划，有步骤、有计划地全面开展在职进修工作并逐步建立教师业务档案，省教育局决定对全省中小学教师进行业务普查。9月4日起，以南京二十八中作为中学教师业务普查的试点，方非副局长向全体教师部署普查工作。

10月10日至12日

省教育局师范教育处召开小学教师进修计划和大纲讨论会。

会前，请晓庄师范学校草拟大纲初稿，并印发有关师范学校讨论提出修改意见。

参加座谈会的有晓庄师范叶树明和王治（语文）、杜业芳（数学）、淮安师范陈锦魁（语文）、淮阴师范吴趯（数学）、丹阳师范王松盛（语文）、武进师范李再芳（数学）、南通师范刘秉镕（语文）、如皋师范梅仁蕊（数学）、常州师范刘言（数学）。

会上决定编写全省小学教师进修教材，并初步作了分工。

10月19日至20日

省教育局与南京市教育局商定，在南京市二十八中教师业务普查的基础上，再在江宁县和南京市玄武区扩大进行试点。

江宁县文教局于 10 月 19—20 日召开全县校长会议部署试点工作。省教育局副局长方非参加会议并发言。师教处吴大年、张行、孙征龙参加了会议。

10 月 24 日

南京市玄武区召开中小学校长、教导主任会议。省教育局副局长方非及师教处同志参加了会议。

10 月 26 日至 30 日

省教育局师教处吴大年、张行两次去江宁县了解中小学教师业务普查试点情况。重点了解的单位有江宁县中、龙都公社和江宁县教师进修学校。在此期间，同时参加了玄武区教育科召开的教师座谈会。

11 月 1 日至 4 日

省教育局师范教育处召开中学语文教师进修计划和大纲讨论会。

会前委托无锡市教师进修学院草拟中学语文教师进修计划和进修大纲初稿，并印发有关进修院校讨论提出意见。

计划、大纲适用的对象范围和达到的要求是：高中毕业文化程度的初中教师，通过三年左右业余进修（包括业余面授、脱产进修等形式）达到专科水平，再在专科基础上经过几年进修达到本科水平。

参加会议的有：南京市教师进修学院范培元、王盛，无锡市教师进修学院姚载熙、胡治华、周福昌，常州市教师进修学院喻克啸，苏州市教师进修学院雷应行，徐州市教师进修学院梁大志，以及江宁县、六合县教师进修学校有关教师。

会上决定编写《现代文选》《古代文选》《写作》和《现代汉语》四本教材。分工如下：

1.《现代文选》：由无锡市教师进修学院负责。

2.《古代文选》：由南京、无锡、苏州市教师进修学院负责。

3.《写作》：由徐州市教师进修学院负责。

4.《现代汉语》：由苏州市教师进修学院负责。

11 月 20 日至 24 日

省教育局师范教育处召开中学数学教师进修计划和进修大纲讨论会。

会前委托常州市教师进修学院草拟中学数学教师进修计划和进修大纲初稿，并发有关学校讨论提出意见。

计划、大纲适用的对象范围和达到的要求同语文。

参加讨论会的有江苏教育学院吴新萃，南京教师进修学院张中强，常州教师进修学院章祖基、黄太礼，无锡教师进修学院何莘耕、姚录，苏州教师进修学院黄秀珠，南通教师进修学院乔建森，徐州教师进修学院黄宗元，连云港教师进修学院蒋文谦，以及江宁县教师进修学院和六合县教师进修学院的有关教师。

会上还讨论了教材的使用问题。

12 月 10 日

省革委会教育局发出关于试行《江苏省中小学教师在职进修暂行条例（试行草案）》和进行全省中小学教师业务情况普查、制订各级师资培训规划的通知。通知下达的文件是：

1.《江苏省中小学教师在职进修暂行条例（试行草案）》；

2.《江苏省 1979—1981 年中小学教师培训规划（草案）》；

3.《江苏省中小学教师业务情况登记表和统计表（附说明）》；

4.《江苏省中小学校教师进修计划和大纲（试行草案）》；

5.《江苏省中学语文教师教学计划和大纲（试行草案）》；

6.《江苏省中学数学教师进修计划和大纲（试行草案）》。

通知要求全省中小学教师业务普查工作于 1980 年 1 月底前完成，以地、市为单位汇总后报省教育局。各地、市三年师资培训规划于 1980 年 3 月中旬以前报省。

上述文件中，《江苏省中小学教师在职进修暂行条例（试行草案）》在《江苏教育》杂志 1980 年第 3 期全文刊登。同时刊登的还有本刊评论员文章：《进一步加强教师进修工作》。

12 月 24 日

省教育局发出关于分工编写部分中小学教师进修教材的通知。确定编写的教材和分工如下。

一、小学教师进修教材

《文选及习作》：淮安师范编写；《语文基础知识》：南通师范编写；《小学语文教材教法》：晓庄师范编写；《代数》：武进师范编写；《几何》：扬州市教师进修学校编写；《三角》：苏州师范编写；《算术理论与小学数学教学研究》：无锡师范编写。

二、中学教师进修教材

《习作》：徐州教师进修学院编写；《现代当代文选》：无锡教师进修学院编写；《古代文选》. 南京教师进修学院编写。

通知要求，以上教材于 1980 年 6 月底前完成初稿，争取暑假后使用。

1980 年

1月4日至7日

为了保证中小学教师进修教材的编写质量，省教育局师范教育处在无锡市教师进修学院召开编写中小学教师语文进修教材座谈会。参加座谈会的有南京、无锡、常州、徐州、南通、连云港等市教师进修学院和晓庄师范等校的语文教师。

座谈会内容为：

1. 讨论无锡市教师进修学院草拟的《现代当代文选》教材的选编计划及样篇；2. 讨论中学语文教师《习作》和《古代文选》两本进修教材的编写问题；3. 讨论小学语文教师进修教材的编写问题。

会上研究确定了编写原则，具体落实了编写任务，并研究了有关审稿、印刷、发行等问题。

这一批教材共计 12 种，19 本书。其中《小学语文教材教法》《算术理论及小学数学教学法》等与中师通用。后经教育局领导研究决定，教材的编写、印刷、发行等工作由师教处与江苏教育社分工负责。

3月11日至13日

中学物理教师进修计划和进修大纲讨论会委托徐州市教师进修学院在徐州召开。师教处孙征龙参加会议。

中学化学教师进修计划和进修大纲由南京市教师进修学院草拟后，初稿印发各市进修学院讨论。

5月3日

印发苏教师（80）121号《江苏省中等师范学校1980年在民办教师中招收部分新生的办法》。其中说："今年，中等师范学校在民办教师中招收部分新生，这是一件新的工作，直接关系到广大民办教师的切身利益，关系到师资队伍的建设。"要求各地切实加强领导，认真做好宣传教育和组织工作，通过这一工作，促进安定团结，促进教师在职进修和小学教育质量的提高。

5月12日

省教育厅以苏教（80）132号发出《关于选调教师参加招收民办教师的中师命题工作的通知》。

中师招考民办教师，共考政治、语文、数学3门课程。每门课程命题人员4人，共12人。由南京市、镇江地区、淮阴地区、扬州地区按3门课程各推荐1名命题人员（中师教师或教研室教研员、进修学校教师均可）。经研究，参加命题的人员确定为：

语文：孟鸣（组长）、孙信中、戴正兴、王庭华；政治：董约源（组长）、魏寿璋、钱以琳、李立华；数学：曹伟（组长）、胡昇阶、章景昱、许祥洪。

5月底

根据各地、市对中小学教师进行业务普查的统计材料，汇总成《江苏省中小学教师业务文化情况统计表》，印发各地参考。

6月2日

召开中师招考民办教师命题工作预备会议。参加会议的是南京市推荐参加命题的工作人员：江宁县教研室施璟（工作人员）、江浦县教师进修学校胡昇阶（数学）、江宁县方山中学董约源（政治）、六合县教师进修学校孙信中（语文）。会上具体讨论了命题的原则范围以及工作进程等。决定全体命题人员于6月20日集中到南京。

6月4日至6日

召开中师教导主任会议。7个市的中师教导主任全部参加，7个地区有1所中师参加（盐城地区2所），共16人。会议主要讨论1980年招收民办教师班的教学计划及调整高中生班教学计划。

6月13日至28日

全国师范教育工作会议在北京召开。

江苏省参加会议的代表共11人。其中普教方面有江苏教育学院党委书记余卫群、淮安师范学校校长周俊、晓庄师范学校副校长黄贵祥、江苏省扬州中学副校长吴和钧和省教育局师教处负责人吴大年。

在省教育局上报教育部的材料中，《江苏省教师进修院校暂行工作条例（试行草案）》（征求意见稿）被作为会议参阅材料。

6月24日

省教育厅印发《关于江苏教育学院招收语文、数学进修班学员的通知》。江苏教育学院从1980年秋季开始招收中学语文、数学教师脱产进修班学员，学习年限2年。

6月25日

省教育厅发出通知，将草拟的《江苏省教师进修院校暂行工作条例》印发各地、市教育局征求意见，同时发出《江苏省中学数学、物理、化学教师进修大纲》供有关院校试行。

同日，参加中师招考民办教师命题工作的全体人员集中在南京命题。总负责人为曹伟（淮安师范数学教师）、孟鸣（高邮师范语文教师）。

具体工作的日程：6月26日至7月14日命题，7月15日至20日印刷、包装，7月24日分发试卷，7月30日全省中师招收民办教师举行统考。

9月12日至13日

省教育厅召开第二次高师函授座谈会。会前曾在南京师范学院、南京市教师进修学院以及南京市栖霞区、江浦县教师进修学校了解1979年第一次高师函授会议以来函授教育情况。参加座谈会的除4所高师教务处负责高师函授工作的同志外，还有宜兴县、金湖县教师进修学校负责人。

座谈会着重研究如何保证高师函授质量以及进一步改善地办校助的领导体制并予以具体落实的问题。会后草拟《加强高师函授工作的意见》。

9月15日

省教育厅决定对县（市）教育局长，地、市教育局中教科长，重点中学、中师和县教师进修学校的领导干部分期分批进行轮训，争取到1982年底基本上轮训一次。轮训任务由江苏教育学院承担。9月15日发出抽调重点中学领导干部到江苏教育学院学习的通知。

9月19日至28日

省教育厅师教处吴大年、张行随方非副厅长出访镇江地区和常州市，了解两地贯彻省委召开的全省中小学教育会议精神的情况。在此期间，调查了镇江市、丹徒县、溧水县、金坛县和武进县教师进修学校以及常州、武进的两所中师。

10 月 15 日

省教育厅印发《关于地、市教师进修学院教师评定职称的通知》，转发教育部《关于地区、省辖市一级教育学院教师进修学院教师评定职称的通知》。

经研究，无锡市教师进修学院作为评定职称工作的试点先行。

10 月 17 日

省教育厅转发教育部下达的《关于进一步加强中小学在职教师培训工作的意见》《关于办好中等师范教育的意见》和《中等师范学校规程（试行草案）》。并通知各地为省即将召开的师范会议做好准备。

10 月 17 日至 28 日

师教处吴大年、张行出访无锡、苏州，了解各地中师和进修院校情况。

两人对无锡师范的校舍、设备和师资队伍作了全面了解，与校长薛宏昌有较深层次的交谈。后者不仅详介该校情况，也对如何办好中师，且促进全省中师的发展与提高质量提出了一些客观、中肯的意见。

对苏州师范也作了较全面、深入的调查。在听取了校领导对办学中的困难，特别是校舍问题的汇报后，二人特地抽空去该校旧地（一所中学）私访。在此调研基础上，两人后在 1981 年 3 月 14 日印发各地贯彻执行的《关于我省中等师范学校布局设置、服务范围和规模等问题的意见》中提出将苏州师范迁回原地，并恢复原校名新苏师范学校的举措。这一举措具有拨乱反正、实事求是、大胆创新之意义，深受苏师广大师生欢迎。

11 月 11 日至 15 日

教育部师范教育司李一本副司长在宁视察江苏教育学院、南京市教师进修学院和晓庄师范学校，由吴大年陪同。李对南京教育学院印象很好，看得很仔细，以致天黑才乘着一辆脚踏三轮货车赶回住地。

11 月 18 日

省教育厅转发教育部下达的经国务院批准的《关于师范教育的几个问题的请示报告》和教育部副部长高沂在全国师范教育工作会议上的报告和总结。在教育部的请示报告中提出 5 个主要问题，其中之一是关于加强中小学在职教师培训工作的问题。

1981 年

1 月 12 日至 13 日

根据各地反映，召开地、市教育局教育科长会议，研究中师招收的民师班调整教学计划问题。确定在培养目标和学制都不变、课程教学质量必须保证的原则下，课程的顺序和具体教学时数可灵活变动。并规定集中实习时间为半年，安排在第四学期。会议还讨论了如何解决民办教师生活困难等问题。

3月24日

省教育厅印发《江苏省1981—1985年中小学在职教师培训规划（草案）》，要求各地结合当时实际情况，积极采取措施，予以贯彻实施。该《规划》提出，到1985年，我省高中教师中达大学本科毕业水平的比例争取由40.1％上升到60％左右，初中教师达专科毕业以上水平的比例争取由18.6％上升到60％左右，小学教师达中师（高中）毕业以上水平的比例争取由50％上升到80％左右，并使大多数教师基本适应教学工作。为争取实现上述目标，《规划》提出，一是要狠抓当前，使中小学教师大多数能掌握所教学科的教材，尽快过教材教法关；二是要进一步办好系统进修；三是大力培养骨干。

3月26日至27日

按照《江苏省1981—1985年中小学在职教师培训规划（草案）》，省教育厅委托4所师范学院举办中学教师本科函授。为及早做好准备，省教育厅召开4所师院教务处长座谈会。会议提出本科函授以专科为起点，并具体讨论了各校承担的任务，师院与地、市进修学院的分工，以及如何保证函授质量等问题。

4月29日

江苏省人民政府以苏政复（1981）33号文件下达《关于同意恢复和建立南京、无锡市等八所教师进修学院的批复》，并上报国务院备案。这八所教师进修学院是：南京市、无锡市、苏州市、常州市、徐州市、徐州地区、扬州地区和苏州地区教师进修学院。

5月28日至6月1日

省教育厅会同省高教局在南京召开全省中小学在职教师进修工作会议。会议的主要内容为：

1. 总结、交流各种形式进修工作的经验；2. 研究、解决当前教师进修特别是高师函授教育存在的问题，进一步提高进修质量；3. 落实1982年高师本科和专科函授任务，研究做好各方面准备工作；4. 研究进一步加强教师进修院校建设，特别是师资队伍建设的问题。

出席会议的有各地区教育局和南京市教育局分管教师进修工作的教育科长；4所师院分管高师函授的教务处、科长；省教育学院和各地、市教师进修学院分管教学工作的院长；晓庄、淮安、盐城、高邮、洛社师范学校函授部负责人。

省教育厅副厅长方非到会讲话。

7月7日至8日

5月全省进修工作会议议定，高师中文、数学两个专业本科函授执行全省统一的教学计划，由南京师院、江苏师院拟订初稿，4所师院共同讨论后决定。7月7日—8日召开会议，4所师院各派中文、数学教师各两名在南京师院讨论初稿。会上还对教材问题交换了意见，并决定分工编写自学指导书。

会后，南京师院、江苏师院对两个专业的教学计划进行了修改，于9月21日发各师院和教师进修学院进一步征求意见。

8月6日

南京师范学院院长吴㣧和业余教育科同志来厅反映高师专科函授存在的问题，特别是函授质量问题。副厅长方非、师教处长吴大年与他们共同商讨具体解决办法，并决定适时召开高师函授会议。

8月10日

省教育厅方非副厅长召开4所师范学院教务处长和各地区教育局教育科科长会议，传达教育部7月17日印发的《关于中学在职教师系统进修期满颁发毕业证书问题的答复》，研究专科函授最后几门课程如何保证教学质量、严格结业考试问题。会后由师教处草拟了《关于严格组织高师专科函授结业考试的意见》和进一步办好高师专科函授的文件。

8月11日

省教育厅转发教育部办公厅《关于中学在职教师系统进修期满颁发毕业证书问题的答复》，要求各地认真贯彻执行。

同时印发了《关于严格组织高师专科函授结业考试的意见》。

9月19日

省教育厅与高教局联合发出《关于进一步办好当前高师专科函授教育的意见》，以期善始善终办好本期高师专科函授，保证函授教育质量。文中提出以下4点意见：

1. 坚持标准，保证毕业生在所学专业主要课程上达到全日制师范专科水平；2. 通过多种渠道，落实理化实验课；3. 严格执行考试制度，认真进行考核；4. 采取措施，大力提高辅导教师水平。

11月5日至16日

教育部在江西南昌召开全国教育学院、教师进修学院会议，研究加强教育学院建设问题。会议的主要任务是代教育部草拟一个加强教育学院、教师进修学院建设的文件。参加会议的人员为各省、市、自治区教育厅（局）主管师训工作的处长（或副处长），省级教育学院、函授学院和地（市）级教育学院负责人。按照教育部分配给江苏省的名额，参加会议的代表为：省教育学院副院长陈凤啸、南京市教师进修学院副院长钟定樵、徐州地区进修学院院长杨裕华和省教育厅师教处处长吴大年。

按照教育部做好会前准备的要求，省教育厅委托省教育学院、南京市教师进修学院和徐州地区教师进修学院草拟初稿。9月召开有以上三校及无锡、苏州、扬州教师进修学院参加的座谈会进行讨论。在此基础上，教育厅师教处草拟了《关于教育学院、教师进修学院若干问题的规定（讨论稿）》，待交会议讨论。吴大年并由教育部安排在大会上发言。

11 月 20 日

经省人民政府批准，江苏省自 1982 年起由 4 所师范学院举办中文、数学、物理、化学、历史 5 个专业本科函授，由南京师范学院举办生物、地理专科函授，全省共招 2 390 人。除生物、地理外，其他专科函授由各地区和南京市教师进修学院继续接办。接到省政府批复后，省教育厅会同高教局印发了《关于举办高师本科函授和继续举办高师专科函授教育的意见》，随文附发《江苏省高师函授学籍管理暂行规定》，在 1982 年及以后招收的函授学员中试行。

12 月 8 日至 9 日

省教育厅师教处召开 4 所师范学院教务处负责函授工作人员会议，讨论由南京师院草拟的高师本科函授招生办法，具体部署举办本科函授的准备工作。

会后于 12 月 12 日发函各市教育局,对草拟的招生办法征求意见。

12 月 14 日至 16 日

省教育厅师教处在南京召开地、市教师进修学院负责人座谈会,传达教育部召开的全国教育学院、教师进修学院会议(即南昌会议)精神,研究 1982 年专科函授和其他形式进修班招生,做好接办专科函授的准备工作等问题。

12 月 28 日

省教育厅发出《关于培训小学地理、历史课教师的通知》,为 1982 年度起全省小学四、五年级恢复开设地理、历史课做准备。具体培训办法是:由各县教师进修学校培训骨干,每公社至少培训小学地理、历史教师各两名。各公社以中心小学为主举办小学地理、历史备课班,着重研究教材和教法,争取 1982 年暑假前把准备担任课程的教师都培训一次。

1982 年

1 月 11 日

为改进小学教师中师函授教育工作,保证函授质量,省教育厅发出通知,将草拟的《关于进一步办好中师函授教育的意见(初稿)》印发各地、市教育局和有关中等师范学校征求意见,准备春节后召开专门会议讨论。

1月22日

省教育厅发出《关于 1982 年上半年培训人口教育师资的通知》，决定由江苏教育学院举办 5 期短期培训班，共培训 300 人，以适应高中开设人口教育讲座的需要。

1月30日

省教育厅、高教局印发《江苏省四所师范学院高师函授一九八二年招生办法》，对培养目标、招生任务、分工地区、招生对象、学习年限、考试科目和报名、录取等问题均作了具体规定。考试时间定于 4 月 20 日左右。

2月25日又印发《有关招生工作若干具体问题的意见的通知》，对招生工作作了具体部署。

3月16日

江苏省人民政府批复省教育厅 1981 年 12 月 24 日报告，同意增设南通市、连云港市、淮阴地区、盐城地区、南通地区、镇江地区 6 所教师进修学院。

3月19日

印发各地、市教师进修学院《高师专科函授八个专业主要课程的教材选编意见》，供各校参考。

3月27日至30日

省教育厅在南京召开中师函授教育会议。

出席会议的人员为：各地区和南京市教育局分管中师函授的教育科长，淮阴、盐城、扬州、镇江、苏州地区和南京市有关中师的语文和数学教师。

会议主要内容为：1. 讨论修改《关于进一步办好中师函授教育的意见》；2. 修订教育厅之前颁发试行的《江苏省小学教师进修计划和大纲》；3. 研究进修教材的使用和选编问题。

4 月 13 日至 14 日

省教育厅在南京召开地、市教师进修学院负责人会议，研究部署教师评定职称工作。会上由无锡教师进修学院介绍试点经验。

4 月 18 日至 19 日

高师各专业本科函授招生全省统考。

4 月 29 日

省教育厅印发《关于进一步办好中师函授教育的意见》，要求各地认真执行。随文附发《江苏省小学教师进修中师（函授）教学计划（修订稿）》《江苏省小学教师进修中师（函授）语文教学大纲（修订稿）》和《江苏省小学教师进修中师（函授）数学教学大纲（修订稿）》。规定在全国统一的教学计划、大纲下达前，江苏省新招的中师函授学员按省修订后的进修计划和大纲要求进行教学。

5 月 11 日

省教育厅与高教局印发江苏省 4 所师范学院 7 个专业本、专科函授教学计划（试行草案）。7 个专业教学计划是中文、数学（全省 4 所师院统一拟订）、物理、化学、历史（江苏师院拟订）、生物、地理（专科，南京师院拟订）。

5 月 28 日至 6 月 1 日

为进一步贯彻以调整为中心的八字方针，加强江苏省师范教育工作，省政府教育卫生办公室在南京召开全省师范教育工作座谈会。参加会议的有各地、市教育局局长，高等师范院、校长；中等师范学校校长和省教育学院、地市教师进修学院院长，共72人。

会议期间，全体到会代表重新学习了1980年全国师范教育会议文件，省教育厅徐航副厅长、省高教局叶春生副局长就如何进一步办好我省师范教育以及中师和高师当前工作中的若干问题分别作了发言。省委科教部部长郑康作了总结。

会上还交流了工作情况和经验。

5月24日至6月7日

4所师院教务处负责函授工作的同志赴辽宁、山东等地参观学习。

6月15日

教育部在西安召开全国小学教师进修工作会议，省教育厅师教处副处长张行和淮安师范学校函授部负责人陈锦魁参加会议。会前按教育部要求准备了材料。

会议主要解决以下两方面问题：

1. 统一小学教师进修的规格，坚持标准，保证质量，制订全国小学教师进修中师的教学计划，并决定分工编写教学大纲。由于全国暂不统一编写教材，会议期间，上海、浙江、四川和江苏4省、市决定协作编写小教进修教材。初步议定由江苏省负责编写《语义基础知识》和《小学语文教材教法》两本教材。

2. 加强小教进修基地的建设。明确县教师进修学校由地、市审批，报省政府备案；由县人民政府领导、县教育局主管。

6月26日

为适当解决我省中学生物、地理等学科教师严重短缺的问题，省教育厅师范教育处发函扬州地区教师进修学院和无锡市教师进修学院，委托两校于暑假后分别举办中学生物、地理教师培训班。培训对象为年龄在35岁以下，具有高中毕业文化水平的初中教师，经过一年时间短训，能改教初中生物、地理课程。函中并对课程开设等问题提出具体意见。

7月2日

省教育厅转发教育部《关于试行中学教师进修高等师范专科、本科教学计划的通知》及有关专业的教学计划（试行草案）和试行教学计划的意见。

印发的教学计划共计专科12个专业，即政治、汉语言文学、历史、英语、数学、物理、化学、生物、地理、体育、音乐、美术。本科7个专业，即政治、汉语言文学、历史、英语、数学、物理、化学。

7月10日

省教育厅根据教育部《关于加强普通教育行政干部培训工作的意见》和本省实际情况，并在征求各地意见的基础上，拟订了《江苏省普通教育行政干部培训规划》印发各地，要求各地、市、县教育局按省培训规划的要求，制订本地区的规划，采取措施，予以落实。

7月12日

南通师范学校副校长朱嘉耀等二人来宁研究举办小学语文骨

干教师培训班的问题。初教处负责同志参加研究。

7月13日

省教育厅初教处、师教处联合向厅党组提出委托南通师范举办小学语文骨干教师培训班的书面报告，后党组同意。

7月19日

为适当解决我省中学生物、地理等学科教师严重短缺问题，省教育厅委托扬州地区教师进修学院和无锡市教师进修学院分别举办中学生物、地理教师培训班。省教育厅于7月19日发出《关于举办中学生物、地理教师培训班的通知》，要求各地、市教育局按通知要求选送学员。

培训班于暑假后开学。

7月19日至29日

省教育厅在扬州进修学院举办中学法律常识讲习会。到会讲课的有公安厅、司法厅、法律政策研究室、团省委学少部、省委宣传部同志以及南京鼓楼区工读学校校长等。

师教处处长吴大年参加，徐航副厅长到会讲话并作总结。

7月26日至8月9日

省教育厅委托江苏教育学院举办高中地理教师备课班，帮助教师掌握新教材中的重点、难点，并适当拓宽地理知识，为秋后在六年制的高中二年级和五年制的高中一年级开设高中地理打基础。参加备课班的教师共52人。

8月5日

省教育厅发出通知，委托南通师范举办小学语文教学研究班。文中明确举办培训班的目的是为全省培养一批高水平的小学语文骨干教师。并明确教学工作应贯彻理论联系实际的原则，以深入钻研小学语文教材教法为主，适当加深拓宽文化专业知识。教学方法以自学和研究为主，辅以必要的讲课和辅导。培训时间四个半月，要求各地按培训对象的条件选送学员。培训班定于9月20日开学。

8月6日

为进一步摸清师资队伍状况，研究民办教师整顿考核问题，按照省教育厅领导部署，师教处张行、孙征龙、马幸年出访吴县，以光福公社为调查重点，调查分析全县情况，附带对武进县师资队伍情况作一般性了解。

8月30日

为解决各县教师进修学校教育专业教师短缺问题，委托苏州地区教师进修学院和新苏师范学校联合举办培训班。省教育厅发出《关于举办县教师进修学校教育专业教师培训班的通知》，具体部署选送学员工作。

9月2日

省教育厅师范教育处召开小型会议，研究小学语文教学研究班的教学计划。参加会议的有南通师范刘秉镕（培训班负责人、特级教师）、曹祖清，晓庄师范叶树明（特级教师），丹阳师范戴正兴，常州师范李钟珂。初教处同志参加。

9月3日

苏州地区教师进修学院教务处长陈弼、新苏师范学校副校长姜惟镛来宁研究县教师进修学校教育专业教师培训班办班问题。决定成立5人领导小组，由苏州地区教师进修学院院长和新苏师范学校校长分别担任正、副组长。成立教学小组，以新苏师范学校教育学教师为主，聘请晓庄、丹阳、洛社等校教育学教师参加。另外，请高师院校教育学教师举办专题讲座。

9月7日至9日

师教处在南京市与市教育局师范科、晓庄师范学校、建邺区教师进修学校等研究如何执行教育部拟订的小学教师进修中师教学计划问题。

9月15日至26日

师教处吴大年、孙征龙出访无锡、苏州、常州，了解中小学教师队伍情况，并研究如何进一步讲究实效，采取多种形式，搞好中小学在职教师进修，包括组织教学有困难的教师过教材教法关以及培养骨干教师等。

在无锡期间了解无锡教师进修学院所办的中学地理教师培训班情况。在苏州期间参加了县教师进修学校教育专业教师培训班开学典礼。

9月底

按照教育部召开的小教进修会议的决定，各门进修教材的教学大纲由有关省、市分工编写。语文教学大纲以辽宁为主，江苏、安徽参加编写。编写会议在安徽黄山召开，我省南通师范刘秉馆、晓庄师范叶树明参加了编写会议。

10月14日

教育部发出《关于召开研究加强中小学教材教法进修工作会

议的通知》，指出："从全国看，教学有困难，不能胜任教学工作的中小学教师的比例仍较大，加之提高这一部分教师的进修工作比较复杂，此项工作还存在许多问题亟待解决。"

根据教育部通知精神，省教育厅师范教育处具体讨论了如何加强这一工作，并为教育部会议做好准备的问题。

10 月 18 日

为研究加强中小学教师教材教法进修工作，省教育厅于 10 月 18 日发出通知，要求各地、市教育局调查了解目前教学上存在困难、不能胜任教学工作的高中、初中和小学教师的确切人数以及他们现有的文化、业务水平的实际情况，根据具体情况提出加强这一工作的意见。同时，发出关于召开中小学教师教材教法进修工作座谈会的通知。

师范教育处与南京市教育局师范教育科、南京晓庄师范学校研究小学教师进修教材教法问题。决定请南京市教育局和晓庄师范对教学有困难的教师作详细的调查分析，并请晓庄师范拟订小学教师进修教材教法的教学计划。

10 月 19 日

师教处在南京市教师进修学院了解该院举办教材教法学习班和研究班的情况，并研究如何加强教学有困难的教师进修教材教法工作。

10 月 21 日

国务院以国发〔1982〕130 号文件发出通知，批转教育部关于《加强教育学院建设若干问题的暂行规定》的通知。

10 月 27 日

四川、浙江、江苏、上海 4 省、市小学教师进修教材协作会议在四川乐山召开。省教育厅师教处副处长张行与江苏省中师相关学校校长，教师叶树明（语文）、朱嘉耀（语文）、戴正兴（语文）、金成樑（数学）、徐应鸿（自然）、侯钟焕（史地）等参加。会前准备了编写方案。

10 月 28 日至 11 月 2 日

师教处吴大年、马幸年赴南通了解小学语文骨干教师培训班情况，听了常州师范语文教师李钟珂的课，并召开学员座谈会。

此前，为在全省培养一批高水平的小学语文骨干教师，省教育厅委托南通师范举办小学语文骨干教师培训班，开班前召开了小型座谈会，研究该班教学计划。参加座谈会的有南通师范刘秉镕（培训班负责人）、曹祖清，晓庄师范叶树明，丹阳师范戴正兴，常州师范李钟珂。

培训班的培训时间为四个半月，于 9 月 20 日开学。

11 月 8 日至 9 日

省教育厅师教处召开小学教师教材教法进修工作座谈会。参加座谈会的有南京市教育局师范科郭富春、南京晓庄师范学校王治、淮阴地区教育局侍伊纳、盐城地区教育局徐必余、盐城师范学校余洪岸、扬州地区教育局项复明等。座谈会主要讨论小学教师进修教材教法的问题。

11 月 10 日至 11 日

省教育厅师教处召开中学教师教材教法进修工作座谈会。参加座谈会的有南京市、无锡市、常州市、南通市、苏州地区教师进修学院分管教学工作的院长。座谈会上决定分工拟订初中各门学科教师进修教材教法的要求和教学计划。分工情况如下：

语文、历史、地理：无锡教师进修学院；数学、生物：南京教师进修学院；政治、物理：常州教师进修学院；外语：南通教师进修学院；化学：苏州地区教师进修学院。

在几次座谈会和调查研究的基础上，草拟了《关于加强对中小学教师教材和教学方法进修工作的意见》。

11 月 26 日

省教育厅发出《关于编写小教进修教材的通知》。按照 4 省、市小教进修教材协作会议商定，江苏省负责编写《语文基础知识》和《小学语文教材教法》两本教材。决定《语文基础知识》由南通师范负责编写，《小学语文教材教法》由晓庄师范主编，常州、丹阳师范协编。通知对编写工作作了具体部署，并对新招的中师函授学员使用教材的问题提出了具体意见。

12 月 4 日至 15 日

省教育厅师教处吴大年、张行、马幸年出差苏州、无锡和徐州。调查研究的主要问题是：

1. 江苏省实行市管县领导体制后，有关地、市对师范教育特别是教师进修院校的设置、服务、任务和规划等方面的设想；2. 对贯彻执行国务院 130 号文件的意见和建议；3. 了解徐州地区中等师范学校的基本情况。

在苏州召开了小型座谈会，请南京、常州、无锡、苏州、南通教师进修学院的院长座谈讨论。回厅后，会同计财处草拟了江苏省贯彻国务院 130 号文件的意见。

12 月 22 日

印发《关于加强对中小学教师教材和教学方法进修工作的意见（讨论稿）》和中小学教师教材教法进修的教学计划，征求各地、市教育局和教师进修学院意见。

1983 年

1 月 8 日

师教处吴大年、张行到江苏教育学院，与参加第四期干训班的中师校长座谈，就如何加强中等师范教育、提高中师教育质量（包括改善办学条件、改革招生办法、加强师资队伍建设，以及开展校际协作等）交换意见。

同日，师教处与计财处研究高师本科函授面授点经费问题。商定在无锡、常州、扬州、淮阴 4 市教师进修学院设 4 个面授点，由省教育厅按每个面授点 100 张床位、每张床位 200 元的标准给予一次性经费补助。后由计财处征得省财政厅同意后实施。

1 月 17 日

全省教师进修学院教师职称评定（讲师）工作学校初评阶段结束。抽调江苏教育学院、南京市教师进修学院、无锡教师进修学院干部 4 人，由师教处会同人事处集中进行复查，报厅领导审批。

1 月 18 日

约请南通、常州、无锡、晓庄师范 4 校负责人研究继续举办

小学骨干教师培训班问题。决定从 1983 年上半年起扩大培训规模
（除南通师范外），另在无锡师范增加一个语文班，在常州师范举
办数学班，在晓庄师范办自然班。培训班（除自然班外）定名为
教学研究班。

后又决定在高邮师范增办一个数学班。

1 月 20 日

省教育厅转发教育部《关于试行小学教师进修中等师范教学
计划的通知》及《小学教师进修中等师范教学计划（试行草
案）》（教育部于 1982 年 8 月 20 日印发）。江苏省 1982 年暑假后
新招收的中师函授和其他形式中师系统进修的小教进修学员均试
行此教学计划。

1 月 21 日

师教处与新苏师范、苏州地区教师进修学院研究继续举办进
修学校教育学师资培训班问题。

1 月 24 日

省教育厅发出《关于举办小学语文、数学研究班的通知》，
并附名额分配及学员登记表，要求各地按标准选送学员。

1983 年上半年起，除南通师范学校继续举办小学语文教学研
究班外，另在无锡师范增加一个语文班，在常州师范、高邮师范
办数学班，在晓庄师范办自然班。各班视学校具体情况或连续招
几期或隔一个学期招一期。（1 月 18 日约请有关学校共商。）

1 月 25 日至 26 日

召开高师函授教育座谈会，4 所师院教务处长、负责函授工

作的同志及省、市教育学院负责人参加。座谈会总结了几年来 4 所师院举办的专科函授教育的经验，并就 1982 年暑假后举办本科函授以来的情况和存在的问题进行了讨论。

2 月 5 日

教育部于 1983 年 1 月 28 日发出《关于教育学院重新备案的通知》。按照国务院国发（1982）130 号文件批转教育部《关于加强教育学院建设若干问题的暂行规定》，"教育学院的建立、改建、撤销由省、直辖市、自治区人民政府批准，抄送教育部备案"。为了确切了解教育学院的审批情况，加强对教育学院的领导，教育部通知要求将省、市、自治区人民政府批准的教育学院（包括教师进修学院）按照所附登记表的要求填写，于 2 月底前报教育部备案。教育厅收到此文后，于 2 月 5 日发函江苏教育学院和各地、市教师进修学院，并印发教育部发下的《教育学院备案登记表》，要求逐项填写后于 2 月 20 日前报厅，以便汇总报部重新备案。

2 月 9 日

省人民政府批准苏州大学于 1983 年面向苏州地区、苏州市、无锡市举办数学专业本科函授。2 月 9 日省教育厅、高教局印发《苏州大学高师函授数学专业 1983 年招生办法》及《关于若干具体问题的意见》。

2 月 18 日

2 月 17 日省教育厅办公会议上，罗明代厅长对 1983 年全厅工作提出四项任务、四项建设。在四项建设中，师资队伍建设是其中之一。要求整顿、加强师资队伍要采取各种办法，加快速度。2月18日，在吴大年主持召开的师教处处务会议上，同志们具体研究了这一问题，此后很多措施即为贯彻这一要求而进行。

2月21日

省教育厅、高教局通知和印发《关于进一步加强高师函授教育的意见》。其中提出建立、健全高师函授教育网，在苏州、扬州、淮阴和常州教师进修学院设立4个本科函授面授点，建立各地、市教师进修学院有关专业函授教育协作组，以及严格学籍管理制度等措施。

2月底

为研究中小学教师进修教材教法问题，教育部师范司在北京召开部分省师范处长小型座谈会。省教育厅师教处副处长张行参加了座谈会。

3月8日至10日

省教育厅召开地、市教师进修学院教务处（科）长会议，讨论草拟的《关于加强中小学教师进修教材教法工作的意见》，并对开展此项工作作具体部署。会上还对编写中小学教师进修教材教法的教学计划作了分工。

省教育厅党组书记、代厅长罗明到会讲话。

3月12日

省教育厅发出关于上报《教育学院备案登记表》的函件，将江苏省经省人民政府批准的15所教育学院、教师进修学院的备案登记表一式三份上报教育部。

3月16日

教育厅印发《关于加强中小学教师进修教材教法工作的意

见》，要求从 1983 年暑假开始，连续 3 年进行此项工作，争取到 1985 年底，在对中小学教师队伍进行调整、整顿、充实、提高的基础上，使全省 80％以上的中小学教师胜任或基本胜任教学工作。该《意见》对进修教材教法的对象、要求、内容、形式、考核办法等提出了具体意见。

3 月 17 日至 19 日

上海、四川、浙江、江苏四省、市的教育出版部门和新华书店有关同志在上海召开会议，研究三省一市小教进修教材的印刷、发行事宜。省教育厅师教处副处长张行参加会议。

3 月 22 日至 24 日

地、市教师进修学院中文专科函授协作会议在宜兴召开，讨论中文专科函授的教学计划、教材编写和教学要点等问题。师教处处长吴大年参加了会议。

3 月 24 日

省教育厅转发教育部（83）教师字 001 号《关于加强小学在职教师进修工作的意见》。

3 月 30 日

教育部于 1983 年 1 月 20 日以（83）教师字 001 号印发的《关于加强小学在职教师进修工作的意见》中规定，县（市）教师进修学校是培训小学在职教师、教育行政干部的中等师范学校。并规定县教师进修学校的审批手续："凡在领导干部、教学人员、仪器设备、校舍规格等方面能完成小学教师进修中师课程任务，又经地（市、盟、州）审查批准，报省（市、自治区）人民政府备案的县（区、旗）教师进修学校，享有中等师范学校同等的地位和待遇。"

江苏省县级教师进修学校由于过去未明确过报批手续，均需按照教育部规定的审批程序补办。为此，省教育厅 3 月 30 日向省人民政府送上《关于补办各县（市）教师进修学校审批手续的请示报告》，建议各县对教师进修学校的办学条件进行一次复查，具备条件的经县（市）人民政府审核、市人民政府审查批准后上报省教育厅备案——文件号为苏教师（83）63 号。

该请示报告由省政府办公厅于 4 月 4 日批示同意。省教育厅于 4 月 18 日发出《关于补办县教师进修学校审批手续的通知》。

4 月 9 日

教育部办公厅通知，1983 年至 1984 年度全国重点高等学校和教育部所属高等师范院校接受教育学院、教师进修学院进修教师，江苏省有 7 个名额。经省教育厅研究，分配给省教育学院 1 个名额，南京、无锡、苏州、徐州、扬州、盐城教师进修学院各 1 个名额。4 月 9 日向有关院校发出选派通知。

4 月 12 日至 25 日

市教师进修学院中文、数学、物理、化学专业会议分别在徐州、南京、淮阴、苏州召开，讨论有关学科初中教师进修教材教法的教学计划和教学重点。

师教处孙征龙参加了数学专业会议。

4 月 20 日至 28 日

教育部师范司在山东省烟台市召开全国中小学教师进修教材教法工作经验交流会，每省派代表 3 名。其中省教育厅（局）主管师训工作的处长（或副处长）1 名，省、地（市）、县负责教材教法进修工作的干部 2 名。江苏省由吴大年、王泽农（南京教师进修学院副院长）、徐必余（盐城市教育局中教科副科长）参加。吴大年由师范司安排，在会上发言介绍江苏省开展教材教法进修工作的情况。

5 月 13 日至 17 日

省教育厅在南京召开全省中小学教师进修工作会议。

参加会议的有 11 个市的教育局局长、科长，苏州大学、南京师范学院、扬州师范学院和徐州师范学院的教务处长、函授科长，省、市教育学院院长，县教师进修学校校长以及有关中师函授部负责人，共 130 人。

会议的目的是总结交流几年来进修工作的经验，研究如何开创全省中小学教师进修工作的新局面，部署 1985 年底以前的进修工作。着重解决三个方面的问题：1. 抓紧组织中小学教师进修教材教法的工作，使教学有困难的教师能够基本胜任教学工作；2. 坚持分类指导的原则，从实际出发，安排好不同水平的教师进修；3. 贯彻国务院 130 号文件和教育部（83）1 号文件精神，加强教师进修院校建设。

教育部召开的烟台会议精神在会上作了传达。

省教育厅副厅长徐航 5 月 15 日在会上作题为《加快步伐，建设一支合格的中小学教师队伍》的讲话，并在会议结束时作总结。

党组书记、代厅长罗明在会议结束时到会讲话。

大会进行经验交流，共 11 项内容，包括教材教法进修、高中师函授教育、中小学骨干教师培训、薄弱学科师资培训及干部培训等。

5 月 31 日

省教育厅印发全省中小学教师进修工作会议的三个文件：

1. 经会议讨论修改的《关于 1985 年以前全省在职中小学教师和普通教育行政干部培训工作的规划意见》。

2. 徐航同志在会上作的题为《加快步伐，建设一支合格的中小学教师队伍》的讲话。

3. 徐航同志的总结发言。

6 月 11 日

省教育厅印发《我省中小学教师进修教材教法教学计划和教学重点》。初中共发出政治、语文、数学、物理、化学、英语、生物、地理、历史 9 门学科，小学发出语文和数学 2 门。

6 月 14 日

教育部（83）教计字 032 号《关于教育学院和教师进修学院毕业生若干问题的通知》中规定，教育学院、教师进修学院举办的各个专业中学教师的系统进修，都要按照教育部 1982 年颁发的本、专科系统进修教学计划进行教学。教学计划未达国家规定标准的，必须按照部颁计划补课。未补课的不能承认其学历。按照文件精神，省教育厅发出《关于做好教育学院、教师进修学院系统进修学员补课工作的通知》，要求各校抓紧做好补课工作。补课计划需报省教育厅审定，补课工作一般安排在暑假。凡经补课后考试成绩及格者，由学校填造名册报厅审批后，按省教育厅制发的毕业证书统一格式予以换证。

6月15日

省教育厅转发教育部印发的《全国中小学教师进修教材教法工作经验交流会纪要》。

6月17日

教育部师范司电话通知，联合国儿童福利基金会有一笔基金支援我国，项目是仪器设备、车辆、图书资料和互派教师的经费等。援助计划于1985年后进行。师范司初步意见中，江苏省接受支援可以有两个点，其中幼儿师范和小学教师进修基地（需在对外开放地区）各一个。经研究，省教育厅提出江苏省幼儿师范学校和扬州市教师进修学校为受援学校，于6月24日报教育部。

（1985年4月5日教育部正式下达《我国政府与联合国儿童基金会已就1985—1989年加强小学和幼儿师资培训合作项目正式达成协议》，批准了以上援助项目。）

7月16日

为贯彻国务院国发（1982）130号《国务院批转教育部关于〈加强教育学院建设若干问题的暂行规定〉的通知》精神，加强江苏省教育学院的建设，7月16日省教育厅以苏教师（83）191号文向省人民政府报送《关于贯彻国务院国发（1982）130号文件的意见的报告》。报告中提出四个方面的意见：1.教育学院的设置和定名（附12所教育学院名单）；2.教育学院的规模和编制；3.基本建设、教学设备和经费；4.领导体制。

同日，省教育厅发出《举办小学自然教师培训班的通知》。

该班后共办9期。培训班负责人为晓庄师范学校特级教师凌铮。

7月19日

省教育厅1983年暑假后继续在南通师范、无锡师范举办小学语文教师教学研究班，在高邮师范举办小学数学教师教学研究班。7月19日省教育厅发出办班通知。

7月20日至8月4日

为执行教育部颁发的中学数学教师进修专科教学计划，开好新增设的高等几何课程，省教育厅委托扬州师范学院举办高等几何讲习班，各市、县教师进修院校担任或准备担任高等几何课程教师的人员共约90人参加。

7月29日

为了解暑假期间各地中小学教师进修教材教法情况，师教处发函通知各市教育局填报情况。

7月30日

江苏省人民政府以苏政发（1983）96号通知批转教育厅《关于加强我省教育学院建设的意见》，并公布12所教育学院名单。

国务院（1982）130号文件一并转发。

7月底

由江苏省主持，在宜兴召开了小教进修教材《现代汉语》和《小学语文教学法》审稿会。四川、浙江、江苏、上海四省、市有关学科教师近20人参加。江苏省参加的有南通师范朱嘉耀、刘秉镕、王亦群，常州师范李钟珂，丹阳师范戴正兴，晓庄师范王治、戴巧萍。教育厅师教处副处长张行参加会议。

9月5日

由于全省各地小学教师系统进修均在按照部颁的小教进修中师教学计划补学自然常识，师教处委托晓庄师范编写了《自然讲义》及教学意见，9月5日印发各地供教学中参考。

11月3日至4日

省、市教育学院语文教学研究会在苏州教育学院举行。师范教育处处长吴大年参加了会议。

11月6日至9日

省教育厅在宜兴召开全省中小学教师进修教材教法工作座谈会。到会的有各市教育局分管进修工作的科长、各市教育学院院长、江苏教育学院教务处干部，宜兴、无锡、江阴、江宁、丹阳、泗阳教师进修学校校长，以及盐城市郊区教师进修学校校长，共40人。

会议的中心议题是检查交流暑假期间全省中小学教师进修教材教法工作的情况，研究进一步贯彻省教育厅《关于加强中小学教师进修教材教法工作的意见》，并广泛交流了经验。

省教育厅吴椿、吴大年等同志参加了座谈会。吴椿作小结。

在会上重点介绍经验的有镇江、无锡、宜兴、南京、盐城、淮阴等地教育局和教师进修学院的同志。会后整理了《江苏省中小学教师进修教材教法工作座谈会纪要》。

11月28日

宜兴会议上决定对省颁初中9门学科的教材教法、进修教学计划和教学要点进行修订，按文理科分别由无锡、南京教育学院负责。会后，两所教育学院 9 门学科的教师在南京教育学院举行碰头会议，确定了修订的原则，并议定修改稿由两所教育学院直接与原编写单位联系，并广泛征求各教育学院意见后定稿。11 月 26 日省教育厅师教处发出通知，将上述情况通报各市教育学院。小学教师进修教材教法的教学计划修订工作由镇江市教育局组织，丹阳师范和丹阳教师进修学校负责进行。

11 月 27 日至 12 月 1 日

省教育厅在南京召开全省中小学师资工作会议。到会的有各市教育局局长，省、市教育学院院长，中等师范学校校长，并邀请各师范学院、师范专科学校和苏州大学负责同志以及负责函授工作的教务处长参加，共 70 人。

会议内容：1. 讨论"六五"后两年和"七五"期间全省中小学师资规划；2. 研究全省中等师范学校布局、规模和 1984 年招生计划，交流办好中等师范学校的经验；3. 讨论如何办好教育学院，进一步加强在职中小学教师进修工作，并交流经验。

省教育厅代厅长罗明，副厅长吴椿、谢全海等到会。罗明同志在会议开始和结束时两次讲话。计财处穆嘉琨、袁睁和省高教局教导处鞠勤参加了会议。

大会邀请南京晓庄师范学校毕业生、江浦县五里乡行知实验小学校长杨瑞清到会发言。

会后，《江苏教育》报道了会议情况，刊载罗明同志的总结发言以及部分经验材料。罗明同志的两次讲话于 12 月 12 日印发全省各有关单位。

12 月 15 日

省教育厅给教育部师范司送出一份报告，说明江苏省人民政府已于 7 月以苏政发（1983）96 号文件转发了省教育厅《关于加强我省教育学院建设的意见》，为适应我省实行市管县的新体制，省人民政府决定今后 11 个省辖市各保留 1 所教师进修学院，并统一定名为教育学院，加上省教育学院，共计 12 所，请教育部按照我省 12 个教育学院的名称批准备案。并附上苏州、镇江、淮阴、南通、连云港教育学院的办学情况。

12 月 31 日

省教育厅印发《关于市教育学院 1984 年专科函授招收新生工作的意见》。根据教育部有关文件精神，结合江苏省具体情况，对考试科目、命题范围和录取工作等都作了具体规定。并明确不招收试读生、旁听生和插班生。

同日，省教育厅发出寒假后继续举办小学语文、数学教师教学研究班和小学自然教师培训班的通知（小学语文班在南通师范，小学数学班在常州师范，小学自然班在晓庄师范）。

1984 年

3 月 5 日

省教育厅印发《关于县教师进修学校备案问题的通知》。自 1983 年 4 月苏教师（83）77 号《关于补办县教师进修学校审批手续的通知》下达以后，全省 11 个市人民政府在各县对县教师进修学校的办学条件进行复查的基础上，审查批准了一批县教师进修学校，陆续报省教育厅备案。经审核研究，同意对 63 所学校批准备案，并公布名单。

3月14日

省教育厅发出《关于评选第二批特级教师的通知》，中等师范学校和教师进修学校教师也列入评选对象。通知要求5月底各市教育局审查平衡后报教育厅。

3月19日至21日

省教育厅师教处在无锡教育学院召开省、市教育学院院长座谈会，总结我省中学在职教师培训工作的经验、成绩和存在的问题，会后由无锡、连云港教育学院整理成书面总结。并就专科函授招生以及为职业中学培养专业课师资等问题进行了讨论。

4月6日

省教育厅与高教局发布《江苏省四所师院（大学）本科函授、江苏教育学院本科脱产进修班1984年招生办法》，共计为7个专业招生740人。该《办法》中规定，入学考试由省统一组织命题，市教育行政部门组织考试，阅卷、录取工作由各招生学校负责。考试时间定于6月10日至12日。

4月9日

省教育厅发出关于贯彻教育部《关于教育学院和教师进修学院毕业生若干问题的通知》的通知，转发了教育部（83）教计字032号通知，对我省12所教育学院毕业生的学历、使用和待遇问题提出了具体执行意见。

随文同时转发教育部1984年2月22日（84）教师字003号《关于教育学院重新备案的通知》，我省江苏教育学院和11所市教育学院均经教育部同意备案。

4 月 23 日

省教育厅发出《关于市教育学院专科系统进修 1984 年统一招生考试的通知》。规定招生考试由省统一命题，统一评分标准。由各市教育行政部门组织考试，由各市教育学院负责阅卷工作。全省成立命题小组，由南京教育学院派教学副院长或教务处长担任组长，下设 8 个学科命题组，每组由 3 所学校各派教师 1 名参加。考试时间定在 6 月 17 日至 19 日。

5 月 11 日

省教育厅发出《关于市教育学院举办职业技术教育专业课师资专科班和 1984 年招生工作的通知》。为适应农村职业技术教育迅速发展的趋势，决定市教育学院开办中等职业技术教育专业课教师培训班，由各市教育学院在全省范围内分工协作，各负责 1—2 个通用性较强的专业，近几年主要培训由文化课改行的专业课教师。1984 年招生的专业有南京教育学院电子，无锡教育学院纺织、淡水养殖，常州教育学院化工，南通教育学院幼教，淮阴教育学院农学，扬州教育学院建筑、多种经营，苏州教育学院多种经营等。1984 年共招生 360 人，由各市教育局按分配的名额选送参加全省教育学院专科系统进修的统一招生考试。

5 月 19 日

华东师范大学 1984 年举办中等学校教师本科培训班，分配给我省历史专业 5 个录取名额。省教育厅发出《关于选送中学教师报考华东师范大学历史专业本科培训班的通知》。

5 月 23 日

省教育厅发出《初中九门学科教师进修教材教法的教学计划

（修订稿）》。小学教师的进修计划修订稿已于 4 月份发出。

5 月 31 日

省教育厅以苏教师（84）146 号函答复苏州市教育局，并抄送各市教育局，同意选送一部分有培养前途的民办中学教师参加职业技术教育专业课师资专科班学习。

同日，发出《关于江苏教育学院和原十四个地、市教师进修学院毕业生换发毕业证书问题的通知》。6 月 9 日又通知各市教育局和省、市教育学院报送毕业生名册和换发毕业生证书申请表，办理换证手续。

6 月 4 日

1983 年起，江苏省组织中小学教师进修教材教法的工作全面展开。为做好 1984 年的工作，省教育厅转发了南通教育学院组织初中教师教材教法进修的经验材料。

7 月 2 日

省教育厅发出《关于举办县教师进修学校小学语文、数学教学法教师培训班的通知》，委托南通师范办小学语文教学法教师培训班、常州师范办小学数学教学法教师培训班，为各县今后自己培训小学骨干教师培训师资。两个培训班均定于 1984 年 9 月开学，学习时间 4 个月。

同日，省教育厅发出《举办小学语文、数学教师教学研究班及小学自然教师培训班的通知》，继续委托无锡师范、高邮师范分别办小学语文、数学教师教学研究班，委托晓庄师范办小学自然教师培训班。9 月初开学，学习时间 4 个月。

7月21日至31日

根据省教育厅与广西壮族自治区教育厅的安排，江苏省教师进修院校、中等师范学校与广西方面的对口交流活动在桂林举行。

参加这次交流活动的人员有：无锡教育学院院长何莘耕、南通教育学院院长董魁如、金湖县文教局副局长汪镇平、宜兴县教师进修学校副校长唐继延、东台县教师进修学校副校长任伟。

中学语文、外语、化学和小学数学教师的讲学也于同期在南京举行。师教处处长吴大年带队参加了这次交流活动。代厅长罗明在交流活动结束前到广西听取了这次交流活动的汇报，和大家一起作总结，并与广西教育厅交换意见，参观访问了几所学校，后又赴湖南参观访问。

8月31日

师教处与人事处讨论制订"七五"期间师资规划的原则、依据和测算标准等问题（规划工作从上半年即开始酝酿，并作了初步测算）。副厅长谢全海参加讨论。

9月份

特级教师评审工作已进入省评审阶段。

省教育厅9月26日讨论中师和进修学校的特级教师的评审工作。根据有关市上报材料，初步同意7人的评定。其中县教师进修学校教师1人，即如东县教师进修学校语文教师曹津源。

10月29日至11月7日

师教处工作人员分两路出发调研。

1. 张行、陈宗伟去苏州、无锡、常州，了解中师改革情况，并征求对"七五"期间师资规划的意见。

2. 吴大年、刘明远去盐城、扬州，并参加盐城市中小学教师进修教材教法经验交流会议。

10 月 31 日

省教育厅发函各市教育局，了解 1984 年中小学教师进修教材教法情况，要求填写《中小学教师进修教材教法情况统计表》，并将工作中的经验、问题、采取的措施和建议等写成书面材料报厅。

11 月 26 日

上海市教育局组织代表团来江苏参观，11 月 26 日，省教育厅向代表团介绍我省中小学师资队伍和培训工作情况。

12 月 18 日

省教育厅印发《关于协助办好在职中小学教师电大汉语言文学专科班的通知》。

1985 年

1 月 4 日

省教育厅与高教局领导同志会谈召开全省师范教育会议问题。罗明同志提出会议的主要议题是"七五"期间师资规划和师范教育改革。两个单位的有关处室负责人参加会谈。

会后，省教育厅与高教局联合向省政府打了报告。

1月16日

师范教育处讨论 1985 年工作。明确在 1985 年内，应按照邓小平同志"三个面向"的指示、党中央关于教育体制改革的决定和省教育厅普通教育改革的纲要精神，突出两个中心，即落实"七五"师资规划和狠抓教育改革，推动教育质量提高。

同日，发出《关于抓紧做好今年报考教育学院系统进修考生复习工作》的函件，并转发教育部办公厅教字 008 号文件，要求各地按照文件要求，采取有力措施，切实做好今年考生的复习工作。

1月26日至2月3日

省教育厅在扬州召开各市教育局长会议。会上讨论了"七五"期间普教事业和中等职业教育事业发展和师资规划。师教处吴大年、马幸年参加会议。

1月28日上午，师教处在会上作关于"七五"师资规划和中等师范教育改革问题的发言。"七五"师资规划从 1983 年开始酝酿，经过 1984 年一年的讨论修改，已十易其稿，形成征求意见稿提交局长会议讨论。

会议期间，师教处会同计财处请各市教育局计财科长座谈，就有关"七五"师资规划的测算标准等问题进一步征求意见，并部署各市具体测算后报厅，以便对规划作进一步修改。

1月27日至2月1日

教育部师范教育司在武汉召开联合国儿童基金会支援项目工作会议。师教处张行参加了这次会议，会议主要任务是检查各省、市师资培训项目的落实情况，并通报、商讨 1985 年师范教育和师训工作。

2月8日至10日

按照第二次四省、市编写小学教师进修教材协作会议的建议，为讨论小学教师进修协编教材的重印和修订再版工作，各省、市由省教育厅和江苏教育出版社牵头在南京召开第二次协作会议。出席会议的有三省、一市的教育行政部门、出版部门和发行部门有关同志。师教处由张行、陈宗伟二同志参加。

会后印发了《上海市、四川省、浙江省、江苏省编写小学教师进修中师教材第二次协作会议纪要》。

3月8日

省教育厅以苏教办（85）65号文印发《1984年工作总结和1985年工作任务》。在1985年的工作任务中，提出要将师范教育作为整个教育事业的重点来抓。要加强各类师范院校和教师进修院校的建设，人员配备和经费投资都要摆到重要位置。要采取多种形式抓好在职教师的进修提高，凡教材教法没有"过关"而又能够过关的中小学教师今年要全部"过关"。

3月12日

省教育厅通知各市教育局，根据教育部（84）教成字043号《关于1985年各类成人高等学校招生工作的通知》，教育学院举办的各种形式专科系统进修的招生计划需报省审核汇总，并经教育部正式纳入国家成人高等教育招生计划后方可招生。因此要求各市教育局迅速报送教育学院专科系统进修1985年招生计划，随本通知转发了教育部文件。

经请示省政府，1985年江苏省教育学院各专业专科系统进修招生均参加全省成人高等教育统一命题考试。因此，4 月 9 日又以苏教师（85）97 号函催报各市教育学院的招生计划，并转发了省高校招生委员会苏招委（85）1 号通知。

4 月 5 日

教育部下达《我国政府与联合国儿童基金会已就 1985—1989 年加强小学和幼儿师资培训合作项目正式达成协议》，江苏省幼儿师范学校和扬州市教师进修学校被批准为合作项目学校。

4 月 6 日

教育部副部长黄辛白来江苏为即将召开的全国教育工作会议起草的文件征求意见。省教育厅约请了部分市、县教育局长和中小学校长参加座谈。

罗明代厅长为向教育部反映中小学师资队伍状况，要求师教处吴大年同志在座谈会上向黄辛白副部长汇报。

4 月 10 日

华东师范大学继续举办中等学校教师本科培训班，分配我省历史专业 5 个录取名额。省教育厅于 4 月 10 日发出关于选送中学教师报考华东师范大学历史专业本科培训班的通知。

4 月 16 日

教育部师范司徐玉凯、孙溶溶来江苏，对合格小学教师的规格培养目标问题进行调查研究。师教处由张行、陈宗伟、马幸年配合教育部二同志分城市、农村两个组进行调查，然后在南通召开研讨会。具体安排为：

一、城市组：4 月 16 日至 18 日在南京活动；4 月 19 日至 23

日在无锡活动；4 月 24 日至 28 日在苏州活动。

二、农村组：4 月 18 日至 23 日在淮安活动；4 月 24 日至 28 日在淮阴活动；4 月 29 日至 5 月 2 日在如皋活动。

4 月 17 日

省教育厅、高教局印发江苏省四所师范学院（大学）本科函授、江苏教育学院本科脱产进修班 1985 年统一招生考试的通知。文中规定由省教育厅组织五所院校统一命题、考试。

考试时间定于 6 月 15 日至 16 日。

同日，教育部师范教育司师训处王源林同志来江苏了解我省贯彻国务院 130 号文件情况，师教处孙征龙陪同。4 月 17 日下午去省教育学院，4 月 18 日上午去南京教育学院。4 月 18 日下午由师教处与王源林同志交流。

4 月 24 日

省教育厅发出通知，下达江苏教育学院、各市教育学院在职教师系统进修 1985 年招生计划，共招生 4 820 人，其中函授 3 510 人，业余面授 585 人，脱产进修 725 人。在 4 820 人中，本科 150 人（江苏教育学院招）。

南京、南通、淮阴、扬州教育学院继续招职业技术教育专业课师资专科班 140 人。

5 月 15 日

省计经委、高教局、公安厅、教育厅发出《关于挑选部分优秀应届中专校毕业班学生培养为职业教育师资问题的通知》。其中说："为适应我省职业技术教育发展的需要，加速培养职业中学专业课师资，经报请省人民政府原则同意，经与省有关部门商定，在今年部分中专校毕业班学生中挑选 314 名适合当教师的优秀学生转到常州职业师范学院（设在各市教育学院的大专班）继续学习两年，毕业后分配到中等职业技术学校任教。"文件并对选送对象、选送办法、待遇及经费等问题作了具体规定。全省各个市教育学院均接受了这一任务。

5 月 15 日至 20 日

全国教育工作会议在北京举行。江苏代表 18 人。其中普教 6 人。省教育厅副厅长吴椿代表省教育厅参加会议。盐城教育学院副院长吴士欣参加了会议。

参加会议的教育学院全国共 6 所，另外 5 所是北京教育学院、辽宁教育学院、上海教育学院、广东教育学院和贵州教育学院。

5 月 19 日

根据第三次四省、市编写小学教师进修教材协作会议与华东七省、市和四川省幼儿园教师进修教材编写协作会议商定的意见，由江苏省承担小学教师进修中师教材《心理学》和幼儿园教师进修教材《美术》《美工教学法》《语文基础知识》的编写任务。经与有关学校交换意见，确定《心理学》由晓庄师范戴相华负责，《美术》由江苏幼师张树华负责，《美工教学法》由南京市幼师陈景同负责，《语文基础知识》由南通师范刘秉镕负责，且均成立编写小组。5 月 19 日发出通知给有关中等师范学校。

5 月 20 日

省教育厅以苏教师（85）151 号向省人民政府报送《关于挑选部分优秀应届幼师毕业班学生培养为幼教职业班专业课师资的报告》。为解决幼教职业班专业课师资问题，1983 年，江苏幼师曾招收过一个大专班，已学满两年。报告要求按照苏教职（85）138号文件精神挑选部分优秀应届幼师毕业生转到江苏教育学院（在江苏幼师办班）继续学习，毕业后分配到各地职业中学任幼教职业班专业课教师。

6月5日

省计经委、人事局、高教局、教育厅以苏教人（85）164号通知印发1985年高等师范院校毕业生分配计划。分配方案中，对师范院校和教师进修院校所需师资作为重点予以安排。其中，本科毕业生651人，占总数的27.7％。其中分配到师院、师专279人，占11.9％；教师进修院校172人，占7.3％；中师200人，占8.5％。

6月18日至20日

省教育厅在南京召开小学教师进修工作会议。参加会议的有各市教育局分管小教培训工作的科长、负责各个市中师函授的中等师范学校函授部主任，以及每市一所县教师进修学校校长。另外，晓庄师范、江苏幼师和扬州市教师进修学校也参加了会议，共39人。

会议内容：讨论进一步加强和改革中师函授工作；交流小学教师进修教材教法的情况，研究1985年基本完成教材教法进修任务的措施。

吴椿副厅长到会讲话，师教处处长吴大年作小结。

会后草拟了改进中师函授的意见。

6月25日

省教育厅在南京召开全省各市教育学院教务处长会议，研究接受中专毕业生的职教师资班教学计划和有关其他问题。（教学计划于8月12日印发。）

6月26日

师教处陈宗伟参加华东六省一市中师函授协作会议后向处内汇报。会议于6月17日在上海六师召开，主要讨论部颁教学计划和教材问题。

6月29日至7月2日

第四次四省、市编写小教进修教材协作会议在浙江温州召开。江苏省叶树明、朱嘉耀、曹津源、凌铮、荆福仁、康儒民、孙峪峨、马幸年参加。会议主要内容是：讨论教材的修订原则和办法；研究《教育学》和《心理学》两本教材的编写工作；交流这套教材的发行情况。

7月24日

省教育厅印发《关于1966年前中师函授学员学历问题的通知》，参照教育部（84）教成字044号《关于1966年前普通高等学校举办的函授、夜大学在校学生学历问题的通知》精神，并经过调查了解，对1966年前中师函授学员学历问题提出了处理意见。

8月6日

南京师范大学举行本科函授第一届学员毕业典礼，省教育厅副厅长薛守固参加了毕业典礼并讲话。师教处吴大年参加典礼。

8月15日至19日

省政府在南京召开全省教育工作会议，传达全国教育工作会议精神。省、市教育学院院长参加了会议。宜兴县教师进修学校作为县教师进修学校代表也参加了会议。

19日上午，罗明、吴椿同志在省、市教育学院和师范组会议上就师范教育问题分别讲话。

9月2日至5日

华东七省、市和四川省幼教进修教材第二次协编会议在山东济南召开。会议主要内容是讨论修改教材编写大纲，确定教材出版计划。我省省幼师徐伟、张树华，南京市幼师陈景同，南通师范刘秉镕，省教育厅师教处孙征龙参加会议。

9月18日

国家教委于7月31日发出《关于委托研究小学、幼儿园教师规格和师范课程标准的通知》，确定江苏省承担"合格小学教师的规格标准"和"中等师范学校（普师）的培养目标及各门课程的培养训练标准"两个研究项目。省教育厅于9月18日发出通知，对这两项研究工作作了部署。宜兴县教师进修学校和扬州市教师进修学校参加"合格小学教师的规格标准"的研究。

9月18日至27日

省教育厅拟于9月23日至26日召开分管教育的市长、教育局长会议，要求各处室出访各地了解对省教育工作会议的贯彻情况，及时向厅汇报。

师教处吴大年、陈宗伟和刘明远出访淮阴、连云港二市。除上述任务，结合了解新建中师和教育学院建设情况。此行到达的7所院校是：泗洪师范学校、淮阴师范学校、海州师范学校、连云港师范学校、淮阴教育学院、连云港教育学院、淮安师范学校。

10 月 11 日

省教育厅向广西壮族自治区教育厅发函，并抄送有关市教育局、教育学院、中师和进修学校。按照 9 月份广西教育厅杭乃声同志来我省协商的两省区师范教育方面的有关协作项目，将省教育厅研究确定的派往广西学习交流、参加视察活动的人员及时间函告广西方面。其中教育学院参加人员为南京教育学院钱树柏（原院长）、无锡教育学院徐锡珊（原党委书记）、南通教育学院陈璞（原党委书记）。

10 月 15 日至 18 日

国家教委为召开中小学师资工作会议，征求对会议文件的意见，派中教司副司长卓晴君和师范司孙溶溶 2 位同志来江苏，在宁活动 3 天。

除与省教育厅领导交换意见外，2 位同志于 10 月 16 日上午召开南京市中小学校长和教师座谈会；16 日下午召开两个座谈会，一是教育局长座谈会（南京市周德藩、高耘，无锡市仲安仁，南通市秦同），二是在宁的教育学院和中师院校长座谈会。

10 月 17 日上午召开高教方面座谈会，17 日下午与省人事、组织、计划部门座谈。10 月 18 日上午召开外地进修学院和中师座谈会，镇江、无锡、常州、扬州教育学院院长和无锡、丹阳师范学校校长参加。

18 日下午召开省教育厅有关处室负责人座谈会，师教处吴大年在座谈会上就中小学师资队伍状况，加强师资队伍建设和"七五"规划，以及加强师范、进修院校建设等问题作了发言，会后整理了书面意见上报。

10 月 15 日

省教育厅印发《关于改进和加强中师函授教育的意见》。

小学教师参加中师函授系统学习具有"在职、成人、业余"的特点，小学教师的任课情况和实际水平又有差别，执行同一个教学计划，不仅教学上有困难，进修的实际效果也受到影响。为解决这一问题、切实保证中师函授质量，该《意见》中对 1966 年及以前的高中毕业生、1980 年及以后的高中毕业生执行部颁中师函授教学计划提出了具体的意见。对一般中师函授学员则实行文理有所侧重的两种教学计划。为了加强对全省中师函授的业务指导、保证函授质量，《意见》决定成立中师函授业务指导中心，由晓庄师范牵头，各市负责中师函授的中等师范学校及扬州市、宜兴县教师进修学校参加。

10 月 18 日

国家教委办公厅印发《关于参加中小学师资工作会议的通知》。省教育厅师教处为全国会议准备了下列材料：

1. 师范教育工作全面总结（与高教局合写）；2. 中小学"七五"师资规划（含幼教和职教）；3. 关于改革中等师范教育的意见；4. 关于在职中小学教师培训工作的总结。

10 月 20 日

接国家教委电报，师教处张行同志到北京参加全国师资工作会议的文件起草工作。

10 月 27 日

根据国家教委和财政部通知，世界银行东亚与太平洋地区项目局师资培训考察组一行 5 人于 10 月下旬至 11 月初来江苏访问，主要考察师资培训工作。其中进修院校考察了江苏教育学院、南京教育学院、无锡教育学院、扬州教育学院、宜兴教师进修学校和扬州市教师进修学校。

师教处马幸年被抽调参加接待工作。

11 月 20 日至 25 日

国家教委在北京召开中小学师资工作会议。

会议讨论了以下四个方面问题：1. 明确制订师资队伍建设规划的原则；2. 落实在职中小学教师的培训工作；3. 改革和加强师范教育的具体措施；4. 研究加强师资队伍建设的有关政策。

江苏省出席会议人员 12 名，其中省政府领导同志 1 人，教育厅 2 人，高教局 2 人，师院、中师、进修院校、综合大学、体育院校、艺术院校各 1 人。普教方面出席会议的代表为省教育厅副厅长吴椿、师教处副处长张行、省教育学院院长曹阳、淮安师范学校校长李立海。另外，晓庄师范学校校长王伦元参加了国家教委召开的体育师资工作会议，一并参加了中小学师资工作会议。

11 月 30 日

按照江苏省和广西商定的协作项目，江苏省派往广西学习交流和参加视导活动的教育学院和中等师范院校长启程赴桂，省幼师党支部副书记钱彬领队，在广西活动 1 个月。参加交流活动的教育学院院长 3 人：南京教育学院原院长钱树柏、南通教育学院原党委书记陈瓅、常州教育学院副院长羊汉。

12 月 10 日至 13 日

省教育厅在南京召开小学教师规格和中师培养目标研讨会。

参加会议的有负责两个课题的有关中师、县教师进修学校校长和教师，南京市小学校长和教师等，以及南师大教育系的指导老师，共30余人。

12月12日

省计经委、高教局、省教育厅印发《关于挑选部分优秀应届中专校毕业班学生培养为职业教育师资有关问题的补充通知》。这批学生（共308人）在教育学院学习时间原定为两年（一年学习，一年实习），现决定改为一年。《通知》中明确规定他们在学校期间的助学金、公费医疗、肉价补贴等均按师专学生标准执行，并明确规定了经费开支渠道。

12月28日

省教育厅发出《关于做好1986年在职中学教师专科系统进修招生工作的通知》。按照国家教委决定，1986年成人高校实行全国统一招生考试。为做好招生工作，以保证"七五"期间在职中学教师培训任务的完成，省教育厅要求各地统筹规划1986、1987两年的招生任务，并再次明确以业余学习形式为主，以函授为主，要求各校做好考前组织复习的工作。

1986 年

1月7日至8日

省教育厅师教处在南京召开各市教育学院教务处长会议，内容为：1. 研究职教师资班即中专毕业生培养为职业技术教育师资班教学计划的调整问题；2. 研究 1986 年教育学院招生工作，包括在职中学教师进修和大专班。

1 月 8 日

省教育厅发出通知，将委托晓庄师范学校组织编写的中师函授五种教学计划（文、理侧重及音乐、体育、美术）和部分学科教学大纲的讨论稿印发各市负责中师函授教育的中师和部分进修学校讨论修改。

1 月 25 日

省教育厅向各市教育局发函，要求填报《中小学教师进修教材教法情况统计表》。

后根据各市教育局填报的材料，小学教师中列为进修对象的有 111 429 人，占专任教师数的 43.5％；到 1985 年年底进修教材教法已结业的有 92 553 人，占进修对象总数的 83.1％，其中镇江市最高，达 96.7％。中学教师中列为进修对象的有 45 313 人，占专任教师数的 37.7％；到 1985 年底已结业 36 484 人，占进修对象总数的 80.5％，其中镇江市最高，达 94.3％。

1 月 26 日

江苏省委高校工作委员会于 1 月 26 日至 31 日在徐州召开全省高校党委书记会议，学习领会全国党代表会议精神，总结交流 1985 年经验，研究 1986 年加强改进高校党的工作。师教处张行和江苏教育学院、各市教育学院党委书记参加了会议。

2 月 16 日至 20 日

国家教委在广州召开各省、市、自治区教委、教育厅师范处

处长会议，研究 1986 年派遣中央机关讲师团并通报师范司 1986
年工作，主要是组织中小学在职教师中学历不合格者参加合格证
书的考核和对省、市教育学院复查的问题。师教处吴大年参加
会议。

3 月 5 日

四省市小教进修教材第五次协作会议在四川乐山召开，讨论
进修教材的修订重印和《教育学》《心理学》教材的审稿问题。
师教处孙征龙、省新华书店沈楚敏、省出版社孙峪峨参加会议。

3 月 13 日

根据国家教委（85）教师字 003 号《关于进行教育学院复查
的通知》精神，江苏省初步确定对省、市教育学院的复查工作
在 9 月份进行，3 月 13 日将省教育厅初步意见函告国家教委师
范司。

3 月 15 日

2 月，在广州召开的全国师范处长会议议定，为准备进行中
小学教师考核合格证书工作，先组织拟订各门课程考试大纲。江
苏省分工负责的科目是：1. 小学全套，包括教育学、心理学；
2. 中学物理、政治、生物、音乐、美术 5 门。

经研究，小学全套委托无锡师范和宜兴教师进修学校提出初
稿，中学 5 门学科委托南京教育学院提出初稿，然后在全省范围
内组织讨论。

小学全套的分工是：无锡市师范负责语文、史地、音乐、美
术和体育，宜兴教师进修学校负责数学、自然、教育学、心理学。

3 月 15 日，无锡师范和宜兴教师进修学校有关教师在无锡举

行第一次碰头会议，确定了编写原则。

3月24日至4月13日

国家教委复查组对四川省教育学院进行复查。按国家教委分配的名额，江苏省派常州教育学院副院长钱瑷之、苏州教育学院副院长曾宗祥参加四川省教育学院的复查工作。

3月21日

省教育厅办公会议讨论中小学师资会议准备工作，特别是对加强中师和教育学院建设问题包括总体规划、师资队伍、基建和经费标准等作了具体讨论。

3月22日至27日

省教育厅师教处副处长张行和厅办公室朱士国陪同世界银行官员苏珊、国家教委师范司办公室主任孟吉平考察淮阴、盐城地区的教育学院和中师。

3月26日

省教育厅、省高校招生办公室下达1985年各市教育学院专科系统进修招生计划。共招生6 614人（含代培8人），其中函授5 876人，业余面授225人，脱产进修513人。职业教育师资班265人。

通知中明确，教育学院一律不招收非中等学校的教师，也不接受外省代培任务。

3月28日

省高校招生办公室印发《江苏省1986年高等师范院校、教育学院举办大专起点教师本科班的招生工作意见》。1986年专科起点教师本科班计划招生 1 259 人。其中南京师范大学、苏州大学、扬州师范学院本科函授 710 人；江苏教育学院本科脱产进修班 269 人，与南京、无锡、苏州教育学院联合办学（业余面授形式，学制三年）280 人。1986 年招生仍由省统一命题，统一组织考试，考试时间定于 5 月 10 日至 12 日。

3 月 31 日

国家教委师范司办公室主任孟吉平到江苏教育学院，为世界银行贷款事与江苏教育学院领导通气，并看了学校的校舍和实验室设备，看完后对数、理、化三系和教务处负责人讲话。教育厅师教处吴大年陪同。

孟吉平同志认为江苏教育学院的办学条件很好，但利用率不高。他的讲话记录被整理成书面材料送厅长并有关处室。

4 月 3 日至 4 日

无锡师范和宜兴教师进修学校有关教师在宜兴举行第二次会议，讨论小学教师考核合格证书各科考试大纲。师教处孙征龙参加。

4 月 8 日

省教育厅转发国家教委《关于进行教育学院复查的通知》，并随文附发国家教委印制的 5 份表格，要求各教育学院认真做好复查准备工作。

4 月 15 日至 30 日

国家教委复查组对安徽省教育学院进行复查，江苏省按照国家教委分配的名额派常州教育学院副院长羊汉参加。

4月16日至18日

"各科小学教师考核合格证书文化考试规定要求"讨论会在宜兴教师进修学校召开。除分工拟订初稿的无锡师范和宜兴教师进修学校教师外，另有常州师范、晓庄师范、丹阳师范、洛社师范等校教师和无锡市的小学教师、小学教研员等参加。师教处孙征龙参加了会议。

会后，该"要求"由无锡师范和宜兴教师进修学校进一步修改后送省教育厅上报国家教委师范司。

4月17日至18日

在南京召开中学政治、物理、生物、音乐、美术5门学科教师"考核合格证书文化考试规格要求"讨论会，对省教育厅委托南京教育学院草拟的初稿进行讨论。有关教育学院、教研室、中学和中等师范学校教师参加了讨论，并请南京师范大学音乐、美术系负责同志指导。

会后，该"要求"由南京教育学院进一步修改后送省教育厅上报国家教委师范司。

4月25日

省教育厅发出《关于江苏教育学院举办中等专业学校领导干部培训班的通知》，由江苏教育学院在1986年暑假举办第一期教育管理干部培训班，专门培训中等专业学校领导干部。

4月30日至5月1日

江苏省教育学院系统第二届田径运动会在淮阴教育学院召开，省教育厅发电祝贺。（第一届运动会在扬州召开。）

5月5日至19日

国家教委对上海市教育学院进行复查，省教育厅派孙征龙和无锡教育学院中文科主任胡治华参加。

5月22日

省教育厅发出《关于办好江苏教育学院南京、无锡、苏州几个本科业余进修班的意见》。这几个班是：南京教育学院办的中文、数学、物理各一个班，无锡和苏州教育学院各办的中文专业一个班。《意见》中对教学工作、学籍管理和经费开支等问题均提出具体意见。

5月24日至28日

为了贯彻落实全国中小学师资工作会议精神，经请示省人民政府领导同意，省教育厅在南京召开中小学在职教师培训和中等师范教育会议。参加会议人员为各市教育局长，省、市教育学院院长，各中等师范学校校长和每个市一所的县教师进修学校校长。会上学习了全国中小学师资工作会议上万里、何东昌同志的讲话及有关文件，交流了经验，讨论修改了我厅草拟的文件初稿。罗明、吴椿同志参加会议并讲话。会议结束时杨泳沂副省长到会讲话。

会议期间，省教育厅向省、市教育学院布置下半年教育学院复查工作，并请参加外省、市教育学院复查工作的同志介绍情况。

6月1日

省委宣传部副部长林敏端和省教育厅副厅长吴椿约请江苏教

育学院党委全体成员来厅布置和研究省教育学院的复查工作。省教育学院参加的人员有王球、蒋立娟、曹阳、毛贵廷、秦向阳、陈国林。师教处吴大年、张行参加。

6 月 7 日

省计经委、省高教局、省公安厅、省粮食厅和省教育厅发出《关于挑选部分优秀应届中专校毕业班学生培养为职业教育师资问题的通知》。1986 年仍参照去年办法，根据自愿原则，挑选 97 名优秀学生转到无锡、淮阴教育学院继续学习一年，毕业后分配到中等职业技术学校任教。

6 月 7 日至 14 日

国家教委师范司在山东烟台召开"中小学教师专业合格证书文化专业知识考试要求"讨论会，按师范司委托我省拟订文化考试要求的中学 5 门学科和小学文科、理科分配给我省参会名额 7 个。我省由南京教育学院和宜兴教师进修学校、无锡师范学校派教师参加。南京教育学院参加讨论会的为：物理科主任钟平安、生物科主任王瑞彩、政治科主任瞿秀珠、音乐教师徐雅琴、美术教师陈进强。小学文科、理科派无锡师范语文教师王国元和宜兴县教师进修学校数学教师吴倩参加。

根据师范司补充通知，小学方面增派心理学教师 1 人，决定由南京教育学院戴相华参加。

6 月 9 日

省教育厅印发全国中小学师资工作会议文件。要求各市将"七五"期间关于基础教育师资和师范教育的规划于 9 月底前报厅。

6月10日

省教育厅印发教育学院复查工作情况简报第一期。

6月17日

省教育厅印发经全省中小学在职教师培训和中等师范教育工作会议讨论修改的三个文件：《关于"七五"期间加强在职中小学教师培训工作的意见》《关于加强教师进修学校建设的意见》《关于进一步加强和改革中等师范教育的意见》。

6月26日

国家教委、全国教育工会以（86）教办字060号发出《关于表彰全国教育系统先进个人、先进集体的通知》，分配给我省总名额45个，其中先进集体4个；在先进个人名额中，分配给中师2个名额。

6月26日下午厅办公会议讨论国家教委、全国总工会表彰问题。初步意见：先进集体为南京教育学院，先进个人在南通师范和无锡师范之间考虑。

6月30日

省教育厅印发教育学院复查工作情况简报第二期。

7月4日

国家教委师范司在郑州召开会议，研究中小学教师专业合格证书各科考试大纲的征订和发行工作。师教处马幸年参加会议。

7月5日

省教育厅印发教育学院复查工作情况简报第三期。

7月9日

马幸年汇报国家教委师范司召开的郑州会议情况。中小学教师专业合格证书文化专业知识考试教学大纲已定稿。会议决定由各省教育厅或教委负责征订发行工作，以便将大纲尽快发给参加考试的教师。根据会议的部署，处内研究，征订通知由省教育厅下达，具体征订、发行工作委托南京教育学院办理。

此事经吴椿副厅长同意后，并与南京教育学院具体商定，要求各地在8月10日前将征订单寄南京教育学院，以便在8月15日前按期寄有关出版社。

7月25日

省教育厅向国家教委报送《关于请求南京教育学院列入世界银行贷款中学在职教师培训项目的报告》。

8月7日至9日

省教育厅在南京召开全省中师函授工作会议。中心议题是：讨论修订中师函授教学计划（文、理侧重和音乐、美术、体育五种）和大纲，筹建全省中师函授中心组。参加会议人员为各市教育局分管小教进修的科长，有关中师函授（进修）部负责人以及语文、数学、物理、化学、生物和小学自然教师，共38人。

8月25日

师教处张行去北戴河参加全国卫星电视教育工作会议。

9月6日

国家教委印发《中小学教师考核合格证书试行办法》。

9 月 10 日

省教育厅发出关于建立全省中师函授中心组的通知。中心组共 16 人，晓庄师范学校校长王伦元任组长，晓庄师范进修处主任徐应鸿、淮阴师范函授部主任韩明、丹阳师范函授部负责人吴旋元为副组长。

全省中师函授中心组负责指导全省性中师函授业务。通知中对其主要任务作了具体规定，并要求各级教育行政部门和中师函授办学机构积极支持中心组的工作。

9 月 10 日至 11 日

为迎接国家教委对江苏省教育学院的复查，省教育厅决定在 9 月份对全省教育学院复查准备工作进行一次检查交流。9 月 10 日、11 日两天先在南京教育学院进行检查了解。

9 月 12 日

省教育厅印发教育学院复查工作情况简报第四期。

9 月上中旬

国家教委在江西九江召开联合国儿童基金会教育合作项目主任会议。师教处马幸年参加会议，为会议准备了《关于我省小教和幼教培训中心执行项目计划的情况和进一步加强建设的意见》和《江苏省"七五"期间小学、幼儿园师资规划》两份材料。

9 月 19 日至 21 日

国家教委师范司在江西九江召开"贯彻《中小学教师考核合格证书试行办法》"座谈会。按通知精神，我省江苏教育学院、南京教育学院各去院长 1 人。师教处马幸年参加。

9 月 17 日至 25 日

省教育厅师教处分两路检查了解全省教育学院迎接复查的准备工作情况。苏南一路：吴大年、陈宗伟二人在无锡教育学院召开苏南片教育学院院长座谈会，并重点对常州、镇江教育学院进行检查。苏北一路：张行、刘明远二人在盐城教育学院召开苏北片教育学院院长座谈会，并重点对徐州、连云港教育学院进行检查。

两路人检查后汇总情况，于 9 月 25 日发出省教委办公室编第一期复查工作情况简报。

9 月 25 日至 27 日

省中师函授中心组第一次会议在晓庄师范召开。会议审定了江苏省中师函授文、理各有侧重的教学大纲；交流了各市中师函授教学计划和经验；成立了语文、数学教研组；研究了语文、数学、自然等科自学辅导材料的编写。同时拟订了 1987 年中师函授中心组工作计划。南京市教育局师教处张启龙应邀参加会议。教育厅师教处张行、孙征龙参加会议。

10 月 14 日

省教委印发《关于教育学院复查工作的通知》。我省教育学院复查工作定于 11 月 25 日开始。该《通知》对复查的内容、组织领导、日程安排、接待工作和经费开支等均作了具体规定，要求各市切实做好准备工作。

10 月 15 日至 18 日

华东地区七省、市和四川省幼教进修教材第三次协编会议在浙江淳安召开。会议主要内容是确定分工省的书稿交稿时间、审稿时间和要求出书时间。同时受国家教委师范司、初教司委托，讨论幼儿园教师考核合格证书考试大纲（在幼教进修大纲基础上）。国家教委初教司康宁同志到会就有关幼儿园教师考核问题作了说明。省教育厅师教处孙征龙、江苏省幼儿师范徐伟参加会议。

11 月 11 日至 14 日

山东省教育厅通知在青岛市召开华东六省一市小学教师进修工作研讨会议。江苏省教育厅师教处陈宗伟参加会议。

11 月 13 日

省教委普教局以苏教普师（86）2 号发出《关于外地参加江苏省教育学院复查工作的有关人员报到时间、地点的通知》。

师教处开始进入复查和具体准备阶段，提出复查内容、方法及时间的参考意见，各市教育局、教育学院向复查组汇报的参考提纲，复查日程的具体安排，省教委领导向复查组汇报关于江苏普通教育和教育学院情况的材料，以及抽调工作人员、建立工作组织等。

11 月 14 日

为做好南京教育学院复查准备工作，南京市副市长沃丁柱和市政府、教卫部等部门的领导去该院检查准备工作情况。应南京教育学院的邀请，省教委普教局副局长王世华和师教处吴大年前往该校参加检查。

11 月 18 日

师教处向教委副主任吴椿同志汇报教育学院复查的准备工作

及有关人员分组、日程安排、生活接待和经费标准等具体问题。

11 月 20 日

省教委参加教育学院复查工作的人员举行预备会议。教委副主任吴椿主持会议。会上再一次明确复查工作的二十字方针："领导重视，严肃认真，谦虚谨慎，实事求是，着眼促进"。

11 月 21 日至 22 日

省教委由吴椿副主任主持，请江苏教育学院的全体领导成员来教委研究省教育学院复查工作的具体安排问题。

师教处与南京教育学院联系，具体安排该院复查工作。

11 月 25 日至 12 月 12 日

国家教委对江苏省省、市 12 所教育学院进行复查。

复查工作由江苏省教委主持，复查组由 41 名同志组成，其中国家教委派出 3 人（师范司原副司长李一本、师范司师训处处长颜金炼、师训处干部黄贞玉），从上海、山东、江西、福建、广东、广西、四川、青海、辽宁 9 个省、市抽调 17 人，江苏省教委和各市教育局抽调 21 人。复查组由吴椿、李一本、颜金炼、王世华、吴大年 5 人组成领导小组，吴椿任组长。

复查工作历时 18 天。在学习有关文件，明确复查目的、意义、内容、方法的基础上，整个复查工作分两步进行。第一步，复查组分成两个组分别复查江苏教育学院（组长颜金炼，副组长张行、施际平）和南京教育学院（组长李一本，副组长吴大年、史远伟）；第二步，复查组分 5 个小组分别复查 10 个市的教育学院，每个市复查 2 所。5 个小组的组长由省教委的吴大年、施知行、穆嘉琨、张炤、张行担任；副组长 2 人，其中一人为市教育局的局长，另一人为外省、市同志。

复查结束后，复查组进行了汇总研究。12 月 12 日晚，吴椿同志代表复查组向省政府、省教委汇报。副省长杨泳沂、省教委副主任袁克昌以及省有关部门的领导同志听取了复查组的总结汇报。汇报结束后，杨泳沂副省长讲了话。国家教委师范司李一本同志也在会上讲话。在汇报会上发言的还有上海教育学院原教务处处长施际平、山东烟台教育学院党委书记史远伟等。

通过复查，与会领导对江苏省 12 所教育学院在条件艰难的情况下办学予以充分肯定，基本评价是：1. 面向中学、为中学服务的办学指导思想明确，办学方向基本端正；2. 办学条件初具规模，但亟待充实提高；3. 基本建成了一支有一定数量和质量的教师队伍，但急需加强提高。

1987 年 1 月 7 日，省教委以苏教普师（87）3 号向江苏省委、省政府与国家教委报送《关于江苏省十二所教育学院复查情况的汇报》。

12 月 2 日至 22 日

孙征龙参加联合国教科文组织亚太地区办事处组织的考察团，赴斯里兰卡考察远距离教育（师范函授教育），返回后向普教系统有关人员作了考察汇报。

12 月 10 日

省教委以苏教计（86）40 号向省人民政府报送《关于确认世界银行师资培训贷款项目的请示报告》。根据国家教委要求，结合我省实际情况，提出初步意见为：江苏教育学院、南京教育学院、盐城师范专科学校 3 所院校接受世界银行师资培训项目贷款

500 万美元，请省政府批复以便争取贷款。

12 月 3 日，接国家教委师范司电话，其要求省教委提出初步意见报省政府批准后正式报国家教委。

1987 年

1 月 14 日至 16 日

全省中小学教师专业考核工作会议在南京召开。会议学习了国家教委有关考核工作的文件，进一步明确了考核工作的目的、意义和政策界限。讨论了省教委贯彻国家教委《中小学教师考核合格证书试行办法》的具体意见。参加会议的有各市教育科长、教育学院院长和部分县教师进修学校校长。普教局袁金华同志作大会发言，吴椿副主任作会议小结。师教处处长张行、孙征龙等参加会议。

2 月 6 日

省教委发出关于印发国家教委〈中小学教师考核合格证书试行办法〉等三个文件的通知。这三个文件是：国家教委《关于印发〈中小学教师考核合格证书试行办法〉的通知》及附件，《关于幼儿园教师考核的补充意见》和省教委《关于贯彻国家教委〈中小学教师考核合格证书试行办法〉的具体意见》及附件。

国家教委的通知附件是：《中小学教师考核合格证书试行办法》《中小学教师〈专业合格证书〉文化专业知识考试科目表》《教师〈专业合格证书〉格式（封面）》。

省教委文件的附件是《关于贯彻国家教委〈中小学教师考核

合格证书试行办法〉的具体意见》中有关问题的处理意见。

按照国家教委部署，1987 年暑期将举行《中小学教师考核合格证书》文化专业知识第一次考试。由于国家教委统一组织编写的教材要到 1987 年下半年才能陆续出版，为了及时帮助小学教师参加考试，省教委师教处根据国家教委统一印发的考试大纲，组织编写了小学教师《专业合格证书》文化专业知识复习提要。2 月 6 日省教委向省委宣传部送出关于《江苏教育》小学版出版增刊的报告，拟将复习提要刊登在增刊上，以便尽快送到教师手中。

2 月 19 日

省教委将我省有关单位编写的以及与兄弟省市协作编写的中小学教师《专业合格证书》文化专业知识考试辅导材料目录印发各市、县教育局和省、市教育学院组织征订。

2 月 25 日

省教委将南京教育学院拟订的高中政治、语文、英语、历史、数学、物理、化学、生物、地理、体育等 10 科和初中体育、音乐、美术 3 科教材教法考试复习提要印发各市教育局、教研室和省、市教育学院，供各地参照使用。

通知规定以上各科教材教法进修文化考试由所在市教育学院统一组织，其他考核、发证工作仍按原教育厅苏教师（83）59 号文件规定执行。

2 月 25 日

为了多渠道地培养具有专科水平的小学骨干教师，省教委决定 1987 年分别在南京、无锡教育学院试办小学教育专业专科进修班，招收具有中师（高中）毕业文化水平、有 3 年以上教龄的在职小学教师，采取业余面授的办班形式，学习 3 年，使学员达到专科水平。2 月 25 日省教委发出《关于试办小学教育专业专科进修班的通知》，决定 1987 年南京教育学院面向南京市区及近郊招收 80 人，无锡教育学院面向无锡市区及近郊招收 40 人。学员学习期满毕业后一律回小学任教，不得调离小教岗位。进修班教学计划由两院拟订初稿，由省教委审定。

2 月 25 日

省教委发出《关于中小学教师专业合格证书文化专业知识考试有关问题的通知》，对 1987 年我省中小学教师专业合格证书文化专业知识考试的报名对象、报名时间及手续、考试日期、考场设备、命题阅卷、考试经费等作了具体部署。

3 月 18 日

为便于各地开展对参加《专业合格证书》考试的小学教师的培训辅导工作，师教处组织部分学校教师，根据国家教委颁发的各科考试大纲的要求，对江苏省确定的小学教师各科代用教材提出了增删处理意见。3 月 18 日，省教委将《江苏省 1987 年小学教师〈专业合格证书〉文化专业知识各科进修教材处理意见》印发各市、县教育局、教研室和教师进修学校。

4 月 6 日

省教委批复同意江苏教育学院制订的《八六级中文、数学、物理 3 个专业在职中学教师三年制业余本科进修班（专科起点）教学计划（试行草案）》。

这几个本科进修班是江苏教育学院和南京、无锡、苏州教育学院联合举办的。

4 月 9 日

省教委以苏教普师（87）18 号通知印发国家教委《关于认真做好 1987 年中小学教师〈考核合格证书〉考核和考试工作的通知》。通知根据国家教委通知精神对江苏省 1987 年中小学教师《专业合格证书》考试的有关问题作了补充通知，决定高、初中教师参加国家教委组织的考试试点，都可以报考教育学、心理学基本原理、语文、政治、历史、数学、物理、化学、生物、地理教师，还可以报考规定的一门课程。小学教师的考试由省命题，考试时间是 8 月 22 日至 23 日，幼儿园教师的考试在南京市进行试点。

4 月 15 日

为做好 1987 年江苏省高、初中教师参加《专业合格证书》文化专业知识考试的辅导工作，省教委发文部署全省 12 所教育学院有关专业教师集体备课。

4 月 16 日

省教委召开小学教育专业专科进修班教学计划讨论会。南京教育学院、无锡教育学院、晓庄师范、无锡师范有关人员和南京市教育局师范处处长张启龙参加讨论。省教委师教处吴大年、张行、孙征龙、马幸年参加。

4 月 22 日

为做好小学教师《专业合格证书》文化专业知识考试的辅导工作，省教委发文部署教育学、心理学基本原理，语文和数学 3

门课辅导教师集体备课。

5 月 26 日

省教委以苏教普师（87）24 号发出关于预定 1987 年中学教师《专业合格证书》文化专业知识考试试题汇编和小学教师《专业合格证书》文化专业知识考试试题汇编的通知。

6 月 9 日

由于全省高、初中教师 1987 年报考《专业合格证书》考核的人数较多，为安排好报考教师的培训辅导工作，省教委 6 月 9 日在南京召开省、市教育学院教务处长会议。

6 月 10 日

师教处孙征龙赴北京参加全国小教进修研究中心小组成立会议。会议讨论了中心小组的宗旨、研究内容、活动方式及自身建设。参加中心小组的有北京、四川、陕西、湖南、吉林、浙江、江苏七省、市有关人员。北京市教育局教研部副主任靳爱香任组长。会议由师范司师训处处长颜金炼主持，司长舍昌泽到会讲话。

6 月 19 日

省教委发出《关于做好高中教师参加〈专业合格证书〉文化专业考试辅导工作的通知》。

7 月 1 日至 2 日

中函中心组第二次会议在南京召开。会议主要讨论安排了下半年中函三项主要工作：1. 举办小学语文教材教法教师讲习班；2. 举办小学数学教材教法教师讲习班；3. 举办全省中函经验交流会。

会议由中心组组长王伦元主持，师教处张行、孙征龙参加会议。

7月12日

儿基会设备供应司司长哈利旦一行9人来宁进行项目中期评审工作。

7月14日至15日

省教委在南京召开中小学教师《专业合格证书》考试考务工作会议，具体研究、部署1987年8月全省中小学教师《专业合格证书》文化专业知识考试的考务工作。各市教育局分管该项工作的科长和具体负责考务工作的人员参加会议。

7月20日

省教委印发通知，印发国家教委师范司《关于进一步做好1987年中小学教师〈专业合格证书〉文化专业知识考试工作的通知》、省教委普教局《关于1987年全省中小学教师〈专业合格证书〉文化专业知识考核考务工作的安排意见》两个文件及有关考务工作的附件。

省教委普教局发出《关于试行"小学教育专业专科（业余）"进修班教学计划的通知》。

南京教育学院和无锡教育学院两校的教学计划在具体的课程设置上略有不同。南京教育学院的课程设置分必修课、选修课和讲座3大类，总课时1 300学时左右。无锡教育学院的课程设置分公共基础课和侧重文科或侧重理科的课程，总课时1 200学时左右。

8 月 1 日至 5 日

全省小学教师《专业合格证书》考试命题共 10 门课程，请中师和县教师进修学校 24 位教师参加。其中，语文和数学，教育学、心理学基本原理 3 门课程各 3 人，其余 7 门课程各 2 人。

8 月 8 日

为做好中小学教师专业考核文化考试工作、严格考风考纪，省教委派出 15 名巡视员（从省教育学院、南京教育学院、晓庄师范抽调）到 11 个市参加巡视、监察工作。8 月 8 日省教委召开会议，巡视员回宁后作了汇报。省教委副主任吴椿和普教局副局长王世华听取了汇报。

8 月 20 日

全省中学教师《专业合格证书》考试举行。

据统计，全省应参加《专业合格证书》考试的高中教师共 1.11 万人，报名参加考试的有 0.75 万人，实考 0.35 万人，占报名人数的 46.7％。应参加《专业合格证书》考试的初中教师共 4.61 万人，报名参加考试的有 2.13 万人，实考 1.35 万人，占 63.4％。

省教委副主任袁克昌在南京视察考场。

8 月 22 日至 23 日

全省小学教师《专业合格证书》考试举行。

据统计，全省应参加考试的小学教师共 9.44 万人，报名参加考试的有 4.99 万人，实考 3.99 万人，占 80％。

8 月 25 日至 26 日

南京市幼儿教师部分科目在南京试点考核。

8 月 25 日

普教局发出苏教普师（87）41 号《关于做好 1987 年中小学教师专业合格考试总结工作的通知》。

后在全省各个市总结的基础上，于 10 月汇总整理出《江苏省1987 年中小学教师〈专业合格证书〉考核工作总结》。

9 月 14 日

省教委发出通知，将《江苏省中小学、幼儿园教师〈专业合格证书〉思想品德、教学能力考核试行办法》及附件《小学教师音乐、体育、美术课程技能技巧水平考核要求和办法》印发各市、县教育局试行。

9 月 16 日

省教委简报第二十一期刊登简讯："全省中小学教师首次专业合格考试组织严密考风良好。"

9 月 20 日

省教委发出《关于复查教师进修学校的通知》，决定对全省经市人民政府批准、省同意备案的 70 所县（区）教师进修学校于1987 年、1988 年内分期分批进行复查。1987 年先复查无锡、南通两市所属县教师进修学校。

10 月 15 日

世界银行官员考察南京教育学院。

10 月 17 日至 11 月 9 日

师教处处长张行先后参加在杭州召开的全国中小学教师专业考核工作 1987 年总结会议和在福州召开的全国中师建设标准化座

谈会。

在考核总结会上，国家教委师范司司长金昌泽作工作报告，总结 1987 年的考核工作，部署 1988 年的考核工作打算。国家教委副主任柳斌也在讲话中肯定中小学教师专业考核的试点工作是成功的，发展是健康的，社会影响是好的，但指出也存在一些问题，需要在实践中改进完善。

11 月 17 日至 29 日

省教委复查南通市所属 6 县（南通、海门、启东、如皋、海安、如东）教师进修学校。师教处张行、孙征龙参加。

11 月 18 日

全国小学教师进修研究中心小组决定近期对各省（市）小学教师队伍现状进行分析研究。省教委发出通知，要求对全省各地小学教师队伍现状进行调查。

12 月 1 日至 10 日

省教委复查无锡市所属 3 所县（无锡、江阴、宜兴）教师进修学校。师教处张行、孙征龙、马幸年参加。

12 月 28 日

省教委以苏教普师（87）57 号向国家教委师范司报送《关于在我省增设我国与联合国儿童基金会第三期合作项目学校的申请报告》。具体意见是：一、在南京晓庄师范学校设立全省小教培训中心；二、在苏北地区选一所教育学院设立初中教师培训中心（具体设置地点待定）；三、在南通师范学校设立五年制师范试点项目。

12 月 31 日

省教委印发《关于同意省、市教育学院设置有关专科专业的批复》。在 1986 年对 12 所教育学院进行复查、对各个专业进行评估以后，决定各教育学院的在职教师培训共设置 96 个专科专业。其中江苏教育学院 4 个，南京教育学院 12 个，无锡教育学院 9 个，徐州教育学院 7 个，常州教育学院 8 个，苏州教育学院 9 个，南通教育学院 7 个，连云港教育学院 9 个，淮阴教育学院 7 个，盐城教育学院 8 个，扬州教育学院 9 个，镇江教育学院 7 个。

此件同时报送国家教委。

1988 年 10 月完成初稿，2018 年 1 月重新整理、补充和修订。2019 年 2 月将手稿交省教育厅师资处李辉同志进行文字录入，2022 年 11 月核对并定稿。

第二编

学涯篇

我心中的南京鼓楼小学

我在南京断断续续住了几十年，最后安居于这座美丽古老的城市，每次途经鼓楼时，定会瞧上一眼位于鼓楼广场北面不远路西一侧的鼓楼小学。因为这是我的母校，我在这里度过了儿时最欢乐、最值得眷恋的四年时光。

然而，这所历史悠久的小学，却在新旧世纪之交随着城市建设的进程和小学布局的调整而悄然消失了，在原校址处取而代之的是两幢高大的商务楼，这让我感到十分怅惘和惋惜。

我是上海嘉定人。1933年初，在经历了"一·二八"抗战颠沛流离的逃难和难民收容所的一段苦难生活后，我的外祖父母把幼年丧父的我和弟妹们接到他们身边，在南京定居下来。寒假中，南京的一些小学招插班生，因我此前曾在徐州念过不到半年的二年级，母亲认为我年龄小，打好基础很重要，不妨再从二年级念起，便为我在鼓楼小学报了名，并参加了二年级插班生的入学考试。学校发榜那天，母亲带着我去看榜，不料在二年级录取名单里从上到下找了几遍都没有看到我的名字，只得失望而归。回家后，母亲未免责怪我几句，又发愁今后该如何是好。我舅舅听说我没考上，不相信地说："阿姐，你大概没有仔细看吧，我再去看一遍。"说完便出了门。约莫过了半个多小时，舅舅兴冲冲地赶回来，一进门便大声嚷着说："阿姐，我说你没仔细看吧，我外甥女考得很好，录取在三年级了。"听了舅舅的话，这回轮到母亲不相信了，忙拉着我的手再去看一遍，果然不错，鼓楼小学破除常规地把我录取到三年级了。

开学了，母亲送我到学校大门口，我兴奋而又忐忑不安地跨进校门，找到三年级教室时，我胆怯地站住了。这时，教室里迎出来一位高个儿男老师，把我领进教室安排好座位坐下。我的同桌是一个和我年龄相仿，个头也差不多的叫章绮梅的女孩，我们很快熟悉起来，从此她和我同桌四年，是我小学最要好的朋友。几天下来，新鲜快乐的学校生活打消了我的陌生感，我已非常喜欢上学了。

那时，小学男教师多，教我这个班的除音乐老师曾一度由一位女教师担任外，其余全是男老师。老师们讲课都很生动，我对每门功课都有兴趣。所以，尽管几乎跳了两级，我却学得轻松愉快，成绩不错。教语文（当时称国语）的周君山老师是我从三年级到五年级的级任老师，江苏金坛县人。周老师很年轻，大概二十四五岁。他在我们教室后墙靠窗口的地方摆放了一张办公桌，每天早上，当我们走进教室时，他已坐在办公桌前为我们批改作文或周记。他的课上得非常好，又写得一手漂亮的字，加上我的作文常得到他的夸赞，所以我特别喜欢上语文课，写作文的积极性也很高。周老师从不严厉责罚同学，即便有的同学做错了事，他也只是把人叫到办公桌前说几句而已。每天，他大部分时间都在教室里，有时还和同学们一道做值日生。到了元旦，周老师总是兴致勃勃地和大家一起筹办联欢会，和我们一起迎新年。在升五年级的那个寒假里，我们听说周老师回家乡结婚了。开学后第一天上语文课，当发现同学们好奇地盯着他手上的结婚戒指时，他望着同学们会心地一笑然后上课，那天的课堂气氛特别活跃。

三、四年级时教社会课的老师是一位兼课的中央大学①学生（名字已忘），和同学们的关系也相处得很好，大家都喜欢他。有一次小考，我考到全班第一，这位老师将我的成绩当堂宣布，还走下讲台来和我握手，弄得我很不好意思。有一年，我们班开元旦联欢会，这位大学生没有来参加，我和章绮梅商量，把两人分得的糖果和零食留下一份送给他。联欢会结束后，我们俩跑到中央大学校园里转了半天，好不容易才在学生宿舍里找到这位老师，他见到我们十分惊喜和快活。

鼓楼小学的操场不大，学校每年都借校外场地开运动会。学校还经常开展各种竞赛活动，如作文比赛、演讲比赛、歌咏比赛、踢毽子比赛等。我经常被班上推选参加演讲比赛，并且多次获奖。有一年，我在全校演讲比赛中得了第一名，被推派参加全市小学生演讲比赛，主题是小学生应该如何爱国。周君山老师十分高兴，为我修改讲稿，又多次指导我预讲。比赛那天，学校请另一位老师带我去参赛，但那天我太慌张，语速太快，没到规定时间就讲完了，以致名落孙山，非常沮丧。回校时，只见周老师正倚在教室窗前等我们。带我参赛的老师向他摇了摇手，我觉察到周老师略微一怔，并掠过一丝失望的表情。但当我低着头走进教室时，周老师已面带微笑地把我叫到他的办公桌前，非常亲切

---

① 该校于20世纪50年代院系调整时调整为南京工学院，80年代更名为东南大学。

地安慰和鼓励我，此情此景是我一辈子都忘不掉的。

老师们布置的家庭作业不多，即使到了高年级，我仍然每天下午四点多就准时放学回家，教室里也不会有同学被留下补课或罚做作业。我外祖父母家住在高楼门，住宅门外有一片空地，外祖母带着大家在这块空地的一角翻土种花，还种了一些玉米，我和弟弟妹妹放学回家就帮着在这块地里干点杂活，但更多的时候是在空地上玩耍，有时跳绳，有时"造房子"，还有时把竹竿架在两张椅子上练跳高。吃过晚饭后在灯下做功课，每晚不到九时就能上床睡觉。到了星期天，玄武湖、北极阁、中山陵是我们常去游玩的好地方。有一年，正是春暖花开的季节，外祖母在星期六就蒸好馒头，做了卤菜，第二天一大早便带着全家坐马车到中山陵玩了一天。回来后，我以此内容写了一篇周记，周老师看后勾划了很多圈点，写了很好的评语。到了寒暑假，由于假期作业少，我们自由支配的时间更多，我总利用假期阅读课外书，那几年，我读了冰心、老舍和茅盾等人的作品，看了《三国演义》《水浒传》，还看了《邓肯女士自传》等一些翻译作品，我舅舅订的《文学》双月刊我也拿来看，这使得我的小学生活更加丰富充实。

就这样，我和同学们在学校日日敲响着的上、下课钟声中快乐地一天天长大，也越来越懂事了。同学们学习都很努力，相互间也很团结友爱，班级里从未发生过闹矛盾或打架的事情。大家对周君山老师非常爱戴，希望他能送我们到小学毕业。

1936年初寒假后，我和同学们升到了六年级。一开学便发现班级有了不小的变化，不仅教室单独从教学楼搬到了操场边缘处的单身教工宿舍楼下，任课老师也作了大幅度调整，如一直在毕业班授课的眭希周老师接替周君山老师担任我们班的级任兼教语文课；一位姓高的教务主任亲自给我们上社会课。这些变化说明学校对毕业班的重视，不过这并没有给我们造成多大的学习负担和紧张气氛，教学工作依然按部就班、有条不紊地进行着。学校既无增时补课，也无超负荷的作业和频繁的考试，不但音乐和美术课照上不误，连手工课也没停。那一年，我们女生学刺绣，我母亲特意为我买了小绣花绷子和五颜六色的丝线，女同学们兴趣盎然地在老师指导下学绣花，有人做枕套，有人做手帕。课间，男同学像往常一样冲向操场去踢球，女生则喜欢在教室里玩"抓子儿"①。尽管已是小学最后一年，大家却依旧平静如常，全然没有今天的六年级小学生及其家长们因所谓"小升初"而带来的种种烦恼和焦虑。

眭希周老师比周君山老师年长些，乍看显得严厉些，但他的课教得好，他的宿舍就在教室旁边，常在课间、课后到教室来看我们，和大家聊天。所以，同学们虽然一直想念着周老师，但随着时间的推移，也渐渐地在感情上接受了眭老师，和他接近起来。教社会课的高老师更年长些，他经常在上课时抽出一点时间给我们讲时事，如义勇军在沦陷后的东北大地上艰苦抗战、1933年的长城抗战以及1935年底北平学生发动的"一二·九"运动等等，他都在课堂上讲过。印象最深的是高老师向我们介绍1936年11月绥远抗战的情形，当他在课堂上绘声绘色、慷慨激昂地讲述傅作义将军亲临前线指挥作战，率众将士冒着零下42度的严寒，在冰天雪地里英勇抗击日本侵略军，并取得百灵庙大捷时，同学

---

① 旧时女孩子喜欢玩的一种在桌面上用几个小布袋轮番抛、接、抓的游戏。

们一个个听得心潮起伏，热血沸腾，这一激动人心的课堂场景，我至今记忆犹新。其后，眭希周老师又配合高老师在作文课上出了一道《给抗日将士的一封信》的作文题，那一次，同学们写得特别认真，好几位同学的作文受到眭老师的点名表扬，我的也是其中之一，眭老师还要全班同学传看我们几个人写的作文。我们还在眭、高两位老师的支持下开展了一次募捐活动以支援前方抗日战士，同学们分成几个组到琅琊路、天目路、灵隐路一带住宅区去募捐，在凛冽的寒风中敲开一家家住户的大门，向市民们宣讲百灵庙大捷，宣传抗日救国，得到了市民的友好接待和赞助。

六年级的读书生活倏忽即逝，1937年1月，我以班级第二名的总成绩从鼓楼小学毕业。是年7月，我同时考上南京女中和中央大学附属实验中学，但紧接着，抗日战争爆发，我被迫中断学业，随家人离开南京。

20世纪80年代初，我在教育厅师范教育处工作时曾到过鼓楼小学，并打听周君山等30年代的一些老师的情况，结果却一无所获。说来也巧，由于工作关系，我常到南京晓庄师范学校去。有一次，学校一位负责人问我是否在鼓楼小学读过书，并告诉我学校里有一位叫陈天研的教音乐的老教师，他听说我的名字后说我可能就是他以前在鼓楼小学教书时的学生，委托校领导问问我。于是，我在这位负责人的陪同下，在晓庄师范的教师办公室里见到了60多岁的陈老师，向他深鞠一躬以表敬意。陈老师说他还清楚地记得我，说我那时个头不高，圆圆的脸，说一口很好听的普通话。我向陈老师问起周君山老师，陈老师沉默良久后告诉我，全国抗战开始后，周老师回到他的家乡金坛加入了抗日游击队，后在一次战斗中英勇牺牲了。听完陈老师的讲述，周君山老师那年轻亲切的面容和我联想中他为国捐躯的壮烈场景，清晰而重叠地浮现在我眼前，更让我对周老师肃然起敬和无限怀念。

几十年过去了，回顾往事，我为自己在少儿时代接受到鼓楼小学的优质教育而深感庆幸。这所小学能遵循教育规律，充分发挥小学教育的功能，根据少儿的特点科学、准确地定位，既授予少儿扎实的文化知识基础，又重视做人的常规教育，还为孩子们保留和提供了可以自行支配的时间和自由发展个性的空间。尤其可贵的是，鼓小有一支可敬可佩的教师队伍，他们深厚的功底，精湛的教学，高尚的敬业精神和对孩子们无私的爱心，保证了小学教育作为"基础的基础"的教育效果。他们那种为人师表的表率作用，大至热爱祖国，小到日常生活，无不耳濡目染、言传身教地影响着学生们，而这种影响可以说是让我存于心中一辈子的。我想，虽然当年的鼓楼小学和老师们都已成历史而远去，鼓楼小学作为一个实体也已不复存在，但它所彰显出的那种真正的小学教育的精神是不该被遗忘的。这些年，我们不是一再呼吁对小学生"减负"，要实行"素质教育"吗？一再强调要注意"师德"吗？或许，回眸 70 多年前鼓楼小学的做法会对我们有所启示。

于 2007 年 3 月

原载《跨世纪的教育情怀》，上海远东出版社 2012 年版，第 46—49 页。

残缺而完整的中学时代

这个标题乍看似显自相矛盾，不过容我把故事讲完，大家就会明白是怎么回事。

1996年3月里的一天，我突然接到一封寄自昆明的来信，来信者是我50多年前同济附中的同学邹桂岩。他告诉我，前些时他和附中几个同学发起编印了一份同济附中1942级同学录，由于失去联系多年，不知我身在何方，因此把我列入"失去联系"的同学名单中。同学录印成发出后，他先后收到李凌、曹淑英二同学的信，李凌也是我后来在西南联大的同学，20世纪80年代初曾见过面，知道我的地址；而曹淑英则是我在附中很要好的同学，她希望无论如何要把我找到。于是，邹桂岩按照李凌提供的地址给我写来这封信，我和同济附中同学之间中断了半个多世纪的联系就此意外而惊喜地"链接"起来了。

这一"链接"，勾起了我对中学时期求学生涯的一些片断回忆。

1938年5月，我随外祖父母经过了将近一年的颠沛流离和长途跋涉逃难到昆明，此时的我已因战乱而失学将近一年。来昆明后，母亲急切地希望我能尽快上中学，她请了几位亲戚朋友为我补习功课，一个多月后，我考上了昆明市立女中念初中三年级。不料开学上课没多久，学校就因日本飞机轰炸而迁址昆阳。记得去昆阳那天，是母亲亲自送我去的，我们在傍晚时分搭上一只小民船，天黑后启航。小船在滇池中缓慢行进着，时而平稳，时而颠簸，次日凌晨才到达昆阳，母亲把我安顿好后，也就匆匆赶回去了。学校校舍是临时租用的民房，教室位处一块高地上，因学生不多而显得空空荡荡。宿舍则是一家大户人家的祠堂，我和几个女同学住在一间小阁楼上，楼板上铺着稻草，大家在稻草上把被褥摊开，五六个人挤在一起睡，那时当然没有电灯，学校为我们提供一盏煤油灯照明用。关于老师，我只记得有一位姓宋的语文老师，她就住在我们阁楼下面，经常夸我写的作文好，但我对她的教学却一直没什么好印象。由于母亲很不放心我一个人在昆阳，念完一个学期后，我就没有再去了。

所幸，原设在天津的益世报社也已迁到昆明，该报社为来昆的失学青少年办了一所益世补习学校，正好就在我们家住的那条街上。于是，母亲决定让辍学在家的我先到这所补习学校上学，待到暑假再报考高中。我在补习学校报名参加了英语、代数和几何班，上午去学校上课，下午在家自修、做作业。这期间，由于学校的老师教学认真，我本人自习努力，初中未学的功课很快便补上了，半年后，我顺利考上国立同济大学附属中学读高中。

同济高中教师的教学水平普遍很高，尤其是理科的几位老师给我留下很深刻的印象。数学老师有两位：葛惠升老师教几何，沈传良老师教代数、解析几何和三角。教物理的是教务主任干世模老师。这三位老师上课从来不带讲稿，掌握教材却非常熟练，课上得严谨、细致和生动。高一上学期的几何课对大家曾经是个

"下马威"，第一个月小考有很多同学不及格，我这个初中没毕业的人就更不用说了。但葛老师并没有斥责我们，也没有对我们进行什么"题外"的思想教育，他仍然按部就班、不急不躁地上课，用彩色粉笔在黑板上认真地画几何图形，耐心地给我们讲解。现在想想，正是他的这种坚定、执着和耐心感染和激励着我们，逐步将我们的畏难心态调整过来，学习积极性调动起来。慢慢地，我觉得自己能听懂，会思考，会做题了。一学年下来，我的几何成绩终于赶上班上成绩好的同学，顺利地学完了平面几何和立体几何。

沈传良老师讲课速度相当快，大家一边听讲一边记笔记，节奏很紧张，但课后感受到的却是因充实而带来的轻松和愉快。我在高二时非常喜欢数学，不论是代数、三角还是解析几何，我都很有兴趣，也学得很好，自己在课外还做了不少习题。王世模老师的物理课我也非常喜欢，至今我还清楚地记得王老师当年面带着微笑，用温和而略为低缓的声调给我们深入浅出、循循善诱地讲授物理课的情景，他在黑板上画的图就和葛惠升老师画的几何图形一样给人以美的感受。高二结束时，不知因何缘起，很多同学都跑去请王世模老师题写纪念册，我也将自己的物理课笔记本送去给他题词。或许是出于对我上课记笔记极认真详细的一种鼓励吧，几天后王老师把我的笔记本托同学带还给我，上面写着"几与百代唱片集无二致"一句话，后面是他的签名。这让我既兴奋又感动，同学们也十分羡慕。

附中文科老师讲课同样很棒，他们都自己编选教材。教语文的是林轶西老师，他给我们选讲《左忠毅公轶事》《阎典史传》《梅花岭记》等，这在当时对我们这些年青人来说，确实很有教育和启发意义。教英语的是曾炜老师，他给我们选讲《天方夜谭》，以及其他一些精彩文选。还有教德语的李华德老师，他是个德国犹太人，有着高高的个儿、红红的脸膛、灰白的头发。他给我们上课全部用德语，从不说一句中文，却善于运用实物道具，再加上丰富的表情和肢体语言，进行耐心和蔼的讲解，教学效果奇佳。

同济附中的课业很重，如外语课要开设两门。主修的德语安排在高一，每周开 12 个学时，到了高二也有 9 个学时，还要学英语。我们每天上午上四节，下午上两节，课时总是排得满满的，但紧张而有序，同学们学习积极性也很高。刚上高一时，大家晚上到教室去上自修，一盏高挂着的汽灯下，同学们寂静无声地复习功课、做作业。后来，大家反映集中晚自习效果不佳，便改在宿舍里自修。女同学几十个人住在一间大寝室里，有的坐在木板桌旁，有的伏在自己的床前，屋内各处亮着一盏盏小油灯。到了星期天，教室、宿舍和校外的田野里，到处都能看到附中同学刻苦用功的身影。不过，由于学校教学质量高、教学方法好、作业布置适当，我们从来没有感觉到学习是一种负担。最能说明问题的是，包括我自己在内的很多同学都还有时间去看课外书，高二上学期结束的寒假里，我已能阅读歌德的《少年维特之烦恼》（德文原版）。还有对中国青年产生很大影响的美国左翼作家埃德加·斯诺的《西行漫记》，中国作家萧军的《八月的乡村》和萧红的《生死场》等，也都是我在同济附中利用课余时间阅读的。

因昆明常遭敌机轰炸，同济附中便改在宜良县狗街的西村开学上课。狗街是滇越铁路线上的一个小镇，西村则是离狗街还有好几里路的偏僻乡村，可想而知那时的生活条件有多么艰苦。我们宿舍里的所谓床，是架在用泥土垒起来的土坯上的一块块木板，几十人住的大房间里只有为数很少的几张课桌，我们的洗漱用具和箱笼等物件都只能放在自己床底下的泥土地上，晚自修用的油灯也只能放在自己睡的这张床上。伙食很差，平时吃的是糙米饭和缺油的一两种蔬菜。为了给我增加点油水，每学期开学时家里都会让我带上一罐猪油，哪知有一次老鼠爬到猪油罐里偷吃猪油，我看着那罐爬满了老鼠脚印的猪油，既心疼又恼恨，却又舍不得丢掉，只好把上面一层猪油刮掉了继续吃。狗街镇上隔几日赶一次集，同学们常三三两两地和老乡们一样去赶集，时不时地能在集上吃上一碗热气腾腾的米线，几个饵块，或一块油饼、两根油条，也就心满意足了。即便如此，同学中还是没有哪个抱怨叫苦的。我的同学曹淑英是个几乎没有经济来源的"流亡青年"，要靠打工挣点生活费用，她平时从不花零用钱，到了假期因学校放假，她连住的地方都没有。记得有一年的寒假和暑假，我把她带到自己家里来住，她倒也乐呵呵地泰然处之。老师们在生活上也和我们同甘共苦，他们中有的是单身，更多的是举家迁来狗街，赶集的时候，我们常看到老师们拿着米袋、箩筐到集上买米买菜，他们不畏艰难的敬业精神对我们无疑起到了一种无声的示范作用。

1941年暑假前学校决定迁校四川（实际上直到1942年才迁往四川宜宾），我母亲实在不放心我一人只身前往四川求学，为了能早点毕业出来工作，减轻家庭负担，我和母亲商量后决定提前结束高中学业。这样，通过一段时间紧张的复习迎考准备，我以同等学力参加了当年西南联合大学的入学考试，并幸运地被联大历史系录取。那年，我刚满16岁。

人们常说，中学时代对一个人的成长至关重要。我的中学生涯始于1938年下半年，到1941年暑假刚好整三年，若掐指细算，我在昆明市立女中念半年，在益世补习学校念半年，1939年考入同济附中高中念了两年。也就是说，在那个离乱岁月里，我初中只念了半年，高中也没有毕业，整个中学时代显得残缺不全。然而，正是在这短短的两年半内，我基本上学完了中学所有学科的课程，并打下了较扎实的基础。当时，我写的个人自传《小难民自述》一书已经由商务印书馆出版，这本书的出版促使我下定决心今后学文科。但话说回来，同济附中两年偏重理科的学习对我来说并非"前功尽弃"，因为严格的训练和培养，使得我日后在逻辑思维的严谨周密和工作作风的细致踏实方面受益良多，这就是文科理科并非相互排斥，而是相辅相成相通的道理之所在。另外，在同济附中的这两年，我不仅在学业上得以丰满充实，而且在思想品德修养、独立生活能力和吃苦耐劳精神诸方面都有了很大提高，而这一切无不与母校同济附中优质的教学和良好的校风息息相关，更是与老师们对我的辛勤栽培分不开的。总之，若从上述情况来作个评估，我觉得自己的中学时代虽然从时间过程上看是残缺不全的，但从接受中学教育的本质属性上看，仍然是完整无缺的，并不逊色于从完中毕业。虽几十年转眼即逝，我也早已进入老境，然母校难忘，师恩难忘！

今年是我从母校国立同济大学附属中学毕业七十周年，谨作此文以志纪念！

于 2011 年元月

原载《跨世纪的教育情怀》，上海远东出版社 2012 年版，第50—53 页。

忆母校西南联大

一、 不寻常的开端

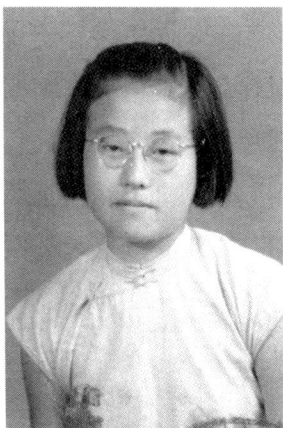

图14 16岁考上西南联大

我是1941年在昆明以同等学力考上西南联大文学院历史系的。当年，在昆华中学大饭堂里听吴晗先生讲中国通史课和参加"倒孔"大游行是我们这一届新生入学后经历的两件大事，二者恰好彼此相关相联。中国通史是历史系必修的一门专业基础课，也是联大文、法、理、工学院一年级新生必修的公共课。因此上课的学生人数特别多。联大新校舍的教室顶多只能坐几十个人，即使最大的南区10号也不过容纳上百人。因昆中的饭堂相当大，联大就借用昆华中学的大饭堂作为中国通史课的大课堂。这门课安排在每星期一、二、三下午的第一节，住在昆华中学的男同学可以在午饭后不慌不忙地去上课，我们女同学住在城里，从女生宿舍到昆华中学是要出大西门走上一段路的。为了在大饭堂里抢到一张靠前一点的饭桌听课，我们总是吃过午饭丢下饭碗就跑。有时，当我们抢到一个好座位坐下时，那张饭桌上还残留着刚被擦拭过的水迹呢。但这些都顾不得了，我们在桌上铺起一张纸，摊开笔记本等着上课。

中国通史课由吴晗先生讲授。吴先生讲中国通史有他独特的体系，他不按朝代编年顺序，而是以各种制度的演变列成一个个专题，我记得他讲过官制、赋税制等，听起来很新颖。吴先生讲课时常借古讽今，大胆抨击国民党政治腐败，同学们都爱听他的课。

1941年12月太平洋战争爆发后不久，日军占领了香港，许多滞留在香港的知名人士一时未能撤退，而国民政府行政院副院长兼财政部长孔祥熙却用中国航空公司的飞机运送他的私人财产，孔二小姐还把老妈子、洋狗、马桶都装上飞机。消息传到昆明后，激起联大师生强烈愤慨，吴先生在一次课上愤怒斥责孔祥熙的不齿行径，他说："南宋亡国时有蟋蟀宰相贾似道，今天有飞狗院长可以媲美！"吴先生借古喻今怒斥孔祥熙，对我们这些大一新生震动很大。就在那天的课堂上，坐得后面稍远的一位男同学起身站出来，大声喊道："同学们，我们上街游行去！"顷刻间，全体同学都站了起来，匆匆收拾好书本走出饭堂，自觉地排好队伍，几个男同学担任临时指挥带领队伍走出了校门，我也十分激动地走在队伍里面。队伍先向校本部所在的新校舍走去，高年级的同学立即从校内跑出来参加到游行队伍中来，然后大家一起进城。我们一面走，一面高呼"打倒孔祥熙"的口号。一路上，云南大学、中法大学和一些中学生也参加到游行队伍中来了，一支数千人的队伍浩浩荡荡走过华山西路、华山南路、正义路。市民们闻声跑到路边向我们鼓掌，春城沸腾起来了。当我们回到女生宿舍时，已是掌灯时分，但大家的心情仍难以平复，吃饭时饭厅里仍是一片议论声。

这就是我们这一届大学生生活的一个不寻常的开端，也是后来被称为"民主堡垒"的西南联大给我上的第一课。

二、 学术自由的氛围

倒孔游行后，学校又恢复了平静。在日常的学习生活中，让我感受最深的，莫过于西南联大所独具的那种"学术自由"的氛围，它给予我求知的渴望，带给我学习的快乐。即便几十年过后，随着年龄和阅历的增长，我对联大这种独特的教育理念和办学风格不仅没有随着时间的流逝而淡忘，反而越来越有更深切的认识。联大继承和发扬了北大、清华、南开三校多年的办学传统，在以梅贻琦先生为核心的师长们共同身体力行、呕心沥血为学生们设计的教育蓝图中，既为学生的成长打下了扎实宽广的知识基础，也更为他们提供了个人自由发展的空间。没有知识谈不到人的自由发展，没有自由也不可能获得真知，在这里，首先是对人的真正的尊重和爱惜，这是多么难能可贵又难以达到的境界！然而，在抗日战争的艰苦岁月里，西南联大却在其存在的短暂九年中真正做到了。刚上一年级时，学校规定大一国文、英语、中国通史和逻辑学为文、法、理、工学院共同必修的基础课；为了使学生掌握社会科学和自然科学的基础知识，还规定学生必须在开设的社会科学和自然科学课程中各选一门，社会科学开设经济学概论、政治学概论和社会学概论，自然科学开设生物、物理、化学和地质学，这些课均包括实验。另外还有体育课，是从一年级到四年级都要上的必修课，虽然不算学分，但体育不及格不得毕业。联大非常重视一年级的基础课教学，各门课程都选派有经验的教师担任，有些课程是由系主任亲自授课的。我记得我选的国文是由沈从文先生任教，英语由李赋宁（阅读）、王佐良（作文）先生任教，逻辑学由哲学系教授王宪钧先生任教，经济学概论则由经济系主任陈岱孙先生亲自任教，生物学由生物系主任李继侗先生任教。

　　二年级后，我们开始进入本专业课程的学习。历史系必须学两门专业基础课，中国通史已在大一时学过，升到二年级后我们要学另一门专业基础课——西洋通史，由蔡维藩先生讲授。从二年级到四年级，历史系规定必修的专业课有中国近世史、世界近世史、中国史学史和史学方法。除这四门必修课外，历史系开了大量选修课，涉及范围非常广，但选课也有原则规定，即每个学生必须在这些选修课中选两门中国断代史，一门西洋断代史，一门国别史，一门专门史。我选的中国断代史是汪篯先生讲的隋唐五代史和郑天挺先生讲的明清史，西洋断代史选的是雷海宗先生的世界中古史，国别史则选了刘崇鋐先生的美国史。至于专门史，选修的范围就更广了，而且可以跨系选修，我选了哲学系冯文潜先生开设的西洋哲学史。除去这些专业课，学校还规定文、法学院学生应学两门社会科学方面的课程，所以我又选了政治系龚祥瑞先生开的政治学概论。更具特色的是学校允许学生旁听，即使学分修满了，还可以去旁听。你可以从谷地走进教室去听课，如果教室里没有座位，也可以站在窗外旁听，绝对没有人干涉。我曾站在教室窗外听闻一多先生讲唐诗，也曾在三年级时像正式选课的学生一样坐在教室里系统听完游国恩先生讲的中国文学史，我还在一个学期里同时听哲学系贺麟先生讲黑格尔、听郑昕先生讲康德……而旁听的课程是不计学分、无须考试的。

老师们对每门课程都要开出参考书目张贴在图书馆里。他们开出的参考书品类很多，各种不同观点和流派都有。老师们要求我们多读书、认真读，因此，阅读参考书就成了我们学习生活的重要组成部分。我花在看参考书上的时间要比听课多上好几倍，而图书馆则成为我们的第二课堂，我和很多同学都喜欢上图书馆。白天只要没课，我们就去新校舍的图书馆看书，晚上也去。新校舍所有的教室、办公室都是土坯作墙，铅皮为顶，男生宿舍更寒碜得只用茅草铺在房顶上，唯独大图书馆虽也是一座平房，却是砖墙瓦顶，在屋顶和重檐间还有一排气窗，由此可见联大图书馆在学校教学工作中的重要地位。图书馆里放着几十张长桌，一进馆就会感受到那安静肃穆、鸦雀无声的学习气氛，使人一坐下便会全神贯注地沉浸到书本中去。然而毕竟读者多、座位少，到图书馆"抢"座位便成了那年月西南联大校园里一道独特的风景线。尤其是到了晚上，那抢座位的热闹劲儿可谓壮观。开馆之前，图书馆门前已是黑鸦鸦一片人群，待到馆里电灯亮了，人群开始移动，大门一开，人们便立刻蜂拥而入。这景象天天如此，大家也乐此不疲。我在大二、大三时去图书馆的时候特多，到大四写毕业论文才去得少些。

除了看参考书，我也喜欢看课外书，我当时喜欢文学，很多中外经典名著都是那时候看的。

在如此自由的学习氛围里，我学得充实而愉快，感觉知识增长，眼界开阔，独立思考和分析判断能力也有所提高。

三、　言传身教的老师

联大老师们在抗日战争极端艰苦的岁月里，在工作和生活条件都极差的环境中，那种执着的坚守和无私的敬业精神令每一个同学都十分钦佩；他们渊博的知识和各具特色的教学风格也使我们受益良多。在我所选的课程中，有多位老师让我终生难忘。

大一期间，我选过陈岱孙先生的经济学概论。在为新生开的社会科学基础课中，选陈先生这门课的同学特别多，因此这门课安排在昆华中学一间楼上的大教室里上课。陈先生总是在上课前就等在楼梯口踱步，上课铃一响，他立即走进教室，从后排走向前排上讲台授课。陈先生授课严谨周密，他规定做作业必须用统一规格的纸张，并要求我们把作业纸对折起来，在封面的右上角写上系别、年级、姓名、学号，交作业时，把有字的一面朝上再向里对折。而当作业发下来时，我们又会发现陈先生的打分总是端端正正地写在封面右上角我们写着姓名、学号的下方。这看似小事一桩，但仔细回想，陈先生对我们的严谨要求又何止于一纸经济学概论的作业！

雷海宗先生是我们历史系的系主任。和雷先生最初的接触是在选课之时，按照学校规定，选课表须系主任签字。为便于学生选课，各系主任（除工学院和师范学院外）都坐在新校舍的大图书馆里。我记得雷先生总是坐在图书馆东头靠走道的一张长桌边，当我们把选课表交给他时，他认真审阅，非常和气地问上几句话，然后签字。雷先生学贯中西，功力深厚，能开中国史课，也能开世界史课。选雷先生课的同学很多，甚至有外系的，我到三年级时选了雷先生的世界中古史。以前我对世界中古史没什么兴趣，选这门课是考虑到它与世界近代史的衔接，另一个重要因素则是想听雷先生的课。他讲课时从不带讲稿，但每堂课的讲授内容丰富，条理清晰，语言简练生动，没有一句多余的话。他对历史上每一个事件、每个人名地名，甚至每个人物的生卒年月都记得一清二楚，从无半点差错。他一边讲一边板书，等他讲完最后一句话，下课钟声也刚好响起。一堂课下来，我们记的笔记总是一大沓，只要我们记得完整，课后完全无需整理。雷先生认真的教学态度和极高的教学水平不仅给我留下深刻的印象，而且予我日后教学生涯积极的影响和鞭策作用。20 世纪 60 年代我在江苏省教育厅工作时，偶然得知雷先生在 50 年代的坎坷遭遇，心情异常沉重。2006 年初，我在《中国青年报》上看到徐百柯写的《雷海宗——历史的碎片》一文，读后更是感慨万端。文章在评价雷先生的学术成就时有这样一句话："史学大家何炳棣上世纪 30 年代求学于清华历史系。他认为，由于近二十年来学界对陈寅恪的研究和讨论十分热烈，目前不少学人认为陈寅恪是所谓'清华历史学派'的核心，但'事实上 30 年代的清华历史系绝不是以陈寅恪为核心的'。"在简略介绍 30 年代清华历史系的情况时，该文再一次引用何炳棣先生的话："当时陈寅恪先生最精于考据，雷海宗先生注重大的综合，系主任蒋廷黻先生专攻中国近代外交史，考据与综合并重，更偏重综合。"对学术问题我不敢妄加评论，但作为昔日雷海宗先生的一名学生，我认为何先生据他 30 年代的亲身经历和感受所作出的评价应该是客观公正的，也是可以信服的。

　　大二开设的中国近代史是历史系的必修课，由邵循正教授讲授。邵先生当时身体不太好，讲课时声音不高，我和同学们总是早早地赶到教室去，希望能够坐在前几排，可以听得清楚些。邵先生学识渊博，会多国外语，甚至连蒙古语也懂。但不知出于何种考量，邵先生的课从1840年鸦片战争讲起，讲到戊戌变法就没再讲下去了，令人遗憾和困惑不解。不过，在从鸦片战争到戊戌变法的50年中，邵先生把当时清政府的昏庸腐败、帝国主义的血腥侵略、中华民族的备受欺凌和屈辱，以及中国人民的苦难和抗争都讲得非常详细，所引述的资料也很丰富。在中国近代史的课堂上，气氛显得特别肃静，甚至沉重。我感到邵先生的中国近代史课不仅是历史课，用现时的话说也是成功的爱国主义思想教育课。我觉得邵先生是把自己的感情深深地倾注到教学中去了！我特别喜欢这门课，课余还在图书馆查阅了大量的参考书和资料，制作了很多卡片，在历史知识和思想认识方面均收获颇丰。1986年2月，我参加教育部师范教育司在广州召开的全国师范教育处长会议，会后途经虎门，参观了林则徐当年抗英的指挥所和炮台，看到销毁鸦片的大石灰池。沿小径走向林间深处，又看到一座约一人高的土坟堆，坟前树立着一块石碑，上书"节兵义坟"（繁体字）四个字，因"节"和"义"为两个错字，史家据以考证此坟是当年民众为埋葬战争中的牺牲者所建。面对鸦片战争的遗址，我耳边似又回响起邵先生讲课时那低沉而富有感染力的声音，林则徐虎门销烟、关天培率军死战、三元里民众抗英等，这些都是邵先生当年详细讲述过的。风声过处，我重新感受着历史老人那沉重的步履和深邃的目光。

到了大四，我们要用一年时间写毕业论文。大二时我选读过刘崇鋐教授的西洋近代史，这也是历史系的一门必修课。我对这门课中俄国19世纪的一段历史特别感兴趣，就想请刘先生做我的论文指导老师。我的同学沈镒也有同样的想法，于是，我们就一起去找刘先生，他约我们在一个星期天的上午到他家里去面谈。刘先生只身一人住在一座旧楼上，房间里陈设非常简单。刘先生很和蔼，听了我们的请求后，表示很高兴做我们的导师，并建议我们各自选择一位俄国 19 世纪的著名作家，从其作品中去研究俄国 19 世纪的社会。这真是个奇妙而有趣的课题，我决定选屠格涅夫的作品，论文题目是《从屠格涅夫的小说看十九世纪的俄国》；沈镒则写《从杜思陀也夫斯基（编者注：即陀思妥耶夫斯基）的小说看十九世纪的俄国》。其间，刘先生要求我们多看书，鼓励我们自己去思考，我们在他的精心指导下顺利完成了毕业论文。

四年的大学生活，我们从联大老师们身上学到了什么？我的亲身感受是：他们不仅向我们传授知识，引导我们独立思考，还在细微处让我们知晓做人之道，帮助我们明确自己的人生定位。

四、 南院生活点滴

联大女生宿舍是原来的昆华中学南院，简称"南院"。这里原本是一所祠堂，名为"岑公祠"，虽然破旧，但面积相当大，大小庭院错落，房舍还真不少，院子里长着些花草树木，比男生宿舍的条件要好得多。我刚进联大时，宿舍大门开在文林街上，1943 年，靠文林街的一部分房屋让给联大附中，女生宿舍的面积就小多了，大门也改到了钱局街，但宿舍仍很整齐洁净。

我住南院的四年期间，曾搬过四次房间，从八人一间房到两人一间，从睡上下铺到单人床，条件逐年改善。特别是到三年级时，我们搬到了另一个院子，这里住宿条件很好，东西两侧各有一排两层楼房，我住到了西边楼上，是四人一间房。我的床挨着窗子，窗下放着一张课桌，我们几个同学用白报纸把窗户糊好，房间里显得窗明几净。值得一提的是，窗外有一棵枝繁叶茂的大树，在树影的婆娑映印中，这间宿舍更显得幽静雅致。那时昆明已很少有空袭警报，我的外祖父母家本来避居乡间，此时也已搬到城里，就住在钱局街。我贪图宿舍安静好看书，连暑假都很少回去。然而，让我们始料未及的是，那扇没有玻璃、糊着白报纸的窗和窗外那棵大树之间竟是这间宿舍不安全的隐患。我们这排宿舍的墙外就是钱局街，小偷只要攀上围墙上树，那是很容易得手的。终于在一个周六晚上，我正好不在房间里，小偷从窗外伸手偷走了我床上的棉被。我那时家境贫寒，家里一时无力为我添置棉被，我只好"打游击"，有时回家去睡，有时和同学挤一床。直到上大四，母亲为我准备好棉被，我才又"安居"下来。

联大对学生的管理一向强调"学生自治"，我们没有班主任、辅导员和女生指导之类，但一切都自治自理得很好，同学们在联大那种独特的氛围里养成了自尊、自重、自觉和自律的好品行。例如学生伙食，就是学生自办。我们组成膳食委员会，定期公布账目，并每天都安排同学到食堂里"值厨"。但毕竟靠领贷金吃饭的人多，加之当时国民党统治区物价飞涨，物资供应极差，吃霉米或遇饭里掺砂子的情况早已多见不怪。荤菜是极少见的，饭菜数量又不足，有时下第四节课回来，常常就吃不上饭菜了，于是同饭桌的同学便为上第四节课的同学留好饭菜。记得有一次我上完第四节课赶到饭厅时，一位同学已拿我的菜缸留了饭菜，我高兴地端起茶缸就吃，哪知越吃越觉得有股异味，直想呕吐。奇怪之余，我把饭菜翻到底查看，原来是早晨刷牙时残留的牙膏还在杯底，引得满桌同学爆笑不止。三年级时，女生宿舍有两位在传达室服务的女工在饭厅门口为同学们炒鸡蛋饭，一碗饭打上个鸡蛋再加上点葱花，也花不了几个钱，同学们有时便以此改善伙食。女生宿舍附近西仓坡处每天有一个早市，有人在早市上卖"烧饵块"，椭圆形的一片饵块在炭火上烤熟了，抹上辣酱，再包上根油条，也是我们女同学解馋时爱吃的。

在南院，尤其是从大三起就住的那个大院子，有一些激荡人心的往事值得回味。

在月色朦胧的夜晚，我喜欢和一些知心同学手挽着手地在院子里漫步，我们往往不知疲惫地走上一圈又一圈，议当时的形势，谈各自的理想。大四写毕业论文期间，我和沈镒常坐在宿舍门前的大树下看书，她谈陀思妥耶夫斯基的小说《罪与罚》，我讲屠格涅夫《前夜》中的英沙诺夫和爱伦娜，还激情朗读屠氏的散文诗《门槛》，那个敢于斗争、敢于献身的俄罗斯女郎的形象深深地感动着我，并从此牢牢镌刻在我的脑海中。

进入1944年，那是一个不寻常的年代，在国民党统治区，新的民主运动高潮正在孕育成熟，联大新校舍的校园也越来越不平静。我和一些女同学经常匆匆忙忙赶到新校舍去参加进步晚会，哪怕教室里人再多也要硬挤进去，会后带着无比兴奋的心情回到宿舍，并常常畅谈到深夜。接着，中共地下党的油印刊物在女同学中被传看，我从历史系女同学陈雪君手里拿到这些秘密刊物，也曾在她的房间或到新校舍后面的小红山上阅读议论。1944年下半年，女同学会改选，在历史系进步女同学马如瑛那间光线略显暗淡的房间里，我们几个同学热烈地讨论，为她的竞选出谋划策，后来她竞选成功，当选为这一届女同学会主席。女同学会主办的壁报也随即作了人员调整，我参加了壁报的编辑出版工作，我们的壁报《南苑》就张贴在大院子旁边走道的回廊上。作为壁报主要负责人之一，我在毕业前夕编完了这一学年最后一期壁报。在这个院子东楼的一间宿舍里，我曾和陈雪君、马岱华等几个同学讨论"民青"①（即后来的"民青"二支）章程，并加入了"民青"组织。而在此之前，我已和地下党取得联系，并参与一些秘密活动。

我在联大的学习生活结束了。

五、 结束语

1945 年 7 月，我修满规定的学分，通过了毕业考试，从西南联大毕业。一位同学介绍我到云大附中教书，后来又转到联大附中，从此走上教育工作岗位。大学毕业时，我刚满二十岁，虽然年青幼稚，却像一个整装待发的行者，已经为人生漫长旅途做好了准备。毕业几十年来，母校"刚毅坚卓"的校训和一些老师们的言传身教始终在砥砺着我，令我不敢一日忘却。今年是西南联大建校七十周年，我回忆在联大的学习生活，往事如云，心潮澎湃，谨作此文以为纪念。

于 2007 年 10 月

原载《跨世纪的教育情怀》，上海远东出版社 2012 年版，第54—60 页。

---

① 民主青年同盟。

到圭山去

　　中共云南省委党史资料征集委员会和中共云南师范大学委员会合编的《一二·一运动》一书中，有郑伯克写的《回顾一二·一运动》一文。文中讲到 20 世纪 40 年代中共云南省工委曾先后多次组织联大学生去农村工作，全省有几个重点地区，如路南圭山、弥勒西山等。1942 年以后，西南联大、云南大学等学校的一批批学生被派到这些地区同彝族农民交朋友、结兄弟、拜姐妹。文中还特别讲到 1945 年暑假，民青第二支部侯澄、陈彰远等同志到圭山地区去工作的事。郑文所提到的情况，正是当年我亲身经历过的一次活动，我深受教育，至今仍经常回忆起这段往事。

　　1945 年暑假前，大约是 6 月下旬，历史系同班同学张光琛找我，问我愿不愿意在暑假里到圭山去工作。那时我已经临近毕业，并已确定毕业后到云南大学附中教书，本想趁暑假备备课、做一些教学的准备工作。但是，我觉得像我这样一个缺少社会实践锻炼的年轻人更需要的是到群众中去补课。我知道已经有几批同学去过圭山，一直很羡慕，现在自己也有机会去圭山了，心里真是说不出的高兴，机会难得，绝不能放弃。于是，我毫不犹豫地答应了下来。

暑假刚开始，我参加了这支工作队的短期集训，几天后就出发了。我们的队员有将近二十人，侯澄、陈彰远、杨邦琪等同志担任这支工作队的领导。队员中有一个彝族青年叫毕恒光，是中山中学的学生，对当地的情况很熟悉，在工作队里担任向导和翻译。全国解放后，我听说毕恒光同志已在云南解放前的一次游击战中牺牲。女同学除我以外，还有昆华女中学生陈端芬、张琴仙、甘娥及联大女同学李美全。

我们到圭山地区后住在一个小学里。我和几位女同学同住楼上的一间宿舍，大家过起了集体生活。工作队的活动日程安排得十分紧凑，在短短的一个多月时间里，工作队以我们的驻地为中心，要在附近村寨巡回演出好几次，演出内容有唱歌、舞蹈，也有短剧，如《放下你的鞭子》等，还自编自演了一些活报剧。考虑到农民兄弟白天要劳动，因此演出多半在晚上。我记得有演出任务的那天，大家必须提早吃过晚饭上路，到了演出地点，天已黑了。大家忙着在临时搭起来的舞台上架起汽灯，拉上帷幕，演员们则忙着化妆。这时候，台前往往早已坐满了观众。王松声、陈彰远还有几位女同学在每次演出时都担任主要角色，其他人有的管道具，有的报幕，有的打杂。我参加过几次合唱，更多的时候是在后台提词，因为这些剧本都是临时赶出来的，演员们根本没有足够的时间去记台词。等到演出结束，收拾好会场，已近半夜时分，大家踏着崎岖的乡间小路回宿舍。虽然夜色很浓，有些凉意，大家又饿又累，可是会场上的热烈气氛，那一双双期待的眼睛，那一阵阵热烈的掌声，鼓舞着、激励着我们，每一次演出后，我们都久久不能平静。

　　队里决定在我们的驻地办一个妇女识字班，办班的工作由我负责。于是，我赶着在几天时间里编写了识字课本。这本薄薄的课本我没有保留下来，但记得当时的编写指导思想还是力求结合抗战形势和民族特点，也有一些宣传妇女解放的内容。在编写课本的过程中，几位女同学都来帮我的忙。开班的那天晚上，男同学帮我们在教室里点起了汽灯，只见女孩子们三三两两地来了，大娘大婶们也来了，她们手里拿着针线，说笑着挤坐在一起。先由陈端芬、甘娥几个人教她们唱歌，然后我教她们识字。我们还分散辅导她们，所以效果还不错。除非工作队巡回演出，否则我们这个识字班从不停课。每次上课，几个女同学总是全体出马，也总是男同学给我们点上汽灯，教室里一片光亮，热气腾腾。

　　按照工作队的安排，队员们白天忙着做演出和其他活动的准备，晚饭后则三三两两地分头到村里各家各户去串门。这是联系群众、和他们交朋友的一种很好的形式，我们总是抓紧时间去做。彝族同胞朴实真诚，又非常好客，我们每到一家，都会受到热情的接待，无拘无束地像在自己家里一样。我们经常坐在小凳上和他们说话，他们也会向我们问这问那。有时候，他们拿出埋在灶灰里烤熟了的土豆请我们吃，香喷喷的，我们和他们边谈边吃，就这样，工作队和彝族同胞间建立起了深厚的感情。在我们快要离开圭山的时候，有一位大娘硬要认我做她的干女儿。彝族妇女心灵手巧，女孩子们个个都会绣花，因此，她们的民族服饰美极了。她们的头巾、衣裙、腰带上都绣着色彩鲜艳的花，每个人肩上还背着一个绣花挎包。有一次，我和几个女同学去串门，几个女孩子围着我们，拿出她们的衣服叫我们穿上，在我们头上扎起像她们戴着的一样的头巾，我们都很乐意把自己打扮得像彝族姑娘一样，为了像一个真正的彝族姑娘，我没有忘记把自己的眼镜取下来。那一天，我们和她们都快活极了。后来，工作队的男同学也跑来看热闹。临走那天，一个彝族女孩子赶来送我一个绣花挎包，那是她用几个晚上的时间特意为我绣的，我带着她的深情厚谊告别了圭山。

在生活上，我也着实经受了一些锻炼。记不准是在刚去圭山的路上，还是在一次巡回演出的归途中，我们遇到了一场大雨。附近完全没有可以避雨的地方，大家只好把外衣脱下来顶在头上，硬着头皮继续赶路。身上淋湿了还不要紧，脚上穿的鞋实在碍事，于是，大家索性脱了鞋子赤脚蹚水而行。我也像大家一样脱掉了鞋，把裤管卷得高高的。刚开始我连路都不会走，但走着走着也就习惯了，竟然越走越快，越走越觉得在雨里赤脚走路竟是件十分痛快又别有风趣的事。另有一次，我和几个同学晚饭后出去串门，回来时天色已黑，我走在大家的前面，忽然觉得一脚踏在烂泥里了，再向前走一步，觉得越陷越深，这时后面的同学急忙喊我停下，紧接着有几个男同学赶来拉我，一边笑着说："快上来，你掉在粪池里了。"大家七手八脚地又拖又拽，总算把我拉了上来，这时候，我已经浑身上下都是粪水，真是臭不可闻。大家护卫着我回到宿舍，女同学们忙着想给我"打扫卫生"，却又无从下手，只好叫我站在院子里，把一盆盆冷水朝我身上浇下去，冻得我浑身直哆嗦，等把粪水清除了，我才上楼梳洗换衣。侯澄、陈彰远怕我冻坏了，给我送来了棉大衣，我就披着这件又长又大的黑布棉大衣卜楼走进了妇女识字班的教室。

工作队队员之间相处得十分亲密。我们工作闲暇时常在一起学习，交流学习心得，有时也召开生活检讨会。陈彰远是四川人，有一次他对我说，我很像他的一个姐姐，从此，他就叫我"大姐"，其实，他的年纪比我还大一点呢。后来，骆宝时也跟着他叫我大姐，我记得骆保时那时好像刚念完大一，年纪比我小。工作队快结束时，队员们在一起合影，这张照片我一直保留到现在。一个多月的时间很快过去，我们的生活过得团结、紧张、充实、愉快。回到昆明后，大家聚集在陈彰远住的校外宿舍开总结会，会后聚餐，然后高高兴兴地分手。

这是我在西南联大的"最后一课"。从此，我告别了学生生活，告别了使我增长知识、开拓胸怀、懂得应该怎样做人、哺育我成长的母校西南联大，走上了工作岗位。

于 1998 年 6 月

原载《中华读书报》2008 年 9 月 3 日，"回望西南联大之三十六"栏目。

我在西南联大接触的一个中共地下组织——"文化小组"

一、茶馆谈话

1944年，19岁的我正在西南联大文学院历史系读三年级，其时全国抗战已进入第七个年头，随着国内外形势的巨变，政治空气沉寂已久的联大校园也变得越来越不平静。这年3月，国民党政府因畏惧青年学生的"五四"革命精神，宣布将黄花岗起义纪念日（3月29日）改定为青年节，同学们闻讯后极其愤慨。为了纪念五四运动25周年，在地下党的授意下，联大历史学会于5月3日晚在新校舍南区10号大教室举办"五四"座谈会。大教室挤得满满的，连窗外都站满了人，气氛空前热烈。5月8日晚，中文系又在新校舍图书馆前的大草坪上举办文艺晚会，这是联大师生第一次在这块草坪上举行的群众集会，到会人数约3000人，除联大师生外，一些外校学生和昆明市民也赶来参加。此间，联大新校舍民主墙的壁报也活跃起来，每天课前课后总是观者如潮。纪念活动整整持续了一周，我自始至终都参加了这些活动，感到深受教育和鼓舞，也更加激发了我追求真理、要求进步的热情。

联大"五四"纪念周活动揭开了新的民主运动高潮的序幕，此后，国民党统治区民主运动呈不断高涨之势。而这一序幕发端于联大并非偶然。战时由北大、清华和南开三校联合组成的西南联大继承并发扬了三校"五四""一二·九"爱国运动的传统，这是吸引全国青年学子前来就读的重要因素之一。学生们多数来自沦陷区，亲身感受到国破家亡之痛、颠沛流离之苦；其中又有一些以学生身份为掩护的中共地下党员，他们人数虽少，且处于隐蔽状态，却是这一爱国群体的核心力量。那时同学们爱国报国心切，眼看着国民党政府军事失利和政治腐败，无不心急如焚。大家痛恨"一个党、一个主义、一个领袖"的专制制度，憧憬着一个民主、自由、平等的新社会。于是，在地下党的艰苦努力下，学生中进步力量得以日益扩大。1944 年秋，我加入了女同学中的一个秘密读书小组，这时，地下党油印的《新华社通讯》等刊物开始在女同学中被传看，我从进步同学陈雪君手里得到这些刊物，常和她、马岱华等同学在宿舍或新校舍后面的小虹山上阅读讨论。这些秘密的甚至是神秘的活动使我异常兴奋和激动，然而我并不满足，因为我更希望能在共产党的直接领导下学习和工作。但是，我怎样才能和党组织取得联系呢？

时间一天天过去，转眼间我已升入四年级。1945 年 3 月，陈雪君突然通知我说校外有几位"先生"要约我谈话，时间定在 3 月 8 日下午，地点在文林街的一家茶馆。文林街即联大女生宿舍所在的这条街，当年开有好几家茶馆，来客几乎全是联大学生。这里清静无扰，少了一分市井喧嚣，却多出一分时代气息。同学们喜欢在这儿看书，又能泡上一杯茶，是可以替代图书馆的好地方，一些进步同学选择茶馆"碰头"、"交友"、讨论工作，有时还打打扑克作为掩护。我对这次"茶馆谈话"的重要性当然心知肚明，心情既激动又紧张。

那天下午，我随雪君如约来到这家店面不大却很明亮洁净的茶馆，但见临街一张方桌边已经坐着三个人，他们见我们进来都站了起来。三位先生年龄均在30岁上下，都是高个子，其中一位身高接近一米九，戴深度近视眼镜，神情严肃；第二位身材消瘦，两眼透露着睿智和深沉；第三位显得敦厚斯文，也戴着眼镜。从外貌和气质似能看出，他们和我平时相处的那些同学大不一样，显得稳重老练得多。经雪君介绍，这三位先生分别是王时风、钱闻和王士新。我很拘谨、腼腆地傍着雪君坐下。记得那天谈话的气氛非常严肃，主谈者是王时风，他问我一些理论或时政

图15　"文化小组"成员之——钱闻

方面的问题时就像老师面试学生一样。虽然我要求进步的热情很高，但毕竟理论书籍看得少，回答问题也显得紧张和幼稚。谈话最终以时风同志提出要借给我一些书籍结束。这就是我第一次在一个特殊环境下和地下党接触的难忘经历，也成为我生命中的一个重要转折点。此后，一直到新中国成立的四年时间里，我的命运便紧紧地和地下党联系在一起，实现了在其直接领导下学习和工作的愿望，并对这几位地下党员的活动情况及工作特点间接或直接地有所了解。

二、 小组成员

那天"茶馆谈话"时所见王时风等三人，是 1944 年秋在昆明新组建的一个中共地下党组织——"文化小组"的成员，除这三人外，其成员还有李南江和汤德明。有趣的是，我后来还惊异地发现，李南江竟是早在六年前我即已熟识并称之为"南江先生"的一位"大朋友"。这要从我八年前那次难忘的逃难经历说起。

1937 年夏，我刚从南京鼓楼小学毕业，时逢全国抗战爆发。为躲避侵略者蹂躏，我随外祖父母、母亲等一家九口人于当年 8 月离开岌岌可危的首都南京，开始了颠沛流离的逃难生活，途经苏、皖、赣、鄂、湘、贵等省，历时 9 个多月，终于在 1938 年 5 月到达大后方昆明。沿途中我们遭遇过日本飞机的轰炸、盗贼的攻击、崎岖山路的险阻、疾病的袭扰和饥馑的困窘，真可谓历经艰难和吃尽千辛万苦。一路上目睹了被敌机炸毁的城镇废墟，乡村中破破烂烂的茅草房和田间面黄肌瘦、牛马般劳作的农夫，还有到处可见的衣衫褴褛的乞丐……那满目疮痍、哀鸿遍野的惨景，给我这个从小生长在大城市里的小女孩活生生地上了一课：原来我们的国家和人民是如此多灾多难和贫穷落后啊！受热爱祖国、仇恨侵略者的爱恨交织心理的驱使，我有了一种强烈的不吐不快的感觉，我决定记下这段经历，用我的笔赞美祖国雄伟壮丽的大好河山，控诉日本侵略者的罪行，同时写出普通中国人面对强敌不甘屈辱的精神和遭受的苦难。抵昆两个月后，我开始动笔，经过半年多的努力，于1939年完稿。当时，为准备升学，我在益世报社办的补习学校上课，正巧报社有两位年轻记者从老师那儿获悉我写书的事后，便找到我家里来采访交谈，这两个记者中有一位便是李南江。他们看了书稿后决定为我联系出版。先是请著名女作家冰心先生作序，序言开篇首语写道："南江先生将小岵女士所作的《小难民自述》带来我看，叫我作序，我在俗事匆忙中看了两遍，觉得很愿意写几个字。"后又请历史学家顾颉刚先生题写了书名。这本以"小岵"为笔名的《小难民自述》终于在1940年3月由商务印书馆在香港正式出版。"南江先生"当时大约二十四五岁，热情开朗，总是面带亲切的微笑。他的社交范围很广，不少作家、教授，甚至宗教界人士，他都熟识，只是我的这本小书出版后他却不见了。没想到时隔六七年又在昆明见到了他，原来他在益世报社工作时的真实身份是以记者职业为掩护的中共地下党员，而我写的这本小书竟得到地下党同志的热心相助，这是我万万想不到的事。

　　文化小组负责人王时风，时为中共南方局派在云南的地下交通员，直接由南方局领导，在昆明则与中共云南省工委书记郑伯克单线联系。时风是江苏金坛人，30年代就读于清华大学中国文学系，是"一二·九"运动的积极分子，1937年3月加入共产党，其后长期从事地下工作。抗战初期，曾在湖南中苏文协及翦伯赞先生处工作过，后辗转于川、黔、滇等地，40年代初在桂林任中共广西省工委委员。他和王士新、钱闻关系密切，特别是与钱闻，两人是金坛同乡，少时同在金坛县中读书，上大学后，王去了北京，钱则考上武汉大学经济系。每逢假期回乡，两人总是将家乡的年青人组织起来进行抗日救亡的宣传活动。"一二·九"运动时，钱闻与李锐、潘乃斌等发动组织了武汉大学的爱国民主运动，抗战爆发后奔赴延安，并于1938年初加入共产党，后被派回国统区从事党的地下工作，曾任乐山武汉大学地下党总支书记。1940年7月，国民党出动大批军警特务包围武大抓捕进步学生，钱闻险遭逮捕，在群众掩护下转移后辗转来到桂林与王时风会合，并一直在其领导下工作。1944年秋，由于国民党军队在豫湘桂战役中节节败退，两人遂先后离开桂林来到昆明。

自1939年冬至1943年，国民党连续发动了三次反共高潮，国民党统治区白色恐怖日益严重。为此，中共中央于1940年5月提出了"隐蔽精干、长期埋伏、积蓄力量、以待时机"的国统区党的工作方针。皖南事变发生后，中央再次强调实行这一方针的重要性。南方局书记周恩来曾多次指出，党员要在社会上生根、交朋友、学习，巧妙地实施党的政策来为党工作。大后方一般党员与干部，要以巩固社会地位、加紧个人学习、广泛交朋友为中心任务。南方局要求每个党员都要有社会职业，要学好功课或职业技能，以及在条件许可下努力学好时事、政治和党的知识；要精通自己的业务；要广交朋友，深入调查研究。这就是周恩来提出的"勤学、勤业、勤交友"，即著名的"三勤"政策。

时风等人来昆后，想方设法自谋职业。在当时物价暴涨、民不聊生的国统区，想找一份工作很不容易。钱闻抵昆不久即在昆华高级工业学校谋得国文教员一职，教两个班的国文。后又通过友人林其英在"工合"（即"中国工业合作协会"，由新西兰友人路易·艾黎和宋庆龄等爱国民主人士创办的一个国际援华组织）谋得一职，便把昆华工校的一班国文课让给时风，并让出学校一间宿舍，自己住到了"工合"。王士新时任云南纺织厂人事科长，李南江则是南菁中学教员。他们遵照南方局的指示精神开展工作，局面很快便打开了。

三、活动特色

文化小组的主要工作对象之一是联大的一批进步青年，与联大地下党负责人袁永熙等人也联系密切。按分工，钱闻后来与我联系更多些，约谈地点有时在翠湖畔他的"工合"宿舍楼里，有时在他姐姐家。他姐夫高允升是联大附中劳作教员，家住学校附近的教工宿舍，那里亦是小组成员常碰头之处。谈话内容主要是介绍理论书籍和分析时政。记得他给我看过的书有毛泽东的《论持久战》《论人民民主专政》《新民主主义论》《论联合政府》、艾思奇的《大众哲学》、许立群的《中国史话》、恩格斯的《家庭、私有制和国家的起源》、鲁迅的《聪明人和傻子和奴才》等。读完一本书要有心得体会，看不懂的地方可以再向他们请教。钱闻他们比我们年长不少，读书很多，知识广博，看问题深刻敏锐。相处熟了，我对他们的感觉早已不限于初识时的严肃认真，更多的是平易温和，亦师亦兄。我从他们身上能学到很多东西，而他们也受到同学们的尊敬，被称为"先生"。为了区别两位"王先生"，我们叫王时风"大王先生"，王士新"二王先生"，那时在联大，老师是被尊称为"先生"的。

随着时局的发展，联大学运开展得很活跃，成立了中共外围组织——"民主青年同盟"（简称"民青"）。我和陈雪君、马岱华、黄惟新等人是最早加入这一秘密组织的一批女生，与文化小组的接触也更加频繁了。1945 年底，震惊中外的"一二·一"运动爆发。其间，王时风和省工委书记郑伯克联系频繁。据郑回忆，昆明市中等以上学校罢课联合会在运动中发表的第一个重要宣言《昆明市大、中学生为反对内战及抗议武装干涉集会告全国同胞书》（即"罢课宣言"），由联大第一党支部书记袁永熙等写出交给他后，"正巧南方局交通员王时风来找我，我同他一起商量进行修改。他的意见是既要态度鲜明，又要考虑到策略性。我觉得他的意见很好"（郑伯克：《白区工作的回顾与探讨》，中共党史出版社 1999 年版，第 265 页）。后因运动不断深入扩大，斗争更加尖锐复杂，省工委急需向上级请示汇报，以便完全理解上级精神，把各种问题处理得当，又派王时风前去重庆向南方局报告请示。这段时间，我和钱闻已在云大附中教书，参加运动情况此处不赘言。

"游击办报"是小组的一项特色工作。所谓"游击"，意指以当时公开出版的多种报纸杂志为阵地发表文章，抨击国民党政府的黑暗腐败，宣传民主进步思想。时风、南江和钱闻都是长于这种游击战的"枪手"。我知道时风和钱闻的杂文都写得非常好，文笔锋利辛辣，战斗力强，风格颇似鲁迅杂文。文章常以不同笔名发表在《文汇报》《云南日报》《正义报》《昆明新报》《学生生活》《民主周刊》等刊物上。我曾是联大女同学会壁报《南苑》

的主要负责人之一，稿件来源除女同学们自己投稿外，还常向时风、钱闻约稿，请他们写社论、评论。记得钱闻给我们写过一篇《哭七七》，写得好极了，刊出后很有影响。可惜这些稿件用后即被处理掉，没有保存下来。1946年上半年，地下党组织和民青决定办一份《妇女旬刊》，每十天出一期，当时我已在联大附中教书，组织上通知我参加办刊工作，我也常向时风、钱闻约稿，他们总是有求必应，我再按时到允升家取他们写好的稿子。尤其是钱闻，在《南苑》和《妇女旬刊》的编辑出版过程中，无论是在编辑思想、内容形式还是版面安排等方面都给予我们很多具体的指导和帮助。

　　联系联大教授是文化小组工作的重中之重。时风和钱闻与闻一多、吴晗、华罗庚等先生都以"交友"方式有着联系，特别是与华罗庚先生过从甚密。华先生也是金坛人，与时风是表亲，早年在金坛县中时曾是钱闻的数学老师。"一二·九"运动中，在清华大学任教的华先生参加示威游行、掩护进步学生，还在假期回乡与钱闻、时风等人一起举办读书会和补习班，开展抗日救亡宣传活动。华先生是个极重乡情友情的人，其时在联大，时风和钱闻便自然成为党组织和华先生的主要联系人，常到他家与其促膝谈心，论人议政，谈笑风生。华先生于1946年3月至5月接受苏联科学院与苏联对外文化协会的邀请访问苏联，地下党组织对此十分重视。华回国后，钱闻先写了一则短讯发表在6月6日的《新华日报》上，后又以记者采访形式写了一篇《华罗庚教授谈苏联》的报道，在1946年6月12日的《新华日报》上刊出。文中对苏联战后新的五年计划的宏伟实施，科学、文化、教育的兴旺景象以及五一节游行阅兵盛况等情况作了确切、概要的介绍。

随后，党组织又精心安排华罗庚在大操场上公开为广大师生作访苏报告，在那特务活动猖獗的白色恐怖形势下，华先生勇敢地完成了这一任务。其后又将他写的日记——《访苏三月记》在1947年的《时与文》第14至17期上发表出来。有段时间华先生曾起念去延安，时风以他腿疾不便为由劝他继续搞研究工作，说黑暗总有一天会过去，将来数学对国家会有用的。1946年下半年华先生去了美国，时风仍与他保持通信联系，通报国内时局的变化情况。

文化小组的交友范围还扩展到联大以外的文化界和民主人士。当时昆明知识界和民主人士经常举办一些时事座谈会或专题讨论会，宋云彬先生在1945年4月20日的日记里记载：

> 林涧青主编之《青年生活》将复刊，特发起在北门书店开一座谈会，时间下午七时，以《中原》第三期所载《方生未死之间》一文为讨论中心，到有曾昭抡、楚图南、光未然、刘执之、李公朴、钱闻及林涧青，余亦参加。[①]

参加这类活动是文化小组交友的又一种方式。日记中所记北门书店是李公朴寓居昆明时开在青云街上的一家书店，座谈会讨论的《方生未死之间》，是一篇剖析中国知识分子思想症结和探索其历史根源的长达数万字的议论文，在当时国统区知识界引起普遍重视。文章作者于潮，后来才知道就是乔冠华。日记中的曾昭抡、楚图南、光未然、李公朴等人，与王时风和钱闻都熟识，

---

① 宋云彬：《红尘冷眼——一个文化名人笔下的中国三十年》，山西人民出版社2002年版，第93页。

特别是中国民主同盟中央委员、后被国民党特务暗杀在昆明青云街头的李公朴先生，我更是常听他们说起。

钱闻还和宋云彬、曹朴（曹伯韩）、孙起孟等人共同编辑出版了一本《高中进修国文选》。宋、曹、孙均为知名爱国民主人士。宋先生是著名文史学者、作家、编辑；曹先生是语言学家；孙先生于1945年发起组织中国民主建国会，任常务理事，在昆明创办了进修出版教育社。宋先生1945年3月6日至6月29日的日记中，共有9处记载了与孙、曹、钱多次商谈编写教科书的原则、宗旨、体例、经费出版和分工等事宜，从中可以看出他们紧张忙碌的程度及钱闻在其间发挥的重要作用。

《高中进修国文选》的特色在于不仅重视语文基础知识和基本训练，而且紧扣时代，突出思想性和政治性，使二者紧密结合，这在当时特殊的历史背景下无疑是一个大胆创新。而教材本身也成为文化小组在国统区贯彻"三勤"政策，与爱国民主人士并肩战斗的一个有力佐证。教材出版后在昆明的中学、师范学校被广泛使用，影响很大。例如，教材中选用的于潮的议论文《方生未死之间》、天蓝的长诗《队长骑马去了》等作品都散发出强烈的时代气息，对青年学生起到了重要的教育和启迪作用。《队长骑马去了》的作者天蓝，原名王名衡，是参加过"一二·九"运动的燕京大学学生，后到延安并加入共产党。这首长诗创作于延安并广为传诵，后又流传到国统区，发表在胡风主编的《七月》诗刊和茅盾主编的《文艺战线》上，被公认为抗战以来的一首好诗。但由于这首诗热情歌颂共产党领导的抗日游击队的一位英雄——队长，并控诉杀害英雄的"奸人"，很快遭到国民党当局查禁。将这首诗公开选入中学教材是要冒很大风险的，但《高中进修国文选》不仅选用了，而且还配上钱闻所写的"文话"
（课文释义），以其优美壮阔的文字予以深切解读，二者相互配
合，蕴含着热情洋溢的战斗激情。教材出版后，钱闻在昆明师院
附中教高中国文时就使用这本教材，在课堂上讲授和朗诵这首
诗，使学生们深为感动和振奋。以至几十年后，已是两鬓斑白的
学生们仍然记得他们的钱老师讲解《队长骑马去了》的情景：

> 这首诗很适于朗诵，充满着悲壮的情感。至今回忆起
> 来，耳际还萦绕钱先生朗诵诗时的高亢声音：
> "队长骑马去了，
> 骑马过黄河去了，
> 一个月还不见回来。
> 队长！
> 呵！回来！"
> ……①

四、背影远去

1946 年 7 月，西南联大在昆明办学结束，北大、清华、南开
三校师生复员北上，大批民主人士也离开昆明，文化小组的使命
遂告结束，小组成员分散各地。

新中国成立后，他们在各自的工作岗位上一如既往地勤恳敬
业，埋头工作，坦荡淡定地走过几十年风雨路。王时风、王士新

---

① 杨振铎：《引导我们走上革命道路的好老师》，《西南联大附中——云南师大附中建校五
   十周年纪念文集》，1990年，第37页。

和钱闻几位老朋友间的友谊一直延续到耄耋之年也从未中断过。从那时到现在，60多年过去了，小组成员多已相继离世。当年，文化小组因处在地下而鲜为人知。正如联大校友，曾任联大地下党支部书记的马识途在其《且说西南联大精神》一文中谈及联大地下党活动情况时所说："这似乎是大家介绍西南联大所少提到的，大概由于当时我们处于地下状态，许多情况不为大家所了解之故……"（《庆祝西南联合大学成立70周年纪念特辑》，第5页，2007年10月）斯言诚哉！这话我是深能理解并有体会的。文化小组的同志在革命胜利前舍身忘我地为党工作，由于种种原因，他们生前都未能留下较完整的回忆文字。回望着他们渐行渐远的身影，也已是耄耋之年的我总想着为这些曾在第二条战线上出生入死战斗过的普通共产党人写下点什么，以使其不为人所知的业绩不至于湮没于历史的尘埃中，但囿于我所知不全且浮于表面，以上叙述肯定是不完整的。但我明白，比叙述本身更清楚、更重要的一点是：在建立一个自由、民主、富强和幸福的新中国这样一个艰难、漫长的历程中，这些无名战士的事迹是不该被活着的人们遗忘的。

于2009年5月

原载《跨世纪的教育情怀》，上海远东出版社2012年版，第64—71页。

想起龚祥瑞先生

作为西南联大毕业生，同时也是北大校友，我每年都有幸收到北大校友会主办的《北大人》。在今年刚出版的春季刊上，一篇名为《同学眼里的李克强》的文章引起了我的注意。作者陶景洲与李克强总理是北大1977级法律系同学，他在忆及当年系里的老师们时说："当时，北大法律系有不少名师，如到过延安的陈守一系主任，国际法教授王铁崖。其中，对我们影响很大的有一位老师，就是外国宪法和行政法学家龚祥瑞教授。龚祥瑞教授早年专治政治学，曾赴英国深造。"陶文所提龚祥瑞先生也曾是我的老师，若就此将时间往前推71年，他正在西南联大任教。

1941年，我入学西南联大文学院历史系就读。按学校规定，我们必须选学两门社会科学课程，我在大一时先学的是陈岱孙先生开设的经济学概论，大二时，第二门课程就选修了政治系龚祥瑞先生讲授的政治学。选这门课的同学不是很多，这门课的上课地点就在新校舍靠北端的一间不算大的教室里，每周约三节课时，修满有六个学分呢。当时龚老师三十出头，正值风华正茂的年纪。我总记得他穿一身长袍，方方的脸，戴一副眼镜，每次上课时喜欢双手撑着课桌讲。他声音洪亮，语气很有力度，讲解专注，专注到似乎全身心都融入了授课内容的世界中。很自然的，我们这些听课的学生也深受其感染，上课时似也融入龚先生讲课的世界中去了。龚先生讲课的特点是系统性强，一气呵成，没有多余的话，喜欢时不时地用舌头舔一下嘴唇，这个有趣的习惯动作也让我印象颇深。

政治学考试是学年的最后一门考试，我清楚地记得龚先生所出的四道题全是问答题，需要考生综合运用所学知识有所发挥才能解答完整。那次考试我发挥得不错，自我感觉对这门课作了一个较好的总结，收益充实，这是我在西南联大读书时唯一记得的一次考试，这也说明龚先生考试的命题有其独到之处。当时因日本飞机空袭减少，我们家已经从乡下的梁家河搬回到城里，疼爱我的外婆要我考完后回家吃饭，以补充点营养，那顿饭我吃得特别香。后来分数公布，果然我拿到了高分。

龚先生教学极端认真负责，学问功底扎实，系统性和逻辑性都很强，无论是上课还是考试都能引发学生的专注和兴趣，启发学生独立思考，因而让学生学得很充实，这一点正是一个好老师所应具备的优良品质。应该说，我后来也走上讲坛当教师，并一辈子从事教育工作，如果说多少也获得过一些成绩，应与龚先生潜移默化的影响不无关联。我在《忆母校西南联大》这篇文章中，亦提到过当年选修龚先生政治课，但限于篇幅未谈及细节。现在看到陶景洲的这篇文章，勾起了我对往事的片断回忆，遂写此短文，以缅怀龚祥瑞先生。

一个好老师是永远不会被学生遗忘的！

于 2013 年端午

原载《西南联大北京校友会简讯》，2013 年 9 月。

第三编

教坛篇

风雨同舟在春城

    1946 年初，我受聘到西南联大附中教书。其时联大附中已捱过建校初的艰难时期，在文林街岑公祠有了自己的校舍，办学条件改善多了。校长由联大师范学院院长黄钰生先生兼任。黄先生思想开明，治校严谨，是一位有丰富经验的教育家。他高度重视学校的教学工作，对师生的要求十分严格。同时非常重视体育和开展课外活动，主张寓德育于教学、体育、课外活动及日常生活之中。下午课后，学生们或活跃在运动场上，或开展劳作和美术活动。学校经常举办中英文作文和演讲比赛、诗歌朗诵会、话剧演出、野营活动等。联大教授也常被请到学校，如闻一多曾在诗歌朗诵会上朗诵过艾青的《大堰河——我的保姆》、光未然曾朗诵其长诗《阿细的先鸡》、冯至来讲过《哥德传》（编者注：即《歌德传》）等，更赋予联大附中得天独厚的特色，使其教育质量名闻全市。

    当时，联大附中试行六年一贯制，历史课从三年级起开设。我到附中以后，就担任了从三年级到六年级（相当于初三到高三）的全部历史课的任课老师，并担任三甲班级任导师。当时我刚二十出头，此前只在云大附中教过初一和初二。说实话，面对年龄比我小不了几岁的高中学生，难免心里打鼓。然而走进教室后，迎接我的是一双双对我友好、期待和信赖的眼光，又联想起以前在联大女生宿舍常听到附中学生唱着那令人感动的、充满青春气息的校歌，紧张感顿时消失。没有教材，我就自己编写讲稿，给他们讲劳动创造人，讲人类社会从原始共产社会到阶级社会的发展，讲古罗马斯巴达克斯领导奴隶反抗奴隶主的斗争，讲中国历代的农民起义，也讲帝国主义对中国的血腥侵略和清政府的昏庸腐败……看着讲台下一张张神情专注、求知若渴的年青脸庞，听到时不时轻微响起的做笔记的刷刷声，我感到欣慰并受到激励，同时也意识到在战乱年代里成长的中学生是早熟的。随着时间的推移，我和同学们越走越近，一些同学开始到我的宿舍里来找我交流谈心。我也常利用课余时间给他们读报纸（如《新华日报》）、讲时事，有时也参加他们的课外活动。记得有一次参加三甲班的晚会，学生们直到第二天黎明才尽兴而散，我也通宵达旦地和他们在一起。学生们之于我，在感情上犹如自己的亲弟妹一般。这时附中教师中还没有共产党员，只有我和数学教师许宛乐两人是民青成员，有事便一起商量。如 1946 年上半年发生反苏大游行时，他在当日午饭时悄悄告诉了我，要我赶快通知同学不要参加。

1946 年西南联大在昆办学结束，北大、清华、南开三校复员北上，师范学院继续留昆独立建校，称昆明师范学院，联大附中也因而改名为昆明师院附中。原联大训导长查良钊任师院院长兼附中主任（校长）。暑假开学后，钱闻（国文教师）和彭慧云（数学教师）来到附中任教，他们是附中最早的共产党员。钱闻是我爱人，我在 1945 年初在联大读书时与他相识。那时，昆明有一个组建于 1944 年秋的党的地下组织——"文化小组"，负责人王时风是中共南方局派在云南的地下交通员，直接由南方局领导，在昆明则由云南省工委书记郑伯克单线联系。钱闻就是"文化小组"成员之一。

"文化小组"的任务有二。一是做青年学生和上层知识分子工作。西南联大是他们工作的重点，联大地下党负责人袁永熙等联大学生及教授中的吴晗、闻一多、华罗庚等都与他们有直接联系，我当年也是他们联系的一名联大学生。他们还把交友的范围扩大到联大以外的文化界和上层民主人士，如李公朴、孙起孟、宋云彬等。二是以笔为武器，以舆论为阵地，采用"游击战术"，在一些报刊上发表文章，抨击国民党腐败统治，宣传民主进步思想。我在联大读书时参与女同学会的《南苑》壁报和毕业后参加《妇女旬刊》的编辑出版工作，都是在他们的直接指导下进行的。

1946 年秋，由于联大结束，"文化小组"成员大部分离昆，钱闻则转到昆明师院附中任教，以教师职业为掩护从事中共地下工作。他和彭慧云从 1947 年上半年起由中共昆明西城区委负责人袁用之联系，碰头地点就在彭慧云家。在附中，他担任四甲班和三乙班的国文课教师，并兼任四甲班级任导师。我原来任导师的三甲班学生经过抽签升到四甲班和四乙班，三甲班时的班长杨振铎刚好在钱闻任教的四甲班，杨的好友段成鹏则分到四乙班。钱闻所用教材主要是他和宋云彬、曹伯韩三人于 1945 年合编的《高中进修国文选》。这是一套既可用于学校教学又可供青年自修的教材，内容上既配合了当时革命斗争的形势，又充分体现了语

文教学的基本功能和目的任务。教材中有一篇天蓝写的长诗
《队长骑马去了》，是根据抗战时期八路军某部一位优秀指挥员
的英雄事迹写的朗诵诗，充满悼念、赞美和悲壮的情感。钱闻
在课堂讲解时激情朗诵这首诗，学生们深为感动，收到了很好
的教学效果，以至于几十年后同学们都能清晰地回忆起这一场
景。除课本外，钱闻另增授了鲁迅的杂文、冯雪峰的寓言和张
天翼的《华威先生》等。他重视提高学生的作文水平，篇篇精
批细改，评语有思想认识方面的，也有文章作法方面的，重点
放在怎样认识社会和如何做人。经过一段时间的努力，学生的
语文和思想水平提高很快，他和同学们也熟悉起来，并得到他
们的信任和尊敬。眼看着学生们一天天地在进步、成长，我们
真是无比欣慰。

1946 年 11 月，段成鹏、杨振铎等人发起组织"群学社"，办
《群学》壁报。最早的成员有许溶、万荣仁、戴汝昌、罗保信和
李荣翔等七八人。他们请钱闻担任指导教师，并为壁报题写了刊
头。美术教师王憨生也常为壁报画精美的报头和插图。王与音乐
教师周定南是钱早在桂林时就结识的青年朋友，为了加强学校的
进步力量，他介绍二人来附中任教。所以群学社虽为进步学生自
发组织的社团，却一开始就在地下党和进步教师的直接领导之
下。群学社定期出壁报，也定期组织成员学习，开展各种活动，
如举办流动图书社、开展文娱体育活动、和其他社团联欢等。
《群学》壁报辟有时事报道、评论、杂感、新书和作家介绍等专
栏，编排形式别具特色。所载文章猛烈抨击国民党发动内战的行
径，也对学校当局提出尖锐批评，从一开始就显示了它强大的战
斗力。自从联大附中更名为昆明师院附中，查良钊任附中主任

后，校内政治环境不断恶化，而查表面上还像个天真忠厚的长者。为了推动广大学生爱国民主运动的开展，地下党组织决定揭露查良钊的真实面目，钱闻用"炭儿"的笔名写了《查良钊变了》这篇杂文，连续两天登载于 1947 年 2 月 6 日至 7 日的上海《文汇报》上。群学社随即把这篇文章剪贴在壁报上，引起师生强烈反响。在当年的师院附中，这份小小的壁报确实在宣传进步思想、提高学生政治觉悟和团结广大同学方面起了不小的作用。它和另一份壁报《燎原》成为校内影响最大的壁报。

"燎原社"成立于 1944 年底。那年 12 月 25 日为纪念云南护国起义二十九周年，昆明市大、中学校学生和各界人士五六千人在云南大学操场举行纪念大会，会后游行高呼"要民主，不要独裁""要联合政府，不要一党专政"等口号。那天联大附中学生参加大会和游行的仅高年级罗嘉志、杨光宇、段承祐等六个学生。他们回校后深感附中同学"两耳不闻窗外事，一心只读教科书"的风气实在太盛，于是发起成立燎原社，办起了《燎原》壁报，意在"星星之火，可以燎原"。燎原社成员中，后来的《红岩》作者罗广斌及傅启泌、杨光宇、何永琼等是附中最早的一批民青成员。到 1946 年暑假，这些学生大多已毕业离校，燎原社继续发展了一批新社员，我和钱闻所教的四年级学生中，席淑筠、龚一匡、白祖诗、孙燕声、徐念祖、李德铭等都先后加入。同时群学社也在不断发展壮大。先后发展了沙毓英、马丕伦、杨月如等。从 1947 年起，这两个社团有更多的同学加入了民青，席淑筠和郎宝媛等就是在 1947 年初加入的。

民青和进步社团积极参加和配合学生会开展工作。联大附中学生会是 1945 年下半年由全校学生投票普选产生的。第一届学生会主席罗嘉志是六年级学生，这一届学生会在"一二·一"运动中组织领导附中同学响应全市大、中学校学生总罢课时发挥过很好的作用。1946年12月底，北平发生美军强暴中国女大学生事件，群学社于1947年1月5日即出了一期《美军暴行剪贴专号》专刊。1月6日附中学生会召开大会，号召全体同学为抗议美军暴行罢课一天。查良钊气急败坏地赶来劝阻，但经全体学生举手表决，仍坚持通过罢课一天。这时的学生会主席在我记忆中应该是段承祐。1947年9月学生会改选时开展竞选活动，群学社推出四名代表，竞选结果为杨振铎、段成鹏均当选为干事，这时，他们已是五年级学生了。五甲班的马天禄同学当选为学生会主席。这样，师院附中的学生们就在学生自治会和燎原社、群学社等进步社团的带领下，在地下党和民青的领导下，积极战斗，在声势浩大的、正义的以"反饥饿、反内战、反迫害"为口号的学生运动中，成为一支越来越坚强的队伍。

1947年10月，在北平学生的带动下，在昆明地下党领导下，昆明学联决定发起助学运动，以帮助面临失学威胁、生活贫困的学生，并以此推动学生运动的开展。附中也在学生自治会的号召下积极响应，师生踊跃捐资。同学们还在王憨生老师指导下制作石膏像，连同师生捐献的物品拿到街上义卖，得到社会的广泛同情和支持。查良钊在运动开始就散布"要我为我自己，不为任何人"的言论，警告学生"不要受奸党利用"，这使得斗争变得愈加尖锐起来。随着解放战争的胜利推进，国统区内广大学生的"反饥饿、反内战、反迫害"的民主爱国运动日益高涨，而且越来越得到社会的广泛同情和支持，国民党当局亦更加暴露出其穷凶极恶的面目，到处以棍棒、逮捕、监禁来镇压学生运动。

　　1947 年 10 月底，昆明警备司令部开出一批"共党分子"黑名单，限令他们去警备司令部登记。附中被上黑名单的八人中有七名学生：段成鹏、杨振铎、马天禄、陈家驹、孙燕声、席淑筠和杨丽华。他们都是五年级学生。段成鹏、杨振铎是群学社的，其他五人都是燎原社成员。另一人则是教师钱闻。以查良钊为首的学校当局也对师生和学生家长施加压力。其后，段成鹏被捕，其他学校也有一些学生相继被捕。全市学生再一次举行总罢课，反迫害、争人权。后期，为了斗争需要，师院附中和其他很多学校的学生集中住在云南大学。我那时正有病在家，深夜里，常传来一阵阵年轻、激越、高亢的歌声，使我激动感奋得彻夜难眠。在这次斗争中，席淑筠的表现是很突出的，当时，附中内部斗争也呈尖锐复杂态势，被上黑名单的师生从一开始就被监视，一些进步教师也很难公开活动了。在这十分紧迫的非常时刻，就靠她，这个因为有着一头天生蓬松头发而被同学们亲昵地称为"老泡"的席淑筠，担当起了学生与地下党之间的联络工作。席淑筠当时只有十六岁，她很早就是学校课外活动的积极分子，此时是燎原社成员并已加入民青。她年龄虽不大，思想却比较成熟，忠实可靠。记得我在做她的级任导师时，就常把当时在地下党领导下，由民青办的《学生生活》《妇女旬刊》等交给她和杨丽华等几个同学去散发。这一次，地下党的同志就让她和他们直接联系，通过她将地下党的意图贯彻到群众中去。那时钱闻住在校内美术教师高允升家里，他和彭慧云在那一段时间就在高家碰头。高家后窗外面是一个僻静小院，席淑筠就按约定时间到高家后窗口去取钱闻写的通报情况和布置任务的"小纸条"。

　　解放后，我和钱闻怀念师院附中的学生们，但我们一直无法得到他们的消息，天各一方，彼此不知身在何处。直到 1956 年，段成鹏才和我们第一个联系上了，那年 11 月 11 日，他给我们写来了第一封信。然而十年动乱又使好不容易才接通的消息中断多年。直到粉碎"四人帮"后，段成鹏才又和我们取得联系，并到南京来看过我们。这以后陆续有不少同学和我们通了信，给我们寄来照片，寄来他们写的文章、诗篇和专著，也有的乘出差来宁之便来看望我们。

1988 年 11 月 1 日是西南联大在昆明建校五十周年纪念，各地校友要举行盛大的庆祝活动。早在半年前，同学许玎就给我来过信，邀请我和钱闻回昆明一趟，附中的同学们也不断地来信相邀，希望我们回昆明去和他们欢聚。然因年老体弱，我俩对于这种长途旅行实感力不从心，加之那时我正在武汉出差，也无法赶得上了。不过，想起昆明，想起联大，想起附中的那些可爱的同学，我们仍是心潮澎湃，不能平静。于是给母校和附中的同学发了两封贺电。

给联大的电文是：

云南师范大学许玎转西南联大校庆筹委会：
母校校庆五十周年，谨致热烈祝贺

四五届毕业生吴大年

给附中那些已经五十几岁的孩子的电文是：

昆明市云南省国防科工办周继行转杨敬群：
欢庆联大五十周年校庆，谨向四九级同学致以亲切问候和美好祝愿。并请代向当年共事的老师及四七、四八、五零级同学致意。

钱闻　吴大年

1988 年 11 月 25 日

返宁后，我收到段成鹏来函，述其参加西南联大五十周年校庆之盛况，并告诉我附中 1949 级同学聚会时，及他们与联大校友聚会时，均宣读了我和钱闻发去的电报，且激起了热烈的掌声，场面令人激动！我们读罢深为感动。钱闻说，我们这些人都是做学校工作出身的，但至今和学校、和当年的师生们保持如此情谊的只有我们，可能我俩是独一无二的吧。这让我们感到自豪、自慰。

1988 年底，陈朴（即陈家驹）给我们寄来了一张照片，这是 1947 年助学运动后被上黑名单的其中六个同学于 1988 年聚集在昆明海埂公园的合影。这一年他们大概都已五十六七岁，照片上没有了席淑筠，这个勇敢的姑娘在 1949 年云南解放前夕投笔从戎，转战在西南边疆，于 1950 年一次剿匪战役中英勇牺牲，年仅十九岁，被誉为"滇中丹娘"。这是一张极具历史意义又极为珍贵的照片，望着这张照片，我的思绪回到了 20 世纪 40 年代。中共南方局书记周恩来曾在一次讲话中说："中学教员是党在青年运动中的骨干，青年在中学时代能受到科学的、正派的进步教育，就是将来接近马列主义的基础。"事实确实如此，当年他们恰同学少年，纯正质朴，好学上进，在那个民不聊生、落后黑暗的旧中国，他们过早地成熟，痛恨专制腐败，憧憬着民主、自由、平等的理想社会。当西南联大复员北上后，他们从学兄学姐手中接过爱国民主运动的大旗，以"新生牛犊不畏虎"的勇气，为着理想而奋斗、奉献，甚至不惜献出鲜血和生命。新中国成立后，他们在各自的工作领域中，不论是担任领导还是普通一员，始终正直为人，兢兢业业地工作。有些人尽管经受磨难，历尽坎坷，却始终无怨无悔，依然对未来充满美好的希望。这就是20世纪40年代在祖国西南边陲生存过的一群中学生的精神风貌。忆及这些往事，我和钱闻总是感动不已，更对他们满怀敬意。

图16　1988年六同学合影。前排左起：段成鹏、陈家驹、杨丽华。后排左起：杨振铎、马天禄、孙燕声

直至今日，他们和我们一直联系不断，互相牵挂，在我们和他们之间，有着说不完的感人至深的故事。许溶在2006年元旦给我写过一封信，信中说："四九届的同学和老师一块儿从同一个时代走过来，有着战斗的经历，也有着相似的遭遇。所以四九届的同学们非常珍视师生情、战友情、同学情……"是的，尽管六

十多年过去了，钱闻和一些同学已经离去，我也迈入了人生的第八十四个年头，但我相信美好的事物是不会随着岁月流逝而消失的，这份风雨同舟的师生情谊，将会与日月同辉而亘古永存！

于 2008 年 1 月

原载《跨世纪的教育情怀》，上海远东出版社 2012 年版，第72—76 页。本次收录略作增补。

一封来自昆明学生的贺信

大年老师：

今年欣逢您的九十大寿，谨向您表示衷心的祝贺！祝您身心康泰，安享晚年！

六十九年前，您来到西南联大附中。我们这些懵懂少年，在您的循循善诱、谆谆教导下，增长了知识，开阔了视野，在人生道路上得到了最初的极为宝贵的启迪和指引。如今，我们都已步入耄耋之年，当年那一段美好的校园时光，那一种纯真的师生情谊，至今仍珍藏在我们的心底，永远难忘。

我们还要祝贺，您的《小难民自述》一书，时隔七十五年，在当前全国纪念抗日战争胜利七十周年之际重新出版，成为帮助青少年了解抗战历史的宝贵读本！

西南联大附中四九届在昆明同学敬贺

2015 年 9 月 10 日

上面这封信写于今年的教师节，由许溶执笔，杨月如寄来。从附寄的几年前的这张照片上看，"西南联大附中四九届在昆明同学"，至少有十四位目前还健在。说实话，信虽然写得不长，然情真意切，字字暖心，我还未及读完就已被泪水模糊了双眼。仔细看着照片上这十几位十分熟悉的学生，往昔的回忆就好像电影镜头般地在头脑里一个一个闪过，他们那少年时代的纯真脸庞无一不清晰地展现在我面前。按中国人的习俗算，我已经是吃上九十一岁饭的人了，一生从事教育工作，过着平凡的普通人生活，如今，大半个世纪风风雨雨过去了，他们始终都与我保持着密切联系，从来没有忘记我，他们是我此生最大的财富和骄傲。

我想起 1947 年因"助学运动"而上黑名单的七位同学，现在只剩下杨丽华、段成鹏、孙燕声三人；想起因此原因钱闻和我自 1947 年底离开昆明后就再也没有回去过；想起后来到南京看过我们的有杨振铎、杨丽华夫妇，杨月如，白祖诗，戴汝昌，段成鹏；想起给我们写过信、打电话联系或寄著作的有陈朴、杨丽华、陈明华、杨月如、白祖诗、许溶、段成鹏、周道厚、沙毓英……想起这些孩子（我从教以来最早的一批学生，如今都是年过八旬的老人了，可我还称他们为孩子），我曾在日记中写道，"我们是富有的"，我和老钱为我们曾经是教师而骄傲，为我们有过那么多的学生而自豪。我们更时时刻刻不忘自己作为人师而严格要求自己，并砥砺自己不能玷污"教师"这一光荣称号！教师，教师，平凡而又伟大的教师，今天还有多少人能真正理解这一职业的含义及使命？

衷心感谢同学们对我的祝福，我一定争取快乐、健康地过好每一天！

最后，让我引用 2006 年元旦许溶来信中的几句话作为这篇短文的结束语："四九届的同学和老师一块儿从同一个时代走过来，有着战斗的经历，也有着相似的遭遇。所以四九届的同学们非常珍视师生情、战友情、同学情……"是的，近七十年过去了，这份师生情早已溶入到我们彼此的生命之中，绝不会随着时光的流逝而消失，它将永存于世，万古长青！

我相信。

于 2015 年 9 月 15 日

忆常师

20世纪50年代初，我和钱闻曾经在江苏省常州师范学校工作过几年，那是我从事教育工作四十年中最愉快、最值得记忆的一段时光，也是我人生道路上经受锻炼的一个重要阶段。

常州师范学校是一所历史悠久的老中师。其前身可以追溯到清光绪三十二年（1906）在"废科举""兴学校"的革新浪潮中常州贤达庄先识等人创办的私立粹化女学。初时，女学设初小、高小、师范预科和简易师范，翌年改称粹化女子师范学校。民国元年（1912），曾任粹化女学校长的革命党人庄蕴宽出任江苏都督，将学校收归县立，更名为武进县立女子师范学校，成为当时江苏一所规模较为稳定的县立女子师范学校。

武进县立女子师范学校有着爱国民主运动的光荣传统。五四运动时，该校与省立第五中学（今江苏省常州中学）、武进县立师范学校（男师）的学生代表在县文庙明伦堂集会，成立"三校学生联合会"，县女师学生会会长史良当选为副会长。三校学生联合会发表了罢课宣言，发动学生走上街头。县女师的学生在史良的带领下高举"罢免曹陆章""取消二十一条""抵制日货、提

倡国货"的标语旗帜行进在武进街头，劝导居民不买日货，动员
商人交出日货，并组织妇女讲演团在公园讲演。一时间武进全城
掀起了反日爱国高潮，全县各界联合会决定成立抵制日货委员
会，并举行了大规模的群众游行示威。20 世纪 30 年代，著名诗
人艾青亦曾在该校任教，宣传进步思想。

图 17　1985年参加1955届同学联谊会活动，前排为教师：左起冯宝华、盛
新、施树森、吴柏松、钱闻、陈啸天、吴大年、尤宗林、姚味之

　　1937 年全国抗战爆发，11 月常州沦陷，女师被迫停办。抗
战胜利后，该校于 1946 年在原址复校，并开始实行男女生兼收，
校名遂定为武进县立师范学校，直至 1949 年新中国成立。这一时
期，学校当局控制学生思想，学校办得毫无生气。曾在武进师范
初中部读过书的沈文忠回忆说："解放前，学校有以金凯为首的
训育处，对学生动辄训骂，学生感到压抑。有一次，师范生在洗
心楼墙上写了'学店'二字以示不满。"他还回忆，即便到了 50
年代初，"有的教师还在课堂上有意无意地继续宣传反动思想，

讥讽共产党"。

钱闻和我是 1951 年暑假调到常州师范工作的。钱闻原是金坛中学校长，这年上半年，为了加强常州师范的领导，常州专署文教处决定调他任常州师范校长。赴任前，专署文教处负责同志向他详细介绍了学校的复杂情况，故我们对新工作的艰巨性有了一定思想准备。其时我们已经有了一个孩子，为了全力搞好工作，我把孩子送到上海母亲处，两人便携带简单行装赴常州报到。因一时无法安家，钱闻住进男教工集体宿舍，我则在女生宿舍中辟出的一个小房间住下。到校后，我们明显感到学校那种压抑、沉闷和冷漠的气氛。20 世纪 50 年代初，常州全市中小学校党的力量很薄弱，中学校长中，只有钱闻一人是共产党员，教师党员也只有个把个。常师原有一位主持工作的副校长，是个党外人士，我们来校后，他竟令人将他的办公桌从校长室搬出，独自一人在楼下一个小房间办公，虽经反复劝说也执意不搬回，这就让我们在感到意外和尴尬的同时，更意识到在此开展工作之不易。一段时间里，我俩每天都在早饭前到操场上碰头，一圈一圈地绕着操场边走边交换情况，研究如何开展工作，仿佛又回到了在昆明做地下工作的状态。李春安是 1952 年暑假后分配到常州师范的政治辅导员，他回忆初到常师时的情况说："那时我住在三楼大宿舍里，有时房间里蛮热闹的，大家谈笑风生，我一进去顿时鸦雀无声。"这让他感到处境艰难。

新中国成立初期，常州师范就在如此氛围里揭开了告别旧社会、走上新途程的序幕。

然而，常州师范的学生们让我们看到了同在一个空间的另一片天地。

有一个场景至今清晰地定格在我的脑海里。

新学年开始不久，同学们在课余忙着筹备庆祝国庆，师范部的同学每天课后都在操场上练习走正步，他们手执彩旗，神情庄重，昂首挺胸，步伐坚定，高唱着"五星红旗迎风飘扬，胜利歌声多么响亮……"的歌曲，一个个神采奕奕，焕发着青春活力。这显示出常师学生真诚朴实的对祖国的热爱、对美好前景的憧憬，以及他们愿意为祖国社会主义建设事业作出奉献的激情和决心。

此情此景使我们深为感动，并受到莫大鼓舞：为了他们，常师一定要办好；依靠他们，常师一定能办好！

我初到常师时教政治和历史课，并兼师一（丙）班的班主任。大概过了一个多月，专署文教处任命我担任教导副主任。教导处另有一位主任吴柏松同志全面负责教导处工作，我则分工负责学生工作。于是，我以教导副主任的身份参加了学校团总支委员会，担任团总支副书记，从学生工作这个方面配合钱闻开展工作。

常州师范的学生大多出身贫寒，不少人来自农村。他们学习自觉勤奋，生活艰苦朴素，一批学生干部工作活动能力强，又热心公众事务。钱闻把学生工作作为学校的重点工作来抓，在他的直接过问下，学校团总支委员会每周开例会一次，学生会主席列席会议，有时还扩大到有关的班干部。学校的重大工作和活动都在会上讨论，然后分头去做，有条不紊。同学们也很主动，有时直接向校长汇报情况，研究问题。那几年，团总支和学生会有力地配合学校领导，确实做了不少工作，发挥了不小的作用。记得有一年纪念"五四"，下午举行了全校师生参加的报告会，晚上由团总支和学生会联合举办文娱晚会，通过活动，师生共同接受教育，收到了很好的效果。学校的文体活动也开展得非常活跃，这些活动都由团总支和学生会具体组织。下午课后，操场上便会热闹起来，学生会经常组织班级之间的篮、排球比赛，有时邀请年轻老师和他们一起练球、赛球，使校园增添了几分生气。有一次，学生会借用附小的大礼堂举办舞会，邀请老师们参加，同学们热心地教老师跳交谊舞，欢声笑语伴随着阵阵音乐，大礼堂里的气氛生动活泼、轻松愉快。

与此同时，教师工作则以不同的方式进行着，那是一个面对全体教师从工作、学习到生活上深入细致地贯彻知识分子政策的过程。钱闻尤其重视并身体力行地对教师予以充分的尊重、信任和具体帮助，并注意发挥其所长。常州师范的教师水平并不差，在经过一段时间的努力后，教师的积极性被调动起来了，一支敬业、团结的高水平的师资队伍很快形

图 18　1989 年赴常参加中小学生艺术节，左一为吴振祥

成，学校面貌得到根本改观。几十年过去，同学们仍然深情地怀念着语文老师施树森、潘仲和，数学老师方洪，物理老师盛新，教育学老师姚昧之、陈兆珊……还经常怀念起音乐老师张中之，美术老师工荫清和体育老师潘振锃、蒋耕乐。当年，师范学校重视音乐、美术、体育课教学，要求学生毕业后至少能够兼教小学音、体、美课程中的一门，这几位老师都是学有专长、教学经验

丰富、水平很高的教师，在培养学生的艺术素养和艺体课教学能力方面使学生得益匪浅。

1953 年 1 月，江苏建省，苏南常州师范学校更名为江苏省常州师范学校，不久，时任省长惠浴宇向钱闻颁发了由他署名的校长任命书。常师原有三年制中师和四年制简师，并附有初中部。根据 1951 年 8 月教育部召开的第一次全国初等教育及师范教育会议的精神，中等师范教育实行正轨师范与短期师范相结合的发展方针，常师 1951 年暑期后又招收三年制初师，并于 1952 年上半年招了春季班，另外，还招了一年制速成班。建省后，省人民政府根据"整顿巩固、重点发展、提高质量、稳步发展"的文教工作总方针，对全省中等师范教育作了一些调整。当年暑期后，武进县师学生和部分教师并入常师，丹阳艺术师范学校美术班也有十名学生插班常师就读，常州师范学校呈现一片兴旺景象。这几年江苏全省中等师范教育有较大发展，教育质量也明显提高，常州师范和全省中师一起为新中国人民教育事业输送了一大批新生力量，增强了中小学教师队伍的阵容。

1954 年我从常州师范调到芳晖女中工作，钱闻在常州师范的工作实际上也只有四年。在我们离开常师后，几十年中，世事沧桑，常州师范学校的建制、校址和人事都屡经变迁。到了 2001 年 8 月，江苏省政府批准常州师范、武进师范和常州教育学院三校合并，成立常州师范专科学校（筹）。2003 年 8 月，又并入常州工学院，成为该院二级学院——教育学院。

2004 年，我意外地收到常州师范 1955 届毕业同学寄给我的一本"同学通讯录"。翻开这本小小的通讯录，只见在扉页上写着这么几句话："我们的母校——江苏省常州师范学校，创建于

图19 1997年11月，常师1954届蒋孟平（前排右一）、焦根寿（后排左五）、沈文忠（后排右一）等同学到家中看望我们

1906年，九十八年来，她历经频繁变迁，曾于2001年升格为江苏省常州师范专科学校，又于2003年9月并入了常州工学院。今天，常州师范学校虽然已从常州市的教育地图上消失，但我们对她的思念仍一往情深。我们为她骄傲，我们为她自豪。"读罢这篇短短的序文，我回忆往事不禁心潮澎湃，感慨万端而激动不已。

钱闻和我深切地感受到同学们对母校和我们的一片深情随着时间的推移而越来越浓。我们之间有着说不完的感人至深的故事，特别有几次师生聚会给我留下了极其深刻的印象。

1997年11月15日，常师1954届毕业同学二十人在当时师一（丙）班班长蒋孟平的带领下到南京来看望我们。他们送我们一束鲜花，一个暗红色的大花瓶，女同学们忙着把鲜花插在花瓶里，然后恭恭敬敬送到钱闻手上。二十位同学挤坐在一间小屋里，曾担任学校团总支副书记的万敖甫说："当年学校培养了我们，为我们后来的学习和工作打下了基础，今天，我们是来谢老师的。"临别，同学们在我的纪念册上写下"师恩难忘"四个字，然后留下了各自的签名。

2005年10月22日，在钱闻去世四年半、《钱闻文集》正式出版以后，我为送书特地去了一趟常州。常师毕业的同学在常师旧址——现田家炳中学初中部的一间教室里为我举办了十分隆重的师生见面会。会议由1955届毕业同学操办并主持，50年代前期各个班都有代表前来参加。曾任团总支书记、学生会主席的1953届毕业生王祥娣捧着一束鲜花向我走来，和我紧紧地拥抱。她在发言中说她代表1953届毕业同学送我两件礼物，一件是他们当年毕业时的决心书，另一件是钱闻和我在他们毕业离校前夕给恽才兴同学的题词。这两件礼物都是恽才兴保留了52年，特意为这次师生见面会复印寄来的，使我倍感惊喜和感动。庄严、徐月华、沈文忠等同学一个接一个地发言，会场气氛始终激动人心。最后，曾担任学生会副主席的1955届毕业生吴振祥总结发言，他说："中国有句古话：'千里之行，始于足下。'我们当时在常州师范学习，有一座教学楼叫洗心楼，我们在这里洗心革面，不是立地成佛，而是立地成师。"1955届和1953届、1954届毕业生不同，大部分分配做了小学教师。吴振祥一毕业即担任小学副校长，其后几十年在中小学教育岗位上，后来担任常州市政协副主席。会议结束前，大家提议请1955届女同学杨玉贻唱歌。杨玉贻曾是学生会文娱部长，毕业后一直在常师附小担任音乐教师，是一位为小学音乐教育作出了贡献的全国优秀教师。她应大家的要求即兴将《南泥湾》歌词改为"师生情"，且歌且舞，已经七十

图20 2005年10月赴常参加师生见面会

岁的人了，但在她身上哪有一点岁月的剥蚀，我只见永葆青春的教师魅力！

三年后，我应1953届毕业同学之邀去上海参加他们纪念毕业五十五周年的聚会。1953届是新中国成立后常州师范招收的第一届师范生（1949年全国未招生），也是学校更名为省常师后的第一届毕业生，他们的聚会意义不同寻常。正像他们毕业时向学校递交的"毕业誓言——我们的决心"中所说："不论是荒僻的乡村，还是遥远的边疆，祖国哪里需要我们，哪里就是我们最乐意去的地方，我们就把哪里当做自己的家乡。"前来聚会的同学来自上海、常州、无锡、扬州、北京、山东、江西、西安、武汉、淮南等地，还有远在吉林、广西、福建等地的未来与会。常州师范1953届毕业同学像一粒粒种子一样撒在祖国的广袤土地上，生根、开花、结果。我知道，他们中有恽才兴、虞志英、奚静之这样一些大学教授，有王祥娣、姚祚训这样一些政工干部，孙乘风长于书法，尚敖大长于音乐，曹植洪和汪健中长于美术，还有大量同学终生勤勤恳恳、兢兢业业奋斗在中小学教育工作岗位上，如魏元隆、徐宏泽、徐汉英、蒋友勤等。

师生座谈会在华东师范大学逸夫楼会议室举行，由当年的学习辅导员姚祚训主持，恽才兴同学首先发言，他说起临毕业时请钱闻和我在他的纪念册上题词，钱闻祝他"身体好、学习好、工作好"，我则写了"人活着，应该让别人因为有你活着而得到益处"一句赠言。他说这两页题词指引了他一生。恽才兴毕业时被保送到华东师范大学地理系，毕业后留校任教，现已是一位学术上很有造诣的博士生导师。尚敖大在常师读书时是学生会文娱部部长，毕业时被保送到南京师范学院音乐系，终身从事音乐教学和创作，曾任常州艺术高等职业学校校长。他在会上放声高歌："常师、常师，我的母校，多少学子从你校门走向社会，为祖国，为人民教育事业，辛勤操劳……我们这一代从激情燃烧的岁月中过来的同窗，珍惜昨天，热爱今天，相信明天会更好。"那听来熟悉的浑厚男高音把会场情绪渲染得激情喷薄。孙乘风、曹植、王祥娣、蒋友勤、章纯萱、曹志英等同学纷纷回忆常师，回忆老师，回忆在学校的学习生活。最后，大家要我发言。我说："各个人的成就有大小，但常师1953届的毕业同学有一点是共同的，那就是正直为人，纯正质朴，胸怀远大的理想和信念，在几十年的风风雨雨中始终掌握好航向，勇敢坚定地走在人生道路上，以一颗赤子之心，在各自的岗位上尽心尽力作出奉献。"说罢，我站起来向他们致意，我说，作为当年你们的老师，我感到无比欣慰，更对你们满怀敬意。那天，会场上灯光明亮，照耀得分别五十五年重新聚首的常师师生对学校的回忆更加璀璨夺目。

常州师范的同学们还常以多种方式对我们表达他们深厚的师生情谊。2006年4月13日，1955届初师春季班十五位同学在他们的老班长张忠大带领下，来南京红星园给钱闻扫墓。张忠大入学前是一个菜农，已是两个孩子的父亲，入学后家里没了劳动力，经济十分困窘，他觉得实在坚持不下去了，就找钱闻提出退学要求。钱闻劝他不要退学，说，"你们贫下中农在经济上翻了身，还一定要在文化上翻身"，建议他可以在学校只上主课，下午早点回家劳动，并决定在经济上除助学金外，另给他额外的生活补助。于是，张忠大坚持学完三年，后来一直在中学担任教学和行政工作。他常说："没有钱校长，就没有我张忠大的今天。"扫墓那天，虽已是清明节后，但仍有丝丝春寒。在墓地，同学们举行了简短隆重的仪式，十五个人站成两排，由一位叫张培根的同学宣布扫墓仪式开始，先由女同学吴琴华献花，接着邹和培同学简短致辞，结束后，十五位同学面对钱闻的墓碑恭恭敬敬地三鞠躬，然后排成单行绕墓地走了一圈。他们的神情始终庄严凝重，令我十分感动，在向他们答谢时几乎哽咽难语。

就在初师春季班扫墓活动后不久，我接到一个电话，对方说他是常师1956届毕业生，2006年是他们班毕业五十周年，因此他要和另一位同学一起来看我。第二天他们来后，进屋先向钱闻的遗像鞠躬，然后坐下和我叙谈。其中一位叫张季良的男同学说，他来看我是要告诉我一件事，这事对他影响至大，他终身难忘。他本是1951年就考上常州师范的学生，入学后因病需休学，但他家在农村，家境非常贫困，得知要休学，一时不知如何是好。"后来，钱校长知道了，特地批准我仍按月领取助学金，当时中师生的助学金是每月九元，我休学期间始终享受着九元钱的助学金，终于养好了病回校复学。"毕业后他被分配到铁路系统做中学教师，直到退休。他讲得非常激动，我也听得入了神。他们两人回忆五十年前的件件往事，甚至还记得在校时的伙食情况。张季良说："我们那时早餐有稀饭、馒头、小菜和油炸花生米，有时还吃凉拌豆腐。到了冬天，饭桌上常是一个热气腾腾的大土锅，荤素菜都有。九元钱的助学金啊！伙食办得这么好不容易！"

也是在 2006 年，已是岁末，我又接到一个叫李晓明的常师同学的电话，他说他是 1954 届的毕业生，要来看我。我寻思，对1954 届的毕业同学我是相当熟悉的，怎么想不起这个名字？待到他来了，才知道他是初师班的。他告诉我，他们班的同学年年都要聚会，不久前在常州相聚，大家怀念老校长，委托已是知名书法篆刻家的朱再金同学写了一帧条幅送给我们。他此次来，就是专程送条幅的。我展开看时，竟是录《诗经·小雅》中《蓼莪》篇"昊天罔极"四个字。这份过誉使我深感不安，又觉得何其珍贵！

在我和常州师范 20 世纪 50 年代前期毕业同学的多次接触中，我注意到同学们在回忆学校生活和自己的成长时，感受最深的是当年学校的办学方针。南京师范大学原党委副书记、常务副校长蒋孟平 1954 年毕业于常州师范，他认为，他们在校学习的那几年，学校在办学中坚持培养全面发展的学生，在思想政治、道德修养、人格完善、知识培养方面都严格要求学生，使学生受益匪浅。同为 1954 届的焦根寿是学校团总支副书记，他回忆钱闻在一次学生代表大会上讲话，强调要切实贯彻"三好"指示，要求同学们"正确树立好学习观点，巩固专业思想，培养良好的道德品质，发扬集体主义精神，还要身体好"。1955 年毕业的臧宗元保存了钱闻当年对学生所作的一些重要报告记录，其中有关于全面发展问题的一次讲话。这次讲话针对师范生的特点，从思想道德品质、文化科学知识和身体健康方面提出了具体要求，最后充满信心地说："学校按照全面发展的方针进行工作，同学们按照全面发展的方向努力学习，我们大家都朝着全面发展的方向去努力，也就是正确地、深入地贯彻了教育方针，我们的努力定会收到明显的效果。"在贯彻全面发展的方针时，学校又始终坚持"德育为先"的原则。常州市刘国钧职业教育中心校长沈文忠曾是学生会主席，他回忆说："当年常州师范学校的思想政治工作在整个学校工作中占有十分重要的地位，一是对学生的世界观、人生观、价值观的教育，二是专业思想教育。"这种教育，在1954 届毕业生杨黛莉给我的一次来信中有生动的描述："常师的政治思想工作是强有力的，是贯穿于课内外、校内外各方面的，又是潜移默化、'润物无声'、滋润学生心田的。"正因如此，这样的思想政治教育易为学生所接受，并影响深远。1953 届毕业生魏元隆、徐汉英、徐宏泽是被分配做中学教师的，我在 2008 年和他们聚会时，三人特意聚拢到我跟前说："当年毕业时，钱校长找我们六个被分配做中学教师的同学谈话，送我们两句话八个字'谦虚谨慎、认真做人'。我们铭记终身。"初师春季班毕业的王甫先被分配做小学教师，后参军，一直在部队工作，他认为自己在常师三年不只学习了文化知识，更重要的是学会了做人，"要先做好人，才能做好事"。他告诉我，他们班毕业时八十多位同学，毕业后在各自的工作岗位上努力工作，在几十年的风风雨雨中没有一个人出过问题，这是很不容易的。

这便是 20 世纪 50 年代前期的常州师范学校和它的学生们。从这些学生的身上，我看到那些年月成长起来的青年一代的精神风貌。

我很珍惜同学们对常州师范的回忆，这些来自几十年后的感悟不但填补、丰富了我的记忆，更使我从一代人的成长中看到党的教育方针熠熠生辉，从而更加坚定了我对教育工作应有的定位、功能及其价值影响之所在的理解和信念。

同样，我十分珍惜 50 年代前期常州师范毕业同学同钱闻和我之间的师生情谊，这是基于共同的理想信念、共同的努力方向的无比真诚朴实又牢固珍贵的师生情谊。我相信，她定会历久弥新，跨越时空而永存！

原载《常州工学院学报（社科版）》2009 年第 5 期。

琐记芳晖女中

1954年暑假后，我被从常州师范调到芳晖女中担任教导主任，次年10月又被任命为该校副校长，直至1956年国庆后被调往南京，我在女中工作了两年又一个多月。

芳晖女中是一所私立中学。中国自晚清兴办新学以降，除政府和社团办学外，还有一批私人创办的私立中学。至民国初，中学在数量上有所发展，特别是五四运动以后，私立中学发展较快，并伴随有女学兴起，江苏则是开风气之先、较早也较多地开办女子中学的省份之一。新中国成立后，政府接管了一批私立中学，但仍保留了一批办学规模较大、教育质量较高的学校。在我的记忆中，20世纪50年代前期，常州市除省立常州中学和常州师范外，诸如正衡中学、私立常州中学、辅华中学等都是私立中学，芳晖女中即为其中之一，而且是一所女校。该校创建于1925年，此前常州市城区已有东、西两所女子小学，因受五四新文化运动思潮影响，女西校校长徐洁怀带领十位教师各出银圆50枚创办了芳晖女中，是年招收新生70名，定"勤朴"二字为校训。可以说，芳晖女中的创办具有反封建、争取男女平等的划时代意义。

不过，芳晖女中对我来说是陌生的，我过去从未有过在私立学校上学和工作的经历，因此难免带着点"正统"观念去看待它，加之我在感情上也割舍不下常州师范学校，实话说，我当时被调芳晖并不心甘情愿，但又不得不"服从组织分配"。去学校前，教育局一位同志对我说："知道你不想去，但芳晖女中党的力量和行政领导都显得比较薄弱，只有一位年轻的政治辅导员是党员，行政上只有一位校长和一位副教导主任，因此该校急需充实领导力量，调你去确实是工作需要。"

开学后，我迈进芳晖女中那低矮的校门，先在校长室见到了校长翁以观先生。翁校长向我简单地介绍了一下学校的情况，随即带我去和教师们见面。当我们走进那间作为高中部教师办公室的大教室时，所有的老师都站起身来迎接我。那年我29岁，而老师们大多比我年长，有的甚至可做我的长辈，我走上前和他们一一握手时，他们手心的温暖和目光中的期待让我心生感动，那一刻，原有的那种"勉强"似乎也不知不觉地消失了。

那两年，抓教学是我的第一要务。我听了不少教师的课，芳晖女中教师教学水平之高出乎我意料，高中教师尤为突出。如语文教师吴经耕、数学教师季柏年、英语教师李晓声、物理教师尤康成、化学教师齐季庄、生物教师张仲和、体育教师方舜祥等，他们功底深厚扎实，教学各具特色，工作认真严谨，让我彻底改变了此前对私立学校的偏见。有一次，我听吴经耕老先生的高三语文课，那天他讲的是苏轼的《念奴娇·赤壁怀古》，吴老师对人物和景色的生动描述，给人一种强烈的穿越时空之感，仅就"一樽还酹江月"中的一个"酹"字，吴先生就讲解得格外精辟透彻，令我至今印象深刻，但凡他教过的学生在毕业以后没有一个不记得他的。我还听过齐季庄老师的化学课。齐老师长我一轮，1936年于清华大学化学系毕业后留校工作，抗战爆发后随校搬迁，曾在长沙临时大学和昆明西南联大工作过，是我的学长。她在芳晖任教多年，受其影响，每年都有多名毕业生报考化学或与化学有关的专业，1955届学生的化学高考成绩在省内名列前茅。

芳晖女中的课外活动也开展得有声有色，其中最具特色的是张仲和老师组织和指导的米邱林生物研究小组，这在全市是独一无二的。张老师在五亩地大小的园地上培育栽种了上千个蔬菜瓜果良种，一年四季不断，光是番茄就有70多个品种。他还让学生们和苏联、东欧许多国家的中学建立通讯联系，经常交流经验，并交换种子，从而吸引了很多学生参加这项活动。米邱林小组的活动，让学生们学到了许多书本上学不到的知识和技能，不仅提高了他们的学习兴趣，培养了他们的劳动习惯，还促使一些学生立志学农，献身于祖国的农业现代化事业。1957年女中的高中毕业生中，有7人考入新疆八一农学院，从此扎根边疆。

女中的体育课外活动也颇为活跃。该校有一支很强的体育教师队伍，方舜祥、金玉声、毛应粹、程蕴箴都各有所长。按理说，芳晖女中作为 ·所普通中学，不论初中还是高中都是有一定升学压力的，但我在女中工作的两年中，丝毫未感到后来出现的那种片面追求升学率的不正常压力。每天下午课后，女孩子们从教室里蜂拥而出，在操场上开展各种活动。女中的篮球队全市闻名，1951年曾在华东地区锦标赛上荣获苏南区冠军，其后又作为苏南队基本力量参加华东地区赛并获得第三名。

考虑到女校的特殊需求，那时高中部的每间教室里都配置了一架风琴，教学楼下还有一架钢琴，有的同学在三年的高中学习阶段学会了弹风琴和钢琴，指导老师是音乐教师谈咏婉。

教务方面，我很重视每个学期的排课表工作。教务员王言在芳晖工作多年，是排课表的老手，我曾就此特向他请教过，后来每次都要在他排好课表后自己再检查一遍。1955 年秋季开学后，因假期里中学教师集中"肃反"学习而延误了开学前的准备工作，排课表任务十分紧迫，那天王言一直到傍晚还未排好，他也着急了，便对我说："你先回去吧，等排好后我到你家叫你。"晚饭后，王言来了，我因不放心把 6 岁的儿子乘旦一个人留在家中，便带着孩子跟老王一起去了学校。我先将全校每一个班的课表看下来，再把每一位教师任课的课表逐个看一遍，直到和老王把所有课表都调整好，觉得没什么问题了才放下心来。此时夜色已深，乘旦早伏在我的办公桌上睡着了。我还关照王言，每天上午第一节和第四节课不能排体育课，老王同意第一节课不排，但不理解为何第四节课不能排。我说第四节课已临近中午，女孩子们精力和体力都消耗得差不多了，再上体育课既影响教学质量，也不利于健康。

每个学期结束前检查学生的成绩册和班主任评语也是我紧抓不放的一项工作。我在女中虽然一直兼教几个高中班的政治课，但与学生的接触面还不够广，每学期结束前检查学生的成绩册，可在一定程度上弥补这一缺陷，虽不能使每一个学生都在心中留下清晰印象，但总可以留下一些基本印象，而班主任评语又可以加深这些印象。我认为，在评语写得是否恰当的问题上，教导主任和分工教学的副校长是责无旁贷的，我不能让不恰当的评语送到学生和家长手上。因此，工作量虽大，但我一直坚持做了下来。几年前，女中教师孙盘秀来南京看望我时聊起此事，我问她怎么记得这清楚，她说："因为只有你一个人是这样干的呀！"

学生生活管理方面，芳晖女中沿袭了多年来严谨治校的传统。我刚到学校时，每天早晨八时学生上课后，学校大门就上了锁，直到放学时才开，后来我把这条规定取消了。不过，总的说来学校的一套规章制度和管理方法是既严格又考虑到女校学生的特殊情况的。那时，家在农村和外县以及离校较远的学生都住校，寄宿生不少。宿舍就在校长室、教导处的楼上，由一名姓程的女职员负责管理。寄宿生每周可以回家一次，每次回家前必先到程老师处登记，星期天下午准时回校后也要去程老师处报到。程老师对学生关心爱护备至，对学生情况一清二楚。有一次，初中一个班的宿舍里发生偷窃事件，她很紧张地跑来告诉我，我嘱咐她不要着急，并和她一起会同该班班主任耐心地排查教育，个别谈话，最后这个孩子主动承认错误并退还了钱。程老师貌似严厉，心地却极善良，像孩子们的老祖母。宿舍里还配有两名女工负责清洁卫生和安全保卫。那年月的宿舍是没有现代化卫生间的，为防学生夜间上厕所发生意外，学校在每间宿舍里备了一只马桶，每晚学生上晚自修时由两位女工送上楼，第二天一早再拎下楼。有"老祖母"和两位女工在，我心里踏实多了。

1954年10月下旬，陈慧君调芳晖任第二校长，翁以观校长调走后，她接任校长。不久学校单独建立了党支部，陈任支部书记，我和政治辅导员、人事秘书焦清华仕支委。陈慧君性格开朗，处事大胆果断，我却比较沉静，处事也比较稳重细致。不过，我俩性格和作风的差异并不影响彼此合作共事。工作上我们有分工，遇事则共同商量，再加上一个焦清华，三人配合得不错。我们建立了教职工政治学习制度，曾一度统一规定每天早晨上课前一小时作为学习时间，路远的老师们包括我自己都得带着早点去学校。后来改为每天上午由教师自选时间到学习室学习，这就方便自由多了。那年月大家学习苏联凯洛夫教育学也很认真。我们还常和教工个别谈心，通过工会和团组织开展一些活动。从1954年下半年到1955年暑假，女中确实是一片生机蓬勃，镇江金山之游大概就是1955年上半年的事。写到这里，我想起学校的好管家、总务主任冯亚东，一个常年以校为家的人。学校里无论大小事务，甚至每个角落、每根电线都装在他心中，尽管校舍陈旧，设备老化，但该修补的修补，该添置的添置，该花钱时他省着花，但保质保量、一点不打折扣，所以，多年来学校从未有过因设施问题而产生的安全事故。

1955年新学年开始后，因陈慧君处在产假期，领导全校的责任便集中到我一个人身上。这一学年女中有21个班级（其中高中8个班），学生共1 255人，我的工作量和压力之大可想而知。好在女中教工们的工作积极性高，仍一如既往地辛勤工作，还经常主动向我提建议、出主意，着实对我帮助不小。每周一上午我要召集有关人员开碰头会，安排一周工作；每天一大清早我赶到学校，第一件事便是在记事牌上密密麻麻地写下当天要做的事；每天中午饭我在学校里吃；每天晚上我巡视晚自习、查看宿舍。在我和同事们的共同努力下，学校各项工作有条不紊地运转着，我虽然忙得焦头烂额，但忙得充实而愉快。

陈慧君假满上班后，学校人事作了调整，教育局任命我在西南联大的同学、历史教师傅成纶担任教导主任，季柏年、谢一飞

为副主任。领导力量得到加强，大
家对办好女中充满信心，彼此配合
得也不错。1956 年 1 月，中央召开
关于知识分子问题的会议，周恩来
在会上作报告，指出旧时代的知识
分子，"他们中间的绝大部分已经成
为国家工作人员，已经为社会主义
服务，已经是工人阶级的一部分"。
这次会议精神对学校广大教工鼓舞
极大，大家的积极性更加高涨。
5 月，毛泽东在最高国务会议上提

图 21　1955 年在芳晖女中

出，在文学艺术和学术研究中应该实行"百花齐放、百家争鸣"
的方针，亦使大家感受到一种宽松和谐、心情舒畅的气氛。现在
回想起来，1956 年确实是一个值得眷恋和追忆的好年头！写到这
里，我还想到一件小事，那时候曾提倡女同志穿旗袍，我和齐季
庄老师都是在 20 世纪 30 和 40 年代穿旗袍度过大学生活的，于是
我俩不约而同地穿起旗袍来，一时间大有开风气之先的意味呢。

　　接下来说说芳晖女中的学生们。原以为私立女中的学生大概
家境优裕的占多数，不少人会有娇小姐脾气，其实情况并非如
此。应该说，大多数女孩子在"勤朴"二字校风的熏陶和老师们
的教导下，胸怀远大理想和报国之志，既"勤"且"朴"，好学
上进。当时，"主题班会"已是对学生进行思想教育，也是学生
进行自我教育的一种好形式。记得我曾参加过高三一个班级毕业
前谈理想的一次班会，同学们意气风发、激情满怀地谈着各自的
理想。团支部书记、学生会文娱部长吴爱秀想当一名女拖拉机手，

她说"要驾驶着拖拉机奔驰在祖国的田野上"。毕业后，她报考南京农学院农机系被录取。女中自 1956 年上半年起在高中学生中建立党支部，吴爱秀是首批发展入党的 3 名学生之一，我和陈慧君是她的入党介绍人。是年初，学校接到市教育局通知，要选送部分应届高中毕业生提前半年毕业、保送上大学。我和陈慧君、焦清华会同有关班主任认真研究并征求任课教师的意见，其指导思想是既要保证保送生的质量，也要考虑为班级留下一定的骨干力量。最后，我们在 137 名学生中选定 13 名，后来她们都进入南京航空学院学习。此事在当时也算是一件大事，而当名单宣布时，在学生中并未引起什么思想波动，做到了"保送的学生走得高兴，留下的人安心"。

一些学生家境清贫，住校的学生周末回家大多步行，路远的一个单程要走二十几里路。寒冬腊月放寒假，有的女孩子要独自背着不轻的铺盖卷走回家。1957 届毕业生康静华是学生会主席，学业成绩优秀，老师们都鼓励她继续升学，但由于家庭经济困难，她不愿增加父母负担，毕业后毅然回到农村当了农民。1958 年江苏兴办农业中学时，康静华当上了一名农中教师，工作成绩十分突出，于 1960 年被省政府授予"江苏省教育和文化、卫生、体育等方面社会主义建设先进生产者"称号。后来，她成为武进县的知名教师，还当上了聋哑学校的校长。

这就是芳晖女中的学生们，每当我想起她们，心中就会涌上一种"巾帼不让须眉"的欣慰和自豪感。

另外，我还能体味到女中在尊师爱生的关系中那特别的一份细腻。1956 年 4 月我在家休产假，那时我家住在青果巷一个大宅院里，一进大门是一家裁缝店。一天，店里老板娘给我送来一包手帕包着的鸡蛋，说是几个女生特地托她转交给我的，我连忙让家人追出去，却已不见踪影。我打开布包，只见鸡蛋上还有一张鲜艳的红纸条，写着祝我身体健康和小宝宝聪明可爱的祝福语。上班后，我曾问过不少学生，却始终没打听到是哪几个学生送的，时至今日，我也只能在心里深怀谢意地感念着她们。

　　1956年国庆后，我接到省里发来的调令。女中教工们闻讯后一定要为我饯行，我坚决不同意。后来，陈慧君决定就在学校里请食堂的大师傅做几个菜聚一聚。那天傍晚，包括吴经耕、周涤新、张仲民等几位老先生在内的全体教工都来了，大家先散坐在校长室和教导处聊天，过了好一阵，眼看天色不早，却不见陈慧君有丝毫邀请大家入座就餐之意。我忍不住问她："怎么还不吃饭？等谁呢？"她说："不忙，再等等。"直到天已擦黑，终于听到室外有人喊着："嘿，来了，来了！"我随众人从办公室走出，只见焦清华、杨淑英两个年轻人一个拉着乘旦，一个抱着我4岁的女儿岸立正笑吟吟地走过来。一时间，惊愕之余，我只觉得心里充满了难以言表的感动。聚餐地点就在初中部楼下的一间教室里，课桌拼成了餐桌，大家随意而坐，两个小家伙也坐在架高了的凳子上，俨然小嘉宾般大模大样地吃着，我也就不去多管他们。那晚，教室里灯光分外明亮，席间一片欢声笑语，众人情绪高昂，虽说是为我饯行，难免惜别之意，却又为我调往南京而高兴，为学校于当年6月改为公办而高兴，更为今后学校兴旺发达的前景而高兴。厨房的大师傅们忙着把自己烧的一盘盘菜端上桌，老帅们又为他们敬上一杯酒，其情其景其乐也融融，至今忆及就像发生在昨天一样。从某种程度上讲，这实际上也是反映知识分子在那个相对宽松的年头心情比较愉悦畅快的一个真实写照。

我离开芳晖女中已经55年了，其间我也曾旧地重游，回过学校几次，并看望一些老同事。最后一次是1998年10月，我在常州市政协副主席吴振祥和武进师范学校校长李敏敏的陪同下来到已更名为"田家炳中学"的女中旧址。得益于香港爱国实业家田家炳先生的捐助，学校将旧校舍全部拆除新建，整个学校已是旧貌变新颜。支部书记陈蕴带着我们参观天文馆、课外活动室，还看了生物园——"芳晖园"，给我留下了该校保留了老校办学传统的良好印象。离校前，陈蕴请我签名留念，并一定要我写几句话，于是我写下"老校新颜，芳晖增辉"八个字。

时至今日，芳晖女中的一些已年过七旬的"女孩子们"还和我保持着亲密的联系，她们每年都会打电话给我，有的还经常专程到南京来看望我。

芳晖女中是我在中学执教生涯的最后一站，我在这儿得到了锻炼，经受了考验，而她所体现出的"勤朴"办学精神以及师生之间和同事之间的那种平等、真诚、温馨的友情更让我倍感珍惜，永生难忘。芳晖女中，芳而且晖！

于2011年9月

原载《跨世纪的教育情怀》，上海远东出版社2012年版，第88—94页。

关于李晓声老师

《琐记芳晖女中》一文发出后，一些老校友看到后或发邮件或打电话给我，共忆往昔，感慨系之。今天上网，我发现文章近日已被李晓声老师的儿子李英援先生转载，他并希望我能提供李老师当时在学校的一些情况，因为他正在整理其父的传记。由此，我愿多说几句，亦算是对前文再作点补充。

正如我在文中讲到的，当年芳晖女中的师资力量，尤其是高中的师资力量很强，原因之一在于不少骨干教师均为民国时期名牌大学的毕业生，李晓声即是 20 世纪 40 年代国立武汉大学外文系的高才生。在我于芳晖女中工作的两年多时间里，李老师给我留下了很深的印象。他属于那种有思想有见解的知识分子类型，英语教学水平相当高，深受学生欢迎，以至于那时候的外语老师中我现在能记得名字的唯他一人。或许是出于本人性格较为温和，作风也还算民主的缘故吧，我当时和学校里的教职员工都能打成一片，关系融洽，李老师对我印象也很好。记得我调离女中时，同事们都来为我送行，大家坐在校长室外间的教导处随意畅谈，李老师笑着对我说："吴校长你作起报告来真中听，就像吃鸭梨的感觉，又甜又脆呵。"这些亲切而过誉的话语让我深受感动和激励。

抗战时期的李晓声是位爱国的热血青年，他在武汉大学读书时就响应国家召唤，毅然决然投笔从戎，参加了赴西南边陲和印缅一带对日作战的中国远征军，以自身一技之长担任少校翻译官一职，为伟大的抗日战争贡献了自己的一份青春和力量。然而今天的青年人恐怕难以想象，在20世纪50年代以至后来的二三十年的漫长岁月里，李老师的这段光荣经历却是个让人避之不及的、复杂的"历史问题"。大约在1983年前后，有一次我到苏南一带出差，刚上火车坐定不一会儿，就看到前几排座位上一位有些面熟的人起身向我走过来，并大声喊着"吴校长"跟我打招呼，我定睛一看：这不是多年未见的李晓声老师吗？于是我也赶紧起身相迎，两人坐下来好一番叙谈。见到遭受磨难的他平安无事，我由衷地为他感到庆幸和高兴。

拙作《跨世纪的教育情怀》于2012年5月出版后，不少原芳晖女中和常州师范的校友都看到了我写的回忆两校的文章，可惜李晓声老师已于此前的2011年去世了。我相信，如果书能早一点出来，他一定会因看到拙作而感到高兴的。李晓声老师是女中继齐季庄老师后又一个活过九十的长寿者，这也印证了一句老话：仁者寿。

写于2013年7月，载《芳者永晖——常州田家炳高级中学建校九十周年暨常州田家炳中学命名二十周年纪念专辑》，2015年10月。

春暖花开迎贵客

春天到了，我在阳台上种养的三盆杜鹃花看上去非常茂盛鲜艳，另一盆君子兰经过一年的精心侍弄，亦呈含苞欲放状。花开得如此之好，让我这个九十岁的育花人在颇为自得的同时也不由得联想：这会不会预示着有何喜事要临门啊？

花果真是有灵性的，不久我就接到常州市田家炳高级中学（原为常州市芳晖女中）办公室的电话，说学校要派人专程来宁看望我。

3月16日上午11时许，敲门声响起，我打开房门，门外站着五位客人，最前面是一位上了年纪却很精神的女士，她问："你还认得出我吗？"我觉得她面熟，定了定神，想起她就是当年芳晖女中那个活泼开朗的体育老师程蕴篪，便脱口喊出她的名字，她很高兴，走进门来便与我紧紧拥抱。经介绍，另四位客人是：李培校长、陈文伟副校长、校办主任潘梦君和语文老师戴年陶。坐定后，客人们忙着向我介绍他们带给我的有关学校的一些资料，李校长还拿出一个信封，抽出一张红色硬纸片，封面上写着"常州市田家炳高级中学九秩华章"，翻过来原来是一张"纪念证书"，上面写着：

图 22　左起：潘梦君、陈文伟、李培、吴大年、程蕴箴、戴年陶

吴大年校长：在田高中 90 华诞之际，您积极撰写"田中故事"，对您的用心和付出，田高中表示崇高的敬意和衷心的感谢！

这些热情洋溢的话语，让我陡然回到六十多年前芳晖女中的难忘岁月。

李校长站起身，把这张证书递给我，我也站起来接下这份珍贵的证书。客人们说，他们从我写的《琐记芳晖女中》一文中了解到我与田高中同龄，因此特地买了一盒大蛋糕送给我，细心的小潘还叮嘱我的小儿子承军把蛋糕放进冰箱保鲜。李校长还说，在常州，很多田高中和原常州师范的老师都看到了我写的回忆文章，大家都很感动。我也拿出自己特地准备好的一本拙著（《跨世纪的教育情怀》），并在上面写了几句赠语交给李校长，以送书方式来表达自己对田高中的一份敬意和谢意。小潘在一旁用相机拍下了上述场景。

接下来，大家开始了十分随意的交谈，他们问起我在西南联大学习的情况和我的家庭背景，我都一一作答，然后又回忆起当年芳晖女中的老师和学生们。程蕴箴告诉我，现在健在的老师，在常州的有孙盘秀、陆玉珍、潘挹芬和她；另外，焦清华在镇江，杨淑英在上海，屈指算来已寥寥无几了，真令人感慨万分。不过，当我看着几本纪念册上所反映出的几十年来田高中所取得的骄人成绩，又为如今田高中后继有人、不断进步的可喜局面感到由衷高兴！最后，他们拿出一本红彤彤的签名册要我签名并写上几句话：

　　殷切期望

　　常州市田家炳高级中学在新时期谱写更加美好的"教书育人"新篇章。

吴大年
2015 年 3 月 16 日

时间过得很快，客人们要返程回常了，我在大家的搀扶下走下楼，依依不舍地一直目送到他们上车。晚间，我和家人拿出他们送的蛋糕品尝，非常香甜可口，这正是：

　　风雨华章九十秋，

　　桃李芬芳遍神州。

　　春风传讯田高中，

　　喜迎贵客香满楼。

于 2015 年 3 月

教师，闪光的职业

 离休多年，不再忙于工作，我似乎有更多的时间与社会上一些平民百姓打交道，如住地附近居民啦，邮递员啦，理发师啦，超市营业员啦，个体店小老板啦等等。接触交谈中，他们往往会好奇地问我："老人家过去是当老师的吧?"或："您老是一个教授吧?"对于诸如此类的探问，我不仅不感到唐突，反倒觉得有一种亲切感。

 我是1945年暑假从西南联合大学毕业的，在校时我学的不是师范专业，但在临毕业前，一个同学介绍我到云南大学附中教书，从此我走上了教育工作的岗位。

 我初当教师时刚满二十岁，作为一个中学教师，我那时似乎太年轻了一点。好在我只教初中一、二年级的课，面对着那些十二三岁的小弟弟、小妹妹们，我还能比较从容地走上讲台。半年以后，我转到西南联大附中工作，情况就不一样了，我要承担从初三到高三的全部历史课程，心里十分紧张。但是，当我按着学校排的课程表，推开一个个教室的门，走到各个班同学的面前时，迎接我的是同学们有礼貌的、微带笑意的友好表情。教室里非常安静，课桌上的书本已经摊开——他们正等着我讲课呢。我的紧张情绪顿时消失了。就这样，我在课堂上给他们讲人类社会从原始社会到阶级社会的发展，讲阶级压迫和阶级斗争，讲中国历史上的农民起义，讲古罗马斯巴达克领导的奴隶对奴隶主的斗争。在课余时间我和他们一起读报纸、讲时事，参加他们的课外活动。我从他们的眼光里看到他们对知识的渴望，也看到他们对我的期待和信赖。

以后的几年，我先后在江苏金坛县中学、常州师范学校和常州芳晖女中工作过，看到了和联大附中同学们一样的表情和眼光。这使得我高兴地认识到教师的作用和教师工作的意义，也日益感觉到我必须加强自我教育，不断地丰富自己、完善自己，才能把工作做得好一些，更好一些。我觉得，同学们在学习，我也在学习，我们在人生的道路上从不同的起点共同迈步前进、成长、成熟。同时，在十年的教师生涯中，我和许许多多的学生建立了深厚的感情，也正是这种弥足珍贵、贯穿一生的师生之情，让我这个普普通通的教育工作者真正感受到了做人的成就感和幸福感。

1986 年，我在江苏省教育厅师范教育处工作。有一次，我出差到江苏省南通师范学校去，校长邀请我参加一个班级的主题班会，我随校长走进教室，只见黑板上用彩色粉笔写着班会的主题"闪光的职业"几个大字。同学们热情洋溢地用各种形式讲他们自己报考师范学校的思想过程，讲他们愿为小学教育事业献身的理想、抱负和决心，有的同学朗诵自己写的诗，有的同学念他们写给父母的信，也有的同学读自己记的日记……他们的神情是那样地严肃真诚，我听了深为感动。班会结束前，同学们要我发言，我讲起我大学毕业时选择了教师这个职业，还讲了我对教师工作的亲身感受。最后我说，我如果有第二次生命，到我十七八岁的时候，我仍将选择教师这个职业。同学们都热情地鼓起掌来，主持班会的班长走到我面前向我深深一鞠躬。那天，参加这个班会的还有省里许多师范学校的校长，大家都心潮澎湃，激动不已。在那间宽敞明亮的教室里，我们和这些未来的教师一起深切地感受到：教师，闪光的职业！

古话说"一日为师，终身为父"，而我从做了一辈子的教育工作中得到的个人体会却是"一日为师，终身为师"。也就是说，一个曾经与人为师的人，应该终生以教师的标准来严格要求自己，即便有一天已不在讲台上面对学生了，无论身处何时何地，自己的一言一行也都应该符合"教师"这个神圣而光荣的称谓。我以为，只有做到这一点，才能称得上所谓"为人师表"，从而得到社会的认可和尊重。

我为我自己曾经是一名教师而感到无比自豪！

于 1999 年 10 月

原载《跨世纪的教育情怀》，上海远东出版社 2012 年版，第95—96 页。

情系教坛三园丁

——记斯霞、王兰、李吉林

在 1978 年评选的江苏首批 18 位中小学特级教师中，有三位在小学教育岗位上创造了不凡业绩、闻名全省乃至全国的优秀女教师是我所熟知的，她们是：王兰、斯霞、李吉林。因工作关系及其他缘由，从 20 世纪 50 年代起，我和她们先后相识相知，那一桩桩不同寻常的往事，非但未随岁月的流逝逐渐被我淡忘，反而常常萦绕在我心头，成为我记忆中弥足珍贵的一部分。

一、王兰

三人中，我认识最早的是王兰。1956 年下半年，我和爱人钱闻从常州调来南京工作，我们的长子钱炭儿作为小学二年级学生转学到了南京长江路小学王兰任班主任的班上，那时王老师才三十出头，教这个班的语文和算术。没多久，我们就发现王老师教学水平不错，对待班主任工作也非常认真负责。她经常上门家访，详细向我们介绍炭儿在校的学习表现情况，我和老钱也把孩子在家里的表现告诉她。几次交谈接触下来，她给我们留下了和蔼可亲和对孩子十分关心的好印象。当时长小为了加强学校和家长之间的联系，给每个学生都专门配备一本"学生联系簿"，规定班主任和家长每周联系并填写一次。王兰每次都会在联系簿上认认真真地写下评语，而每次看到她那工整、娟秀的字迹时，我们都从内心感到这是一位可以信赖的好老师。炭儿念到五年级时，由于我们搬家，不得不再次转学到琅琊路小学，但受教于王兰老师的这三年多，正处于小学打基础的关键阶段，这不能不说是他的幸运和造化。

老钱于1957年11月被任命为江苏教育报刊社总编辑后，他和王兰之间在学生家长和班主任老师的关系层面上，又多出了一份工作上的联系。他常到长江路小学听王兰的课，同她一起切磋教学、帮她总结经验。1958年6月初，苏联教育专家、伊凡诺夫州教师进修学院院长诺果什金来宁时在长江路小学听了王兰的一堂语文分析课，王兰教的是"太阳山"一课的第三课时，课后，苏联专家作了评议。由于国际教育交流在当时并不多见，这也算是小教界的一件大事，《江苏教育》编辑部对此十分重视，老钱和部分编辑也参加了这次活动。不久，加了"编者按"的《苏联专家诺果什金对"太阳山"一节课的评议意见》一文被刊发在《江苏教育》（半月刊）1958年第12期上。从那时起，王兰的教学经验便经常在《江苏教育》上发表，她是三位特级教师中最早在刊物上发表文章的人。

钱闻去世后，江苏教育报刊社为他编辑出版了一本文集，约请王兰写一篇纪念文章，此事交给与王兰熟悉的老编辑储继芳办理。储继芳与王兰通电话联系后，王兰一口答应下来，并希望找几个人一起聚聚谈谈。继芳问她："您还记不记得有一个叫钱乘旦的学生啊？"王兰说不记得有这么个名字的学生。继芳提醒她说："他是钱闻同志的大儿子啊！"王答："钱闻同志的儿子我怎么会不记得？可他叫钱炭儿嘛！"继芳又告诉她，钱炭儿就是钱乘旦，现在是南京大学历史学系教授，已很有成就，王兰听后非常高兴。

2004年春节后的一天下午，我和储继芳、炭儿相约一起去看望王兰。踏进她的家门，炭儿恭恭敬敬地向老师鞠躬行礼，王兰欢快地邀请我们落座。她那不算宽敞的房子给我的感觉是不仅仅屋子里收拾得整洁明亮、井井有条，而且室内布置得极富童趣，那一幅幅儿童图画和一件件儿童饰品，真让人仿佛置身于安徒生笔下的童话世界之中。我和王兰已有20多年未见面了，只见眼前的王兰身穿一件红色羽绒衣，虽然满头白发，却精神矍铄，步履轻盈，风度依旧，一口标准的普通话听起来还是那么悦耳。我由衷地赞叹说："王老师，你看上去真年轻啊！"她说："不年轻啦，我属牛，都79岁了。"我笑言："那可真巧了，我也属牛，我俩同年呢！"我们就这样轻松自然地聊着天，她见已50多岁的炭儿坐在一旁，言语中流露出岁月流逝之快的感慨，同时对自己从事了一辈子的小教生涯充满着自豪。她清晰地记得当年家访时老钱每次都热情接待她的情景；记得我总要陪她下楼，送她到大门口；记得苏联专家在长小听课的情景以及在《江苏教育》上发表评议意见的事。当然，她也讲到《江苏教育》多次向她约稿以及编辑们认真负责地与她商量修改稿子的诸多难忘往事。

这次会面后不久，王兰把亲笔写的一篇题为"钱闻同志助我成长"的纪念文章交由储继芳转交给了我。时隔多年再次见到那熟悉、工整、娟秀的字迹，我不由得心生感佩。同样教师出身的我，又联想起若干年前一个学生寄给我的贺年卡上写的一句话："人生易老，唯教师永远年轻。"是的，一个心里只装着学生、全身心扑在教育事业上的好教师应该是永远年轻的。我想，这就是耄耋之年的王兰依然童心未泯、显得如此年轻的缘故吧。

二、斯霞

我和斯霞老师的结识、交往一直与钱闻相关相联，因为他俩之间有着几十年的深厚友情。

20世纪五六十年代，作为江苏教育报刊社总编的钱闻很重视在刊物上发表小学优秀教师的经验介绍。对此，储继芳在一篇回忆文章中有这样一段描述："对于一些典型经验，钱闻同志舍得花大力气。他组织力量并亲自带队下去总结，1960年《江苏教育》第13、14期上的《斯霞同志的语文教学经验》就是一例。他带了有关编辑去听斯霞老师的课，对她的学生进行测验，开座谈会，帮助提炼斯霞老师的教学经验。编辑写出稿子后，他又反复斟酌修改，并请吴天石厅长撰文推广斯霞老师的经验。"[①] 文中还提到老钱常对他们说，让第一线的教师写稿，他们的丰富经验能够被写出来，但他们不善于提高到理论层面上去阐述，编辑编稿时要适当加以点拨、提高。储继芳以斯霞为例并非出于偶然。当年这篇以"本刊编辑部"的名义在《江苏教育》上发表的长篇经验介绍原为编辑姚若蕙执笔，其后姚调出，由刚调入社里的年轻编辑储继芳接替她的工作，并继续与斯霞保持联系。斯霞在1959年至1964年间在《江苏教育（小学版）》上共发表过16篇文章，继芳在多年的编稿过程中切身体会到个中之甘苦，深谙好花也需绿叶扶持的道理，也正因此而深知斯霞与钱闻之间不寻常的友谊，她自己后来也和斯霞成了忘年交。

---

① 储继芳：《深切怀念老总编辑钱闻同志》，载《钱闻文集》，江苏教育出版社2005年版，第354—355页。

我已记不清自己是从什么时候开始认识斯霞的，只记得我们调南京后她就常到我们家来，和家里人也处熟了，孩子们见她来了都会亲热地叫她"斯老师"，而她也记得我们家几个孩子的乳名。

不过，20世纪80年代初在储继芳家和斯霞的一次相聚令我至今记忆犹新。那一天，继芳请斯霞、老钱和我在她家吃午饭。此前不久，我曾有一次机会听斯霞上公开课，那天来听课的人非常多，挤满了一个大教室，我只能挤靠门边。由于人太多，我又离得远，有时连师生的对话都听不清，说实话我觉得挺遗憾的。但在储家与她近距离地接触，使我看到一个真正的斯霞。和她见面，我自然想起1964年那场来势凶猛、席卷全国的对斯霞"童心""母爱"的批判；想起十年浩劫中她因此被诬为"修正主义的黑样板""反动学术权威"等等而横遭凌辱、受尽折磨的情景。她那时的处境是极其险恶、常人难以想象的。然而，这么多年来的一切打击似乎都丝毫未影响到她，我看到的斯霞虽然已过古稀之年，却腰板挺直，神采奕奕，谈笑风生，依然满怀激情地谈着她的学生和她的教学心得。我心想：需要多么强大的精神力量才能战胜那突如其来的厄运和所承受的巨大压力啊！一时间，我竟很难把眼前的斯霞与课堂上柔声慢语、循循善诱给学生上课和慈母般拉着孩子们的手漫步于公园的斯霞联系在一起。再仔细想想，我又突然有所顿悟，不正是这一股百折不挠的强大精神力量，才造就了具有独特风格的优秀教师斯霞吗？

那一天，我觉得自己真正认识了斯霞——一位有着坚定信念，终身不渝地执着追求人生价值至高境界的智者、勇者！

1982年，上海教育出版社出版了斯霞著的《我的教学生涯》一书。书中大部分是斯霞自己写的语文教学总结和各种类型的课堂教学纪实，也有几篇出版社约稿的介绍斯霞教学经验的文章，钱闻也应出版社之邀写了一篇题为"成如容易却艰辛——谈学习斯霞的教学经验"的文章。文中写道："我看着她在讲台上的形象，就感到我真正懂得了'人类灵魂工程师'这句话的涵义了。"文中还记录了他在一次听过斯霞课后有感而发，集欧阳修、白居易、贺知章、王安石四人的诗句而联成的一首七绝：

> 百啭千声随意移，
>
> 未成曲调先有情。
>
> 不知细叶谁裁出，
>
> 成如容易却艰辛！

老钱去世时，我考虑到斯霞老师已 91 岁高龄，故未通知惊扰她。不料第二天储继芳就打电话告诉我斯霞已知道消息，表示一定要去参加告别仪式。我虽然理解斯霞深切悼念老友的心情，却实在不愿意让一个年逾九旬的老人去参加这种触景伤情的告别仪式而有损健康。继芳说斯霞不会肯的，她已经因为不通知她而生气了。但我主意已定，觉得实在劝阻不了的话，不如请她写几个字留作纪念，便请继芳代我婉言相劝。哪知次日上午，斯霞由继芳陪同，乘着一辆旧车来到我们家楼下的院子里，又拄着拐杖颤巍巍地爬上三楼，一进门就泪流不止。她动情地说："他那么辛苦地工作一辈子，写了那么多文章，可是，他生病了，我都没有去看他，想想真对不起他呵。"说着，她径直走到老钱遗像前恭恭敬敬地三鞠躬。见此情景，我和儿女们真是既感动又担心，忙劝慰她老人家，请她坐下喝口水。她对我说："既然你们都不赞成我去，那我就听你的话，不去参加告别仪式了，写了一副挽联送给他。"她亲笔写下的挽联内容是：

任劳任怨辛勤耕耘作榜样

为人正直淡泊名利是楷模

　　我感激斯霞对老钱的评价。其实，这两句话不也正是斯霞自己为人一生的鲜明写照吗？她18岁走上了小学教师岗位，几十年如一日，不为名不为利，一辈子甘愿当辛勤劳作的园丁。1978年上半年她曾被任命为南京市教育局副局长，但她辞而不就，仍旧回到她所熟悉的校园里和她热爱的孩子们中间。这种淡泊名利的高尚品德，要是放在时下弥漫着"官本位"气味的校园环境中，恐怕不仅鲜见，而且更是难能可贵到了难以理解的程度吧。

　　斯霞长我15岁，她是我所接触到的教育界同行中一位可亲可敬、德高望重的长者，我永远敬重她！

三、李吉林

　　在她们三人中，李吉林最年轻，我认识她也最晚。

　　1978年底，我从扬州师范学院调回省教育厅（当时称教育局）任师范教育处处长。1981年4月初，我和副处长张行花了整整半个月时间跑了南通、盐城两个地区的五所中等师范学校，目的是实地考察其时中师状况，并听取学校领导、教师、学生和当地教育行政部门对办好中师的意见。南通师范是此行第一站，在停留的四天中，我们对学校情况作了全面的调查了解。当得知通师有两所附属小学且关系密切时，我和老张分外惊喜，这在正处于恢复元气阶段的全省中师中实属罕见，我们便提出要看看附小，并听几堂课。通师二附小安排我们听李吉林的低年级语文课。那天，她讲的是诗歌《春姑娘》。课上得非常好，我仿佛觉得披着蝉翼般绿色轻纱的春姑娘被她引进了课堂，教室里荡漾着春的气息，让孩子们感受到小草醒了，桃花开了，柳条儿在冒绿芽，小鸟在欢声歌唱……李吉林把《春姑娘》讲活了，我心里暗自赞叹道：多么好的功底啊，讲得真灵动、真漂亮！从那次听课开始，我认识了李吉林。

20世纪80年代期间，南通师范是我联系的一个点，我每年都要到南通师范去，有时一年还不止一次。每次到南通，我必定要到李吉林家去看望她，因为白天工作安排得紧，故常在晚饭后到她家。我喜欢她和她爱人刘锬（南通师范语文教师）居住的那所旧式平房和不大的庭院，喜欢在他们房间里柔和的灯影下和他们絮谈。谈话总是很随意轻松，无所不及，因此我们的心情也很愉快。有时候，他们邀请我在他们家吃便饭，我也毫不客气。李吉林的厨艺很高明，比我强多了。她是大忙人，常到南京、北京等地交流或开会，所以也常到我们家来看望老钱和我。就这样一来二去的，我和她成了交情不错的朋友。

1985年初，我在处务会议上提出进行中师培养目标课题研究的建议。经过一番调研准备后，师教处于5月初在南通师范学校召开了研讨会，研究当前阶段合格小学教师规格和中师的培养目标。那次研讨会，教育部师范教育司副司长岩明远和徐丕凯、孙溶溶也赶来参加了。会上，李吉林的一段发言引人深思，她说："教师的工作是'良心工作'。首先是爱国心，对祖国的衷心热爱，这是教师思想素质最主要的方面。师范生在校学习时，要使他们受到熏陶，不只是通过教师的课堂教学，而且要通过学校各个方面的工作和各种活动来进行。50 年代的师范教育就很强调这个方面的教育，我自己深有体会。"接着，她说："第二，是要培养小学教师的自尊感，作为一个小学教师，我很尊敬我自己，我认为小学教育事业是崇高的事业，为自己是一名小学教师而感到骄傲……"她讲这一段话时充满激情，我看到她面带着发自内心的自豪的微笑，双颊因激动而微微泛红，双眸闪动着灼热的光——那是她的理想，她的事业。她的肺腑之言和生动形象深深感动着我，也感动着会场上的每一个人。那一刻，我觉得我找到了这一项课题研究的核心，并找到了耐人寻味的最佳答案。

2001 年 4 月中下旬，我参加了教育厅老干部赴南通参观考察的活动。车到南通，第一站竟是通师二附小。下车后，我远远望见李吉林正和学校几位领导殷勤忙碌着招待来客。待客人们渐渐进入大楼，我叫了她一声，她转头见是我，急忙跑了过来，挽着我的手边走边谈，带我进入了接待大厅。刚落座，大厅前方嵌进墙里的大黑板上的几行字引起了我的注意，那是摘自李吉林《是教师，也是诗人》一文中的几句话：

　　　诗人是令人敬慕的。其实，老师也在用心血写诗，而且写着人们最关注的明天的诗——不过，那不是写在稿纸上，而是写在学生的心田里。

我非常喜欢这几句话，当即便记了下来，后来在《李吉林文集》卷八《我是播种者》（散文随笔）中查到了原文。李吉林在这篇千字左右的短文里讲了一个动人的故事。那是她念初中三年级时的一次春游，当同学们为爬山比赛中谁是冠军而争吵得不可开交时，一位貌似严肃呆板、同学们都不愿接近的新班主任老师走上前来，用并不如想象中那样严厉的语调对他们说："山上山下，天地如此广阔，为这点小事，吵得面红耳赤，和这青山绿水协调吗？"停了片刻又接着说："狭小的胸襟，除了自己是什么也装不进去的。"同学们听着都羞愧地低下头。接着，班主任带大家来到望江亭，指着浩瀚长江对大家说："你们看，浩浩荡荡的长江，千百年来为什么日日夜夜奔流不息，气势如此磅礴，那是因为它所追求的是比它更宽阔的大海……"这些话，让李吉林感到"老师在我的心田里写下了一首富有哲理的小诗"，久久而不能忘。当她初中毕业决心报考师范学校、立志当一名小学教师时，班主任老师和她谈话，对她说："考师范，当教师，很好。要知道，教师也是诗人。"后来，李吉林在几十年的小学教育生涯中，时时铭记这位班主任老师的教诲，用心血在孩子们的心田上写诗，越写越好，对"教师，也是诗人"的感悟也越来越深刻、丰富。

写到这里，我联想起一百年前我国著名实业家、教育家，南通师范学校创办人张謇先生说过的话："唯教不可无师"；"经师易得，人师难求"。这些年来，我仔细琢磨这几句话，总觉得其中蕴意仍值得今人深思。我以为，张謇先生所说的"经师"与"人师"的根本区别在于："经师"只知"教书"，而"人师"则不仅"教书"，还更重"育人"。因此，这是两个层次的"师"。高于"经师"层次的"人师"应是教书育人、为人师表的教师，用现代通俗语言来说，就是"人类灵魂的工程师"，而这一点确实不易做到，是"难求"的。

当然，"人师"还是有的。李吉林短文中写到的那位班主任老师是，李吉林和斯霞、王兰也都是，而且是"人师"中的"良师"。

　　但愿人们特别是教育界的同人、老师们能对"经师"和"人师"的区别悟出更多、更深的道理，让更多的李吉林、斯霞和王兰们能活跃在关乎国家前途命运和青少年健康成长的教育园地上。由是，则国家幸甚！孩子们幸甚！

于 2011 年 3 月

　　原载《跨世纪的教育情怀》，上海远东出版社 2012 年版，第168—173 页。

金湖县黎城农技校创办始末

1971年2月初，我率全家老小从南京下放落户到金湖县黎城公社已一年有余，和其他下放干部一样，当时我正被抽调参加"一打三反"① 运动宣传队，任工农大队工作组组长，每天从住处黎城大队步行到工农大队，往返路途20余里。

一天，公社书记王元龙在全公社宣传队会议上宣布：公社即将创办一所农业高中，决定调吴大年同志去负责学校的筹建工作。这件事他先未和我谈起过，我一时缺乏思想准备，于是会后我找到王想进一步了解情况。他告诉我，公社党委已研究决定，以后还将调几个人协助我，要我不必担心，也不要推辞。自此，我不再搞宣传队工作，开始着手筹办学校。后该校正式定名为金湖县黎城农业技术学校，我作为创始人之一，以下放干部身份在该校主持校务工作三年之久。

为什么黎城公社会起意创办这样一所学校？应该说，那是因为当年金湖县和黎城公社的一些领导者具有一定的远见卓识和创

---

① "一打三反"为打击现行反革命破坏活动，反对贪污盗窃、投机倒把、铺张浪费的政治运动。

新精神。公社书记王元龙是位有胆识、有魄力、有远见且实干的农村基层领导同志，他在指导农业生产的具体实践过程中深切体会到：中国是一个农业大国，国家提出发展农业的战略思想是"以粮为纲，全面发展"。而"以粮为纲"的关键在于提高粮食产量，特别是单位面积产量。金湖县粮食产量不高，提高粮食产量的关键是提倡科学种田，而培养农业科技人才又是其中之关键因素。由此，办一所农业高中的计划便被纳入议事日程。另外，黎城公社虽有几所初中，却未建高中，不少十五六岁的少年辍学在家务农，办农高中也可缓解他们升学难的问题。20世纪五六十年代，为了解决广大农村高小毕业生升学难和培养农业科技人才的问题，江苏省曾率先创办了大批农业中学和职业学校，后来又办起农业高中，在全国起到了很好的示范和推动作用。应该说，在那个特殊的历史时期，以王元龙为首的黎城公社党委一班人能够毅然决然地倡议创办农技校，无论是就全省还是全国教育界范围而言，都是极为罕见和难能可贵的。

公社领导办农高中的决心很大也很急迫，要求寒假以后就让学生如期到校开学。会后第二天，公社文教助理罗春来便带我去看校址。学校校址确定在黎城大队第五生产队，这里离县城不算太远，约四里路程。队里因公社要在这儿办高中，已留下未种小麦的60亩空地。老罗带我站在地头向我介绍情况，我边听边沉思着，要在这一片空地上白手起家建起一所学校来可不是件容易的事。应该说，学校教育工作原本对我来说并不陌生，1945年我从西南联大毕业后就到中学教书，解放后又分别在中学、师范教书并担任过教导主任和副校长，但农村教育工作对我而言却是完全陌生的一片领地。虽然公社领导对我很信任也很支持，然而，面对着时间紧、任务重，且校舍、资金、师资、生源等诸多问题全无着落，一切都要从零开始的局面，我确实感到了肩上这副担子沉甸甸的压力。当然，从另一个角度考虑，我已是个46岁的中年人，现在要我负责办一所学校，让农民的孩子有书读，实实在在地为农民做点事，于国于民于己皆有利，总算可以不再浪费自己的生命了。无论眼下困难再大，我也要下定决心，接受挑战，抓住机遇，尽自己最大努力，把学校办成、办好！

公社很快调来三个人。李光文是一位中学教师，成恒俊是1966届高中毕业的插队知青，赵元和我一样是省级机关的下放干部。我们四人本不相识，现在为筹建这所学校而走到一起，尽管各人经历大不一样，年龄也悬殊，小成只有二十三四岁，老赵已五十多，但彼此很快就熟悉起来，而且心特别齐。最初，我们连个固定的办公地点都没有，要商量什么事情，有时在旷野田头，有时在某个社员家，有时在大队合作医疗站，有时就在我家或老李家。面对着紧迫的建校任务，四个人满怀热情，干劲十足地开始了学校的筹建工作。

立即着手要办的头等大事是基建。按照公社的意见，学校的简易用房和正式校舍要同时上马。我过去虽然在学校工作过，却对基建完全外行。但既然决心已下，似乎再大的困难也吓不倒我了。何况老赵原是交通厅的工程师，学土木工程出身，懂得如何盖房子。更重要的是，我们是一个十分团结的集体，遇到问题总是群策群力，随时商量，随时解决。就这样，我和同事们从备料开始，把基建工作一点一滴地做起来。那年月物资匮乏，供应紧张，既要考虑材料好，又要省钱，这就得四处奔波了解行情。有时眼看可以到手，却出乎意料地"泡了汤"，只好鼓起劲头再去跑。好不容易一件件材料落实了，又要找关系联系运输，等材料运到了，还要及时卸货。在"跑材料"方面，要数老李和小成花的功夫最多。记得 3 月里的一天晚上，已是近午夜时分，睡梦中我忽然被一阵急促的敲窗子声惊醒，只听得有人在窗外叫："老吴，快起来，石灰运到了！"我急忙穿衣起床打开门，原来是老李和小成站在门外。他们告诉我，一卡车石灰已经运到离学校不远的三里桥，他们俩为等这车石灰一直熬到半夜，问我现在如何处理。我立即和他们赶到三里桥，只见黑夜中一辆满载石灰的大卡车停在公路边，司机已等得很急了。怎么办？经紧急商量，决定请附近的农民帮忙。听说是学校的事，社员们不辞辛劳，挑的挑，抬的抬，我们也和他们一起干，总算把一车石灰卸下堆在公路边。忙完夜已很深了，我和老李、小成才全身沾满石灰，拖着极度疲惫的脚步往家赶。半路上，我瞅见夜色中不远处有两个孩子和一条狗的身影迎面而来，原来是我的两个儿子因不放心我，正带着他们养的名叫小虎的大黄狗赶来接我。第二天，又一车石灰运到，我们又干了一晚。石灰运到后，木材也随即运到，学校的基建开始动工，但这时已到 3 月下旬，第一期基建要如期完工，抓得再紧起码也要一个月。

话说回来，当时中小学一律实行春季始业，寒假结束就是新学年的开始。按公社提出的学生必须在寒假结束就入学报到的要求，我们于 2 月 15 日，也就是公社宣布我的"任命"后的 11 天让学生入学报到，先招了一个初中毕业生班，共 54 名，2 月 16 日正式开始学习。在校舍全无踪影的情况下开学，必须首先解决教室和远途学生的食宿问题。好在公社领导允诺在先，学校暂借公社大会堂作为教室，学生先全部走读，中饭则在公社食堂解决。然而，公社的大会堂毕竟不能长期借用，我们又采取向生产队借房的办法。黎城大队和下面几个生产队都积极支持学校办学，我记得先借用过黎城一队（吴墩庄）的粮仓做教室，公社又想方设法为学校筹得 20 多张课桌，凳子则由学生自带。部分学生早出晚归，在学校吃一顿中饭，另有半数路远的同学则分散住在农民家里，有学生打趣说："上课打游击，睡觉满村庄。"为了解决学生吃饭问题，我费尽周折才在一个生产队找到了一位马马虎虎能烧饭做菜的复员军人成杰山。农村孩子家境多清贫，每天中午只能吃上青菜汤，早晚则自带咸菜吃稀饭。后来，因借用的公房生产队自己要用，我们又搬过一次家，现已记不清搬到哪里。我请李光文老师做班主任，他在建校初期为稳定学生情绪做了大量具体、细致的思想工作。学生进校后，我们先安排了四天的学习日程，主要是进行思想政治教育，明确学习目的，端正学习态度，同时安排了半天的建校劳动。按照老赵的意见，首先要完成两项劳动，一是筑一条从公路通往学校的大路，以便汽车运材料；二是在校址附近利用一条浅水沟挖一个石灰池。因此，学生第一次的建校劳动就分两组进行。农村孩子在劳动方面的确不怕苦和累，两项任务都完成得很好。

解决师资问题则困难更多。由于所缺教师太多，开学后的一个多月里只能开四门课：老李原为数学教师，小成能上点物理课，我自己则承担政治课教学，小成是县里的乒乓球好手，又最年轻，便义不容辞地承担起体育课的教学任务。为缓解师资难问题，我曾设想过搞一个讲师团，例如请县农业局的人来讲授农业基础知识课，但联系下来未能实现，只好三天两头跑县文教局催要教师。捱到 4 月初，所需教师总算全部落实，一下子来了四位，都是数年前高校毕业下放到金湖劳动锻炼待分配的大学生。他们是：语文教师汤乃斌（华东师范大学政教系）、数学教师朱其林（南京师范学院数学系）、物理教师李浩兴（江苏师范学院物理系）、化学和农业技术教师李孔惠（南京农学院农学系）。新教师来校报到，我心里自然高兴，但要安排他们的食宿又让我十分犯难。此时，有人提醒我靠近三里桥的县火葬场说不定能帮忙解决问题。情急之下，我只好硬着头皮去和火葬场的负责人联系，后者倒是一口答应可先把办公室让出来。但这样的安排未免太亏待了年轻的大学生，当我跟他们开口商量此事时，他们甚至产生了如此疑惑：这究竟是一个什么样的学校呵？后来，经多方设法，总算由公社出面和县里商量，在县电影院的二楼腾出一间房来临时解决了他们的住宿问题。这样，加上总务万成玉和炊事员，教工队伍增加到了 11 个人。年轻的大学生们来校后，眼见着学校连个雏形都没有，生活条件差得难以想象，然而，他们能很快地安下心来。有一次我召开教工座谈会，气氛出乎意料地热烈，大家纷纷表态，虽然目前学校条件差，但短时间内感受到了集体的温暖和团结的力量，这让他们很感动，因此都愿意为建设一所受农民欢迎、为农民服务的学校而尽自己的一份力量。年轻人的激情同样也感染了我们几个老同志，起到了互相鼓励、互相鞭策的作用。

这所学校不是普通高中，作为办在农村的一所农业技术学校，在抓教学工作的同时，我们还必须联系实际抓生产。生产队留着未种小麦的几十亩地除建校舍外，还有近 20 亩空地是学校的生产实验基地，不能让其闲置，必须不误农时地播下种去。种小麦是来不及了，我们决定种玉米和棉花。李孔惠老师是南京农学院的毕业生，就像老赵是"盖房子"的专家，他是我们当中唯一懂得农业生产的人，是"农学"专家。这时的他可谓"英雄有用武之地"，在其指导下，全校师生员工干劲十足地用几天时间整地播种，第一年，我们种了9亩玉米，还种了大片棉花、油菜和山芋。

因学校创办匆促，对学校的培养目标、学习年限和是否分专业等重大问题，县文教局和公社事先都未充分研究过，故而有着不同的看法和意见，这使得我这个学校负责人很为难。为进一步了解领导的意图并明确表达自己的设想，我曾和公社书记王元龙以及县文教局、农林局的负责同志多次恳谈，并向王元龙建议由我们来做一次实地调查研究，他很赞成。于是，在基建上马、学校教学和生产初步安排好以后，我带领几位教师走访了几个生产队，并召开了由大队、生产队干部和老农参加的座谈会，征求他们的意见。大家对这所学校寄予很大希望，要求学校为农村培养农业技术员、机工、电工、兽医等人才。调查完后，我写了份调查报告并提出具体建议，分送公社党委和县文教局。6月，学校的办学模式经县文教局和公社党委研究，确定为长期与短训相结合。长期班招初中毕业生，分农业技术和农业机械两个专业，学制两年，忙假后就分班；短训班为生产队轮训培养生产骨干，一年一期，秋种开始，到第二年秋忙结束，教学采取"上来下去"的办法，集中一段时间在校学习，然后回队参加劳动，并决定当年9月第一期短训班就开学。这一年，长期班和短训班的在校生规模要达到150人。因此，还要再建砖瓦房两幢、简易房三幢。教师们听到这个消息，心情都很振奋。这时，我们第一期的基建任务已经完成，学生们于5月初搬进新校舍，老师们也都有了安身之处，并有了办公室。忙假后，已进校的学生按专业分班，尽管很多学生都希望分到农机班，将来回队可以开拖拉机，但由于我们事先进行了充分的思想教育，名单宣布后学生情绪都很稳定。

接下来便要研究教学方案，对课程设置、教学内容和教学方法作出具体的部署。我过去虽曾在中学、师范教过书，也担任过行政工作，但农业技术学校的要求毕竟大不一样，无论对我还是对我的同事们来说，都是一项全新的工作。好在通过实地调查，我们对农村的需求和农民的期望已有所了解，只要遵循教育规律和理论联系实际的原则办事，应该说我们对教学上的探索和改进是心中有数的。在招收初中毕业生的长期班方面，由于它具有普通高中和职业教育的双重性质，我们没有照搬普通高中的教学计划，而是按照两个专业的要求开设专业课，并对文化课相应地作了适当的调整。"农业技术"是两个专业都开设的必修课，这门课在当时没有现成教材，我们几经研究采取的做法是：按照季节，紧密结合生产，田里种什么，就讲有关的基础理论知识（主要是"农业八字宪法"），同时让学生参加学校实验田的全部生产过程。又如"农业机械"是农机班的专业课（农技班不学），考虑到当时在农村拖拉机有着脱粒、运输等多种重要功用，这门课的讲授内容遂以拖拉机为主。县文教局和公社配了一台12马力的手扶拖拉机给学校，物理教师李浩兴负责这门课的讲授，小李为了教好课，自己还先到农机站去学习了一段时间。

两门专业课的教材都由教师自编，至于文化课，我们用的是普通高中教材，但根据两个专业的不同需求作了一些调整。例如农机班的数学和物理课就比农技班的要多一些。另外，考虑到农村学生原有的外语基础、外语在农村的实用价值以及学习年限短等因素，我们没有开设外语课。对于这一决定，当时县文教局个别领导同志还曾持有异议。为了扩大学生的知识面和社会实践能力，同时也考虑到农村的实际需求，我们还请了南京工学院的教师（当时南工在金湖有一农场，教师分批来此劳动）来校给学生讲电工知识技术，组织学生到金湖县机械厂学工，还在县防疫站工作人员指导下组织学生到农村为家畜打防疫针。共青团的活动也开展起来了，由负责总务工作的万成玉（党员）给同学们上团课。总的说来，学生两年的学习生活还是比较丰富充实的，学习积极性也很高。我自己除坚持上政治课外，还重点抓语文和农业技术两门课，经常听课，和两位任课教师讨论教学工作。

1971 年秋种时，短训班如期开学。这个班"上来下去"的教学方案也经过多次讨论和修改，还征求过学员的意见，原则是"边学边用，急用先学"。因当年金湖的农业生产以水稻为主，短训班的学员要懂得科学种田的道理并回队推广，所以必须重点学好有关水稻种植管理的知识。由于学校的实验田是旱地，不宜种水稻，学校便与附近生产队挂钩，由生产队提供实践基地。学员一年中按育秧—栽插—管理几个生产阶段先到校上课，同时到附近生产队劳动实践，然后回队，一年中几上几下，最后集中在校总结。金湖的主要农作物还有三麦、棉花和蚕桑，短训班除蚕桑未讲外，都采取这一办法进行教学。因此，有时几种作物会同时讲，教材均由教师自编。这种短训班除培养生产骨干外，还办过数次不定期的面向大队支部书记以及准备培养为大队、生产队干部的班，向他们传授科学种田的理论知识和基本技术。

进入 1972 年后，基建顺利地扩大进行，几个班的教学工作已趋于正常，生产上取得了夏粮丰收。据我保存下来的当时记录，小麦亩产 300 多斤，两亩油菜地收了 300 多斤菜籽。那时金湖全县小学亩产不超过 120 斤，油菜亩产不超过 100 斤。我们第一年种小麦和油菜就能取得如此高产的好收成，真是振奋人心啊！李孔惠还搞起了山芋实验田，有一次收山芋，拔起一个十几斤重的大家伙，大家惊喜地称之为"山芋王"。

我们的校舍已建得初具规模了。1972 年 9 月，县文教局决定把全县小学教师培训班放到我们学校来。我们为师训班提供了教室、学员宿舍、教工宿舍和食堂。师训班的负责人李纪彦同志也是下放干部，曾是我以前在省教育厅的同事，我和他很熟悉。文教局要我和他共同负责，但我坚持办师训班以他为主，我也常和他一起商讨农技校的办学问题。师训班办完一期后，老李正式分配工作调走，文教局又要我接着办了一期。其时，在这块生气勃勃的土地上实际有两个办学单位，满员时，每天在学校食堂吃饭的人数达到 200 多人，作为一个初创的农村学校，这在当时可说是不小的规模了。为加强后勤工作，学校专门聘了司务长王国美，并添了一名炊事员老苏。为了改善学生伙食，食堂开辟了"自留地"，还养了猪，学生们可以不再每天只吃青菜汤了。

转眼间，招收初中生的两个班进入了实习阶段。当看到农机班的学生在李浩兴老师的指导下，学会了装卸修理拖拉机，又一个个在小李手把手的教导下学会驾驶拖拉机，我心里十分高兴。我常和小李一起站在大路边看着他们开拖拉机，学生们紧握把手，目光专注而自信地望着远方，女孩子头上裹着的五颜六色的方巾迎风飘动着。至今，这一幅乡村教育的美丽图景仍清晰地浮现在我眼前。

回顾三年来的办学经历，我曾作过深入思考。从客观上讲，当时建校过于仓促，校舍、师资、教学设备全无，可说完全不具备办学的基本条件。又由于一些具体情况所限，学校的机构设置和规章制度也未及健全，建校初期过多地安排学生劳动等，无疑都对教育质量产生了一些负面影响，第一届招收的初中毕业生班文化程度不如当时的普通高中是必然的。但作为农业技术学校来说，其毕竟使一些原本失学在家的农村初中毕业生有了读书的机会，使他们在文化水平和思想素质方面都有了一定程度的提高，特别是学到了一些结合农村实际的农业生产基础知识和技术，这对他们来说无论如何都是大有益处的。老师们也和我有同感，认为这两年高中阶段的学习确实为学生今后的工作、学习和生活打下了坚实的基础。至于短训班，效果也是较明显的。1973 年春，大约在 4 月下旬，县里开三干会，县委副书记谭仁甫带领与会人员来农技校参观学校的实验田，高兴地夸赞学校种的小麦长势好，这都是学员们通过培训，在教师指导下的劳动成果，对他们日后回生产队指导生产、推广科学种田无疑是有用的。总之，我认为，学校的办学目的是明确的，方向是端正的，因而，效果也比较好，显示了职业教育在农村的实际效用。公社书记王元龙曾对我说："老吴，你已经尽了自己最大的努力，这是对公社的最大支持。"另有不少同志也向我反映，大家对学校的艰苦创业精神很有好评，有人甚至给予我们"抗大"精神的美誉，这些都使我和同事们深受感动和鼓舞。

从我个人的角度来说，在这不算短的三年里，我学到了许多过去不懂的东西，经受了多方面的锻炼，确实受益匪浅。我知道了盖房子要先"放样"，懂得了什么叫"扁砖实砌"；我和师生们一起劳动，在从作物的播种到收获的过程中品尝到劳动的艰辛，也享受到丰收的喜悦，还一点点地学到了一些农业生产的知识。在学校里，那些农村的孩子大多淳朴可爱，和我非常亲热，有时候，女孩子会用小手帕包一些葵花籽、花生米之类塞到我手里。每天在家和学校之间的路上，总会有很多认识的或不认识的农民和我打招呼，他们有的上城挑一种叫"酒浆"的猪饲料，有的上城卖鸡蛋，也有的挑着稻谷去机米。看到我时，不少人都会亲切地叫我一声"老吴"，脸上的笑容显得那样真诚憨厚，这些人大多是我的学生的家长，或是短训班的学员。我知道，他们对我表现出的友好和尊重，其中更多的意味是广大农民群众对知识的尊重和对接受教育的渴求。从办农技校的实践和探索中，我亲身体会到办职业教育（包括职前和职后）与搞普通教育两者之间的区别。在我国农村，职业教育在提高劳动者文化水平、科学知识技术以至公民素质等方面实实在在地起到了卓有成效和不可替代的作用，是新中国成立后经济发展、社会进步的一个重要推动力量。有趣的是，虽然它在特定岁月中遭遇挫折，而我因被下放到农村，却能在苏北一荒僻角落为办职业教育贡献自己的一份力量，不能不说是因祸得福，三生有幸啊！

　　光阴荏苒，多年后我得知，1988 年江苏省 53 所重点农、职业中学中有金湖县职业高级中学，李光文老师为该校校长。不久前，我看到一篇题为"金湖职教中心改革开放 30 周年办学掠影"的文章，得悉金湖县黎城农业技术学校在经历了改办普通高中的曲折历程后，于 1982 年又恢复为职业中学，现在已发展成为金湖职教中心，培养了一万多名技能型人才，毕业生就业率达 98%，不仅为金湖县的经济发展作出了贡献，并已向上海、广州等地劳务输出各种技术人才，得到"全国实践教育先进单位"等荣誉称号。又听说，学校周边早已不再是乡村和田野，而发展成为城镇的一部分。一位名叫修庆富的同学在不久前寄给我一份材料，其中回忆了他们当年和老师们同甘共苦、艰苦求学的往事，他说："多少年来，我们同学之间一直相处得很好，互帮互助，情同手足，有很多感人的事迹。少年吃点苦，长大是一种财富，我们的同学基本上都养成了吃苦耐劳、工作严谨、处事宽容、为人谦和的好品质。"他还告诉我，现如今同学们中有主任医师一人，职业医师二人，初、高中教师四人，企业领导十人，农艺师三人，商人五人，其他也大多在农村担任村支书及村组干部。这使我十分欣慰。

欣喜欣慰之余，40 年前我和同事们艰苦创业的情景又一幕幕地展现在我的眼前，穿越时光隧道，我仿佛看到：第一个来报到的成恒俊，穿着一件灰色旧棉衣，常陪着我顶着寒风匆匆走在田间小径上，边走边谈心；老赵总是骑着一辆旧自行车，急急忙忙地赶来和大家商量什么事情，又去忙学校的基建；班主任李光文和一班农村孩子朝夕相处，为他们尽心尽力，操够了心；大学毕业生李孔惠和李浩兴被人称作"二李"，他们是这所学校两门主要专业课的主讲教师，承担着繁重的教学和指导学生实践的任务。李孔惠喜欢在棉花地和麦穗丛中钻进钻出，然后笑嘻嘻地搓着手走来向我报告作物的生长状况；李浩兴则总是摆弄着那台拖拉机而双手沾满油污。还有语文教师汤乃斌、总务万成玉、事务长王国美、炊事员老苏和成杰山，他们每个人都干着远远超出自己分内事的工作。在为建立一所农民欢迎的学校的共同事业中，我们的人生价值观相同并得以充分展现，同时彼此间也建立起了真挚的感情，那桩桩看似细微、平凡的往事已成为我一生记忆中的宝贵珍藏而永不磨灭。

俗话说，长江后浪推前浪。忆及往事，展望未来，我更加感受到职业技术教育无论在过去、现在还是将来，都是大有可为的。我国是一个幅员辽阔、有着 13 亿多人口的大国，城乡之间、地域之间差距甚大。随着经济多元化发展对各种人才的需要，进一步重视各级各类职业教育的发展，因时因地制宜地探索有效的教育途径，切切实实提高教育质量，结合社会实际需要培养合格的高素质技术人才，将大大有利于促进我国经济和社会的全面发展。这是我这个耄耋老人对职业教育的一些浅陋理解，也是一点期望。

（本文写于 2005 年，2010 年 12 月完稿。写作过程中，承前仪征市委副书记、市人大常委会主任王元龙，前金湖县委书记、淮阴师范学院党委副书记李孔惠，金湖县职业高级中学前校长李光文等同志提供回忆材料，在此一并致谢。）

原载《跨世纪的教育情怀》，上海远东出版社 2012 年版，第126—133 页。

第四编

家教篇

穿越八十五载沧桑的回望与寻找

——深切怀念我的父亲吴定九

    威尔士诗人乔治·赫伯特（George Herbert）曾说，"一个父亲胜过一百个教师"，中国亦有"子不教，父之过"之类的说法，可见父亲在家庭教育中的地位和作用举足轻重。不过，各个家庭各有各的不同。按常理，我五岁失怙，后在外祖父母家里长大，父亲在我的成长过程中已起不到什么作用，但实际情况并非如此。以下这篇长文，是九年前为纪念父亲逝世八十五周年而作，文中以女儿的视角描述了作为我国早期著名新闻学家、建筑家的吴定九短暂而非凡的一生，并叙述了过早失去父爱的我如何在长辈们的教诲下，将父亲作为一种独特的精神力量融入自己的生命，且在人生道路上以父亲为榜样，传承家教、努力践行的情况。

一、 从几张老照片说起

    1930 年 5 月的一天，京报社经理、总编辑，我的父亲吴定九在北京东交民巷的德国医院病逝。这一年，距他满怀报国之志从日本留学归来仅十二年。在短短的十二年里，作为一名建筑工程师，他于1919年主持设计修建了至今矗立在北京中山公园的"公理战胜"（后改为"保卫和平"）纪念牌坊；作为一名新闻工作者，他从1918年《京报》创办伊始，即与社长邵飘萍先生一起，呕心沥血，勇敢战斗，推动《京报》事业不断发展，使之成为20世纪20年代"除了《新青年》以外，积极提倡新文化、传播新思想的报刊"之一①，是五四时期和第一次大革命时期北方进步舆论的一个重要阵地。他的匆匆离去使当年熟知他的亲朋好友扼腕痛惜，也使得我们家的生活发生了翻天覆地的大变化。

父亲去世后，家里设置了灵堂，前来吊唁的新闻界同人、文化界人士及亲朋好友络绎不绝，一排排花圈和挽幛的簇拥中高挂着父亲遗像，而低头悲泣、身着重孝的母亲和年幼无知、两眼惊恐茫然的我则伫立在父亲灵旁。这一片以白为主色调的场景，被真切完整地记录在几张家庭老照片上，照片上的我，剪着男孩子的平头，和母亲一样头上缠着一条长长披挂下来的白布条，身穿孝衣，扮成孝子陪伴母亲为父亲守灵。那一年，父亲刚过不惑之年，母亲二十九岁，我不满五岁，弟弟才两岁，妹妹尚在襁褓中。我当时并不十分明白大人们告诉我父亲已经死了的真正含义，甚至好奇地问母亲：父亲去哪儿了？挽联上写的是些什么字？时隔多年，母亲回忆说，当年前来吊唁和慰问的单位和个人非常多，就连上海南洋中学都专门派人送来了花圈，至于挽联上所写内容，给她印象最深的莫过于称父亲为"京报元功"和"京报元勋"。大家公认，父亲的名字从一开始就与《京报》密不可

---

① 中共中央党史研究室编：《中国共产党历史·第一卷(1921—1949)》(上册)，中共党史出版社2011年版，第32页。

分，他倾心尽力协助邵飘萍先生办《京报》，操劳过度，直到前不久，身染重疴的他还坚持在病榻上审阅汤修慧送来的稿件，他完全是累死的。人们在为其英年早逝扼腕痛惜和同情孤儿寡母的同时，也担忧命运多舛的《京报》：邵飘萍四年前被奉系军阀残忍杀害，《京报》被封，如今好不容易复刊才两年，吴定九又以身殉职，十二年前共同创办《京报》的主要成员中只剩下邵夫人汤修慧一人了。这些议论表明，父亲的去世对《京报》是多么大的损失。

流年似水，岁月有痕，掐指算来，父亲离开我们已经整整八十五年了，我也已步入鲐背之年，然而，时光流淌恰似为了忘却的纪念，无论从少儿到青年，还是到中年和老年，我对父亲的思念与追寻一直未曾停歇过。究其因，一方面，他那份厚重的父爱在我幼小心灵上烙下了难以磨灭的美好印记，母亲也说过，由于我是长女，弟妹们又小，所以我几乎是独享父爱。出生满月时，父亲让人到首饰店订制了一枚黄金"百家锁"，配上金

图23　吴定九（1890—1930）

丝链，给我佩戴在身上，并操办"满月酒"庆贺。众多宾客中，除邵飘萍夫妇、徐凌霄等报界同人，还有齐白石、韩世昌、马连良等诸多文化界名流。席间，父亲要母亲给我穿上新衣，戴上百家锁，然后不无炫耀地抱着我出来拜见众位长辈。白石老人还应

父亲请求，即兴挥就一幅内容为紫藤叶衬托串串葫芦的画赠父留念，寓意多子多福，题款为"定九仁兄淯正乙丑秋七月齐璜画"。动乱年代，我将这幅画及林纾（近代文学家、翻译家）和邵逸轩（《京报》编辑、画家，邵飘萍堂侄）二人赠给父亲的两幅亲笔扇面，分别夹藏在几床厚棉絮中，使之得以完整无缺地保存下来。

报馆事务繁忙，父亲每天都要工作到深夜才回家，但不管多忙多累，他总要轻手轻脚地到我睡的房间来看看我。有一次，父母亲和姑母带我到东安市场去吃我喜爱的馄饨，兴奋之余我不小心打翻汤碗弄脏了衣服，父亲却呵护着让母亲和姑母不要责怪我。我还清楚地记得，父亲患病住院后，我有很长一段时间没见到他了，突然有一天他回家了，正站在院子里的一棵大树下，我欢快地大叫着"阿爹，阿爹"（上海嘉定方言中"爹"读"dā"），像只小鸟般飞扑过去，他笑着伸出双臂将我紧紧搂在怀里。这些父女情深的温馨画面同样至今无缺地保存在我的脑海中。

父亲病情加重后，自知来日无多，非常想念我，于是有一天母亲带上我到医院看望他，父亲见到我高兴极了，抚摸着我的头问这问那，又对母亲交代了不少事儿。临别，父亲竟将他一直戴在手上的一枚蓝宝石戒指和一块金表脱下来交给母亲，嘱咐她待我长大后传给我。十六岁那年我考入西南联大文学院历史系，母亲拿出这两件遗物郑重地交给我，从此我一直佩戴并保管着它们。若从睹物思人这个角度看，父亲从来就没有离开过我。

此外，长辈们有意识的不断告诫与教诲，也让这份珍贵的父女感情一直被牢固地维系着。父亲去世后，抚育我们姐弟的重任落在了外祖父、外祖母、母亲和姑母身上，从小到大，但凡提到父亲，他们总不忘叮嘱我："不要辜负你父亲的期望，做人要做他这样的人！"失怙次年，我到了该上小学的年龄，其时家境已十分困顿，母亲一时拿不出钱来供我读书，便先在家里教我识字、做算术。有一次，母亲要我背乘法表，我因年幼贪玩背得结结巴巴，母亲一气之下拿起桌上一把尺子在我手心上狠狠打了一记，我痛得哇哇直哭，母亲也落泪了。她哽咽着说："我从来没打过你，可你怎么这么不懂事啊？阿爹生前那么宝贝你，你不好好读书将来不会有出息，怎么对得起他？"这一尺子加这几句话让我从懵懂中彻底醒悟，抬起朦胧泪眼面对墙上父亲的遗像，他那慈爱的目光正充满期待地望着我。从此，我发奋用功读书，再也不用母亲提醒和督促。

1937年暑假，我同时考上南京女中和中央大学实验学校，这是当时南京最好的两所中学。可正当我和家人高高兴兴地准备上初中时，抗战全面爆发，随着战局恶化，首都即将沦陷，我不得不辍学，跟着家人踏上漫长、艰辛的西行逃难之路。经过九个月的长途跋涉到达大后方昆明后，十三岁的我决定把这一段难忘的逃难经历写下来，从1938年7月起一直写到1939年1月全书定稿。这就是后于1940年由商务印书馆出版的《小难民自述》。外祖父非常高兴，在整个写作过程中不时鼓励我，书成，他为我起笔名"小岵"。那天，外祖父把我叫到他身边，手捧《诗经》为我一字一句地讲解"岵"的含义。"岵"为"有草木的山"，源出《诗经·魏风·陟岵》中"陟彼岵兮，瞻望父兮"句，大意是登上那有草木的山冈，望着远远离去的父亲，耳边似闻其嘱咐。外祖父说，他之所以给我起这个笔名，就是要我永远记住自己的父亲吴鼎。老人家说话时那种严肃认真的神态和语重心长的口吻，我至今记忆犹新。

外祖父告诉我，父亲是一个具有革命思想和先进知识的爱国报人，他早年留学日本学习土木工程专业，毕业时放弃在日有着优厚待遇的工作机会，毅然回到多灾多难的祖国效力。后来，为了实现"新闻救国"的理想，他又辞去收入高且稳定的工程师职务，甘冒被拘禁甚至被杀头的风险，与好友邵飘萍一起创办了有社会影响力的进步报纸——《京报》，成了一名卓有成就的新闻工作者。在外祖父、外祖母和母亲等长辈眼里，父亲还是个家庭责任感极强且人格高尚的人，他与母亲相敬如宾，孝敬双方老人，关爱每一个家人，凭自身聪明才智和辛勤工作换取一大家子人的安康与幸福。成人后，我还听母亲说，父亲私德极好，平时烟酒不沾，洁身自好，绝无同时代一些文人雅士中常见的诸如赌博、抽大烟、纳妾、狎妓等不良行径，十分难得。

然而，父亲毕竟离世过早，我那时又太年幼，尽管有长辈们的不断教诲，我对他还是缺乏直观具体的感性认识，也谈不上深刻全面的理解。加之社会变迁的外因也影响到我们对他的怀念与追思，只能将其埋藏在心底。20 世纪 50 年代，我不能再戴父亲留给我的蓝宝石戒指了，因为那是一种"资产阶级生活方式"的表现，一直以来让我引以为豪的父亲亦成需小心回避的一个话题，即便亲人们之间也很少提到他。60 年代后，存放在嘉定妹妹家里的两大本"写真帖"① 和父亲的一些遗物也散失殆尽，从此家里不再存有一张父亲的照片。

好在历史是人民写的，这句话适用于任何一位在历史上留下

---

① 日语词，相册、影集之意。

过痕迹的人。20 世纪 80 年代初，中国进入拨乱反正和改革开放的好时期，史学界（包括新闻史研究）呈现出一派新气象。1984 年下半年，我从报上看到首都新闻、教育界集会纪念邵飘萍诞辰一百周年的报道，官方及学界给予邵飘萍很高评价，称其为"热爱祖国热爱人民的革命民主主义战士""为追求一个光明新中国而不倦地探索着，呼吁和斗争""杰出的新闻工作者、新闻学者"，其间，一些报刊也登载了不少研究和介绍《京报》和邵飘萍的文章。我意识到，作为邵飘萍的挚友和重要助手的父亲，已经等到了历史对他作出公正评价的时刻。我赶紧将此重要情况写信告诉北京的弟弟和上海的妹妹，希望他们多加留意和收集图书报刊上有关父亲的文献资料。从那时起，我们开始追寻父亲的足迹，其过程既漫长艰辛，又间断反复，痛并快乐着。

　　着手发掘、收集父亲生平事迹材料之初，首要之事便是让母亲口述父亲的一生。那年母亲已八十三岁高龄，但身体健朗，记忆尚可，与之前的零星回忆不同，这次母亲在我这个学历史的女儿的帮助、启发下，经过认真回顾和仔细梳理，回忆、叙述得比较系统和完整，包括父亲的出生年月、家庭背景、求学经历、留学记事、工作状况、婚姻家庭、办报业绩等。具体细节方面，如性格特征及为人处世方式、敬业精神及家庭责任感、与邵飘萍及邵家的关系、与社会各界的交往等，她都尽她所知一一道来，且由我笔录并整理成文——《杨怀英回忆吴定九》。

　　事有凑巧，20 世纪 80 年代我参加《江苏省志·教育志》的编纂工作时，在《江苏省教育行政报告书》首编上编第一章"省教育行政机关"的"处务概要"中发现了一段记载：

二年三月十七日　派杜志诚、吴鼎赴日留学土木工科。本省河海工程。亟待兴办。前派杜吴二生在天津白河工程实习。现以实习未能养成完全艺能。乃改派该生等赴日留学。专习土木工科。

这就弄清楚了父亲留学的缘由，他留学日本并非因"考取官费"，而是由黄炎培任司长的江苏省行政公署教育司（相当于现在的省教育厅）于1913年春公派（保送）留学的，在当年只有极少数品学兼优的学生才能享有这种官费待遇的机会。

我的妹夫，上海嘉定一中校长张维昌是个有心人，他写信与中国人民大学新闻系方汉奇教授取得了联系，希望其提供帮助，并寄去了母亲的回忆材料。热心的方老师很快回了信，告诉我们，父亲曾著有《新闻事业经营法》一书，该书是中国第一部论述新闻经营管理方面的专著，在新闻史上占有一定地位，这使我们十分惊喜并深受鼓舞。维昌还从1930年出版的《嘉定县续志》查到父亲是日本名古屋高等工业学校（现为名古屋工业大学）的毕业生，遂托他一个在日本访问的学生到该校查档，查核父亲留学的具体起讫时间。另外，维昌又从《北京文史资料选编》中找到昆曲艺术家韩世昌先生回忆录中有关父亲的叙述，并和妹妹一起在老家造访前辈亲友，又写信给外地的父亲生前好友及其子女，这些努力多多少少收到了一定成效。

我的小儿子钱承军十分敬佩自己的外公，他利用在大学图书馆工作的便利条件，调研出《京报》在国内各大图书馆的收藏情况，并设法将《新闻事业经营法》全书复印下来作为研究之用。他还陪着我到南京图书馆、南京市档案馆和中国第二历史档案馆等单位查找相关资料，甘当"秘书"和"拐杖"角色，是我的好帮手。

1985 年 11 月，中国新闻出版社出版了方汉奇教授主持编订的《中国新闻年鉴》，该书所载"中国新闻界名人介绍"栏目中"吴鼎"词条的生平介绍即由我们提供。1995 年秋，承军撰写的《〈京报〉元勋吴定九》一文发表于《新闻大学》第 3 期。这两篇文章是于当年掌握有限资料的情况下写就，可视为初期阶段性成果，虽感内容单薄、分量不足，却已尽到最大努力。而让我们无法进一步走近父亲的最大困厄，在于 80 和 90 年代收藏《京报》最完整的北京图书馆（现为中国国家图书馆）出于保护历史文献的原因，不向一般读者开放借阅《京报》，就连邵飘萍家乡金华县政协副主席前去借阅也未获批准。由于父亲是《京报》的创始人之一，自始至终协助邵飘萍办报，为《京报》的创办和发展付出了巨大心血，所以我们断定《京报》上必定会留下他的深刻印记，查不到《京报》则意味着无法掌握最重要的一手资料，无奈，我们只能暂停追寻父亲的脚步。

随着时代的进步和科技水平的提高，特别是互联网技术的普及，近几年来，我们在继续挖掘整理父亲资料方面有了突破性进展，这始于我让承军从图书馆借来几本近年出版的研究《京报》的专著，希望从中获得一些线索。

历史学者散木著《乱世飘萍：邵飘萍和他的时代》（南方日报出版社 2006 年版）一书引起了我的注意，这本五十多万字的大部头书在体裁上集史论与人物传记为一体，春秋笔法，内容丰富，第五章专设"吴鼎及其他京报同人"一节，另全书还有六处提到了父亲，其中不少材料是我以前未曾见过的。特别是第 61 页上所附"死难后薄葬的邵飘萍"的一幅照片让我眼前一亮：尽管画面有些模糊，但我还是一眼就认出父亲——站在邵飘萍棺材的右上侧，身穿素色长衫黑马褂，胸前戴着一朵小白花，面容悲戚、疲惫、憔悴。这一重要发现让我信心大增，我相信，照此锲而不舍地一步步向前推进，真正走近父亲的日子也就不远了。

承军运用网络搜索方法的效果更好更快。他认为，寻找外公材料不仅要从正面，也应从与之有关的人与事全面展开，寻找突破口。譬如，邵飘萍和吴定九之所以成为事业上的终生挚友，是因为他们有着共同的人生理想和目标，两人的经历必有相似之处，邵曾加入过南社，吴会不会也是南社社员？后来他上网查到了柳亚子编的《南社社友姓氏录》，一个个人名查下来，发现里面清楚记有"吴鼎，字定九，江苏嘉定人。361"的字样。随即他又与苏州南社研究会联系寻求帮助，该会很快将父亲手笔填写的"南社入社书"（电子版）传了过来，上面有父亲的姓名、年岁、籍贯、居址、通讯处、介绍人和入社时间等重要信息。事实证明这一思路完全正确。

这份入社书就像一根结了多个瓜的藤，让我们收获颇丰。如"入社时间"是 1912 年 11 月，说明父亲是早期南社社员，比邵飘萍早入社四年；"通讯处"一栏所填"南洋中学"四个字则与母亲等长辈们回忆的"南洋公学"有一字之差，根据这一线索，我们与上海南洋中学校友会联系核实，该会编写的《上海市南洋中学历届学生名录》上明确记载父亲确为南洋中学第七届（1911）毕业生，这就纠正了《中国新闻年鉴：1985 年》和《〈京报〉元勋吴定九》中的错误。不久，该会又寄来《上海南洋中学建校一百周年》《上海市南洋中学校友回忆录》等资料，让我不仅了解到父亲求学时的大致状况，还从中又发现一张珍贵照片——"南洋中学 1925 年秋北京校友分会成立时的合影"，我同样一眼就认出前排右二坐者就是父亲，那时我刚出生不久，正值《京报》鼎盛时期，也是父亲事业的高峰期。不知何故，他那天照相时未戴眼镜，而是将其执于手中，目光显得很深沉。

值得一提的是老家青年学者、嘉定博物馆的林介宇在《嘉定报》（2014 年 6 月 24 日）上发表的《民国报人吴鼎》一文，其中不乏一些有价值的史料和线索，如：父亲回国不久在北京市政公所任职期间撰写的六篇高质量建筑工程学论文；《新闻事业经营法》出版后学术界的介绍及评论；父亲作为中国早期宣传介绍十月革命的一员，与邵飘萍合作编译的《新俄国之研究》等。

从觅得父亲殓葬邵飘萍的老照片算起不过两三年时间，我们收集到的资料竟比初期阶段十几年的积累还要多，这不能不归结于我在耄耋之年有幸赶上了国家飞速发展的好时代。当然，若要达成心愿，还必须付出异常艰辛的努力。为查阅《京报》，承军先后三次北上北京到国家图书馆查看《京报》（缩微胶卷版），每次去都带回不少复印件或光盘，在北京工作的长子钱乘旦也趁回宁看望我的机会，捎回部分《京报》复印件。这些经过挑选、以刊登国内外要闻及《京报》社论和时评的第二、三版为主的《京报》复印件加起来总共有几百份，我拿着放大镜对每一张报纸都仔细地阅读，感觉就像在捧读一本民国史书，20 世纪 20 年代那个思潮迭起、兵祸连连、纷繁扰攘的中国活生生地展现在眼前。毫无疑问，对于父亲辅佐邵飘萍办《京报》的情况，我也有了更加具体、清晰和直观的了解。再加上多年来已收集到的资料，我好似打开一扇时光之窗，终于看到了一片云天之下父亲那高大、立体的形象。

二、 刻苦读书——"为国家桢干"

父亲于 1890 年正月二十九日出生于江苏嘉定外冈镇，名鼎，字定九，属虎，排行第六，后多以字行于世。弟妹们都称他"正哥"，子侄则称他"六伯"。

嘉定地处中国最富庶的江南一带，古贤今秀辈出，代不乏人，尤其民众以有保家卫国传统为荣，清初时人民自发起义誓死抗清，两个月内发生大小战斗十余次，民众牺牲两万余，史称"嘉定三屠"。史料记载，其时外冈镇就是战斗激烈、血流成河的战场之一，这里的人似乎天生血液里就流淌着坚定的爱国基因。

祖父吴玉亭继承祖业，是镇上一家以制作、销售棺材为主的木器店店主，吴家在镇上虽称不上大户，但至少也算得上小康之家。祖父是个有家国情怀的文化人，在培养子女问题上很有眼光，父亲作为他众多子女中的第三个儿子，从其名字似可看出祖父寄予的厚望。五兄弟中父亲的名字颇为特别，"鼎"的字义原为古代传国重器，另有一解则引申为大或重的意思，如"鼎力相助""鼎言"。祖父看好父亲几乎是有预见性的，五兄弟同样读私塾、进学堂，但兄弟中最后真正读书读得出人头地、事业有成者唯父亲一人。

在父亲成长的那个年代，按中国传统道德观来衡量青年人品德时，除孝敬父母外，尊重师长同样是一条必需标准，父亲在这一点上有口皆碑。他小时候在镇上读私塾，启蒙老师名叫王松心，因父亲懂礼守规，聪明好学，王先生很喜欢他。后来父亲与母亲结婚回到老家时，王先生还特地送来贺礼——一对粉红色的绸面，上面题有他亲笔写的祝词，母亲将其绣好后，父亲又配了镜框，可见师生感情之深厚。

嘉定靠近上海，占得风气开化先机，当时上海已办有不少新式学堂，这股风很快刮到嘉定。父亲步入少年后，祖父便让他白天在木器店里学做木工，晚上则与哥哥们进镇上开办的夜校继续学习。

夜校是严占禄先生所办。严是位清末秀才，年轻时曾在上海一所中学教书，后出于身体原因回到镇上，白天办私塾，晚上开夜校，教镇上青年一些以英语、数学为主要课目的现代文化科学基础知识。严先生思想十分开明，他反对女子缠足，曾编过一首反对缠足的歌教学生们唱；辛亥革命时，他又是外冈镇上第一个剪辫子的人，并拿着剪刀到处去给别人剪辫子。不难想象，像严先生这样的人会给父亲带来什么影响。十四五岁的年龄正是一个少年世界观和人生观开始形成的关键节点，父亲在夜校读书用功，成绩优异，与之前相比，他接受到了现代教育和进步思想的启蒙，并深得严先生赏识，最终在其引荐下考上了上海最好的中学之一——上海南洋中学，这是他在求学历程，甚或是人生征途上迈出的重要的一步！多年后，父亲从日本留学回来时严先生已经去世，父亲便托人给师母带来一段衣料和一盒阿胶，这是严先生的女儿严愫（我们称她为甜孃孃）亲口告诉我的。这正是严师出高足，高足不忘师恩，一直被镇上人传为佳话。

上海南洋中学校长王培孙先生是嘉定南翔人，更是一位享有盛誉的爱国教育家。南洋中学的前身是其叔父王维泰于 1895 年在松江县办的一所新式书塾，不教八股而教授英语、数学等新学。1896 年书塾迁至上海大东门王氏宗祠，定名为"上海王氏育才书塾"，是中国人自主创办的第一所"西学"学校。1900 年书塾交侄子王培孙接办，1904 年改名为"民立南洋中学"。王培孙校长于 1905 年赴日本考察，回国后定学制为五年，注重理科和外语，其他各科也要求教学切实。学生高中毕业时数学须修完大代数、解析几何、微积分；外语则除英语外，还须学第二门外语（日语或德语）。学校有一条不成文的规定，即国文、数学、英文三门学科中有一门不及格者不能升级。其教学质量之高为时人所称誉。

但凡南洋中学学子，无人不知王校长勉励学生的"三为"名言："为家增光，为国桢干，为天下肇和平。"为办好学校，王校长耗其毕生心血。他自己教国文，选《诗经》中的《无衣》、陆游的《示儿》、文天祥的《过零丁洋》、黄宗羲的《原君》等为教材。他倡导"独立自治"的办学方针，学生多住校，但不设教务长、舍监、学监等，他要求学生"自爱、自主、自强"，注重培养学生自治的能力。他对办学依靠教师的思想十分明确，有好教师不惜重金聘请，故教师中名师多、老教师多，绝无"滥竽充数"者。他爱生如子，对清寒学生不仅在校给补助，毕业时还代找工作。蔡元培先生有一次参观南洋中学后说："不论何人，在此吃五年苦饭，真是天下去得，读书犹其余事。"黄炎培先生也称赞"南洋中学的优点有两种特色，一是各科功课切实，二是精神训练有力"。

王培孙先生是父亲求学生涯中所遇第三位恩师，也是他人生道路上的重要引路人。在南洋中学这所顺应时代潮流的新式学校里，他树立了牢固的爱国主义思想，"三为"学习目标十分明确，加上他自小勤奋好学，"在此吃五年苦饭"后达到"各科功课切实"和"精神训练有力"的目的，自是顺理成章的事。毕业当年，他在《广益丛报》1911年第9卷第25期上发表了《海牙万国和平会议最终决议书陆战例规宣言》的中译文，可见其英文水平之高、综合素质能力之强。

前已提及，父亲毕业后根据江苏省河海工程亟待兴办之需，先与同学杜志诚在天津白河工程实习，后因实习培训条件不能满足要求，遂由江苏省行政公署教育司公派赴日留学，而从程序上讲，公派留学人员必须经由校方提名推荐。也就是说，只有出类拔萃的品学兼优者、今后能够"为国家桢干"的学子才有可能遇此良机。显然，王校长对父亲这样的优秀毕业生是另眼相待、用心栽培和提掖的，而父亲作为上海南洋中学早期的毕业生，能遇上王培孙先生这样的好师长也真是三生有幸！

另外，在父亲填写的南社入社书中，"介绍人"一栏里共有三个人，王培孙校长即为其中之一。南社是在孙中山领导的同盟会的影响下，于1909年成立的一个反对清王朝统治的资产阶级革命文化团体，主要在知识分子中发展成员。南洋中学师生中先后有二十多名南社社员，仅父亲所在第七届四十二名学生中就有五个南社社员。根据苏州南社研究会提供的材料，王校长加入南社的时间是1912年10月23日，比父亲早一个月，而王校长自介绍父亲加入南社后，再未做过其他任何人的介绍人，王、吴师生关系之非同寻常，由此可见一斑。

王校长早在1905年到日本考察时就在东京参加了同盟会，他加入南社的介绍人是南洋中学第一届毕业生，也是他后来的好友、当时的知名社会活动家朱少屏先生，而朱先生也是父亲加入南社的第一介绍人，与父亲关系密切。不难看出，父亲在南洋中学就读五年，不仅从师友那儿学到了文化科学知识，而且更在进步思想影响下奠定了爱国之心和报国之志，可以说上海南洋中学是父亲人生的真正起点。

辛亥革命前后，南洋中学经常是革命党人来往聚集之地。上海起义爆发后，南洋中学不少师生参加了攻打江南制造局的战斗和捐资革命军等重要活动，王培孙、王引才、朱少屏及包括父亲在内的许多同学都参与其中。史载，1911 年 11 月 3 日，上海革命党人在光复上海时，策动商团和军警攻打清军堡垒江南制造局，随军督战的陈其美先只身前去说降，为守军所拘。钮永建即率领学生军与王培孙、王引才联系，以濒临黄浦江的南洋中学为出发点，于深夜从黄浦江上配合商团、敢死队向江南制造局发动猛烈进攻。革命军靠近江南制造局时，被清军的肇和舰发现，受到开炮阻挡，遂退。随即，南洋中学教师王引才率在校学生百余人，分乘十艘兵舰（舢板），加入革命军的行列，再度向制造局发动进攻，终于 4 日上午 9 时攻克了江南制造局，总办张士珩仓皇乘船逃入租界。南洋中学师生进去后见陈其美被绑在凳子上，当即与其他革命者将陈释放。后陈其美被委为革命政府都督后，为表彰、感谢南洋中学师生，向南洋中学捐赠了一千元作充实图书馆之用；另送二三十支步枪，给学校作学生军训之用。

母亲在世时曾数次对我说起，父亲读书时参加过辛亥革命活动。一次大行动中枪声响起，情势紧张，但他和同学们都非常勇敢、沉着和镇定。母亲的简述虽不能还原整个过程，却可作为这段史实的一种个体印证并促人回眸凝望——当改变时代的革命大潮滚滚而来时，有多少爱国青年奋不顾身地投入其中？二十一岁的吴定九不就是那革命军中马前卒的一员吗？推翻腐朽的清王朝，无疑有这些热血青年学子的一份功劳。

1913 年春，父亲结束在天津白河工程的实习，告别家人和母校，在上海汇山码头登上日本邮船公司的渡海客轮，踏上了留学东瀛的新航程。船行三四天，经长崎、门司、神户到达名古屋。此值近代中国继 1905 年后第二次留日高潮，这年赴日留学生多达五六千人，所学专业多为政治、军事、文学、艺术等人文学科，父亲在名古屋高等工业学校攻读的是土木工程桥梁专业，而那一届土木科三十多名毕业生中的"外国特别入学生"仅他一人，可见当年学理工科的中国留学生人数之稀少。

关于父亲在日本留学的详情，前面提到维昌曾托其学生到名古屋工业大学查父亲学籍档案，弄清楚了父亲于大正四年（1915）4 月入学、大正七年（1918）3 月毕业，照此推算，父亲留日五年期间，前两年是学习日语的预科。另外我们还了解到，父亲有位名叫坂本的同窗好友，曾任名古屋中部复建株式会社董事长，可惜在我们赶去拜访时，老人已于不久前去世了。2013年，为了寻找父亲的毕业照，我让在日本留过学的姨侄张树红通过电子邮件再度与该校综合管理中心取得联系，中心主任松尾教授和负责保管毕业生档案的滨口清武先生接函后非常重视，也非常热情，他们虽没找到照片，却寄来了一些毕业生名录和校友通讯录等相关资料。1927 年出版的《名古屋高等工业学校一览》上，记有父亲的工作单位"中华民国北京市政公务所"。1931 年出版的《名古屋高等工业学校创立二十五周年纪念志》上，则记有两处通讯联络地址："中华民国北京宣外魏染胡同三四号""中华民国北京宣外潘家河泉三号"。二址虽未写归属处，但一看便知前者是京报馆地址，后者是我们家寓所。此前，国内研究《京报》的专家学者们一直搞不清当年京报馆的具体门牌号码，滨口清武提供的材料算是填补了一个小空白。

父亲留日后，享有官费的他经济上不再需要家里负担，从此走上了独立生活的道路。民国初年留日学生的官费待遇，相当于日本公司低级职员的水平，除去学费、房租和日常开销外尚有一定结余，与大多数自费生相比，他在经济上是相当宽裕的，从而可以将更多的时间和精力投入学习与研究方面。1915 年 8 月《小说大观》上发表了父亲与戴霭庐合作翻译的英国著名作家、社会改革家和历史学家赫伯特·乔治·威尔斯的科幻小说《人耶非耶》（后译为《隐身人》），全书五万余字，用文言文体译成，附有十三幅精美插图，父亲为第一译者，这是中国最早的科幻译作之一。从发表时间上看，这本译著完成于父亲留日的前两年（1913—1914），那正是父亲攻读日语的阶段。一边学日语，一边用翻译来巩固过去所学的英语，这不仅显示出他的一种独特的学习方法和能力，同时也表明，当年一些留学生通过翻译介绍在日本接触到的西方书籍，将新的思想、文化和学说传播到中国，起到了思想启蒙作用，父亲当属这一群体。

天资加勤奋，再加天时、地利、人和，使得父亲的求学路从中国到日本一直都走得很顺。当父亲以极优异成绩从名古屋高工毕业时，他面临着三种选项：一是进入东京、京都等几所帝国大学（国立大学）继续深造，以利今后成名成家；二是留在日本，工作和生活待遇优渥；三是回国工作。如果以世俗眼光或从个人利益角度看待，最后父亲作出的第三种选择似乎有些犯"傻"，因为当年众多留日学生中，无论上的是好学校还是差学校，官费还是自费，毕业后能留在日本工作的毕竟是少数，而能留下却又心甘情愿放弃的更是寥寥无几。然而，正是父亲，当校方要把他留在日本工作时，他断然拒绝说："我是中国人，我要回中国去。"我知道，只有像父亲这样心怀恒久不变的爱国之心的人，才会始终不改初衷，毫不犹豫地作出回国效力的抉择。

三、 弃工从文——报人生涯

父亲留学期间结识了为避袁世凯缉捕而急走日本到东京政法学校学习的邵飘萍，两人很快成为好友。与邵飘萍相识是父亲人生中的一个重要节点，也是《京报》史上的一件大事。因为，假如后来没有邵飘萍的一再力邀，父亲就不可能从一个建筑工程师转行为一名新闻工作者；而如果没有父亲的倾力相助，邵飘萍也不可能将《京报》办得越来越好。现有史料表明：父亲留日期间参与邵飘萍创办的"东京通讯社"事务，并给予邵经济上的援助，此为父亲从事新闻事业的发轫期；1918 年春回国后在北京市政公所工作，不久与邵飘萍共创《京报》并在京报馆兼职，这是第二阶段；1923 年辞去公职到京报馆工作至 1930 年去世，为第三阶段。关于父亲在不同阶段对《京报》所作贡献，乃至对中国新闻事业所作贡献的详情，承军在已发表的多篇文章中作了较为充分的考证和论述，此处不赘言，这里我仅将自己对父亲报人生涯的个人认知及相关细节略作补叙。

父亲学成回国后，他和杜志诚都没有按原计划分到水利部门工作，杜回母校南洋中学任教，他北上京城到北京市政公所任工程师。我们原以为市政公所只是个搞城市建设的机构，后通过查档才明白，北京市政公所的官方正式名称是"京都市政公所"，成立于 1914 年 6 月，是民国前期北京市政府的前身，也即政府机构。据母亲回忆，父亲的薪俸较高，她与父亲结婚时，父亲还在京报馆兼职，家庭收入颇丰，日子过得很好。另从父亲回国两年内就主持设计修建"公理战胜"纪念牌坊，并发表多篇建筑学论文来看，父亲的工作专业对口、学以致用，并已取得一些成就，也受到重用。既如此，为何非要在四年后的 1923 年辞职呢？仅仅是为了应承好友的邀请吗？事情当然没那么简单。

的确，在市政公所工作稳定，收入不菲，仕途有望，但任何事物都有利弊得失两面性，通过查阅《京报》，我对父亲的离职转行有了新的、具体的认识。

《京报》于 1921 年 9 月 10 日至 20 日，在第 6 版"北京社会"栏目上以"请北京全体市民注意市政公所"为大字标题，连续发表素昧、虔生等人撰写的十多篇评论文章和读者来稿，揭露市政公所某些部门在建造市区马路、房屋、沟渠等工程中徇私舞弊、内外勾结、私授投标、偷工减料等种种黑幕，涉及的官员大到政府内阁内务总长、公所坐办（负责人），小到处长、科长、包工头，腐败现象之严重令人触目惊心。栏目文章的主要执笔人"素昧"是邵飘萍的笔名。另有以"虔生"之名投稿的三篇文章，从其内容看，均以建筑学理揭露舞弊事例，专业性强，非市政公所内部中人便无从得知，文中又有三处透露"记者"身份。由是，这三篇文章应为父亲提供材料，并由《京报》其他记者整理而成，或即为父亲本人所作。这些文章口诛笔伐，使得那些大小贪官蠹虫无处藏身，大快人心。我能理解，父亲在《日本谈》里讲述了他亲眼看到日本电车司机和火车站职员廉洁奉公、尽心周到为顾客服务的情形，而对比他所在的市政公所上上下下以权谋私的腐败劣行，二者反差如此之大，不难想象他会是怎样一种心情。北京市政公所真是父亲实现自己理想和抱负的地方吗？作为一个接受过西式教育，有着社会正义感和强烈爱国心的有良知的青年知识分子，父亲既然眼睛里揉不进沙子，就不大可能为稻粱谋而与这帮"公仆"长期共事下去，此事过后一年多父亲毅然辞职也就是一件合乎逻辑之事。

当然，父亲弃工从文与时代大背景及周围人影响也有关。父亲留学的年代，西方社会主义思潮和马克思列宁主义已经传到日本，留日学生是最早阅读到日文版马列主义理论书籍和有关十月革命文献的一批中国读者，博览群书的吴定九即是其中之一。他们中的一些人后来又将这些书籍文献转译成汉文介绍到中国，吴定九同样是播火者之一，他协助邵飘萍编译出版的《新俄国之研究》一书（1920年上海泰东图书局出版）就是明证。有学者认为，父亲早在于日本参与邵飘萍、潘公弼的新闻事务时就产生了"新闻救国"的思想。这一推断不无根据，因为父亲回国仅半年后即成为《京报》创办人之一。退一步讲，不管其时占据父亲头脑的是"科学救国"还是"新闻救国"，总有一点可以肯定，就是父亲在学好本专业的同时，还注重从文学、政治、经济等人文学科领域汲取养分，使自己知识面更广、视野更开阔。递进而论，父亲的择业观离不开他已具备的一定的先进思想基础。

父亲回国前后，适逢西方各种社会思潮大量涌入中国，学术思想领域相当开放和活跃，学术团体如雨后春笋般成立，随之而来的是报刊业的兴起。1919年国内报刊有四百多种，到1921年已升至一千多种，达到中国报刊史上的高峰。在混沌的民国早期，法律倒允许民间私人办报，只要具备这方面的能力，到社会管理部门备个案，在自己家里就可以独立办报。报人是一种经济上自负盈亏的自由职业，从某种程度上讲，主办者可以不经任何审查在报纸这个社会公共平台发出自己的声音。邵飘萍率潘公弼、吴定九等人在北京城南珠巢街创办《京报》时，馆舍狭小，设备简陋，办报经费要靠大家凑，然而新面世的《京报》展现给北京市民的是一种非凡的气势——1918 年 10 月 5 日《京报》创刊词称："必使政府听命于正当民意之前，是即本报之所为！"另一篇评论文章则声明："民国以来，军阀所为者，俱为祸国病民，今则必须国民共起，志同道合，协力以除之！"这些充满革命战斗精神的豪言壮语，至今读来仍有振聋发聩之感。这一年，邵飘萍三十二岁，父亲二十八岁，潘公弼二十三岁，他们都很年轻，却是站在时代潮流前列的人。《京报》问世后，不仅以其消息灵通、新闻多样、评论犀利和内容充实的特点受到读者欢迎，而且反帝反封建反军阀、宣传马克思列宁主义和十月革命的政治倾向十分明显，在社会上产生了较大影响，特别是在大学校园里最受欢迎。可见，父亲所持政治态度是促使他走上"新闻救国"道路的最重要因素。

　　父亲在《新闻事业经营法》一书中给新闻事业下的定义是"特种之商业"，而报纸则是一种"商品"，与欧美日等先进国家和地区相比，中国"近虽渐见发达，然以大体言之……与东西洋经营新闻事业之真义，尚觉相去甚远矣"。什么是新闻事业的"真义"？父亲这本书出版于 1930 年，受制于当年的政治环境，父亲只是从报纸经营管理角度作了一定阐述，而无法从他体会最深的社会制度层面进行对比剖析，倒是后人对这一点看得十分清楚。表面上看，20 世纪一二十年代报业发展迅速，景象繁荣，但也是中国近代史上最混乱、新闻工作最危险的年代，刚从几千年封建专制统治下脱胎过来的民国，在新闻事业上绝不可能很快实现真正的思想民主和言论自由。史料显示，袁世凯统治时期有七十多家报纸被查封捣毁，二十多名报人被杀害，六十余人被捕坐牢；北洋军阀时期有二十九家报纸被封，十七名报人被捕入狱或遭枪决。《京报》创办不到一年，因抨击北洋安福系政府向日本借款是"祸国阴谋，借债愚策"而遭查封，邵飘萍再次流亡日本，潘公弼被拘禁两月后则离京南下上海——该事件对父亲应该是一个严重警示，然而，他仍留在报馆做一些维持善后工作，并在复刊后继续兼职两年多，直至辞去公职成为职业报人。"明知山有虎，偏向虎山行"，如果不是抱定了"新闻救国"的信念，他不会放弃稳定的公职而走上布满荆棘的新闻从业之路，后来，即便1926年4月邵飘萍被奉系军阀残忍杀害、《京报》再度被封，父亲照样没有被吓倒、被征服，而是和邵夫人汤修慧率《京报》同人殓葬完烈士后仍坚守住《京报》阵地，以待时机，正所谓"掩埋好同伴的尸首，他们又继续战斗了"。

中共中央宣传部新闻局原局长钟沛璋在纪念邵飘萍诞辰一百周年会上讲道："我们可以完全相信，如果他未被杀害的话，他必定会站到共产主义战士的行列之中。"此言诚哉！如前所述，邵飘萍和吴定九属于最早接受、宣传马克思列宁主义和俄国十月革命的那批中国先进知识分子。行动上，《京报》从1923年起，报道和支持"二七大罢工"，出版发行中共北京区委主办的《工人周刊》及宣传小册子《京汉工人流血记》；1924年后，报道并肯定国共两党合作、孙中山和广州革命政府，主张联苏反帝，还刊发过"列宁特刊""纪念马克思诞辰专号""纪念五一专号"；

1925年五卅运动时，《京报》拒登英、日商广告，并出版特刊，大量登载全国各地各界民众反帝斗争的新闻、评论和图片；1926年"三一八"惨案发生，《京报》派出记者调查事件真相，刊发抨击北洋军阀政府暴行的一系列评论文章和短评。这几年，正是父亲辞去市政公所工程师职务，专职转入《京报》全力协助邵飘萍办报，并使该报成为中国北方宣传革命的重要舆论阵地的时期。这一事实亦使我联想：作为邵飘萍的长期合作者与战友，父亲吴定九是否也如钟所言"必定会站到共产主义战士的行列之中"呢？

关于这一段时期父亲在京报馆的工作情况，母亲早在20世纪40年代就对我们姐弟说过，父亲于1923年专职京报馆后，一直担任报馆经理。80年代她又具体回忆说："定九在京报馆，管的事情很多。他自己写稿，跑印刷厂，采访，也管报馆的财务。他每天早上八九点钟起床，然后到报馆去，中午和晚上都不在家吃饭，晚上要到十二时许才回家。每天晚上他都要在印刷厂等到报纸上机开印，一切稿件都安排好了才回家来，我们在家总准备好夜点心等他回来吃。"父亲在这一段时间里，既负责报馆的经营管理，又承担着那时称为"编辑长"即今日之总编辑的工作，这在母亲的回忆中再清楚不过了。而且从她的具体表述中还可看出，父亲是把主要精力放在编辑工作上的，并有文章在报纸上发表。此外，父亲在《新闻事业经营法》第一编总论第一节"新闻事业之商业化"中，为说明各新闻社之组织系统，列有一表，在此表之后，有这样一段话："此为新闻社普通之组织系统。今则特设经理部，以辅佐社长处理一切事务。"这一段叙述正是京报馆设经理部之宗旨，并明确规定了其职责任务。在同一节中，父亲把编辑部视为"犹之军队之战斗部队，冲锋接战之任务属也"。作为"辅佐社长处理一切事务"的报馆经理，父亲不可能不亲自处理编辑事务。父亲的叙述正与母亲的回忆相对应。

父亲对于编辑工作有他自己的独立见解。在他所著《新闻事业经营法》第二编"编辑部"第一章"编辑之概要"第一节"编辑之方针"中，在介绍过美、英、日等国的编辑方针后，父亲写道："以新闻纸之主旨，则新闻纸不仅为单纯营利的商品，乃亦为舆论之代表，即就此一点而言，则新闻纸之言论，是为政府之针砭、社会之指导，其价值或有千百倍于新闻记事者。况我国内政、外交以及社会状态尚未入于正规之秋，经营新闻事业者，似未能仅以供给正确新闻为已尽记者之天职。顾余以为编辑方针之决定，以大体言之，固视新闻社经营之方针以为断，以中国之现状而言，则苟力之所及，言论与新闻二者并重斯得之矣。"

上述主张，不仅贯彻于父亲的编辑工作中，更体现在他为《京报》所写的文章中。据粗略统计，自 1923 年至 1926 年，围绕国内外重大事件，他在《京报》上编写撰述的通讯报道、评论、短评、随笔等总计一百五十篇左右，十余万字。父亲生前对此全无片言只语（包括他所用文章署名）留下，以致搜集他的文稿真如大海捞针，极其艰难。详细过程此处不多赘述。需要说明的是关于他的文章署名为"K"的依据问题。搜集工作伊始，承军曾按母亲不确切的记忆，以"定九"的署名查找，一遍通查浏览下来，除在 1920 年 10 月 19 日、20 日的《京报》上发现连载的《女师学生救灾之盛会》一文外，别无所获。此时，母亲的另一回忆引起我们的注意。她说过，每当有重大事件，父亲必亲自采访，并具体忆及："我能记得的如孙中山在医院病逝，他即赶去采访。还有一次是冯玉祥进北京，他也去采访过，回来时对我说是在冯玉祥家吃的饭，并说冯将军生活真俭朴，那次他在冯处吃的是窝窝头和酸菜。"母亲所言第二件事是 1924 年 10 月下旬，北方的直系将领冯玉祥在第二次直奉战争中发动政变，反对内战、主张和平，回师北京后推翻直系军阀首领曹锟、吴佩孚控制的北京政府，改所部为国民军，电请孙中山北上"共商国是"事。两件事发生的时间在 1924 年 10 月 23 日至 1925 年 3 月 12 日。于是我们重点查阅了这一时间段内的《京报》第二、三版（国内外要闻），果然有所斩获：一是 1924 年 10 月 24 日第二版有大字标题为"冯检阅使与本社邵君谈话"的长篇通讯报道，文末注明"二十三日下午三时记"，署名为"K"；二是在此后数日内，另有数则单独采访冯玉祥的短篇报道，署名亦为"K"。这一发现为我们提供了新的重要线索，再将此探索范围扩大，终于取得突破性成果：

1. 在《京报》文章署名上，除邵飘萍以飘萍、素昧、平等署名外，仅少数记者及外稿以实名或用中文姓氏署名（如郑、沈等），其余均用英文字母署名，如 A、B、C、D 等，出现频率最多的英文署名为"K"，第二版上绝大多数甚至全版文章的署名均为"K"。

2. "K"在《京报》上出现的时间为 1923 年至 1926 年，此一时间段正与父亲专职转入京报馆工作的时间相吻合。

3. "K"用于不同场合时有不同的含义：一是表示文章的作者。如有以"K"署名的评坛、时评、新闻报道和政论文章等。其中"评坛"为《京报》社论，经查，其作者仅邵飘萍与"K"两人。二是表示文章的责任编辑。值得注意的是，所有邵飘萍写的文章，包括"评坛"及政论文章，都发现有"K"的署名。

4. 从以"K"署名的"评坛"文章内容看，其措辞用语也表明"K"非一般记者或编辑。如1924年10月28日《不能裁兵则和平为假话》中有以下语句："改革之最要者莫大于裁兵问题……不能主张裁兵者，吾人即认其和平之言为虚伪。本报敢忠告段祺瑞、冯玉祥诸君，成功之机会，今又侥幸而落于诸君之前，诸君倘再不能拾起此机会，则如段君者，今生殆无第二次之侥幸，其勿徒捧出一人，而重演从前腐败之政治也。"又如另一篇刊载于1924年12月9日的"本报特讯"，标题为"中山先生约二十左右来京"（天津归客谈），副标题为"重述本报外交之主张"。文章在叙述某要人自天津回京，与《京报》记者谈及中山先生病状并驳斥外界谣传"中山病有作用说全属揣测"后，写了如下一段话：

　　以上为某要人所述，记者为简直明快书之。于此机会，当一白本报态度与中山之关系。本报同人，至现在止，并无国民党员，与中山个人，虽本社之飘萍君昔在东京，曾于寺尾博士家中见过数次，然断无政治之关系。今次所以首先主张"孙段并重"且赞成中山之主张者，因本报一年以来，对于不平等条约之宜废止，帝国主义之宜铲除，发表长篇论文，何止数十次，读者当尚能记忆。东西各报，亦皆已译载之，加以攻击之批评。然此纯为代表大多数国民之愿望，完全自动之主张。中山今次所揭之旗帜，既与本报一致，则同人自为无条件的赞成……此同人所当为读者诸君明告者也。

上述诸点，都可说明以"K"署名所做的工作即是《京报》总编辑所做的工作。

联系父亲早年留学日本的经历，"鼎"字，在日语里读作"Kanae"（かなえ），可见父亲是将这一词语的第一个字母"K"作为他的笔名了。

此外，以下数例亦可作为上述认证的旁证：

其一，根据现有材料分析，当年京报馆编辑工作的机构设置主要仿效日本的主笔、编辑长及下设各部的模式，以主笔为报社言论之最高主宰。编辑部则另设总编辑，上对主笔负责，下设政治、经济、社会等部系。因此，主笔与总编辑是两个概念。当时，北京各报社有以社长兼主笔，或由总编辑兼主笔的例子，京报馆即由邵飘萍任社长兼主笔。

其二，从《京报》上可以查阅到邵飘萍曾以社长、总经理、主笔、主任等名义出现，唯独未作为"总编辑"出现过，而在1926年"三一八"惨案发生后，《京报》于3月22日刊登"首都人民大流血写真京报特刊预告"，其署名则为"本报三月二十二日总编辑特启 K"（而邵不论以何名义出现均有其实名或笔名署名）。此一例亦可证明"K"是父亲任总编辑的笔名。

特别值得一提的是"三一八"惨案后，《京报》于3月21日第三版刊登的两幅照片和第二版以"K"署名的《卫队枪杀爱国民众后之昨闻》一长篇报道。两幅照片上端题有"政府凶杀人民之证"，第一幅说明为"开枪前之卫队"，第二幅为"开枪后之混乱"，是两张极其珍贵的屠杀惨案现场实录，由北京写真新闻馆提供。照片下附有该馆提供的《写真者之目睹》一短文，其中于叙述段祺瑞执政府卫队面对请愿民众开枪实况后，写道："本馆记者到场较早，即闻卫兵之交头私语。及变，避于东门口之马号，伏马腹下……约一点三刻，弹止。越尸背出东门，已至大街，复为卫兵劫去绒帽眼镜，并夺坏摄影机云。"此文之后署"K"名（此处"K"指审稿）。在第二版的长篇报道中，则发现有如下一段话："又闻当日卫队开枪不仅残杀民众，且公然在国务院前行劫，被劫者至少在三百人以上。所劫之物，为帽、眼镜、挂表及现金等件。师大教授邱椿、写真新闻社主任陆世益等数十人均被损失云。"文末署名为"K"（此处"K"意指作者）。我之所以详录以上二事，乃因文中提及的写真新闻馆主任陆世益是父亲的同乡好友。母亲多次对我说过："陆世益是你父亲最要好的朋友，他知道你父亲很多事情。"她还谈及父亲和陆世益在参加一次群众运动时，陆世益为避政府军流弹而躲到某一掩蔽物后的事。20 世纪 80 年代，妹妹吴大箴和妹夫张维昌曾专程去陆府拜访，但陆家后人告以陆老先生已故去，十分遗憾。未料竟在《京报》所载文章上看到了他，文中所述情景与母亲回忆惊人地相符，又使我们实际上也看到了和陆世益同在惨案现场的父亲。这一奇迹般的事例只有吴定九的亲人后代才能识别此中奥秘，可为父亲笔名为"K"的有力佐证。

实际上，父亲在实践自己的编辑主张而为文时，比他在《新闻事业经营法》中的论述要激烈得多。

《京报》第二版为紧要新闻，第三版为国外新闻与次要新闻。而在第二版的紧要新闻中，又包含有当天最重要之新闻、内外要闻、评坛时评、特别通信，有时还有邵飘萍的论说文等。我曾对1923 年至 1926 年间两人所写"评坛"数做过不完全统计，在1924 年 6 月 10 日至 20 日、10 月 23 日至 12 月 10 日，以及 1925

年6月1日至7月10日三个时间段内，父亲写"评坛"文二十一篇，邵飘萍写三十二篇，邵多于吴；但各个时间段有所不同，在1924年10月23日至12月3日的四十二天内，《京报》共发表"评坛"二十八篇，两人各写十四篇。除"评坛"外，父亲在《京报》上发表的"时评"、新闻报道和政论文章还很多。文章内容涉及政治、外交、财政、金融，以至关税盐余、公债风潮、社会生活等诸多方面；既有对列强无理干涉中国内政、妄图瓜分中国的强烈抗议与驳斥，也有对军阀内战不息、政府腐败无能的猛烈抨击与谴责，还有对广大国人奋起自强的期待与呼唤，用语义正词严，观点立场鲜明。

例如，1924年6月发生的"交还俄使馆事件"，这本是中俄两国之间的正常外交问题，却引起当时驻京九国公使团横蛮无理的干涉与阻挠。父亲在一篇题为"使团答复交还俄使馆问题"的新闻报道中，将此干涉阻挠行为斥为"无理已极"，说："其侵犯中俄两国之主权，以公使之命令而代国际条约，各国公使，不啻专制时代之大皇帝，不料所谓文明绅士，其野蛮无理乃一至于此！"当外交团对我国政府施加压力干涉《京报》发表的评论时，父亲又在6月19日发表的"评坛"文章《若加干涉则庶几有效》中义正词严地回应："来，来，来，干涉乎？压迫乎？皆本报之所欢迎。诸君须知在东交民巷中为多数，在中国则为大少数，在亚洲在世界，尤为少数而又大少数。故诸君之多数，不能出东交民巷者也，诸君之理由亦不能出东交民巷者也，诸君以东交民巷为中国，为亚洲，为世界，可惜中国、亚洲、世界，不能承认东交民巷为有最高发言权者。诸君独不一观东交民巷以外之空气乎？"又如，冯玉祥1924年10月23日发动北京政变后，于11月

5 日将清废帝溥仪迁移出宫，并改订其优待条件。邵飘萍在 11 月 7 日"评坛"上对此发表了《废帝号为当然之办法》，父亲则在"内外要闻"中编写了《溥仪取得平民资格后之要讯》数则。文中写道："外人之一二无聊者，平时素利用之以图利，如某英文教员（注：指溥仪的英文教员庄士敦）即其中坏蛋之一。去年曾有某外人由彼引之入内，竟偷取古物而出，被门上收得，赧颜而逃，即其一例。自溥仪出宫，中外之民主主义者莫不称快，而帝国主义者则兔死狐悲，似抱不平。国民对于此类希图干涉内政之外人，不可不严重注意之。"这一段话从后来的发展情况看是很有预见性的。

1925 年，五卅惨案发生。父亲在 6 月 6 日刊出的《请速援助上海罢工罢业人员》中呼吁："英、日暴徒，乃敢在我国领土上，对主人翁肆意凶行……然则此案之如何应对，其关系于我国四万万人之人格，影响于中华民国之地位者，直是存亡生死之关头。换言之，国民人格灭亡，国家地位堕落，则领土主权未有不完全随之而灭亡者。吾人不论出如何重大价值之牺牲，皆当为人格地位而争持到底者也。"他大声疾呼："现在上海各业，既已先后罢市罢工……此时第一步当合全国之力，以援助上海罢业罢工之同胞。"他又在 6 月 28 日"评坛"上发表的《解决目下外交问题之三部分》中分析惨案发生的原因："沪、汉、沙面……各处惨剧之相继发生，其原因虽甚复杂，一言以蔽之，不平等条约之为祟而已。"因此，他坚决明确地主张："为改善中外一切关系而要求之根本问题，其最要点即在取消一切不平等之条约。"五卅惨案发生后，邵飘萍共发表评论文章二十七篇，我曾做过统计，其中 6 月 5 日和 15 日两天均为一天内连发三篇。我还注意到，邵飘萍和父亲写的文章标题有五六篇都是他们两人的亲笔手书。这种亲密合作、并肩战斗的精神实在令人敬仰。

1926 年的"三一八"惨案缘起于 3 月 12 日下午发生的大沽口事件。《京报》于 3 月 14 日第二版即刊载父亲所写《中日在大沽口发生误会之详情》一文，叙述事件发生之真相。大沽口事件本为日本侵犯中国主权、在中国领土上恣意横行之举动，不料英、法、美等国又借机生事，扩大事态，以维持 1901 年《辛丑条约》为理由，向中国政府提出严重警告，并对大沽航行问题提出极无理的要求，限我国政府于 3 月 18 日正午答复。这一横蛮强暴的最后通牒激起北京广大民众的激愤。而 17 日下午各大团体代表分赴执政府外交部，要求严重驳复、绝不能让步时，竟遭到府卫队以刺刀乱刺，当即有五人重伤。消息传出，遂有了 3 月 18 日上午 10 时在天安门前召开的国民大会。会后整队游行，前往执政府。至执政府门前，执政府卫队又向群众开枪，以致大流血，造成了"三一八"惨案。《京报》于 3 月 19 日第二版以特号大标题"国民拥护国权大流血　八国通牒之大反响"，用几乎整整一版报道了"国民大会时之情景""国务院门前之大屠杀"，此长篇报道即父亲以"K"署名所写。《京报》这一天派出的记者不止一人，在 3 月 20 日作者署名为"B"的一篇新闻报道中便有刘和珍死难情况的报道。这些都是关于"三一八"惨案的第一手资料，十分珍贵。此外，从 3 月 20 日开始，父亲又连续发表《政府敢以一手掩天下耶》《卫队旅绝对非国民军》《卫队长已畏罪潜逃乎》《段祺瑞恐不得不走矣》等多篇短文，直击段祺瑞。即便是刊登的"首都人民大流血写真京报特刊预告"也非同一般，且看以下一段话："今次（三月十八日）段祺瑞、贾德耀、章士钊等共谋屠杀请愿外交之民众，死伤男女青年数十百人，为世界空前之惨剧，人类未有之奇变，案情重大，千百倍于五卅。此而不能置之于法，则人心需死，种灭国亡，可立而待。爰特征求大流血时写真，再印特刊五十万张，布之内外，唤醒各党各派，一致起而讨贼。"启事末尾的落款是"三月二十二日本报总编辑特启 K"。这段短文，今日读之，犹能体会到父亲当年是何等义愤填膺。这不是一般的出版预告，而是一篇铿锵有力的讨伐段祺瑞等倒行逆施的檄文。

我的父亲，一个赤诚的爱国者，秉承他办报的宗旨理念和新闻与言论并重的编辑方针，提供新闻必然真实具体，发表言论力求公正有理，在文字表述上则尽量简明生动、通俗易懂，让人读过后觉得报纸上所说的事就发生在自己的身边，与自己有关，读者因此而更加关心、更加爱读，并自然而然地受到启迪。

正是这些年父亲主持《京报》编务工作，自己也写了不少文章，配合着邵飘萍的长短政论文，才使得《京报》熠熠生辉，在黑暗中闪烁着耀眼的光芒！然而，父亲曾为总编辑的业绩至今鲜为人知，这大概是除在《京报》贺岁版的显要位置上出现过"吴定九"三字外，再未见此三字的缘故吧。只是，若忽略了《京报》的这一重要史实，那就不可能全面、完整地看清楚《京报》的真面目，理解《京报》的真精神。

话说回来，除了要敢于承担政治风险、不怕杀头坐牢，还必须考虑经济效益问题。既然报纸是一种商品，私人独立办报，就必须在市场上有销路才能生存下去，报馆全体同人才能有活路。父亲在这方面的考虑也是客观、冷静和理性的。他的优势在于，有着读私塾和南洋中学时打下的深厚国文功底、能写一手好文章、精通英日两门外语及具备理工学科背景。再者，几年实践下来，父亲已积累了不少办报经验，尤其是在报纸经营管理方面表现出特殊才干，用时下话说即善于理财，这让父亲对自己很有信心而敢于应承好友的重托。事实确实如此，《京报》自 1920 年 9 月"复活"后的两年多，虽然站稳了脚跟、有所发展，但毕竟在人力、物力和财力等方面制约较多，步子还不大。办好一份报纸，除必须保证报纸本身质量并不断提高外，经营管理是否得法也至关重要，父亲既兼顾两方面工作，自是忙碌异常。母亲眼里的父亲就是个大总管家，他这种没日没夜操劳苦干的工作状况，换回的是《京报》的辉煌。由于父亲协助邵飘萍经营管理有方，两年后《京报》的最高日销售量达到了六千份，并在魏染胡同建起了由他本人亲手绘图、设计、建造的二层楼馆舍，这不仅是北京报界唯一的一所自筹资金建盖的报馆，在全国也极为少见。

报社自办印刷厂是邵飘萍一贯的主张，《京报》附设的昭明印刷局也是父亲着力要管好的部门。在对设备进行更新改造和扩大厂房车间后，它不仅完全满足《京报》自身需求，还在本报刊登广告，大量接揽社会上各种出版、印刷业务，大到图书报刊，小到账簿笔记本，生意十分红火。《新闻事业经营法》最后一章专论"印刷部"，从中可看出昭明印刷局设备先进、组织完善、管理得法。

另据我的堂兄吴天麟回忆，京报馆还开了一家"寅记纸店"，父亲让其弟吴平涛（我的五叔）负责，专营报刊书籍的印刷用纸——白报纸生意，这样既解决了昭明印刷局内部所需，又能兼做对外批发零售业务，起到了开源节流的重要作用，收益亦相当可观。有一段时间因馆舍紧张，我们家专门腾出一间东厢房，作为堆放白报纸的仓库。徐铸成在《报海旧闻》里讲到，由于当时社会经济落后，除上海的《申报》《新闻报》等少数报纸外，能够依靠营业收入保持报社经济独立的极少。其实，《京报》走的就是一条经济独立的办报之路，尤其重视发行与广告本位、印刷成本与质量、营业组织与推销这些关键的经济利益环节，在这一点上，《京报》正是为数不多的能够依靠自身收入立足于新闻界的一家报纸。《京报》第二次被封后，昭明印刷局生意未停，京报馆仍在运转、维持，并在两年后复刊，就是一个明证。

《京报》的鼎盛期始于何时？我认为应在 1924 年下半年。1924 年 12 月 2 日，《京报》刊出"本报下星期起大刷新、大扩充预告"，并连载三天。此前一天还刊出新增《京报副刊》的特别广告，该副刊聘请孙伏园担任主编，并约定著名学者多人共同撰述，"专载文学艺术及关于思想学术等的各种著作"。此后，《京报》内容愈见丰富，销量大增。同时，社内人员也在增加，报上出现以英文字母 A、B、C、D 及中文郑、沈等署名的记者或编辑，他们都是报纸的新生力量。报馆还在上海、汉口、天津等地设"特派员"。1925 年，五卅惨案、汉口惨案发生时，《京报》上即大量刊登上海特派员"竹君""苴君"及汉口特派员"麟君"传过来的"特派员专电"，真实反映了惨案发生前后及各地支援的情况。由于报纸销量增加，报社又添招了数十名配备自行车的送报夫，谓之"送报夫车队"，他们每日凌晨四五点钟就要前来取报，并将当日《京报》送往京城各地。想象一下，当年京报馆上上下下是何等繁忙兴旺的景象啊！

上述一派繁忙景象其实得来不易。在经营管理方面，除以上述自办印刷厂和开纸店等措施广开财源外，还有一条很重要的措施即组织机构的改革。《京报》初创时实行的是传统的业主合伙制，或者叫同人办报，邵飘萍夫妇加上潘公弼、吴定九及邵的几个亲友就在邵的寓所里以类似家庭作坊的形式开张办报，创业经费不过几百元而已。"这六七个人，不但自己办报，而且要给在上海的《申报》发消息，可谓集采访、编撰、管理于一身。"① 实际上，当时整个北京报界也正处在初级阶段，但1920年9月《京报》复活以后，邵飘萍发誓要把他在日本《朝日新闻》服务时期学习到的东西运用到自己办报的实践中来，把《京报》办成"供改良我国新闻之试验，为社会发表意见之机关"。其中，报馆机构设置的改革创新亦是其重要内容之一。父亲有着和邵同样的见解，认为健全的新闻社应有健全的组织机构，他参照东西方新闻社的优点，从中国特别是《京报》的实际情况出发，在他1923年全职到京报馆工作以后，即着手建立健全报社的机构设置，逐步形成了一套完整的体系：报社最高指挥权属社长；下设编辑部、营业部、印刷部，各部之指挥权在部长；另特设经理部，以辅佐社长处理一切事务；各部之下又设处，如营业部下设广告处与发行处，设处长，编辑部则按政治经济、社会、文艺、通信等分系，设主任。各部、处、系各司其职，各负其责，相互之间必须有合作的精神，发挥最高之工作效率。

在建立健全机构设置的同时，父亲还为报纸的整个工作流程制定了严密周到的制度规章，更注重工作人员包括印刷厂工人的素质要求。他自己则以身作则，身体力行，母亲常说他每晚必待报纸上机后才回家，此话不假。1923年6月27日凌晨一时半，

---

① 散木：《乱世飘萍：邵飘萍和他的时代》，南方日报出版社2006年版，第174页。

清宫发生大火，此时《京报》正当上版付印之际，父亲尚未离开，接到电话报告后，当即决定调整版面，自己写了一篇三百五十字左右的题为"今晨二时清宫之大火灾"的新闻报道，刊于"内外要闻"第一条。文章最后一句话是："至本报印刷时，火势尚有五六丈高云。"这一消息于几个小时后即准时送到北京市民手上。而邵飘萍也及时写出"评坛"，《亡清故宫失火之责任问题》一文于 6 月 28 日刊出。此一例证足以说明当年《京报》管理得法以至工作效率之高。正是这种精密高效的机构设置和制度保障保证了报纸质量，从而有条件实现邵飘萍对报纸"大刷新、大扩充"的设想，使事业蒸蒸日上，进入了鼎盛时期。而几年后，父亲所著《新闻事业经营法》便也成为我国新闻史上第一部报刊经营管理方面的专著。

四、 那些年的那些人与事

父亲的一生虽然短暂，但阅历丰富，从二十六岁开始从事新闻工作，到四十岁辞世，十四年间他横跨了翻译、建筑和新闻三个行业领域且取得不凡成就，这在中国新闻史上独一无二，他也被称作"民国传奇报人"。父亲涉猎新闻工作各个方面，曾当选过北平新闻记者公会执委，他写下大量宣传社会进步和针砭时弊的报道、社论、时评和随笔，他的专著曾作为大学新闻专业的教材。他经历过各种场面，采写过中外各色人等，如溥仪、曹锟、冯玉祥、鹿钟麟、加拉罕（苏联大使）、威廉（环球报业联合会会长）、芳泽（日本公使）等。然而，在那个被现在有些学人称为"最好的时代也是最坏的时代"的时代，我觉得父亲作为一名进步报人，其价值不仅在于他对新闻事业的贡献，还体现在他的为人处世和生活细节等方面。

父亲是个恪守孝道、家庭责任心极强的人。母亲常说起，父亲很孝敬自己的父母，祖父病危，他从日本赶回家探望，祖父死后家道中落，他回国后即承担起赡养祖母和扶持全家的重任。1922年与母亲结婚成家后，他决定接祖母到北京同住，让我五叔夫妇护送祖母入京，并将寡居在家的姑母也带到北京。此外，他决定要为各房兄弟培养一个子侄辈读书成才，也一并让他们进京求学。于是，祖母一家六口从上海乘英商太古轮船北上，坐了四天四夜到天津，在英商炼乳公司我的干爹袁英辛处住了一夜，第二天乘火车到北京。父亲的这一"大手笔"在家乡引起了一番不小的轰动，邻里都羡慕我祖母好福气，只是祖母不习惯北方的干冷气候与饮食习惯，住了两年多后又返回了老家。

父亲与外祖父母两位老人也相处融洽，前面讲到"小岵"这个笔名就是外祖父给我起的，而那时父亲已离世八年之久，可见翁婿间感情匪浅。外祖父名杨若，字少甫，云南大理凤仪县人，1881年生。他早年留学日本，就读于著名的私立岩仓铁道学院，学土木工程，其间结识孙中山先生并参加了同盟会，是第一批同盟会会员，回国后参加了著名的河口起义（1908）。辛亥革命后，他在北京交通部任职，并将外祖母、母亲、舅舅接到北京居住，那时我母亲才十二三岁。外祖父思想开明，反对妇女缠足，主张女孩子也要读书，所以我母亲幸运地免去了缠足之苦，又读了几年书。外祖父一家居住在宣武门内绒线胡同一座宽敞的四合院里，家境宽裕，母亲后来辍学在家专学刺绣，老师是曾在清宫里为皇族制作绣衣的宫女，母亲因此学得一手刺绣好手艺，能在大绣花绷子上两手上下绣人物和花卉。与父亲订婚后，她用各色丝线绣了一条有一百只姿态各异彩蝶的被面作为自己的嫁妆。我父母亲的姻缘颇具浪漫色彩，那年月，北京市民不论富人穷人、官员百姓、男女老幼，大家都喜爱戏剧（京剧、昆曲等），外祖父是个十足的京剧迷，常带着家人一起去剧院看戏。有一次看梅兰芳演出，活泼爱笑的母亲看到有趣处竟笑出声来，引起了坐在后排的父亲的注意。后来他经过一番打听，在征得外祖父同意后和介绍人一起上门拜访外祖父。交谈下来，二人十分投契，外祖父对与自己有着相似经历的父亲十分欣赏，对其学识、才干和人品也很满意，当即同意了这门亲事。

父亲和母亲的几张结婚照让我和弟妹们至今记忆犹新：长母亲十一岁的父亲面容清癯，戴金丝眼镜，着丝质长袍马褂，一副气度不凡的大"智识分子"① 模样；母亲则年轻美丽，穿时新的宽袖右开襟短上衣配长裙，水灵灵的一双大眼睛显得格外有神。父母亲定居的潘家河沿 3 号是一座典型的北京四合院，天井很大，房间很多，正房、厢房、客厅和书房一应俱全。祖母他们到北京后，父亲请了厨师、女佣，天麟哥还记得，家里有一辆黄包车，供父亲上下班和外出奔忙事务用。后来我和弟妹相继出生，他又为我们各请了奶妈。父亲为人处世一向认真负责，精细周到，他过日子犹如办报纸，深知偌大一个家庭，家务繁杂零碎，又体谅母亲年轻，不善料理家务，便请姑母帮忙管家。这样，家里一切都安排得妥妥帖帖，日子过得舒舒适适。每逢过年，父亲都要为全家老小每个人添做新衣，花多少钱买什么样的布料，买多少，

---

① 民国时期对知识分子的称谓。

怎样裁剪，样样亲自筹划，一一过问，绝不造成一丁点浪费。祖母七十二岁时，父亲为她老人家做寿，老相册里有一张全家福照片：祖母抱着刚出生几个月的我坐正中，父母亲、姑母、叔婶及两个堂兄或站或坐，大家的神情都是高高兴兴的，一看就是个幸福和谐的大家庭。这张照片同样清晰地存储在我的记忆库中。

报人的职业使然，父亲接触的社会各界人士颇多，特别是在文化界、知识界、戏剧界、工商金融界结交了不少朋友。母亲说过，戏剧界除马连良、韩世昌外，父亲和梅兰芳也很熟悉。20世纪70年代，年近八旬的韩世昌在《我的昆曲艺术生活》中回忆道：

1924年4月一天，北京《京报》副刊曾登载了白翁写的一首仿《陋室铭》的《京园铭》。"京园"恐是《京报》副刊园地的意思，这篇文章每句文词都影射一个人。这些人都是我的朋友，而且是在《京报》副刊上经常撰稿的人。铭文是：

园不白开，角红则名。剧不素人，福至禅灵。斯是京园，惟剧是评。松水半江绿，君山一发青。检场寻一士，散场定九更。可以问步堂，质镜清，有唱工之凌老，无做派之飘萍。小隐曰：何陋之有？

上面文句中带"·"号的都是影射一个人名，其中"君山一发青"就指的是我……《京园铭》上的人，王小隐、邵飘萍、徐凌霄、庞镜清、刘步堂、吴定九、徐一士、顾君义都已作古，只有《京园铭》作者白翁（即刘伯忠，名景昆）现仍在世。

上述人士同样是父亲的朋友，其中王小隐、徐凌霄、刘步堂、顾君义（顾名）也出现在 1924 年至 1926 年的《京报》新年贺岁版上。王小隐是 20 世纪二三十年代民国报刊的知名撰稿人；刘步堂是著名戏剧评论家；顾君义曾任《又新日报》主编、大夏大学教授；刘景昆是北京四中化学名教师。这四人有一共同背景，即当年都是爱好昆曲的北大校友，在校读书时对捧红河北昆弋荣庆社的主角韩世昌起到过促进作用。徐凌霄是著名记者、撰稿人和文史学家；徐一士是徐凌霄之弟，历史掌故大家。《京园铭》中只有庞镜清尚不知为何许人也。

邵、吴两家一直过往甚密，邵家后来搬到新建的京报馆楼后的四合院里，我们家离京报馆很近，仅相隔一条骡马市大街。母亲闲来无事便到邵家打几圈麻将消遣，也常带我到邵家玩，我称汤修慧为"邵妈妈"，叫邵家兄妹为"大哥、二哥、大姐、二姐、三姐"。邵家三女儿邵乃奇则认父亲为干爹，父母结婚时，外祖母还特地备了一份礼物让母亲送给这位干女儿。邵飘萍故后，两家关系仍然很好，我还与邵家兄妹一起合过影。1937 年夏，我们随外祖父一大家人住在南京高楼门，汤修慧给外祖父写信，说要到南京来办事，希望能借宿，外祖父随即回信表示欢迎，并腾出一间厢房，于是她很快来到我们家，一住就是几个月。我现在还记得汤修慧的模样：身材不高，稍显富态，性格爽朗。晚上大家洗完澡在院子里乘凉，切上一个西瓜，她和我们一起吃，一起说笑，相处得就像一家人。她爱吃南京中央商场的卤大肠，我舅舅和母亲就常到新街口去买回来。据说汤此次来宁是想争取邵飘萍的"烈士"名分和为《京报》筹款，希望得到南京政府的资助，听说几番活动下来也没什么效果。

　　不久，随着日军步步进逼首都南京，我们家于 1937 年 8 月初离开南京城到江宁县铜井镇躲避战火。汤修慧起先未随我们同往，后因日机轰炸愈烈，不久她也来到铜井镇，住进外祖父为她找好的一间靠公路的房子里。那是个质量不错的麦秸秆茅屋，冬暖夏凉，房间四壁粉刷得洁白，房间里收拾得干净雅致，屋里放着一些书籍报刊，条件比我们家还要好，我和弟妹们常跑去玩，邵妈妈则坐在一张藤椅上，边读书看报边和我们说话。铜井镇的螃蟹个大味美，外祖母有时叫上她到家里来一起吃，有时直接给她送过去。一直到南京沦陷前十天左右，我们离开铜井镇准备到和县时才与她分手。20 世纪 70 年代中期，母亲到北京弟弟家小住，曾专程到京报馆去探望八十多岁的汤修慧，汤此时处境不大好，拄着拐棍，一只眼睛已看不清东西，而母亲同样是一只眼失明，拄拐棍。两位老人手拉着手，用与其时语境格格不入的"邵太太"和"吴太太"互称，"二目相对"，泪眼婆娑，谈及过往，一时竟不知从何谈起，不胜感慨系之矣！

　　父亲和潘公弼、潘劢昂兄弟关系亦甚好，母亲生前曾和我多次说起过潘公弼。潘氏兄弟都是嘉定人，父亲和他们何时开始相识，我不清楚。但潘公弼曾和父亲于民国初年同为日本留学生（潘赴日时间晚于父亲），并且父亲因潘的关系与邵飘萍相识则是不争的事实。回国后，潘公弼协助邵飘萍创办新闻编译社，其后又一起创办《京报》，是邵飘萍新闻事业最早的得力助手。潘劢昂少父亲七岁，曾两度服务于京报馆：第一次在 1920 年《京报》复活以后；第二次则在邵飘萍遇害后。《京报》被封后，他应邵夫人汤修慧之邀从美国返回。潘劢昂为纪念邵飘萍逝世三周年所写的《我负飘萍先生》一文中，曾述及他回国后由我父亲陪同，冒极大危险去天宁寺祭奠邵飘萍一事，可见两人关系之非同一般。抗战期间潘劭昂曾任重庆法国哈瓦斯通讯社记者，1949 年底离开大陆之前任国民党中央通讯社重庆分社主任。曾担任过台湾"中央通讯社"社长的曾虚白在其回忆录（《生死边缘》，中华日报印行，第一集第 71—77 页）中提到，1949 年 12 月 7 日，十几位中央社的高级编辑记者从成都新津机场撤至海南，却不幸在海口遭遇坠机惨祸，这起坠机事件共死亡二十多人。潘劭昂头部严重受伤，在香港疗养多年，后来来到台湾，但从此绝意仕途，未担任任何工作，八十一岁在台湾逝世。另据台湾一些文献资料显示，潘劭昂赴台后仍从事新闻教育事业，20 世纪 50 年代在台北市北投复兴岗政工干部学校（今为台湾"国防大学"政治作战学院）新闻系任教，同事中有谢然之、唐际清、黄天鹏、徐咏平等新闻界名人。潘著有《新闻学概论》小册子，为"中国新闻函授学校讲义"。

父亲和潘家兄弟曾先后在京报馆同事，三人又在不同时期连续作为邵飘萍的主要助手，这是一段难得的巧合，也是邵飘萍和他所创办的《京报》与我们嘉定人的一种缘分吧。前些年，大箴①经多方打听，总算找到了潘家后人寓所，希望能进一步了解到二潘的一些情况，但待坐定向主人说明来意后，潘家一位大概是孙辈的女性说："老人们都已故去多年了，家里哪里还有他们的遗物和照片，我们对他们的事也都不了解。"言语间意颇冷淡，大箴只好怏然告辞

---

① 吴大箴，吴鼎次女，吴大年妹，原上海嘉定一中教师。

五、 抱恨离世与魂归故里

《京报》从第二次被封到再次"复活"，历时两年两个月，父亲在这一段时间里是怎样艰难支撑这片残局，又如何与汤修慧一起使《京报》复活的，如今已无从得知详情。据现有史料，仅知父亲此时在新闻界还相当活跃。他是北平新闻记者公会执行委员，1928 年 5 月 3 日济南惨案发生时，"北平新闻记者公会召开执监委联合会。秦墨晒任主席。会上决定推举朱镜心、张亚庸、吴定九出席各界济南惨案后援会，并决定派人向公安局交涉请求免检新闻"①。而从我们家的情况来看，似乎也未受到什么影响，生活一如往常，那几年也正是我无忧无虑享受着父爱的幸福童年时光。

1928 年 6 月，《京报》再次"复活"，由邵夫人汤修慧任社长兼总经理，父亲仍像过去一样想要尽心竭力办好报纸。然此一时彼一时也，此时，就大的政治环境说，第一次国共合作已经完全破裂。据母亲回忆："《京报》复刊后，定九仍在报馆，但后来打算离开报馆南下，到镇江去建设厅工作。他曾和我说过，报馆这样搞下去没有意思，他自己也没有出路。镇江那边的工作已经定下来了，没料到定九后来得病，一病不起，始终未能去成。"堂兄吴天麟也知道这一情况，他回忆说："六伯后来不打算在京报馆干下去了，他准备到镇江去。"镇江是江苏省的省会所在地，建设厅是其下辖四大厅之一（其余三厅为民政厅、财政厅和教育

① 方汉奇主编：《中国新闻事业编年史》，福建人民出版社2000年版，第1110 页。

厅）。而父亲的同乡好友、前"国际写真通讯社"社长、《京报》许多珍贵图片的提供者陆世益，时任建设厅技正①兼技术设计委员和水利局长，父亲的这份专业对口的工作就是由他联系成功的。

父亲一向话语不多，回到家里也很少谈报馆的事，有关他准备离开的原委，看来也未对母亲详说过。不过，我相信，如果说父亲于1923年应好友之邀专职到京报馆工作是义不容辞和心甘情愿之举，那么，这次他决定重操旧业离开京报馆，以至于彻底脱离新闻界，内心一定是极苦涩与无奈的，因为这并非出自他的本意。但作为一个爱国知识分子，他看到整个社会环境都已经发生了很大变化，感受到报社外部和内部种种不利因素的影响，既然干下去"没意思"，何不重返他所专攻和熟悉的建筑工程领域，做一些利国利民的实事呢？只是上天没有再给他一次施展抱负的机会，这是他人生的最大悲剧。

听长辈们说，父亲患的是肺痨病加肠胃病，生病后住进的德国医院是北京最好的医院之一，主治医生是曾经给溥仪和孙中山看过病的名医狄博尔大夫。但父亲为《京报》已竭尽全力，身心俱疲，到了极限，何况内心极度痛苦（毋宁说是伤心），终于抵不住病魔的侵袭，即便再好的医疗条件和医术也没能挽回他的生命。

临终之际，父亲想起他的三个子女都还没有正式起名字，于是要把我们的名字定下来："大年、大寿、大……"最后一个字已经没有力气说下去，发音微弱，吐字不清，母亲附在他耳边再

①　官名。旧时国家机关中负责技术职务的专任人员。

三问他，好像听他说的是"增"。后来，妹妹的名字还是在她上小学时，由外祖父定名为"大箴"。父亲给我们起这样的名字，是希望我们都能健康长寿，因为他自己实在是太短命了。还有太多的事要做，壮志未酬而身先死的他，把所有的祝福和希望都寄托在我们身上。母亲后来告诉我们，父亲因为实在放心不下，临终前一口气始终咽不下去，他那越来越黯淡无神的眼光始终在亲人中找寻着什么，终于，他定定地看着我姑母，一股不知从何而来的力气居然使他举起双手，吃力地抱拳向我姑母作了一个揖，喃喃地轻声说道："小弟（嘉定方言称妹为'弟'，姐为'哥'），我拜托你了……"此时，姑母早已泣不成声，她懂得父亲的意思是要她帮助嫂嫂，于是连忙走到父亲身边，俯下身来对父亲说："我知道了，正哥，你放心走吧。"父亲又把眼光转向外祖母，外祖母对他说："姑爷，你放心，有我呢，三个孩子我们会帮你带大的。"父亲这才咽下最后一口气，永远地闭上了眼睛。我的外祖母刘氏和姑母吴秀亚，这两个普通、善良、坚强的女人没有食言，姑母始终和母亲相依为命，同甘共苦；外祖母则把我们姐弟接到他们身边，在以后的艰难岁月中，帮助母亲含辛茹苦地把我们拉扯成人。这是后话了，我在《小难民自述》中也有对她俩的描述，此处不表。

办完父亲的丧事后，他的灵柩停放在北京郊外的娄海山庄江苏会馆里，我记得那是一间很小的房间，窗棂上糊着白纸，漆黑的棺材支在两条长凳上被置于房间中央。母亲的想法是先暂时存放在此，等将来经济条件转好一些，再运回南方老家安葬，父亲就这样孤零零、冷清清地留在了那里。

父亲去世后，家里断了经济来源，在北京无以为生，母亲只能靠变卖衣物首饰维持生活，还要像父亲在世时那样按月寄钱给祖母。但写家信做不得假，祖母觉得奇怪，常问家人："正因怎么老不写信来啊？"见家人总是支支吾吾地不正面回答她，祖母心里有数，从此不再提起，抑郁成疾，很快就去世了。约在 1931 年初，母亲和姑母要回老家为祖母奔丧，母亲决定就此离开北京，南下另谋生计，于是变卖了家具什物，又将积攒多年的衣物用品及书籍字画等打包装箱托运，和姑母一起带着我和弟弟回到了江苏嘉定老家，妹妹则由外祖母接去抚养。

离开北京是在一个阴冷的早晨。母亲拉着我的手，姑母抱着弟弟，两人手里还拎着一些小件行李，此时天色尚早，街上几无行人，母亲和姑母默默地带着我们跨出潘家河沿 3 号这座四合院大门，母亲反身用一把大铁锁锁上大门，坐上洋车①直奔火车站而去。谁也没料到，这一去，竟意味着今生今世连父亲的遗骨都未能再见到。

回到老家后，现实击碎了母亲的希望，受父亲去世影响，叔伯兄弟们的境况都不太好，又有谁能向我们伸出援助之手呢？母亲只能继续靠变卖度日。但坐吃山空势必难以为继，母亲日夜冥思苦想也想不出什么好办法来。那年我六岁，已到上小学的年龄，母亲叹着气对我说："要是你父亲还在，他一定早就安排好你上学的事了。"无奈之下，她只好自己教我读书识字。

不久，"一·二八"抗战爆发，战火逐渐向南翔、真如一带延伸，外冈镇上人心惶惶。有关战时家中情形，我在《小难民自述》里这样描述：

---

① 旧时北京称人力车为洋车，或洋包车。

那时，我们从北平回到故乡——嘉定，第二年就是"一·二八"之役了。我记得是一个阴沉的午后，消息日渐紧张，我国官兵已有一部分撤退至后方，我们不能再在家乡耽搁，就在当日傍晚坐了小民船离开那里。在大河中漂流，只见前面一片火光，后面一阵浓烟，我们的处境的确是很危险，四方都是敌人的阵地，把我们包围得似铁桶般。船行五里，必退三里，一则因为恐惧，二则谣言也太大，好容易到了朱家角镇——这是一个比较僻静而敌人未到的小镇。镇上因为有难民收容所，因此流离失所的我们，一齐步行上岸，姑母抱着弟弟，母亲携着我的手（妹妹时在南京依着外祖母）。那会儿，已是傍晚时分，所中正在开夜饭，因为大家都是同乡，所以职员见我们，都忙着递碗筷。也真奇怪，弟弟们都拿着了，而我却没有，那时，在我小小的心中，也许是因为饥饿的缘故吧，竟哭起来了，母亲们也哭了，结果，谁都没有吃下饭。

其实，还有两个情节书中未写到，一是乘小船离开外冈时，因为渡河时船少人多，我亲眼看到有一艘超载过多的船侧翻颠覆，倒扣沉没，淹死的人中就有一些镇上熟人；二是在拿碗筷排队等候"施粥"时，前面一个大人不小心把滚烫的稀饭泼到我头上，我哭得更厉害了。后来，母亲和姑母抱着我和弟弟坐在稻草铺的地铺上又伤心地哭了很久，那一夜，我是在哭泣中进入梦乡的。现在回想起来，哭得最伤心、最厉害的是母亲，父亲撒手人寰时母亲还不到三十，从一个大家闺秀到深宅大院的太太，一直家有佣人、奶妈、厨师伺候着，出门都是坐洋车，如今却沦落到这般惨境，怎不让她悲伤流泪？真是"屋漏偏逢连夜雨"，"家破"又遇"国难"，这一段往事实在不堪再回首。

幸好，外祖父此时在南京津浦铁路局谋得了一份职位较高的工作，外祖母也已带着妹妹到了南京。听母亲说，原在北京交通部工作的外祖父也是因痛恨北洋政府腐败而愤然辞职南下的。沪淞战火燃起后，外祖父母急坏了，外祖父托他的朋友寻遍了上海郊区的难民收容所，居然奇迹般地在青浦小镇的这个收容所里打听到了我们，外祖父于是亲自来把我们接到了南京。

到南京后第二天，外祖父又把我们送到徐州，和先期抵达的外祖母会合，一家人住在客栈里，吃饭主要靠"包饭"。我在徐州开始正式上小学，因此前已在家学完一年级课程，便直升二年级，不久时局稳定，我们又回到南京。外祖父母知道父亲向姑母"托孤"，深知我和弟妹不能没有姑母照料，于是也把姑母一道接到了他们身边，这样，我们的生活才算安定下来，又有了"家"。母亲也终于找到了"生计"：为了供我们读书和生活的开支，她和姑母从裁缝店里取回一些半成品衣服锁纽扣、缝衣服边，又为人织毛衣、纳鞋底，还糊过火柴盒，夜以继日，忙碌不停。尽管如此，毕竟收入不多，我曾多次见母亲为凑不足学费而哭泣。大概到我上小学五年级的时候，外祖父为母亲在实业部档案室谋得一份抄抄写写的小职员工作，月薪三十元左右。直到这时，母亲和姑母脸上的愁云才渐渐散去。

抗战前，我在外祖父母家的生活是值得眷念的，由于外祖父收入稳定，外祖母勤俭持家，一大家子人的日子过得还是安稳实在的。高楼门的住所是一个宽敞的宅院，正房东间住着外祖父母和妹妹，母亲、姑母带着我和弟弟住在西间，中间堂屋是一家人吃饭和外祖父会客的地方。舅舅和舅妈住在东厢房，西厢房经常空着，好客的外祖父母有时也将这间厢房用作客房，汤修慧来南京时住的就是这间客房。

那些年，外祖父每天早上要乘头班轮渡过江到浦口上班，直到日落西山才能回到家吃晚饭；母亲有了职业后也是每天早出晚归地上班。外祖母是全家的"总指挥"，一日三餐都由她安排，她还带着家人在门外空地上翻土种花，种玉米，还为我们姐弟种一种名叫"甜干"①的类似甘蔗的作物，我们特别爱吃。到了冬天，她又带着一家人腌制好腌菜、腌肉、豆腐乳、萝卜干等等。姑母则忙于家务和照料我们姐弟三人的生活，我们一年四季的衣服和鞋子都是她亲手缝制的。

外祖父母对我们十分慈爱，但要求也很严格。当我在鼓楼小学升入四年级时，外祖父亲自教我念古文，他为我讲《诗经》、唐诗、宋词和《古文观止》，凡是他教过的诗文都要求我熟读背诵。他还教我练大楷，我每天清早一定要写好一页大字才上学。外祖母则家教极严，规矩很多，她要求我们"坐要有坐相，站要有站相，吃饭也要有吃饭的相"，但她从未有过严厉的斥责，而是身教重于言教，习惯成自然。

外祖父母的家是温馨的。每到星期天，外祖母就会变着花样地为我们改善伙食。春暖花开时，她一定准备好馒头和卤菜，安排一次举家春游，让大家尽兴而归；端午节包粽子，插艾蒿；中秋节全家围坐在圆桌旁，边吃月饼边赏月；春节来临蒸年糕，做年菜。处处体现着这个大家庭的温暖和谐。

---

① 又称甜杆、糖高粱、芦粟，为高粱的一个变种。

　　家境的逐渐好转，又让大人们，特别是母亲开始考虑和筹划将父亲的灵柩从北京运回南方老家落葬。但计划不及变化快，我们在南京安宁的生活很快便被日本发动的全面侵华战争破坏殆尽。本文开头也讲到，1937年8月，外祖父带领全家离开南京开始一路向西逃难，途经安徽、江西、湖北、湖南、贵州，历经千辛万苦，终于在九个月后到达大后方昆明。我们总算躲过了人类历史上一次惨绝人寰的大劫难，然而，我们离父亲却是越来越远了。

　　终于盼到1945年抗战胜利，举国欢腾，我们姐弟三人也都长大了，我大学毕业有了工作，弟弟上了大学，妹妹也上了高中。这一年，母亲原在南京实业部档案室工作时的老上司余永阔先生从昆明回北京，母亲便托他代为打听父亲灵柩的下落，后来余先生来信说未寻得确实消息。

　　1955年，钱闻到北京教育行政学院学习，母亲嘱他一定要寻找父亲的灵柩。于是他约上弟弟吴大受，按照母亲的指点来到那个地方，但当地人对"娄海山庄""江苏会馆"一无所知，两人只得失望而归。

　　父亲死后，尸骨无存，竟不知葬身何处，甚至连照片都未留下一张！这实在太凄惨、太遗憾了。每念及此，我总觉得黯然神伤，无比心酸。

　　到了20世纪80年代，母亲仍不死心，要维昌写信到北京民政部门探询。维昌的信辗转到了北京市海淀区民政局，这个单位倒是认真地派人去香山地区范围内专访了一些当地老人，但也未寻得结果。最后回信的结论是"事过境迁，无法查找"。

　　1992年10月，母亲以九十一岁高龄在南京逝世，我与弟妹商量，决定将父亲、母亲和姑母合葬在一处。墓址选在外冈秦徐村青竹公墓。这里原为清代著名学者钱大昕的墓地，后扩建成为民用公墓，由于父亲是当地名人，故得以安葬在钱墓旁边的"名人公墓"区。父亲没有骨灰怎么办？我想起他临终前送给我的那块手表——从考上西南联大母亲交给我至20世纪60年代，我都一直戴着它，其间坏了修，修了再戴，一直戴到钟表店拒修为止。于是我们就将这只旧表壳和母亲的骨灰葬一穴，姑母葬另一穴。

1993年5月1日上午，安葬仪式在青竹公墓举行。

参加仪式的人员，父亲这支有：我和钱闻，弟弟吴大受，妹妹吴大箴和张维昌夫妇；第三代有我们的幼子钱承军，大箴次子张宇红、女儿张磊红和沈鞍夫妇。大伯这支是吴天麟及女儿美英。五叔这支有：长女吴南萍和刘文鲁夫妇、次女吴南范和吴松夫妇、儿子吴大波和陆国珍夫妇。姑母那边的亲戚有张昌遒和严英豪夫妇。仪式由维昌主持，骨灰和遗物放入墓穴封闭后，我和弟妹培上土，孩子们献上花。我站在墓碑前，介绍了父母亲和姑母的生平事迹，表达了对三位老人的深切怀念。往事并不如烟，感恩与感伤齐涌上心头，我几度哽咽失声，难以自抑。

诗人臧克家曾感言："有的人活着，他已经死了；有的人死了，他还活着。"我觉得，父亲正是诗人所言之后者，虽然他不能像常人那样"入土为安"，但他属于那种精神不死的人，我知道，这一天就是他的灵魂回归故里的日子。春日的阳光下，我仿佛看到父亲正向我们走来，还是那一身上深下浅的长袍马褂，清癯俊朗的脸上带着微笑，向后梳起的黑发一丝不乱，金丝眼镜后面的目光仍是那么深邃、慈爱和充满着希望。在这一天的日记里，我写道：以后我和孩子们一定要经常去为他们扫墓。我还写道：对于父亲，我必须写一些纪念文章，争取日后正式发表或出版。在以后的二十多年岁月中，我是这么想的，也是这么做的。最近一次去扫墓是 2013 年 10 月，托父亲临终时为我们姐弟起名之福，这一年，我已到八十八岁米寿高龄，活到了父亲寿命的两倍多，而弟弟八十五，妹妹八十四，也都跨入高龄老人行列，父亲生前寄予我们的愿望实现了，想必他老人家地下有知也一定倍感欣慰。

2014 年 6 月中旬，我在承军和乘旦的护送陪同下，不顾高龄和酷暑，乘坐高铁从南京来到北京，重访京报馆和"公理战胜"牌坊这两处象征着父亲不同人生标记的旧址。

魏染胡同还在，父亲八十九年前建造的京报馆二层楼也还在，这真是一件值得高兴的事儿。虽然楼房已显陈旧，里面还住着几户人家，但反倒显出整个建筑还有生气，未有太大变化。跨进大门后，右边房间门头上"营业部"三个大字清晰可见，从左边爬上楼梯，脚下有些嘎吱作响，但看得出整个楼梯的木板是当年的旧材质，说明楼房建造的质量相当好。二楼现住着两三户人家，当年父亲的经理室就设在二楼，《京报副刊》编辑部和其他几个科室也在二楼，孙伏园、陈学昭和邢墨卿这些京报同人应该每天都与父亲打照面的，这并非我的想象。出京报馆后门就是邵家公馆了，小时候母亲有时会带我来邵家玩，老房子倒还在，但同样住满了人家，四合院空地上也盖满了简陋平房，根本找不回儿时的感觉了。

再说说京报馆大门外的情况，我仔细看了竖立在门边或固定在墙上的一些文字标牌，发现其中有些内容不准确。例如，北京市爱国主义教育基地于 2013 年 6 月新立的纪念碑上的介绍文字，说《京报》"1918 年 10 月创刊，1920 年 9 月迁入此地"，而准确的表述应为"1918 年 10 月 5 日创刊，1925 年 10 月 26 日迁入此地"。京报馆对面的十几间老平房，是当年昭明印刷局旧址，即母亲所说"每天晚上他都要在印刷厂等到报纸上机开印"的地方，里面也住着不少人家，听几个老街坊讲，这些房屋受到政府保护没被拆，里面几经翻修，状况良好，真是"雕栏玉砌应犹在，只是朱颜改"。可惜，与魏染胡同仅相隔一条骡马市大街的潘家河沿（新中国成立后改名为潘家胡同），已于近年被拆掉了。

乘旦和承军又搀扶着我来到中山公园，这是父亲生前经常活动的场所，在他亲手主持修建的"公理战胜"牌坊前，我抚摸着经过百年风雨侵蚀而显得有些斑驳的牌坊基座，追昔抚今，感慨万千。我清楚，这是自己最后一次赴京重访父亲的足迹，以后再没有这样的怀旧机会了。

当年外祖父让我反复吟诵"陟彼岵兮，瞻望父兮"，并为我起笔名"小岵"，教导我永远记住自己的父亲，像他一样做人，现在我也要告诫我的儿孙们：永远不要忘记自己的外祖父、曾外祖父，作为吴定九的后代，要像他那样做人！可以告慰父亲的是，不仅我们，第三代、第四代也都没有辜负他的希望，父亲在九泉之下可以瞑目了。

今年（2015）是父亲诞辰一百二十五周年纪念，值此《吴定九与京报》和《吴定九文存》二书即将定稿之际，谨以上述文字以表景仰与缅怀，涕零满襟，不知所言。

　　补记：本文选自《吴定九与京报》（钱承军著，上海远东出版社 2016 年版）一书附录部分。该书出版后，上海市嘉定区档案局副局长、文史专家顾建清先生于 2018 年初与我们联系上，并发来《北京平民大学新闻专修科毕业同学录》（1930 年 6 月）电子版部分内容，包括"职员通讯处""教授通讯处""教职员肖像"等。父亲在这所中国人创办的第一个大学新闻专业任教授时留下的一幅照片也列于其中，这是截至目前所能见到的唯一一幅父亲的正面肖像，弥足珍贵。在此特向顾先生致谢！

言传身教，铭刻在心

——记我的外祖父与外祖母

我和我的弟妹是在外祖父母家里长大的。

1930年5月，时任京报社经理、总编辑的我的父亲吴定九在北平病逝。那年我五岁，弟弟两岁，妹妹才九个月。父亲既死，母亲又没有职业，家庭经济来源断绝，母亲只好靠变卖首饰和衣物来维持一家人生活。不久，祖母在南方老家去世，母亲为了奔丧，同时也想回南方另谋生计，于是变卖了家具什物，将妹妹托给外祖母，和我的姑母一道带着我和弟弟回到上海嘉定县，暂时栖居在家乡的老屋里。祖父母的家原是个大家庭，但自祖父死后日渐衰败，兄弟分家，父亲从日本留学回国后便承担赡养祖母的责任并贴补大家庭开支。父亲和祖母死后，大家境况都不好，各家自顾自过日子。我们回去后，母亲仍靠变卖家当度日，生活十分艰难窘迫。

1932年1月"一·二八"抗战爆发，在日本侵略军的隆隆炮声中，母亲、姑母带上我们仓皇出逃，流落到青浦县朱家角镇的难民收容所里。其时，在南京津浦铁路局工作的外祖父已将外祖母和妹妹接到南京，老两口非常担心我们的安危，便托朋友到上海各难民收容所打听我们的下落，最终在朱家角找到了我们，并把我们接到南京。此后，我们姐弟仨在外祖父母身边生活长达十五年。

外祖父母是云南大理凤仪县人。外祖父杨若，字少甫，生于1881年。青年时代留学日本，就读于日本岩仓铁道学院，学习土木工程专业。留日期间参加孙中山先生领导和组织的中国同盟会，后回国参加云南河口起义（1908），辛亥革命后，他在北京交通部任高级职员，并把外祖母、母亲和舅舅接到北平居住，那时母亲才十二三岁。外祖父思想开明，他反对妇女缠足，主张女孩子也要读书，故而母亲得以免受缠足之苦，读书也读到了初中，这在她同辈姐妹中绝无仅有。在母亲的婚姻大事上，外祖父相中了同为日本留学生且思想倾向进步的父亲，可见其不同寻常之处。据母亲回忆，当时他们住在宣武门内绒线胡同贤孝里一座宽敞的四合院里，家境优渥，她就是在这座四合院里长大，后来与父亲成婚的。外祖父与父亲关系十分融洽，1924年父亲接祖母到北平居住时，外祖父特意将祖母的照片请人烧镶在一方椭圆形的白瓷盘上，再配上支架送给亲家母。

20世纪20年代的中国，军阀割据，战乱频仍，民不聊生。外祖父痛恨北洋政府腐败无能，治国无方，终在20年代末愤而辞职，只身南下另谋出路，后供职于津浦铁路局，直至1937年抗日战争全面爆发。

外祖母刘氏，1882年生人，是一位十分刚毅坚强的女性。她虽不识字，却极有主见，通情达理，遇事不惊。外祖父远渡重洋赴日留学，后又长期投身革命，她一人带着年幼的一双儿女留守家中，靠做女红为生长达十年。外祖父在北平定居后要接她出滇，她竟然只身带着两个孩子骑马乘轿，辗转水陆舟车，踏上了千里旅途，经越南、香港，顺海路北上天津，最后安然抵达北平。在那个兵荒马乱的年头，这一壮举出自一个目不识丁，又缠着小脚，且从未出过远门的年轻女子，实在令人难以置信。

外祖母到北平后即主持一个大家庭，衣食无忧地生活了十几年。后因外祖父辞职南下，家境渐不如前，加之我的父亲和第一个舅母相继病逝，带给外祖母的悲伤和打击可想而知。但她勇敢坚强地支撑着两个濒临破碎的家庭，并毅然从母亲手中接过最小的外孙女亲手抚养，直到把母亲送走，她自己才带着我妹妹到南京和外祖父会合。初到南京时，由于外祖父刚找到工作不久，他们有很长一段时间住在客栈里，后受战争影响一度移居徐州，亦以客栈为家。这些年，身在迁徙不定境遇中的外祖母，一直安之若素，泰然处之。

全国抗战爆发后，外祖父母又带领全家从南京长途跋涉，历经千辛万苦，逃难到达了昆明。现在回想起来，在外祖父母身边的十五年里，无论是在生活较为安定的时日，还是抗战的艰难岁月，两位老人始终对我们姐弟仁怜爱有加，关怀备至，尤其是他们的言传身教，耳濡目染，对我后来人生道路的走向有着潜移默化的影响。

抗战前，我在南京高楼门外祖父母家生活的那几年是我儿时最欢乐、最值得眷恋的一段时光。高楼门的住宅是一座坐北朝南的平房，外祖父母住正房的东面一间，母亲、姑母带着我们姐弟住西面的一间，正中一间客堂是会客和一家人吃饭的地方。院子很大，东厢房住着舅舅和新娶的舅母，西厢房经常空着，有时用作客房。大门向西开，门外有一块空地，外祖母带着大家在这块空地上辟出一角翻土种花，后来还种了玉米和一种类似甘蔗的称作"甜杆"的作物，我们都特别爱吃。我放学回家，也常在这块空地上帮大人们干点杂活，但更多的时候是在空地上玩耍，有时跳绳，有时"造房子"，还把竹竿架在两张椅子上练跳高。外祖父每天上班要赶最早一班轮渡过江到浦口，所以总是早出晚归。他下班一回到家，家里就开晚饭，一家人围坐在圆桌旁吃饭，有说有笑，其乐融融。到了夏天，每到傍晚，外祖母就叫把饭桌抬到院子里，饭后在院子里乘凉吃西瓜，我们几个孩子总是特别高兴。

外祖父旧学底子很好，我上小学四年级的时候，他开始教我读古文。我记得他从《诗经》的"关关雎鸠"教起，并教我念了《古诗源》和不少唐诗宋词，还从《古文观止》上选讲了多篇文章。凡是他教过的诗文，他都要求我熟读背诵。除此以外，他也给我讲《聊斋志异》和《三国演义》。有一年寒假，天气特别冷，晚饭后，他总要把屋里的炭盆烧得旺旺地，然后先是要我背书，接着就给我讲《聊斋志异》上的故事。讲完了，他也累了，我就给他轻轻地捶背，这情景我至今都记得很清楚。在他的引导下，我在小学毕业前就看完了《三国演义》和《水浒传》，后来逃难到昆明，我在他的书箱里翻到一套线装的脂评本《红楼梦》，他也允许我看。外祖父不但教我读古文，还教我写毛笔字，我每天都要写好一篇大字才去上学。

外祖父还是个兴趣爱好广泛的人，他喜欢唱京戏，收藏了很多古钱币。我常见他星期天在家时，一边哼唱着京剧中的某个片段，一边手拿着放大镜仔细观赏他收藏的钱币。他也专门教我唱京戏和鉴赏古钱币，虽然我后来并未提高这两方面的兴趣和技能，但这使我在学习中养成不懈追求的习惯和不断扩大知识面的意识。

另外，我舅舅房间的书架上放有不少现代文学书籍和期刊，记忆中有冰心、巴金、老舍、茅盾、丁玲等人的作品，还有郑振铎主编的大型文学期刊《文学》，我升入小学高年级后，这本期刊每期必看。每逢寒暑假，我都要到舅舅房间里拿出一大摞书籍杂志集中阅读，这种课外阅读的爱好，不但得到舅舅的许可，也得到外祖父的赞许和支持。大量的课外阅读，亦让我在开拓视野和胸怀、提升思想境界和文化素养诸方面受益匪浅。

在我们这个大家庭，实际当家人是外祖母。和外祖父一样，她对我们姐弟十分慈爱，但家教极严，要求我们做一个讲道理、守规矩、懂礼貌的人，这在日常生活中多有体现。如，吃饭时她绝不允许我们在菜碗里乱挑乱拣，嘴里也不能发出吧唧吧唧的声音，用她的话讲即"站要有站相，坐要有坐相，吃饭要有吃饭的相"。我每天放学回家，都要先到她房间里叫她一声"亲妈"①，她总是微笑着答应我："啊，你回来啦。"然后拿出她早已准备好的水果糕点给我吃。晚饭后，我和弟妹在灯下做功课，她常到我们房间里来看看，看着我们做完功课后，和母亲、姑母聊聊天，然后站起身来说："不早了，快点上床睡觉吧。"我们几个孩子就在外祖母的叮嘱声中爬上床进入梦乡。

星期天通常是我们快乐的日子，这一天，外祖母总要变着花样为大家改善伙食。而每逢春暖花开的季节，她还要带领全家外出郊游。记得有一次，她在星期六就蒸好馒头，又做了卤菜，次日一大早就带上我们坐马车到中山陵玩了一天。回来后我还写了

---

① "亲妈"，是老家嘉定对祖母的称谓。

一篇周记，受到级任老师周君山先生的表扬。还有一事给我影响至深。我大学毕业后不久，某次回家外祖母对我说："大年啊，你现在很少回家了，以后还是经常回来吃顿饭吧。"我不假思索地答道："好的，等我什么时候高兴了就回来呵。"外祖母微笑着问我："噢，要等你高兴了才能回来吗?"这一问让我意识到自己过于随便说错了话，于是赶紧向她认错道歉："亲妈，对不起，我错了，以后我一定经常回家吃饭!"

在外祖父母家，每年的端午节、中秋节和春节给我留下的印象都极为深刻。

逢端午，我们回家吃午饭时，总能看到饭桌上已经摆好了各式粽子、包子和雄黄酒。到中秋，家里都要提早吃晚饭，月亮升上树梢时分，外祖母洗净手，和舅母、姑母一起忙着切月饼，削水果，把早已煮好的菱角、芋头端上桌，一大家人围着圆桌赏月。过春节，外祖母早在几个月前就忙活开了，她要腌制好一年里吃的咸菜、腐乳、香肠、腊肉，满满地挂在屋檐下和走廊上。大人们的忙忙碌碌带来春节将要来临的信息，也带给孩子们莫名的兴奋，我们总是围在大人们身边奔前跑后的，跟着他们有事无事地忙上一阵子。

1937年，随着"七七""八一三"事变迭起，外祖父先将一家人转移到南京城外的铜井镇，以躲避日机轰炸。年末，上海失守，苏州、无锡相继沦陷，首都南京岌岌可危。后来，全家在安徽乡间辗转流亡一段时间后，又在外祖父的率领下，从安徽和县一个小村庄出发，加入西行赴后方的大迁徙队伍。从安徽到湖北的三百多公里路程中，为了省钱，除外祖母、舅母和我们姐弟仨，外祖父带着母亲和姑母全程步行。他束着腰带，穿着草鞋，挂着竹棍，背着包裹，包裹里层层的衣物中分藏着我们沿途要用的盘缠。这一年，他已五十七岁，头发也有些花白了。其实，外祖父母在离开南京时并无回云南的打算，后来终于下定决心则是到了武汉以后的事了。母亲对我说过，外祖父曾多次和母亲商量，他们云南老家山高水远，对他们来说是回到了久别的故乡，但对吴鼎的儿女来讲，却越走离家乡越远了。可不带我们走又怎么办？难道把我们丢在沦陷区当亡国奴吗？为了让我们姐弟能够有一个安定的环境继续读书，两位老人最终决定回云南。而正是外祖父的这一决策，才使得我后来有机会考入同济高中和西南联大接受优质教育。

1938 年 5 月，我们一家安然抵达昆明。不久，我将这一段难以忘却的经历写成《小难民自述》一书。外祖父大力支持我写作，并为我起笔名"小岵"。"岵"字原义为有草木的山，源于《诗经·魏风》中"陟彼岵兮，瞻望父兮"一句。我清晰记得，他拿着《诗经》，一字一句地解读给我听，并谆谆告诫我要永远牢记自己的父亲吴鼎。那天，十三岁的我第一次从外祖父对我充满期待的严肃目光中感受到他对父亲的深厚感情，但要说真正理解却是在几十年之后。

到昆明后，外祖父一度出任云南省公路局副局长，全家生活暂且安定。但自 1938 年 9 月 13 日昆明第一次响起空袭警报后，敌机便空袭不断，特别是在 1940 年到 1941 年秋，日本飞机几乎天天轰炸昆明。我们一家老小先是和大家一样"跑警报"，即警报发出时随着人流跑到城外较为隐蔽的地方，印象中常去的是一座古寺庙，往往一跑就在城外待上一天。后来实在不堪其扰，曾举家迁至城郊墨雨龙潭、梁家河一带暂住。直到 1943 年空袭渐少才在大西门内钱局街仓园巷安下家来。然而，不管生活多么动荡、经济多么困难，外祖父母从来没有在我们面前表现出任何沮丧和不悦，温馨和谐的家庭气氛始终如一。1938年暑假我考上昆明市立女中后，学校为躲避敌机轰炸，从昆明搬到了百里外的昆阳县，外祖父母和母亲都很不放心，那年寒假是外祖父亲自去昆阳接我回来的。后来我上了同济高中，学校在宜良县狗街镇，我放寒假回到家已是半夜时分，外祖父母都还在等我，桌上摆着为我准备好的饭菜。正是在二老这种浓浓亲情的抚爱下，我长大了。

抗战胜利了，外祖父欣喜万分，那年春节，他挥毫写了一副春联贴在大门上：

欣届岁年平倭寇
喜看童稚试新衣

不过，外祖父的好心情并未持续多久。三年内战开始后，他对国民党压制民主非常不满，我那时已从西南联大毕业，在云大附中教书，回到家中常听到他大骂政府腐败。年近七十的他每天坐在书桌前写毛笔字，他的魏碑体书法苍劲浑厚。有时候，他一个人静坐沉思，边卷着烟叶，京戏早没兴致唱了。

我最后一次见到外祖父母，是在我和钱闻结婚一年以后的1948年1月底。其时正值助学运动后不久，昆明地下党组织决定让钱闻转移到重庆，行期定在旧历年二十夜。由于情形危急紧迫，我们离昆前的准备工作是在极秘密的状态下进行的。飞机第二天就要起飞，而我实在不忍心和疼爱我、养育我多年的外祖父母不辞而别，不想也不能不最后再看他们一眼，何况我母亲、姑母和弟妹都已先后离开昆明，我是最后一个离去的，必须要向他们表达我的感恩之情。于是，在暮色苍茫中，我和钱闻走到钱局街仓园巷外祖父母家，两位老人留我们在家里吃了晚饭。那天，我舅父母也在家，我告诉他们，我们第二天就要走了，但没有对他们明说要去哪儿，也没说为什么走得这么匆促。他们也都不多问，气氛显得有些沉闷，我知道他们是心中有数的。饭后，我们站起身来，四位长辈默然地送我们到门口，外祖母拉着我的手再三叮嘱我一路小心，我含泪颤声向他们告别："大爹①、亲妈，我走了，你们多保重！"就这样，我恋恋不舍地辞别了外祖父母，离开了这个生活了十多年的家。

云南解放的消息传来，我立即写信给在昆明的外祖父母。两年多来，我不知道他们的情况，他们也不知道我身在何方，信寄去不久就收到了外祖父的亲笔回信，告诉我他们都平安无事。在20世纪50年代与外祖父、舅舅和表弟的多次通信中，我得知外祖父荣任昆明市政协委员、文史馆员，生活安定，待遇不错，每次去政协开会都有汽车接送。两位老人虽年事已高，但身体硬朗，心情颇佳，我着实为他们感到高兴。

1961年，外祖父在参加一次政协会议时突发脑溢血，经抢救无效去世。一年后，外祖母也在家中平静地无疾而终，随外祖父西去，两人均享年八十岁，在那个年代算是高寿了。

外祖父母去世后，我与外祖家的联系日渐稀少，再往后，出于众所周知的原因，我与昆明那边几近音讯断绝。直到80年代初，表弟杨凯出差到上海，找到我妹妹吴大篆，我们表姐弟才又

---

① "大爹"（音"杜嗲"），是老家对祖父的称谓。

联系上了。1996 年，杨凯专程来南京看我，讲起外祖父，表弟告我一事：1948 年 6、7 月间，昆明大中学生开展声势浩大的反对美国扶植日本侵略势力复活运动，当学生们被军警特务围困在云南大学会泽楼遭到殴打逮捕时，得知此讯的外祖父和昆明市的几位辛亥老人迅即找到国民党警备司令，当面抗议他们对学生的暴行，并要求立即释放学生。表弟的叙述，更令我对外祖父肃然起敬。

2013 年，我和幼子承军在查寻、整理父亲吴定九生前事迹的相关史料时，从 1925 年 12 月 31 日的《京报》上有新发现：外祖父杨若的名字以显眼位置出现在新年"贺岁版"上。这意味着什么？

按《京报》惯例，每逢辞旧迎新之际，社长邵飘萍（名字单列）都要率京报同人及社会各界名流共贺新年到来。其时正值《京报》达到鼎盛时期，而外祖父报上有名，且排名第二（仅次于汤修慧），其意义不仅在于显示出杨、吴二人翁婿关系很好，且更在于体现外祖父在行动上对父亲从事进步新闻事业的一种赞赏和支持。回眸历史，20 世纪中国曾有过三次留学日本大潮，第一次在甲午战争之后，第二次在辛亥革命之后，外祖父和父亲就是先后在这两批留日大潮中东渡日本求学回国的留学生。他们都有过反对中国封建专制的黑暗统治、争取民族独立和民主自由的经历，亦有过因痛恨反动军阀统治而愤然辞去公职的行动，这些共同点止是他俩关系非同一般的重要因素，也使得我在七十多年后对外祖父当年为何要为我起笔名"小岵"有了更深层次的理解。

述往思来，祖辈及父辈的光荣业绩和他们的高尚品格，教育并影响了我的一生。感佩、感恩之余，已至耄耋之年的我不禁感慨万分：在我身处的这个家族中，从外祖父起几代人的奋斗经历，其实不正是中国近百年来无数有抱负、有良知的知识分子为民族振兴，为国家富强而英勇奋斗历程的一个小小缩影吗？如今一百年过去了，路途依然漫长，后辈仍需努力，不仅要将前辈的业绩铭刻在心，更应该发扬光大，继续前行。

　　百感交集之下，遂成此文。

于 2014 年 2 月 28 日夜

家长的责任

我觉得，把少年儿童培养成为坚强的革命后代，不仅是每一个教师的责任，也是每一个家长的责任。在这里，我想从几件琐事来谈一点感想。

我有一个在幼儿园的孩子，今年五岁。有一次，我们全家在闲谈的时候讲到了旧社会有多少人走投无路，有的被逼得做小偷，有的只好做叫花子。他听到这里突然问我："妈妈，什么叫作叫花子？"我告诉他就是讨饭的。他又问我："什么叫讨饭的？讨饭的人是什么样子呀？"我费了好大的劲才把这个问题讲清楚。又有一次，他要爸爸讲故事，一听讲的是旧社会的事，他忙说："不要讲旧社会，旧社会的事苦死了。"这个孩子天真的话语引起了我的注意，我觉得他向我们做父母的人提出了一个值得重视的问题：对这些幸福地生长在新社会里的孩子，我们究竟应该怎样教育他们呢？平时，我们只是习惯于给他们描述现在的幸福和将来的美景，而忽略了给他们讲过去的苦难和苦难的日子怎样过去，现在的幸福怎样得来。这样，他们就知道得太少了。如果把他们的这种"天真"一直保留下去，他们就不会了解过去，也不会珍惜现在，更难于懂得如何创造将来。列宁说过："忘记过去，就意味着背叛。"这句话确实是至理名言，我们应该牢牢地记住它。

要把孩子培养成为坚强的革命事业接班人，我们不能单用一片慈母心肠，把孩子看作温室里的花朵，生怕他受到一点风霜。我自己就有这个缺点，总认为孩子们还小，得把他们的生活安排得妥妥帖帖，却不让他们有机会去接受各种应有的锻炼。我的大孩子去年小学毕业，我们决定让他独自到农村的一个亲戚家去住些时候，让他了解一些农村的情况，并且锻炼一下独立生活的能力。可是，在他出门以前，我顾虑重重起来，甚至当送他上了火车，并且找到了一个熟人照顾他后，我还放心不下，既怕他在火车上睡觉过了站，又怕他下了车找不到亲戚的家，如此等等。说来实在好笑，我虽然也知道要培养孩子的勇敢、坚毅等品质，可是对孩子独自坐火车到亲戚家去，竟这样不放心。在我的这种"母爱"的影响之下，他将来长大了，怎么能够成为一个革命者呢？

教育孩子还要注意他们在日常生活中的具体表现。有些事情看起来很小，却容易被我们忽略。然而，这些小事情往往反映了孩子的思想情况，是对孩子进行教育的活材料。我有一个孩子，今年刚进小学一年级。开学以后，他一直受到老师的表扬，作业簿上总是得"超"。他很高兴，我们也鼓励他。有一天我下班回家，他一见到我，就伸出大拇指来，在我面前晃了又晃，我问他什么意思，他不回答只是笑得十分得意。我猜想了半天，忽然悟到他大概又是得到了表扬，一问果然不错。以他这么小的孩子来说，得到了表扬，心里高兴，伸伸大拇指不一定就是什么骄傲自满情绪。但是，我想起他在幼儿园的时候也一直是受表扬的，觉得现在他的举动值得注意，应该提醒他，防止某些不健康的东西在他身上滋长，因此，就及时和他谈了一次话。后来，他虽然还是不断地受表扬，每次作业都得"超"，却不再有那种洋洋自得的神色了。

以上谈的，不过是以一个家长身份，从家庭教育这方面来说的。其实，孩子们进了学校以后，他们大部分时间是生活在学校里的，他们和老师的接触要比和自己的父母多。在很多孩子的心目中，老师的威信也往往要比自己父母的威信高，他们通常更愿意听老师的话。我还有一个孩子在小学五年级，她在学校里热爱劳动，肯帮助同学，但在家中的劳动表现没有在学校好。老师了解到这个情况以后，便与我们共同教育，使她有了转变。因此，作为一个家长，我诚恳地希望老师们根据党的教育方针的要求，加强对孩子们的教育，把我们的下一代培养成为坚强的革命后代。同时希望多和家长联系，使家庭和学校更密切地配合起来，做好对孩子们的教育工作。

原载《江苏教育》1964 年第 1 期，署名华封。

第五编

随笔篇

如是我闻陶行知

"一闻牛粪诗百篇"

五十四年前，陶行知在南京和平门外老山的小庄办起了晓庄师范。这地方原来是一片荒草乱坟，只住了几户人家。他"以宇宙为学校，拜自然为宗师"，带着一批有志之士，手把锄头锄野草，盖了几间草屋，就开学了。

他的招生广告很特别，公开声称：少爷、小姐莫进来，书呆子、文凭迷、小名士概不欢迎。还说明毕业不发文凭。入学考试时加试四项课目：一、举锄翻地；二、挑粪浇菜；三、浇水煮饭；四、和农民交朋友。他办学的宗旨和方法是：认清问题，研究问题，解决问题是好教育；发明工具，创造工具，运用工具是真文明。

他又盖了几间草屋做办公室，这几间草房是长形的，像当地用的耕犁，所以题名为"犁宫"。宫门两边贴了一副对联：

和牛马羊鸡犬豕做朋友
对稻粱菽麦黍稷下功夫

　　陶行知本来是个留学生，在美国读过两所大学，得过硕士学位，回国后在东南大学当教务长。晓庄师范办起来后，他脱下长衫，穿起草鞋，和师生们一起开荒砍柴、挑粪种菜，一点不摆知识分子架子，和农民十分亲近。他就住在农民家里，这个农民家的草房小得很，小得没有足够他搁铺的地方，所以他只好住在他家的牛棚里，与牛对榻。牛尿牛粪，臊臭熏人。大家总觉得过意不去，要他搬个地方，他却怎么也不肯，定要和"牛大哥"住在一起，并风趣地说："一闻牛粪诗百篇。"的确，陶行知不只是一个"伟大的人民教育家"，而且是个向传统挑战的一代诗魁。他的不少诗篇就是在与牛们风雨连床时吟出来的。

组织联村自卫团

　　陶行知办晓庄师范的那个时代，正值军阀混战、兵荒马乱、水深火热、民不聊生之时。晓庄那个山坳里经常遭到溃兵散匪的骚扰，村民苦无宁日。作为教育家的陶行知，却有本事搞起枪杆子，把那一带的农民组织起来，联防自卫。

　　有一天，陶行知正邀请一些乡村教师和地方人士开会研究兴办农村教育的事儿，忽然接到报告，说是有人送来一信，自称是某军散兵，要路费三千元、香烟七条、花露水七瓶，在三天之内，以手电筒为号，到水西门外交钱交货，如不送到，就要如何如何。大家一听之下，顿时惊惶起来，无心开会了。陶行知却沉着地问大家："可有什么对付的办法？"等了半晌，才有人说："只好凑点钱送去，只是少了怕不行。"陶行知却说："这不是办法，最好的办法是和土匪干，大家敢不敢？"接着有人答道："不行啊不行，他们有枪杆子，我们拿扁担就能跟他们干吗?"一时气氛沉滞，陶行知不再多说什么，散会后就赶往南京城，找到时任军政部部长冯玉祥，请他帮助农民自卫防匪。冯玉祥一口答应下来，并设法给他们购买了一批廉价的枪支弹药。此后，燕子矶一带就组织起联村自卫队，学校师生和农民共同训练，共同联防，共同战斗，学校和农民的关系更加密切了。当时，还有个专在苏皖边界打家劫舍的惯匪朱拐子，也常在晓庄一带出没，杀人越货。有次他还跑到燕子矶小学去撒野闹事，声言要烧毁学校，打死校长。陶行知又想了办法，把这个朱拐子逮捕法办了。于是人心大快，人心大振。原来分散怕事的农民联合起来，扛起枪杆子，生命财产得到了保障。陶行知曾说："我国遍地是广大的乡村，都存在或多或少的治安问题，农民没有自卫的武力，兴办乡村教育也是不可能的。"他从办好乡村教育的角度出发，强调农民的自卫武装问题。他对联村自卫非常重视，非常关心，花了很大心血，成了那一带农村自卫武装的组织者和指导者。人们说，陶行知这个教育家，竟又成了军事家。

"人生为一大事来"

晓庄师范建校在燕子矶附近，燕子矶是金陵的名胜，屹立在长江之滨，游览者登上矶顶，纵目远望，江流万里，滚滚向前，山河壮丽，气象万千。历代诗人游客，不知为它题了多少诗句，唱了多少赞歌。可是，在陶行知办学的那个年代，战乱频仍、哀鸿遍野，生无活路，死无葬地。当时的燕子矶，已不是游览胜地，而成了寻短"超生"的悬崖了。尤其是青年人，生活在当时，更感到长夜无边，走投无路，在无限绝望之中，往往跑到此处，纵身一跃，随急流而去。陶行知耳闻目睹，在伤心掬泪之后，想起自己的责任。他就做了两块非常醒目的大标语牌，亲自在牌上写了字。一块上写着："喂！请想一想，人生为一大事来，应当为一大事去。你年富力强，有国当救，有民当爱，不可轻死！"另一块上写道："你与其为个人的事而死，何如为中国的乡村教育事业努力而好呢？"可以设想，陶行知写的这两块牌，将会使一些万念俱灰、只求一死了之的人燃起再生之机，猛醒过来，回头是岸，走上生命的新起点。

在这里，我们也不禁想起陶行知的"人生为一大事来"这类话是经常对人讲的，这话是曾经教育、晓谕、激励过不少人的。在 20 世纪 30 年代，他给一个想自杀的人送了一首诗："为什么来到世界上，也要问一个分明，人生为一大事来……我想说给你听，为个人而活，活得不高兴；为个人而死，死得不干净。只有那民族解放的大革命，才值得我们去拼命。"

山芋总统

陶行知办起了学校后，那地方的"小庄"变成"晓庄"，"老山"变成"劳山"，那祖祖辈辈沉睡在山坳里的农民，日子过得热闹起来了。陶行知为他们打算得真周到，在组织联防之后，又成立了救火队，常举行救火演习；设置了医疗站，为农民看病；开了"中心茶馆"，使村里的男女老少有了娱乐场所，还经常举行农村运动会、耕牛比赛会等等。他各项活动都参加，并且兴致勃勃地和大家一起，闹得这地方山欢水笑。

在这里，还出了个"山芋总统"呢。

有一次，山村里举办一个农产品比赛展览会，展览的东西可真多，除前面提到的那对联中所说的"牛马羊鸡犬豕"及"稻粱菽麦黍稷"外，更多的是令人目眩的各种蔬菜果品。其中有一个特大的山芋搁在桌上，人人都要去赞一赞、摸一摸，叫它"山芋大王"。这时陶行知也在那欢乐的人堆里，笑眯眯地指着那山芋说道："你们叫它'大王'，我看不好。因为大王二字不摩登（modern），还有复辟之嫌，还是叫总统的好，叫'总统'就摩登了。"当时大家听了，一时间还不大理解他这话的深意，于是他笑着说："蒋介石不是在搞总统选举吗？'总统'不顶摩登吗？"众人听了，不禁拍手叫好。当下，他立即提笔挥毫，写下"山芋总统"四个大字，送给了那个山芋的栽培者。

报童工学团

20 世纪 30 年代，陶行知在上海，为民主革命和普及教育运动整日操劳奔走，一天不知要上下多少班次公共汽车。有天他在车站等车时，看到那熙熙攘攘的人群中，不少卖报的幼童穿梭街头，声嘶力竭地叫喊着："卖报卖报！《大公报》《申报》……"他不禁想到：这些孩子都是被摈弃在学校门外的，目不识丁，应该想办法教他们识字。于是他就找几个报童和他们攀谈起来，问他们识不识字，报上讲了些什么？回答是没有一个识字，也不知道报上登什么消息。他就说：我找人教你们识字好不好？这些小小年纪的幼童，早就挑起家庭生活的重担，整天要在街头巷尾找活路，哪里会想到读书？经这个陌生人一问，好不意外。于是陶就向他们讲了一番识字读书的道理，还告诉他们：你们识了字，就能把报上的新闻叫喊出来，买报的人就多了。报童们一听，都很高兴，连声说好。

接着，陶行知就找到了当时在上海的方明和另外一个同志，召集了七八个报童，在一个亭子间里办起识字班。这些孩子学得很带劲，学得很好，陆陆续续来的孩子也多了起来。陶行知很关心他们，常来看望他们，和他们谈心，并特别要求他们：自己识了字还应该去教别的不识字的孩子。这样，这些孩子都成了"小先生"，且像滚雪球一样，把识字活动推广开来，随之办起了许多识字班。这种识字班，当时叫作"亭子间工学堂"，正式名称为"报童工学团"。那段时间里，陶行知在上海市区和郊区，还为工人、农民的子弟办了许多"工学团"。

这个"报童工学团"，得到了社会各方人士的关注和赞誉。当时有个省的教育厅厅长也由陶行知陪同来参观"亭子间工学堂"。这位厅长看了之后，大开眼界，很受感动，回去以后，竟捐上许多钱寄了过来。

收到这些钱，陶行知就拿去救济那些困顿在饥寒交迫中的孩子。有一年冬天某日，他看到一个孩子瑟缩在街头，着一身单衣在寒风中颤抖。他知道他没钱买棉衣，就掏出五块钱来叫他去买棉衣，这孩子收下了。过了几天，这孩子又来找到了陶行知，说是上次给他五块钱只花了四元，还剩一元，特地来还给他的。陶没有收，叫他留作别用。陶行知对这些孩子是爱得那么深沉，而这些孩子对他又是多么真诚！

慈母读书图

陶行知的房间里有一张照片，照片上有两个人，一个老人，一个小孩，都显得笑容可掬。这老人是他母亲，小孩是他儿子。

他称这照片为"慈母读书图"，题了几句诗："小桃方六岁，略识的和之，不曾进师范，已会做人师。"大家一看就知道，这照片是陶行知在自己家里推行"小先生制"的纪念品。

原来，他的母亲是个农村妇女，干农活、做家务，都挺能干。就是没有读过书，到老还是文盲。陶行知心想，扫盲要从家里扫，小先生也从家里找。于是，五十七岁的祖母，当了六岁孙儿的学生。这在五十多年前，可不是一件平常事，也算是"离经叛道"，没有"家法"的事了。而这祖孙二人，一个教得不错，一个学得很好，陶行知非常高兴，除摄影留念外，还写了一首诗，现节录几句如下："吾母五十七，发奋读书籍……祖母做学生，孙儿做先生，天翻地覆了……上课十六天，儿子来一信，老人看得懂，欢乐宁有尽！匆匆六个月，毕业无文凭……"学了十六天，就看得懂信了，可见这位老人的攻关精神真是令人惊叹！而且，更令人赞佩的是，这首诗里还说到他母亲曾对人宣传这样的观点："子孙须牢记，即知即传人，若作守知奴，不是中国人。"这就是陶行知反对知识私有，"不作守知奴"，为劳苦大众办学的基本观点，她也学到心里去了。陶行知是伟大的人民教育家，而他的母亲，也不愧是伟大的人民教育家的母亲。

一支烟的情谊

陶行知不抽烟，有次一个美国友人奥脱包（Outerbough）来访问他，敬了一支烟给他，照例他是会谢绝的。但这次他对奥脱包说："请你把它放在桌上吧。"等奥脱包走后，他拿起香烟一看，原来是当时风行全球的骆驼牌香烟，他更是高兴。这又是怎么回事情呢？原来他把这支烟收下来，不是自己想抽，而是想转送给好友翦伯赞。大家知道，翦伯赞是我国一位有名的历史学家，他当时战斗在民主革命的前列，以笔为武器，与反动派拼刺，和陶行知、邹韬奋他们是风雨同舟、生死与共的。可是，他们这些人在国民党统治之下，不但在政治上受压迫，经济上也极穷困，连一根好烟也抽不起。于是，陶行知就联想起翦老买不起好烟抽，而社会却希望他多写好文章，便将这支骆驼牌香烟送给翦伯赞，聊尽眷念之意，并附上一首诗：

> 抽一支骆驼烟，
> 变一个活神仙。
> 写一部新历史，
> 流传到万万年。

这一支烟，显示出多么深厚而博大的情谊！

选自《江苏教育（小学版）》1981年第1期、第7期，署名塔上莲，与白受采合作。

我与南通师范

——写在南通师范九十周年校庆前后的两篇文字

贺通师建校九十周年

我在省教育厅师范教育处工作时，经常到南通师范学校去。

我第一次去通师，是在1981年3月底4月初，正是全国师范教育工作会议以后，我省从思想认识和具体措施上贯彻会议精神，端正中等师范学校的办学方向，以实现培养合格小学师资任务的时候。学校党支部书记谢铮同志介绍南通师范的情况，着重介绍了学校为培养小学师资而面向小学，在教育教学工作中采取的一些改革措施，如加强对师范生的专业思想教育，注意教学内容联系小学教学实际，加强基本功训练，建立和健全教师到附小听课、上课和学生的见习、实习制度等等。后来，我们召开了几次教师座谈会，参加座谈的有在通师任教多年、教学经验丰富的老师，也有老通师毕业、当时已经成为教学骨干的中年教师，还有参加工作不久的青年教师，正如他们说的，这是一支"四代同堂"的教师队伍。在座谈会上，中老年教师无不感慨地回顾起

"十年动乱"对中等师范教育的严重摧残和破坏，对如何恢复中师的优良办学传统、按照师范教育规律办好学校提出了许多很好的建议；青年教师则表达了他们要尽快适应中等师范学校教育教学工作的迫切心情。他们都很高兴地讲到学校近年来的办学路子是对的，"像办中等师范学校的样子了"。座谈会开得热气腾腾，洋溢着对未来办好学校的热情、期待和信心。在通师的短短几天中，我和同去的张行同志感受到了浓厚的师范气氛。特别是从我个人来说，我虽在20世纪50年代初期在中师工作过，但为时很短，又长期未再接触，这一次在通师的几天使我很受教育，拓开了工作的思路。回来后，我记了工作札记，写了我对通师的最初印象和自己的设想。

这以后，我大概每年都要到南通师范去。1983年5月，中共中央、国务院发出《关于加强和改革农村学校教育若干问题的通知》，为了学习领会中央通知和教育部召开的改革农村教育座谈会精神，6月份，师范教育处在南通师范召开了部分中师校长座谈会。1984年，又在南通师范召开了一次座谈会，总结了1980年以来我省中等师范教育的经验、成绩和存在的问题，研究中等师范教育的改革。这两次座谈会，南通师范的领导同志都参加了。在我和南通师范的领导、教师的接触交谈中，我觉得南通师范是勇于改革、勇于开拓进取的。学校在1982年提出了"在改革中求发展，在改革中求前进，在改革中创建第一流师范学校"的改革目标。这些年来，就是在这个奋斗目标的指引下，南通师范迈开改革的步伐，在不断端正办学思想的基础上，从部分改革到整体改革，又在整体改革收到成效的基础上不断加以充实调整，取得了较为显著的成绩。

图 24　1988 年 6 月在南通师范召开的中师深化教育改革教师座谈会上

　　学校的办学任务是繁重的。1980 年以后，南通师范先后办了普师、幼师、音乐师范、体育师范等专业。1982 年，南通师范接受省教育厅的委托，连续举办了三期小学语文骨干教师培训班和一期县教师进修学校语文教学法教师培训班。1984 年，省教育厅经省人民政府批准，又在南通师范试办五年制师范，培养具有专科水平的小学教师，为今后提高小学教师质量进行试点。省教育厅召开的中师会议常以南通师范为会址，当然，学校也会参加省内外兄弟学校间的相互学习交流活动。但我每次到南通去，总感到学校工作虽然紧张忙碌，却进行得井然有序，气氛是团结和谐的，正如省里有一位校长在参观通师后说的，"任务重而镇定自若"。我曾经和学校的几位领导同志交谈过，成楷民、朱嘉耀同志都告诉我，学校工作得益于教师和干部两支队伍，而领导成员之间也比较注意彼此的团结协作。

　　我记得有过这么一件事：1986 年 1 月份，省教育厅在南通、盐城分两段召开各市教育局长、部分县教育局长和教改试点的中小学、师范校长会议，汇报交流教改情况。会议期间，大家要参观南通师范，学校为此做了一些准备。我和张行同志早一天去学校看他们的准备情况，我觉得学校布置的教改展览室材料很丰富，但对照学校的实际工作情况，这些材料布置得重点不够突出，因此提了一些改动意见。当时我很担心他们要来不及调整了，但到第二天早上，我看到展览室已经调整就绪，我很感动，深知负责教改展览室的同志这一夜的工作有多辛苦。

我还记得一件事是，同年10月份，江苏省第一期中等师范学校校长研讨班在南通师范举行。这一次，南通师范作为研讨班的现场，向参加研讨班的校长全面开放，供大家参观和检查，前后历时二十天，学校各方面工作不论是课堂教学、课外活动，还是学生生活、总务后勤，仍然是有条不紊、各负其责地进行着。我再一次感受到了团结和谐的气氛。研讨班期间，我们又先后开过几次通师教师的座谈会，我记得有一次座谈会是在晚饭后开的，座谈会的主题是关于通师的师资队伍建设问题。会上，大家讲到学校重视师资队伍建设工作，特别重视对青年教师的培养。青年教师李庆明说，学校对青年教师的要求高，觉得"压力大，青年教师难当"，但学校为青年教师的成长创造条件，对青年教师给予具体的帮助和不断的鼓励，又觉得有一种"安全感"，因而大家都自觉地力求上进。教语文的青年教师陈建新说，自己非常爱好美学，校领导却从不以美学与师范教育无直接关系为由指责他不务正业，而是给予鼓励和支持，让自己在教学中注意发挥所长，这种开明的做法让自己对学校有一种"士为知己者死"的感情，从而更加努力学习和工作。青年教师还谈到老教师对他们的帮助。有一位数学教师讲到王炯老师对青年教师的帮助，说王老师不仅关心青年教师的工作和学习，还帮助青年教师处理好个人的爱情、生活问题。教师们反映，通师的领导对教师"开明、信任、关心"，教师们则主动、积极，对工作有较强烈的责任感。当时通师规定，行政人员实行坐班制，班主任实行弹性坐班制，教师取消坐班制。但是，相当多的不担任职务的教师仍来坐班，语文教师刘秉镕、数学教师王炯等已经高龄了，也一样天天到校。那晚的座谈会很晚才结束，大家似乎有着说不完的话。已经是 10 月下旬的天气了，室外很冷，室内却是暖融融的。

最使我难忘的是在校长研讨班期间我参加的两次学生活动。一次是幼师三年级学生的基本功汇报会。那天下午，在短短的两小时时间里，同学们唱歌、跳舞、弹琴、做体操、剪纸工、塑泥人、写毛笔字和粉笔字、画黑板画和图案画、讲故事、背儿歌……所有的同学都动起来了，每个人几乎都要参加两三个项目。汇报会是由同学们自己主持的，组织得极好。我全神贯注地看着，心里在想，这些同学毕业后将是多么出色的幼儿教师，在她们培育下的幼儿将是多么地幸福！汇报结束后，同学们要我讲几句话，我把我所想的告诉了她们，她们热情地跑过来把我围了起来，我们就这样手拉着手地照了一张相。相片上，她们和我都在笑，那是展望未来、充满信心的笑。我很珍爱这张相片，回到家后就赶紧把它放到我的影集里。第二天下午，我参加五年制普师班的主题班会，主题是"闪光的职业"。同学们用各种形式讲他们报考师范的思想过程，讲他们愿为小学教育事业献身的理想、抱负和决心，有的同学朗诵他们自己写的诗，有的同学念他们写给父母的信……他们的神情真诚严肃，语言充满激情，我深

图 25　1986 年 10 月观看幼师班学生的基本功汇报演出，结束时与同学们合影

为感动。当他们要我发言时，我讲起我大学毕业后也选择了教师这个职业。我说，我如果有第二次生命，到我十七八岁的时候，我也仍然要选择教师这个职业。同学们热烈地鼓起掌来，班会的主持人、班长范崚渍同学走到我面前深深向我一鞠躬。此情此景，我每每想起，总仍像当时一样，感到心底有一股暖流在奔腾，激动不已。如今，五年已经过去，这一届五普班的同学早已毕业。前几天，我曾写信给朱嘉耀校长，探问同学们的近况，朱校长回信告诉我，很多同学都工作得很好，范崚渍同学毕业后分配到了丹阳师范附小，工作很不错，我由衷地高兴。

南通师范是我国最早独立设置的一所中等师范学校，它的创立在我国近代师范教育史上占有一定地位。在漫长的办学过程中，学校积累了丰富的办学经验。学校的创办人、著名实业家和教育家张謇对学校的严格管理和他所提倡的勤苦俭朴校风，他对师资队伍建设的重视和对教学工作重实践的主张，至今仍有借鉴意义。学校还有着光荣的革命传统，早期的南通师范生曾积极投入辛亥革命和五四运动；1926年成立的中国共产党南通师范（代师）支部是江海平原上最早建立的党支部之一；抗日战争时期在校长于敬之、教务主任顾怡生主持下，学校迁到启东县海复镇垦牧乡，在极其艰苦严峻的战争环境里，坚持在根据地办学八年。新中国成立后，南通师范进入了新的发展时期，为小学教育和幼儿教育事业的发展作出了新的贡献，至今毕业生已有近两万人，其中不少人成为小学骨干和优秀教师，特级教师就有十多名，南通市小学教育界李吉林、杨秀兰、张育新、张兴华、亓浦香、陈锡珍蜚声省内外教坛。

今年是南通师范建校九十周年，我谨向南通师范的领导和全体教工同志们致以最热烈的祝贺、深深的敬意和问候。

写于1992年初

日记一则

5月21日

我还是到南通去了，去参加了南通师范九十周年校庆活动。

就在我决定不去南通以后，师教处小刘通知了南通师范。但就在这一天，通师的书记成楷民同志打电话来，他希望我去。我为他的诚挚邀请感动，觉得不去实在说不过去。15日晚，我和吴椿（江苏省教育委员会原副主任，曾多次来通师考察）同志乘轮船去了南通。

从 16 日开始，连续两天参加校庆活动。

16 日上午，参加揭幕仪式。一共三项：一是建校九十周年纪念碑揭碑仪式；二是"思源亭"揭幕仪式；三是创校人张謇铜像揭幕仪式。这些都是通师历届校友集资捐建的。学校要我和陈乃林（南通师范 1966 级校友，江苏省教育委员会原副主任）同志等四人为"思源亭"揭幕。

下午，去通师一附小、二附小参加他们的教育教学观摩活动。一附小是地面粉笔画大赛，从幼儿园到小学六年级都有选手参加，十分有趣。在一附小，我看到了特级教师杨秀兰。二附小是青年教师汇报表演。我们去晚了，表演已接近尾声。但我从李吉林的介绍中，得知他们开展了青年教师培训中心的活动，我觉得这种立足于本校的青年教师培养很不错。如都能这么做，那么，青年教师将得到普遍的提高。

晚上，南通师范学校和台北树人高级女子家商学校学生举行了联欢晚会。

5 月 17 日，是南通师范学校的校庆日，上午开纪念大会。这一天来校参加校庆的校友达两千五百人。校园内到处是人，熙熙攘攘。我想看看老书记谢铮同志，胡锦江校长（原为通师校长，现在是省幼师校长）拉着我的手在人群中挤来挤去，好不容易见到她。在纪念大会上，创校人张謇的孙子张绪武在会上讲话，缅怀先辈创业的艰辛。特别令人感动的是 1926 年毕业的邢德文的讲话，她已经是八十六岁的老太太了，讲话时思路清晰、声音洪亮。她是怀着对母校何等深厚的感情来参加校庆的啊！

下午，我和张行同志没有参加学校安排的活动，两人在校园里细细看看，走了一遍。我们在镌刻着"千古雄魂"的烈士纪念碑前伫立。碑上刻着五十八位烈士的英名，其中有张謇的孙女张聪武，她于1938年牺牲，时年十六岁。我们在张謇铜像前和朱嘉耀同志合影留念。后来，在校园里，一位无锡籍的五普班学生和我们闲谈。讲到这些天来，他们一面上课，一面参加校庆的准备工作，虽然紧张忙碌，但都觉得兴奋而有幸。还谈到这一天，为方便学校准备校友的午餐，同学们都到校外去"解决午饭问题"了。他说，这都来自一股强烈的"凝聚力"。

晚间，参加1954届校友聚餐。我只认识羌以任、刘锬二人，但很快地我就觉得不陌生了。他们都已是五十七八岁的人了，但这一天都像年轻人一样。他们中有党委书记、教授，都一片深情地向他们当年的校长、老师敬酒以表谢忱，又相互碰杯畅谈往事，我真的感动极了。

18日晨，我们离开南通，乘晓庄师范车经扬州回到南京。南通师范的校庆活动是热气腾腾的，我参加了一次极有意义的活动。

今天上午，成楷民同志又打来电话。他说他很高兴，也很感谢我，但又因接待不周而抱歉。我在电话中对他讲了我参加校庆活动的感受，我说他应该为看到成绩而高兴。他说他今年下半年要退下来了。我知道他的心情，劝他要能够适应这一转折。这个电话使我感动得要流下眼泪。

我这人真是改不掉的"天真"啊！常常就会这样地"一往情深"！

摘自《通师记忆》（南通师范高等专科学校文献资料丛刊），朱嘉耀主编，该书编辑组2022年印制，第359—364页。

我所知道的古楳先生

20世纪五六十年代，江苏省教育厅八位厅长中，古楳副厅长是唯一的党外人士，分管师范教育。

60年代初，省教育厅从中山北路省人委大院搬到了傅厚岗31号，古楳先生家就住在傅厚岗一侧的青云巷33号，我上下班时经常在路上遇到他。古楳先生当时已六十出头，是几位厅长中最年长者。每次碰到他时，我总是习惯地叫他一声，而他也总是亲切地微笑着对我轻轻点头打招呼。他右手常抱着一沓书籍或文件材料，步履稳健而略显缓慢，让人一看便知这是一位谦恭、宽厚的学者型领导干部。

记得一天中午我下班回到家，张罗着把饭菜做好端上桌，可是我爱人钱闻（时任江苏教育报刊社总编辑）迟迟不归。孩子们都等饿了，又急着要上学，正犹豫着是否先开饭，老钱急匆匆赶回来了。他笑着对我说："古厅长找我开座谈会呢。"见我一时不明白，他又补充说："是他和我两个人的座谈会。我应邀到他的办公室，他说请你来开个两人座谈会，于是我俩就面对面地坐下来，一杯清茶在手，谈了一个上午，连下班时间到了我们都浑然不知。"我问他都谈了些什么，老钱边吃饭边告诉我"座谈会"的内容，听起来他们两人谈得很是投契，彼此间有着很多的理解和尊重。事过几十年，如今我已全然不记得他们座谈的具体内容，但每当回想起此事，我脑海里仍然能想象得出那幅促膝谈心的生动画面，这在当时可真算是一种新鲜而独特的工作方法吧。

特殊年代里，我先是到五七干校劳动，然后全家被下放苏北农村，听说古楳先生也被下放到了常熟，后来再也没见到过古楳先生。

然而，几十年过去了，他那和蔼可亲的声音和身影，他和老钱那种非同一般交往的情景却并未随着岁月的流逝在我心中受到什么磨损。尤其是这些年来，通过和古楳先生的独生女古奇峰女士的交往，加上又到图书馆查阅了有关古楳先生的一些论著及文献资料，我对昔日这位令人尊敬的老领导有了更深层次的了解。

古楳又名古柏良，广东梅县人，生于 1899 年。1917 年中学毕业后，曾任梅县小学教师。后考入南京高等师范，1924 年毕业后任教于江苏省立第五师范学校乡村分校（校址在界首）。从此，他开始了长时期的边执教边从事乡村教育的研究工作。1928 年他曾应广州国立中山大学聘请到中山大学教育研究所任教，讲授"乡村教育"。1936 年到江苏省立教育学院任副教授，并兼任国立中央大学教育学院讲师，新中国成立前夕是国立社会教育学院教育行政学系教授。

乡村教育发端于 20 世纪 20 年代，是受五四爱国民主运动的影响在中国兴起的一项社会运动，旨在从教育农民着手以改进乡村生活和推进乡村建设。由于乡村教育的兴起及从民国元年

（1912）起提出的小学四年义务教育遇到师资缺乏特别是乡村小学教师缺乏的困难，江苏省于 1923 年在 5 所省立师范学校设立了乡村分校，省五师乡村分校（后独立设置为界首乡村师范学校）即其中之一。而 1930 年建校的江苏省立教育学院则是我国最早设立的培养社会教育人才的最高学府。在新中国成立前长达 20 余年的时间里，古楳先生在这些学校任教并从事乡村教育的研究，有着丰富的实践经验。他强调，从事教育工作的人必须了解社会背景，从事乡村教育的人必须了解乡村教育的背景。因此，他展开了对农村经济、社会、政治、农民生活以及他们受教育状况的调查和资料收集，积累了大量的素材，以此作为他研究工作的基础。以《乡村教育》一书为例，在"中国乡村的鸟瞰"这一节中，古楳先生收集、制作的统计资料图表共 10 种，内容包括中国国际贸易的大量入超、农村田赋的激增、土地分配的不均、地主把持乡村政权的状况分析、乡农家庭收支及农户生活贫困的情况等等。

古楳先生一生著述颇丰，著有《美国乡村教育概观》（上海中华书局，1928 年）、《乡村教育新论》（上海民智书局，1933 年）、《中国教育之经济观》（上海民智书局，1934 年）、《现代中国及其教育》（全二册，又名《中国新教育背景》，上海中华书局，1933—1936 年）、《乡村教育》（上海商务印书馆，1935 年）、《乡村师范概要》（上海商务印书馆，1936 年）、《中国农村经济问题》（上海中华书局，1936 年）、《民众教育新动向》（上海中华书局，1946 年）八部专著，并在《教育研究》《中华教育界》等刊物上发表了大量论文和文章。

古楳先生自幼家境贫寒，在《现代中国及其教育》一书的扉页上，写有《告慰母亲》一文，这是他于母亲殁后五旬所写的自序性的短文，内容十分感人，他写道：

母亲：

你临终时对欣仁侄说："我一生累生累死，东借钱，西借钱，给你柏良叔读书，我今日病死，人也不回来，真枉费我的心机！"我听到你说这几句话，实在悲恸！但望你在天有灵，保佑我的身体健康，叫我能努力从事教育革命的工作，打倒传统的资本主义的教育，创设平等的合理的教育，使后来做母亲的人均不必为子女借钱读书，而子女可以自由去受平等的合理的教育！

不过，在从事多年乡村教育的实践和研究后，古楳先生却感到困惑。他在《乡村教育》一书中评价乡村教育运动有什么收获时写道："乡村教育的实施仍不能改进农民的经济，乡村教育的人才仍多不适合者……这一切又是极大的矛盾，令人百思莫解的。"又写道："教育不过是人类社会活动之一种，必求其他活动有力量，然后教育的力量才能表现得出。"

1949年，古楳先生在苏州国立社会教育学院任教，此时他已50岁了。苏州解放前夕，古楳先生在校内作为护校委员会主任，与进步师生一道同校内反动势力进行了坚决的斗争，终于保护了学校的财产和校内地下党员的安全。1950年2月，苏南行署决定合并国立社会教育学院、江苏省立教育学院和私立无锡国学专修学校，成立苏南文化教育学院，校址定在无锡，由古楳任院长。他调省教育厅工作后，于1956年被任命为副厅长。他还是中国民主促进会第五届中央委员，民进江苏省第一届委员会副主席；又是江苏省第一、二、三届人民代表，江苏省第二、三届政协委员。

这就是古楳副厅长一生所走过的道路。从古楳先生所走过的足迹，我看到中国那一代知识分子忧国忧民，为探索救中国的道路而孜孜以求的情愫；为教育事业舍家忘我工作的执着奉献精神；认真、严谨和实实在在的治学态度。这些都使我敬佩而感怀不已。

写到这里，我想起我的老同事，也是古楳先生的老部下李克的一段回忆：

1976 年 10 月，"四人帮"垮台之时，万民欢腾。我们几个师教处的老同事，听说老领导古厅长早已从下放地常熟回到南京，住在大方巷，正卧病不起，就带了些东西前去请安慰问，特别是想告诉他上面所说的特大喜讯，因为那几天这消息还没有大张旗鼓地宣传。

他老人家那天和我们一样兴奋，据古师母说很久没见他这样高兴的了，只是担心他好几天没有进食，怕他经不起如此的情绪波动，要我们也帮着劝劝他勉强吃点东西。他老人家长叹一声："实在没胃口啊！"我们劝他要尽量想开，想吃些什么东西，我们想办法去弄，因为那时的副食品供应实在太贫乏。他老人家凝思了一阵，也不过吐出了令人听了有点心酸的五个字"想吃点鱼汤"而已！

第二天，我去到水西门所谓的"自由市场"，买了几尾活蹦鲜跳的小鲫鱼，用饭盒装着送过去，但敲了一阵门却没人来开，可能古师母去买菜了，古厅长当然起不来。于是只得敲开对门邻居家，请他们帮忙养在浴缸里转交。

隔不多日，古厅长去世，好像没看见什么公告，所以不知道。忽然有一天，他的女公子古奇峰同志来到我们办公室，我看她臂缠黑纱，心里明白，正待表示慰问，她却从手提包里取出几张钞票，说："谢谢你，这是我父亲还你的鱼钱。"我一时不知所措，只是语无伦次地连说："啊啊老上司嘛，应该的应该的，几块钱的事，不必的不必的。"她却神情肃穆地告诉我："这是我父亲临终一再的嘱咐：'不要忘记，一定要把鱼钱还给他。'你不收下，我就没法向父亲交代了。"我虽然不愿意接受，但为了尊重逝者的遗德遗愿，只得违心地收下了。

事情过去了二十几年，不但我自己不会忘记，还以此教育自己的儿孙！①

老李文中所述这件小事生动而深刻地刻画了古楳先生高风亮节的人品！这些年，古楳先生被学界重新认识和重视，其学术价值得到了较高评价。有学者认为，古楳在 20 世纪 30 年代，在以《中国教育之经济观》为代表作的教育经济学研究中，触到了教育经济学的基本问题，搭起了一个有系统的理论框架。较之于苏联经济学家斯特鲁米林的《国民教育的经济意义》和美国经济学家的《人力的资本观》这两部著作，他们的开拓性成果大体处于同一时期。况且，古楳先生最早提出了"教育之经济学"的学科

① 见《岁月留痕——江苏省教育厅离退休老干部征文集》，2005年版，第187—188页。

名称，这是中国学者对教育经济学形成和发展的一大贡献，在从近代教育经济思想发展为现代教育经济学的历程上，树立了一块具有国际意义的丰碑。

古棪先生是不会被忘记的！

2005 年初稿，2010 年修改定稿

原载《跨世纪的教育情怀》，上海远东出版社 2012 年版，第 174—177 页。

忆罗明同志二三事

近年来，不时传来一些老同事、老领导、老朋友离去的讯息，可谓"故人云散尽，我亦等轻尘"，我的思念之情难以释怀，往往不由得拿起笔来忆往思故，罗明同志即为其中之一。

罗明，1924 年生人，祖籍贵州平坝县。1939 年 7 月，他在贵阳中学读书时加入中国共产党，并担任地下党支部书记，领导学生运动。高中毕业考入四川三台县东北大学法律系，亦为该校抗日救亡运动领导者之一。此后在国统区从事党的地下工作，直至全国解放。1982 年 5 月，罗明从南京气象学院党委书记任上被调到江苏省教育厅，先任副厅长、党组副书记，一年后任代厅长、党组书记，1986 年 7 月离休。

我于 1979 年 1 月调回省教育厅负责新建师范教育处并任处长，当时师教处工作分两大块：中小学教师在职进修和中等师范教育。出于众所周知的原因，当时中小学教师不仅数量不足，文化程度和业务水平也都下滑到历史最低点，教师队伍呈现一种民办教师多、不具备合格学历的多、教学水平低的多，以及教师总量少、教学骨干少且不稳定的"三多二少"的局面。这种状况尤以小学和初中为甚，严重影响到中小学教育质量，因而当务之急是加强中小学教师在职进修。此外，作为工作母机的中等师范教育同样问题不少。自 1966 年开始，全省中师停止招生四年，20 世纪 70 年代初一些地方复办，但都以培养初中教师为主要任务，偏离了中师培养方向，而办学条件又十分窘困，如原有校舍被占用，设备遭破坏，师资队伍被打散等。1978 年教育部重申中师的任务，1980 年召开的全国师范教育会议上再次强调和明确规定中师的任务是培养小学教师，我参加了这改革开放后的第一次师范教育会议。江苏也于 80 年代初确定中师招收初中毕业生，学制三年，毕业后担任小学教师。可见，当时江苏中师正处于"恢复"和"转向"的关键时期，面临的困难和问题很多，我认为，眼下将中小学教师在职进修抓起来刻不容缓，办好中等师范学校，培养合格的新师资则更具有长远性、根本性意义。

罗明同志正是在这一时期来到省教育厅的。

罗厅长上任后非常重视师范教育工作，他曾多次在公开或非公开场合强调，"江苏省教育厅在某种意义上是江苏省师范教育厅，抓好师资工作，就等于抓好了教育工作的一切与全部"，这一说法鲜明形象地点出了师范教育不一般的重要性。而在日常工作中，他不仅这么说，也是这么做的。1983 年 2 月 17 日，罗厅长在办公会议上作重要讲话，对全厅 1983 年工作提出了"四项建设"，其中一项即为师资队伍建设，提出"整顿、加强师资队伍要采取各种方法，加快速度"。次日，我在处务会议上传达其讲话，并具体研究了如何实行及方式方法问题。此后，我们开展的多项工作即围绕着这一要求进行。

如，当时中师工作头绪繁多，其中师资队伍不适应中师培养任务的矛盾十分突出，特别是教育学、心理学、小学语文教材教法、小学数学教材教法这几门专业课教师和音乐、美术教师奇缺，唯一的办法是通过短期培训以解燃眉之急。其实，1980年我们就已在几所高师协助下办过教育学和心理学讲习班，此时，经请示罗厅长同意，我们于1983年暑假在苏州新苏师范学校举办了全国中等师范学校美术新编教材暑期讲习班，这是受教育部委托的江苏师范教育史上规模最大的一次讲习班，讲课教师和听课学员，加上外地专家和教授共100多人前来参加，我们作为举办方尽心尽力，将参班者的学习和生活安排得妥帖有序。不料天公不作美，其时江苏遭遇几十年未有的酷暑，苏州气温陡然升至40摄氏度左右，白天炎热难耐，夜晚不能成眠，直接影响到了教学质量和大家的健康。这让我心急如焚，我随即找到出席讲习班的周尔辉副厅长，由周给罗厅长打电话，要求赶紧购买一批电风扇解暑，罗当机立断同意特事特办，拨专款给新苏师范买电扇，并要苏州方面当天就办。于是新苏师范学校的一些教职工冒着毒辣的太阳跑遍苏州城，买到了几十台电扇，当晚就将各住处的电扇安装完毕，给大家送去了阵阵凉风。

当年暑假，我们还请南京师范学院体育系举办了全省中师体育教师暑期备课班，请无锡师范、丹阳师范和常州师范分别举办了舞蹈、小学语文教材教法和小学数学教材教法备课班；同时，还组织教学上有困难的中小学教师9万人集中学习教材教法。各个市教育学院和县教师进修学校都全力以赴投入，授课教师和听课老师们个个挥汗如雨，连续奋战，真可谓"热火朝天"。我和师教处同事张行、孙征龙、马幸年四人各处奔波，忙得疲惫不堪，却也快乐充实。

1983 年 5 月，中共中央、国务院发出《关于加强和改革农村学校教育若干问题的通知》；10 月，邓小平提出"教育要面向现代化，面向世界，面向未来"。11 月底，罗明在全省师资工作会议上提出，为了适应"四化"建设和普及小学教育，特别是农村小学教育，中等师范学校必须在教育、教学方面加以改革，而且应该走在整个教育改革的前面。从此，江苏中等师范教育走上了改革发展的新阶段。

1984 年 3 月，师教处在南通师范学校召开部分中师校长座谈会。校长们要求改革的积极性很高，建议应从招生、学制、教学计划和教学内容、方法各个方面进行全面改革，才能适应面向小学、面向农村的要求，培养出合格的小学新师资。罗厅长认真听取了来自基层的意见和呼声，很多建议后来都一一得到落实，其中有几项改革是他特别重视的。

首先是学制改革。当时校长们对学制改革有两种设想：一是南通师范提出的五年一贯制，招收初中毕业生学习五年，达到专科水平；另一种是三二分段，在原有三年制中师基础上再学两年达到专科水平。罗厅长明显倾向于前者，而我也和他意见一致。后经厅党组研究，决定先由南通师范试办五年一贯制，并确定该校为全省中师大改试点学校，进行全面的学制和教育教学改革。事实证明，江苏中师教育教学改革的这一大动作，突破了以往三年制的局限性，培养出不少具有专科水平的高素质小学教师，适应了在新形势下"三个面向"的需求。这是后话。

其次是编写三年制教材。鉴于改革前不少学校反映使用部编四年制教材困难甚大，我们决定自编三年制教材。召开教材编写会议时，罗厅长专门到会讲话，指出教材编写是教学改革中最关键也难度最大的改革，是意义重大的一件事。我请罗厅长担任教材编委会主任，他慨然应允。这套教材包括语文、数学、物理、化学、历史、地理 6 门，共 23 册，于 1986 年全部出齐。

此外，动用全省中师的师资力量支援经济、文化和教育相对落后的苏北地区加快师资队伍建设，是罗厅长在贯彻中央和国务院加强和改革农村教育的重要决定，江苏中师教育进入全面改革后的另一大手笔，主要体现在两件事上。

其一，1984 年 7 月，教育厅向省人民政府报告，经批准向有关方面发出《关于加速泗洪等九个县普及初等教育的报告》。由此，师教处对暑假期间为淮阴市相关县培训小学领导干部和骨干教师作了具体安排：小学语文、数学教师培训班分别在淮阴师范、淮安师范举办。小学语文教师培训班由无锡师范派一位教师参加办班；晓庄师范、常州师范和南通师范各派一位教师参加讲课。小学数学教师培训班由高邮师范、常州师范各派一位教师参加办班；常州师范、江都县教研室各派一位教师参加讲课。另外，小学校长培训班在新苏师范和晓庄师范举办，共计 150 人参加培训。

其二，由无锡、常州、新苏、晓庄、南通、高邮、如皋 7 所老中师派出支援新办泗洪师范的行政领导和教师团队于 1984 年暑期组成。9 月 13 日教育厅召开座谈会，罗厅长到会讲话，向率先赴泗洪的无锡师范副校长肖梅（任泗洪师范副校长）等 8 位同志介绍了本省苏南和苏北经济和文化教育发展不平衡的状况，强调普及农村小学教育及培养小学教师的重要性，鼓励大家将支援工作做好。1986 年 7 月 1 日，教育厅又召开座谈会，厅领导和师教处、厅办公室、人事处、计财处、中教处负责同志参加，热烈欢迎先后支援泗洪师范的全体 14 位教师胜利归来。罗厅长作了热情洋溢的讲话，他充分肯定同志们两年来取得的优良成绩，并感谢大家的辛勤付出和无私奉献。两次座谈会令人难忘，罗厅长那带贵州口音的讲话，让我具体感受到"江苏省教育厅在某种意义上是江苏省师范教育厅"这句话的深义。

图 26　1986 年 7 月，省教育厅欢迎支援新办泗洪师范的同志归来。前排左三肖梅，左四罗明；前排右三作者

1986 年初，教育厅在南通召开教改试点学校经验交流会议，南通师范学校作为中师全面改革的试点学校，由校长朱嘉耀在会上作题为"全面地改革中师教育，培养新时期合格师资"的发言。与会者参观了学校的教改成果展览会及学生活动，对通师的改革十分赞赏。罗厅长在会上作总结时，对该校的改革很满意，高度评价其"引人入胜"。这是他在任期间主持的最后一次会议，此后机构改革，成立省教委，罗厅长便从领导岗位上退了下来。

现在回想起来，罗明同志调教育厅正值改革开放初期，任职时间不算长，然为江苏教育事业所作的突出贡献有目共睹，得到了业内上下一致的公认和敬重。他15岁就入了党，是个名副其实的"老革命"；又是民国时期的大学毕业生，文化水平较高，有见识，敢作为，讲话言简意赅，行事雷厉风行。同时，他作风民主，没有架子，不搞一言堂，这也让大家对他普遍抱有好感。我在他领导下工作四年，之所以能发挥主观能动性干点实事，与其信任、支持和放手是分不开的。值得一提的是，他还是个风格独特的性情中人，与大家相处有人情味。

记得1985年第一个教师节，教育厅组织处以上干部分头慰问南京市中小学、幼儿园教师，我和罗厅长一个组来到鼓楼幼儿园。进园后正碰上一群小朋友在草坪上活动，恰巧我的孙子也在其中，我们一行人经过他们时小家伙突然看到我，呼一下从小椅子上蹦起来。罗厅长见后便问我们："这好像是哪家的孩子吧？"我说是我家孙子。他听后来了兴致，居然打断进程，边挥着手边走向草坪来到小朋友们中间，那些孩子兴奋得不得了，一个个雀跃着围上来，他摸摸这个的头，拍拍那个的肩，还说些逗孩子们开心的话。可惜，当时没带相机拍下这一"老小同庆教师节，其乐也融融"的温馨场面。

卸任后，罗明同志一段时期内还担任省政协常委、省教育学会会长、省陶行知研究会会长等职，常参加一些社会活动，也常参加师范教育方面的一些活动。如1995年12月初在南京教育学院召开的江苏省教育学院协作年会，我和他都应邀参加。12月8日会议结束，主办方请参会者在夫子庙晚晴楼午餐时，也请他讲几句话。他说："在座的都属师范教育系统，我有幸与大家共事几年，以我个人感受而言，从事师范教育工作的人都具有'四个情'：艰苦创业之情、自强不息之情、兴旺发达之情、君子之交之情。如今江苏中师和中小学教师进修工作都已取得不小成绩，而这四个情对我们这些人尤为重要，因为这是一种美好的圣洁之情。"寥寥数语，道出了师范人的共同心声，言者情深意长，闻者无不动容。

或许是在职期间思想观念相近、彼此合作愉快的缘故，我离休后仍与罗明同志经常来往，如通通电话，一起外出活动等。而能保持联系，亦与他和钱闻的良好关系有关，这源于他俩青年时代有一段相同的抗日救亡运动经历。1939 年 9 月至 1940 年 7 月，钱闻在乐山武汉大学担任地下党总支书记时，罗明是三台东北大学地下党组织成员，二人的共同上级是中共南方局主管青年工作的刘光，算是隐蔽战线上未曾谋面的战友。罗明调教育厅后，两人又成了同事，自然感到特别熟悉和亲切，他对钱闻很尊重，称其为"我们这代人中的老大哥"。2001 年初钱闻去世，他第一时间来家慰问，并参加了送别仪式。不久，他担心我一人在家孤单，再次登门探望，后来还写了一篇《怀念钱闻同志》的纪念文章，收进《钱闻文集》（江苏教育出版社 2005 年版）中，这份关心和帮助让我非常感激、感动。

随着年岁渐高和老伴徐嘉的离去，罗明同志的晚年是在疗养院度过的。开头几年我和他还时常电话交流，互致问候，每每谈及感兴趣的话题，电话那端总会传来他"哈哈"的笑声。然而，这种互动慢慢地越来越少，原因是他患有较严重的肺气肿和其他一些疾病，说话和行动均已不太方便。

2015 年 10 月下旬的一天，我接到一位老同事的电话，他告诉我罗明同志已于 19 日病逝，遵其遗嘱，丧事一切从简，不举行任何追悼仪式。我放下电话后，一阵怆神伤怀，翻来覆去地想，以后再也听不到他那带有贵州口音的亲切话语和爽朗笑声了，而其中所蕴含的那种追求奋斗、坚毅顽强、无私奉献和豁达通透，也再难以回味了。于是我又拿起电话与他家人联系上，让小儿子承军陪着我来到他家中，表达我对他的敬意和悼念。

　　转眼间，罗明同志离开我们已有 9 年，今年是他诞辰 100 周年纪念，仅以此短文告慰他的在天之灵。

甲辰年春金陵丁山寓所

穆嘉琨老大哥

2017 年 1 月 4 日，我们称之为"老穆大哥"的穆嘉琨同志去世，享年 95 岁。

5 日晨，他的女儿穆锡发微信给我，只短短一句话："吴阿姨，我爸于昨晚 8:41 去世了。"接着是一个流泪的表情。惊闻噩耗，我连忙安慰她说："不哭，不哭，你爸爸是到天堂去和你妈妈相会了。"而发完微信后，我自己却心头一沉，恍然若失地跌坐在沙发里，禁不住流下泪来。

一

我和嘉琨同志是在 20 世纪 50 年代后期相识的。

我于 1956 年国庆期间从常州市女中（原为芳晖女中）副校长任上调到南京，分配到当时刚成立的省高教局工作。1958 年 5 月，高教局与教育厅合并，称江苏省教育厅，设高教处，我就到了高教处。

当时高教处的办公室在一个小院里，有一天我有事到教育厅大院里去，只见有两人右手拿着公文夹，一脸严肃，迈着齐步迎面而来。我不认识这两位是谁，但是他们这种严肃认真的神态给了我十分深刻的印象，至今仍很清晰地留在脑海里。后来在全厅干部大会上，我得知他们是计财处的两位业务骨干穆嘉琨和施知行，都是"老教育厅"了。这使得我对教育厅当年的干部作风有了些许具体感性认知。

1959年4月，高教和普教合并还不到一年，省里又决定成立江苏省高教厅。于是，我又来到了高教厅的教学处。可巧老穆也被分到高教厅，在计财处工作，从那时起，我和他一直在一个单位。1961年3月，高教厅再一次与教育厅合并，我们两人都并入教育厅。若从1958年算起，我们是相处近60年的教育厅老同事了。

20世纪五六十年代的省教育厅，在吴天石厅长的领导下，是一个勤恳务实、作风正派、工作效率较高的集体。尤其值得一提的是，虽然任务重，工作忙，但人与人之间的关系，无论是上下级之间，还是同事之间，都比较真诚、和谐、融洽。老穆为人随和，热心坦诚，我虽然和他在工作上接触不多，却很快熟悉起来，相处甚好。

1969年底，我们都被下放农村，老穆大哥全家被下放在洪泽，我则带了老母亲和两个年幼的儿子被下放到金湖。当时老钱还在干校，大儿子和女儿在泗洪插队，且不在一块儿，一家七口处于四分五裂的状态。由此，我还得抽出时间不时到干校、泗洪分别去看望老钱和一对儿女。在此期间，老穆大哥曾两次来金湖看我，却两次都未遇。第二次出门时，我心里嘀咕着他会不会又来看我啊？说来真怪，当我到家时，两个孩子告诉我穆叔叔又来过了，真是不凑巧。我本想请他尝尝我亲手种的一些新鲜蔬菜，也算是老友相逢，苦中作乐吧，心中真是既感激又遗憾。

二

我对老穆加深了解且成为挚友，是在 20 世纪 70 年代末我们这些老教育厅都重返厅里工作以后。

1979 年初，我和钱闻从扬州师范学院调回教育厅。我担任新组建的师范教育处处长，施知行和老穆任计财处正、副处长。师教处和厅内各个处室，包括初教处、中教处、人事处的工作，和计财处几乎都有关系。我们有很多事诸如招生计划、危房修建和经费等都需要和计财处商量讨论，大体上总会得到计财处的支持，彼此配合得不错。例如 80 年代初，教育厅委托南京师院、江苏师院、扬州师院和徐州师院举办中学教师本科函授，但设置面授点的有关地、市教育学院经费无着，存在困难。这一难题，后来即由计财处出面与省财政厅会商后予以专项补助解决。这一时期，我和老穆两家又同住在上海路教育厅宿舍，上下班常一路同行，边走边聊，也就有了更多的接触机会。

1989 年，我从工作岗位上正式退下来，时任省教委副主任的吴椿同志找我商谈，要我参加《江苏省志·教育志》的编纂工作。从此，我和已调任省教科所副所长兼《教育志》编纂委员会编辑室主任的老穆大哥开始了长达十年的合作共事。

《江苏省志·教育志》的编纂工作是一项极为庞大的工程，工作量非常大。我负责撰写该书第八章"师范教育"第一节"中等师范教育"和第三节"中小学教师进修"。以"中等师范教育"

为例，其要从清光绪二十八年（1902）和二十九年间，江苏创办通州民立师范学校、如皋公立简易师范和三江师范学堂写起，一直到 1988 年为止，时间跨度近 90 年。这两节写成后合计约 10 万字。在查阅大量史志资料的过程中，江苏中等师范学校的一些创办人张謇（南通师范）、沙元炳（如皋师范）、顾倬（无锡师范）、吕凤子（丹阳师范前身私立正则女校）、陶行知（南京晓庄师范）等勇于创业、艰难办学的精神和人格魅力令我感佩不已。在不同的历史时期，特别是抗日战争时期，许多江苏中师的校长和教师们不畏强敌入侵，坚守民族气节，采取各种应变措施坚持把学校办下去的事迹可歌可泣，感人至深。先辈们在长期的教育、教学实践中积累的丰富经验亦有着长远的继承和借鉴意义，令我心生敬畏和尊重。于是，我决定突破以往修志的固有模式，采取"因事及人，叙中寓评"的写法。我的这种写法在编委中是有一些争议的，老穆大哥也许有些为难吧，但我知道他是支持我的，不然，这份初稿就不可能印出，也不可能送到大家手中，正式付诸讨论了。时任《教育志》主纂的原高教局顾尔钥老局长阅稿非常仔细，他对我的写法很是赞赏，在开会讨论时他说，写志何必一定要因袭过去的老一套，为何不能改革创新？略加一两句评议正是"画龙点睛"的笔法嘛。由于得到顾老的支持，我执笔的这两节最终顺利通过。

另有一事也值一提。民国时期江苏省立师范学校的教学计划里开设有"伦理学"和"论理学"的课程，一位老同志把"论埋学"都改成"伦理学"了，而类似错改情况还另有好几处。我看后心里实在有点"窝火"，便拿着稿子去找老穆理论。他听了我的诉说后，立即斩钉截铁地回答我说："你是对的，统统改过来，改过来!"听了他的话,我怒气顿消,便耐心地把所有的错改之处又一一改了过来。

在和老穆大哥一起修志的十年里,我心情十分舒畅。

为编纂《教育志》,老穆任务极其繁重。作为编辑办公室主任,他要做大量的组织工作和日常行政工作,要看所有的稿件,召开各种会议等。除此之外,他还与张炤合作撰写了概述部分,共3万余字,并参与撰写"教师""教育行政"两章的部分章节。又与金鱼为以《江苏省志·教育志》编写办公室的名义撰写了《江苏省志·教育志》编纂始末,近万字。

《江苏省志·教育志》于1997年完稿,2000年4月正式出版,全书分上、下两册,共1 320页,145万字。十余年里,老穆大哥专心致志,尽心尽力,全力投入该书的编纂工作,付出大量心血,十分忙碌辛苦。老穆大哥真是劳苦功高!

2000年9月18日,老穆大哥在编写人员最后一次午餐会上即席赋七言绝句一首:

> 人文荟萃自古著,
> 苏教史料万卷书。
> 诸公争做孺子牛,
> 皓首采编十年路。

这几句诗,概括道出了他在书成后的艰辛之感和喜悦心情。

三

完成了《江苏省志·教育志》的编纂工作后,老穆大哥已78

岁了，但他仍"老有所为"。2013年1月，在一次与几个教育厅老友小聚时，他对我说："一个人到60、70岁，甚至80岁，都应该老有所为。如果到了90岁，只能老有所不为了，但也该老有所思。"我知道，他一直是"有所思"的，因此，他也依然在"有所为"。有几年，他和夫人李中瑜一到冬天便飞往深圳小儿子处小住，待到第二年春天再飞回南京，我笑话他像候鸟一样冬去春来。每次回来，他必写一些纪游感怀的短文，配上米黄色封面，印成薄薄的一本本小书分送好友。后来，随着年龄的增长，他结束了"候鸟"般的生活，居家潜心做起文字工作，这成为他的爱好。几年里，他先后完成了《古籍杂谈》和《天津西头穆家史略》两本著作。2011年1月，为纪念吴天石老厅长，老穆与冒瑞林、顾纪瑞等同志，共商出版《吴天石百年诞辰纪念文集》。在得到时任教育厅领导同意后，作为该书主要策划人，老穆与另一重要策划人顾纪瑞会同多位编写人员，经过一年多的辛勤努力，终于在2012年6月完成文稿，并正式付梓出版。2014年，92岁的他又在儿女和友人们的帮助下，把多年来所写的文章、书信、诗词等汇集成35万字的《河西文存》一书。此时，他已患上青光眼、痛风等疾病多年，坐上了轮椅，可是这些并不能阻止他继续求知为文，他实践了"虽已不能为，仍应有所思"的自励之言。我以为，这正是他的人生态度，也是他的不凡之处。

就我本人来说，还有几件事与老穆大哥有关，值得一记。

2001年初钱闻去世时，他亲自送来挽联，并和许多老同志一起参加了送行仪式。钱闻去世12周年时，他又和另一老友李克同志合作自制了精美的纪念卡赠予我。2002年4月的一天，他在深圳住了4个月后回来，不久便给我打来电话问长问短，问我身体怎样，是否常外出活动等，还问我晚上一个人在房间里害怕不害怕，我给他问得笑了起来，心里却实在感激他的关心。当他得知我和小儿承军已开始搜集钱闻生前的著作文章，准备编《钱闻文集》时，便三天两头地打电话来，鼓励我一定要把《文集》编出来。2012 年，我的第二本书《跨世纪的教育情怀》出版，我请他提提意见，不料他竟写下长长的读后感发给我，还说要再经修改后发表。其时正是大热天，他已九十高龄，我实在安心不下，建议他请友人朱爱华同志帮忙修改。这篇文章便是后来刊登在《教育家》2012 年第 11 期上的《看激荡岁月，忆似水年华——读吴大年〈跨世纪的教育情怀〉有感》一文。从这篇 8 000 多字的文章里，我感受到他对我所秉持的教育理念的深刻理解。

我 13 岁时，曾把抗日战争期间自己的逃难经历和亲身感受写成《小难民自述》一书，交由商务印书馆出版。老穆大哥从 2008 年第 8 期《传记文学》上看到《凤凰周刊》记者吴海云写的一篇《吴大年和〈小难民自述〉》一文，便打电话给我，口气略带责备地问道：“你怎么这么沉得住气，竟把这么一本有意义的书深藏箱底 70 年秘不示人？连我都不知道呵？”我笑着对他说：“你现在不是知道了嘛。”此后，他便不断给我打电话，还写过一封长信，建议并催促我再版这本书。2015 年是中国人民抗日战争暨世界反法西斯战争胜利 70 周年，江苏人民出版社从我大儿子乘旦那儿了解到有这么一本书，并看到了原本，决定予以再版。经过编辑们对原书的词语、语法、字体乃至排行等略作了一些调整，更插入 35 幅精美插图后，再版的《小难民自述》于 2015 年 6 月正式出版。我想起老穆大哥对我这本书一直很关心，决定让承军陪我去他家里，亲手把这本《小难民自述》送到他手上。那天，他很高兴，把这本书翻来翻去，又和我一起唱起了抗日歌曲。我们唱起了《松花江上》《五月的鲜花》《大刀进行曲》等，唱了一首又一首，越唱越兴奋，乐在其中，仿佛又回到了早已逝去的青春岁月。他还一定要留我们在他家吃午饭，这是在头天晚上就说定了的，我们便留下来在他家吃了一顿地道的北京炸酱面。

四

老穆大哥喜交友，重友情，常想方设法与老友们聚会。我印象特深的一次是2013年5月20日他组织的小春游活动。对这次活动，他的儿女在"活动安排意见"中说，"父亲穆嘉琨酝酿已久"，目的是"增进老同志、老朋友之间的联系，接触社会的新事物，做到老有所乐"。活动地点在中华门外晨光机器制造厂原址，即清末李鸿章创办的金陵制造局旧址。其时晨光机器厂早已迁出，部分老厂房成了"文化创业产业园"，让许多新兴产业进驻。老穆的外孙和他的同学在此租了一层楼面，创办了一家具备现代化先进技术的广告公司。那些一百多年前青砖红门的旧厂房建筑给我上了一堂生动的历史课，而几个年轻人的创业精神又让我深感"后生可畏"。这实在是一次对老年人身心俱益的春游活动。老穆大哥以91岁高龄安排了这样一次独家举办的活动，精神实在可敬可佩。而他的子女们也都不辞劳苦，愉快地承担起了所有的具体工作。长子穆镇，女儿穆锡和穆金，女婿任国强、儿媳耿京梅等全部出动，全力以赴，以致规模大到宾客16人（尚不包括他们自己）的活动被安排得井然有序、周到细致。这种兄弟姐妹之间的亲密无间、团结友爱和对父亲的一片孝心令我们十分感动。其实，他们家的这种优良家风我久已知之，相对当今社会一些道德滑坡、世风混沌现象，尤显得珍稀可贵！老穆大哥在家庭生活中重视家教家风，我以为是他为人一生值得一书的又一个重要方面。

就在此前不到一个月，老穆大哥出其不意地有一次访友之举。一天上午 10 时许，住在我楼上的施知行急匆匆走下楼来告诉我，老穆很快要来。又说他楼上地方小，东西摆得也乱，坐不下，问我怎么办。我说："好办呀，到我这儿来吧。"于是，我忙着准备茶水等他来，心里却好生奇怪，老穆已坐上了轮椅，早已走不动路，怎么说来就来了呢？老施性急，走到巷口去等他，我也下楼去了一趟，见他迟迟未到，便上楼打电话问穆锡。她说还在顾纪瑞家呢，马上就来。果然，等到了 11 点，他们终于到了。我走下楼去请他们上楼，只见老穆大哥面对楼道大门端坐在轮椅上。穆锡说："不上楼了，就在这儿坐坐，也上不了楼了。"原来，老大哥的孙儿结婚，他心里高兴，便借送喜糖之机来看看老朋友。我随即叫承军把准备好的茶水一杯杯端下来，几个人便围着他边喝茶边聊了起来。后来他说要回去了，承军便帮着推他的轮椅走向大门，不料住在 9 号楼的吴椿同志也由他的老伴俞菊琴扶着下楼来了，于是又聊了一阵才坐上汽车回去。

这是一次奇特的老人见面会。几位老人中，老穆 91 岁，老施 90 岁，我 88 岁，吴椿 84 岁。

我在这一天的日记里详细记了见面会的详情。最后，我写道：重回教育厅工作后，我们都不年轻了，但仍然干劲十足，工作热情不减当年。也许正因为有这样一段共同的特殊经历吧，我们才有今日这样的友情。

最后记下的一次老大哥会友活动则已是2016年春节前五天的事了。那日天气阴冷，气温极低。下午我突接穆锡电话，预报她父亲即将来看我。原来老大哥由他的大儿子、女儿、女婿护送着，穿着厚厚的棉衣裤，裹在棉被里坐在轮椅上驱车给几位好友送书来了。我又是大吃一惊，却已无法阻拦。不久，汽车开到了南师大附中门口，我本想出门去和他见面，穆锡坚决不让我下楼，说由她和大哥代表父亲来看我。他送来的书是烟台大学学生书画协会编的《泰山石刻书法初编》，另附一袋水果。我怪穆锡不该在这么冷的天让父亲出门，穆锡说："不行呵，父亲想做的事，谁也拦不住。不然，他会生气的。"穆镇、穆锡兄妹在我家坐了一会随即离去，说是还要到老顾家。晚上，我实在放心不下，发了短信给穆锡，她复信说："下午带我爸爸出来转了一圈，他很高兴。虽然未看到您，但知道您的情况后，也就放心了。"那一次正是我因患肺炎住院，25天后出院刚回家不久。老穆大哥情深义重，实在感人。我因而忽然想起《世说新语》上王子猷雪夜访友的故事。王子猷，即王徽之，东晋名书法家王羲之之子，一夜大雪，想起了好友戴安道，便连夜乘船前往探访。船走了一夜，天明才到。但到了戴家门口，他并未上岸，竟又返回了。人问其故，王答曰："吾本乘兴而行，兴尽而返，何必见戴？"

以上几则点滴小事，或许更能见出老穆大哥的为人吧。

五

老穆大哥走了，不再归来。他那高大壮实的身影，伴随着天津口音的亲切话语声已经渐行渐远……

　　那天下午，我由承军搀扶着去到他家，给他送上了一篮白菊花。对着他的遗像，我说："老穆大哥，我和承军来送你了。你已经给自己的人生画上了圆满的句号，你好走啊！"然后，我俩恭恭敬敬地向他三鞠躬。

　　老穆大哥，一位好人，一位少见的、值得永远铭记的古道热肠、胸怀坦荡、正直正派的好人远行去了！

于丁酉年岁末

第六编

附录篇

引导我们走上革命道路的好老师
——回忆钱闻、吴大年先生

杨振铎

　　1945 年正处"一二·一"运动①前后，那是个满街狼犬、遍地腥云，充满着生和死的搏斗的年代。那时，钱闻先生和吴大年先生先后到附中任教。钱先生任我们班的语文课教师，吴先生稍早一些任我们班的历史课教师。他们两位在课堂上从不因袭老套，照本宣科，而是引进了很多革命的、新鲜的内容。钱先生除挑选语文课本上的一些古典名著讲解外，还增补了一些贴近现实的教材，计有：鲁迅杂文、雪峰寓言、张天翼的《华威先生》和天蓝的长诗《队长骑马去了》。天蓝这首诗描写了中国共产党领导的一支抗日游击队的斗争，并怀念牺牲的队长。这首诗很适于朗诵，充满悲壮的情感。至今回忆起来，我的耳际还萦绕着钱先生朗诵时的高亢声音：

　　　　队长骑马去了，

　　　　骑马过黄河去了，

① "一二·一"运动，是在中国共产党领导下，由昆明青年学生发起并得到全国各地响应的反内战、争民主的爱国民主运动。

一个月还不见回来,

队长!

呵!回来!

我们从小就熟悉了国民党政府在日本人面前的窝囊样子,这首诗才使我们第一次接触到中国人民抗日的英雄形象。吴先生的历史课则贯穿了历史唯物主义的观点,突出了人民反抗压迫剥削的优良传统。总之,两位先生的教学,使同学们眼界大开,耳目一新。

吴先生曾做过我们的班主任。她态度和蔼,像大姐姐一样关心我们。给我印象最深的一件事是:1946 年 3 月 17 日昆明学生为"一二·一"死难四烈士举行出殡大游行。头几天,同学们都在为此做准备,而我思想上却十分矛盾,因为 17 日那天也正好是我才病故的姐姐下葬的日子。究竟去参加四烈士出殡还是去参加姐姐的葬礼,我犹像不决,非常苦恼。吴先生知道后,对我亲切地说:"姐姐死了,本来该去送葬,但是以后也还可以经常去扫墓祭悼。四烈士为民主献身,出殡就是场斗争。意义不寻常呵!"在吴先生的关怀和开导下,我终于毅然加入了为四烈士出殡的行列。

钱先生、吴先生不但在课堂上给我们带来革命的信息,课后更和同学们打成一片。他们鼓励并支持同学们组织自学社团,学习时事,阅读进步书刊,出壁报,演活报剧。钱先生给我们介绍了一些革命书籍,如《文艺问题》(即毛泽东《在延安文艺座谈会上的讲话》)、瞿秋白的《海上述林》等,吴先生给我们介绍了华岗的《中国民族解放运动史》和周谷城的《中国通史》。群学社成立后,我们请了钱先生做指导教师。我们经常向钱、吴先生请教。钱、吴先生不但给我们分析时事,讲社会科学和文学,而且教我们如何做人,指导我们走革命的道路。在当时的形势下，他们特别针对我们的毛病，经常谆谆教导我们不要做书呆子，不要死读书，要丢掉知识分子"孤芳自赏"的毛病，要打破小圈子，去和广大同学接近。他们还一再指出，群学社不能只是"学"，而要有更广泛的活动；不能只收男同学做社员，也要收女同学做社员；不能只和水平高的大同学接近，也要团结年幼的小同学。他们夫妇俩确实是我们思想上、政治上的启蒙导师，对我们很多同学后来走上革命道路起了指引作用。新中国成立后，我们才知道当时钱先生是附中教师中最早的中共地下党员之一，另两位是彭慧云老师和陈盛年老师。

钱闻先生于 1947 年 10 月被国民党警备司令部开上了黑名单，被勒令去登记，钱先生当然没有理他们那一套。但后来他们俩终于在白色恐怖中被迫离开了附中。离校前，我曾请钱先生在纪念册上写点话。他写了列宁的一句名言："谁笑在最后，谁就笑得最好。"这表达了他们对革命充满着必胜的信心。

四十年过去，我们这些学生都已年届花甲，两鬓斑白。我们碰头的时候，常常不约而同地要谈到钱先生和吴先生。前两年，我趁出差的机会特地到南京拜望两位先生。他们身体都很好。我向他们谈了同学们的情况，大家都在各自的岗位上为人民作出了点滴贡献，有的同学还作出了比较大的贡献，没有辜负两位老师的教诲。这时两位老师笑了。

祝愿他们健康长寿！

1990 年 5 月为附中五十周年校庆作

原载《西南联大附中——云南师大附中建校五十周年纪念文集》，作者为昆明师院附中 1949 届毕业生，云南大学中文系副教授。

一年受教，终生难忘

——记吴大年、钱闻两位老师

段成鹏

吴大年老师是我在联大附中的第六位级任导师。那是 1946 年春，我在三年级甲班。新来的吴老师非常年轻，比我们这些学生大不了几岁。她有着娇小的身材，面带微笑，细边眼镜后面，闪烁着亲切而又不失威严的目光。她用进步的观点讲授历史课，使同学们耳目一新。她向我们推荐立群（即新中国成立后曾任中共中央宣传部常务副部长的许立群）写的《中国史话》和一些进步书刊。她像关心自己的弟妹一样关心着同学们的成长。当时，级任导师了解学生、和学生交流主要是通过批阅学生的日记（或周记）。有的导师看过日记只写一个"阅"字，而吴老师则针对日记中反映的问题，写上许多批语。她的批语总是那样认真，那样满腔热情，有指导，有鼓励，有提醒，有询问。有时，简直使人感到是在问寒问暖。十六岁的我，不知隐瞒，把自己最隐秘的事也写在日记上。吴老师看不懂，批上"为什么?""怎么回事?"弄得我很不好意思。在课外，吴老师参加班上的旅行、联欢晚会等活动，和学生打成一片。短短一学期，吴老师成了同学们心目中一位值得尊敬的导师，一位可以信赖的知心大姐姐。

假期里，吴老师给我写了一封很长的信，从学习、课外书谈到如何剪报等等。那么亲切、那么诚恳，使我极为感动。一个初中孩子，竟能收到师长这样郑重写来的长信，真是一种莫大的殊荣。这封信我一直珍藏至今。

1946年秋升入四年级后，我被分在乙班。这时，钱闻老师也来到师院附中任教，担任四甲班的级任导师并讲授国文。我没有上过钱老师的课，只是常听振铎说起他向同学们介绍鲁迅、冯雪峰等的作品，非常羡慕，并对钱老师产生了敬仰之情。后来，经吴老师引见，我得以和钱老师相识，经常和他接触，受到他的教诲和指导。

钱老师年龄比吴老师大得多，但在当时也不过三十出头。他身材单薄，穿一套旧西服，清瘦的脸庞，深邃的眼睛，讲起话来总是慢条斯理，不时停顿下来，看着你，似乎在等待你谈出自己的意见和看法。我和振铎等同学发起创立群学社时，聘请钱老师担任指导教师。在"一二·一"以后险恶的政治环境里，担任进步社团的指导者是要冒很大风险的，但钱老师慨然应允，并为我们的壁报刊头题写了"群学"二字。我们经常去拜访他，就如何读书、如何团结引导同学等各方面的问题向他请教。他从不主动向我们作"指示"或讲长篇大论的道理，而是在我们提出问题的基础上，因势利导，稍加提示，启发、引导我们去思考、去分析、去得出自己的结论。例如，1947年9月学生自治会竞选时，他启发我们分析研究校内各种势力的状况和力量对比，帮助我们懂得应当用什么样的策略和方法去团结同学，争取竞选的胜利。钱老师总是显得非常谨慎、含蓄，但他启发式的方法使我们受益更多，对我们更有吸引力。

1947年10月助学运动中，国民党当局在附中公布了诬蔑进步师生"奸党"的八人黑名单，钱老师也名列其中。11月初我被捕，出狱后到学校复学时，已见不到钱、吴两位老师。后来得知，他们已离开了昆明。从此，音信杳然。新中国成立以后，仍无消息，也无从打听。我对两位老师的怀念，只有深深地埋在心底。

世上竟有这样的巧事！阔别近十年的师生在一次旅行中不期而遇——我和钱闻老师重逢在一趟列车上！

1956年9月，在团中央工作的我到华东出差。从苏州赴上海途中，我在车厢中走动，迎面走来一人，和我擦肩而过。那面孔好生熟悉，我猛然想起，这不是钱闻老师吗？我连忙回转身向前追去，穿过几节车厢才追上。我叫了一声："钱老师！"钱老师回过头，满脸惊愕。待我自我介绍后，他从惊愕转为激动，紧紧地和我握手。他也是去上海出差的。抵沪后，我到上海大厦看他，谈了很久。两位老师都在常州工作。我们约定，国庆前在常州相会。没想到，当国庆前夕返京时，交通紧张，中途下车很难再买到车票，我不得不临时决定放弃在常州下车的计划。结果，让到常州车站接我的两位老师空等许久，深感歉疚。更遗憾的是，错失这一机会，使我和吴老师的见面又推迟了二十几年。

20世纪70年代末，我在中国少年儿童出版社工作。打听到钱老师在扬州师范学院，我利用80年代初一次出差的机会，专程前往扬州。急匆匆赶到扬州师院时，却失望地得知钱老师已调往南京。终于，在南京见到了久别的两位老师。吴老师头发花白，但神情容貌仍和当年一样。钱老师则显得憔悴、苍老。吴老师忙着做饭款待我，我们边吃边谈，谈附中，谈附中的同学，谈昆明，沉浸在对那段难忘时光的回忆中。几年后，我们再次在南京相聚。此后，杨振铎、白祖诗、杨丽华、戴汝昌等同学都曾到南京看望过两位老师，两位老师也不时和昆明的同学互通书信。中断了几十年的师生联系又恢复了。

几十年来，两位老师一直未离开教育工作岗位。如今，钱老师已年过八十，吴老师已年逾古稀，他们仍继续默默地奉献着自己的力量。他们无时不在关注着国家的命运和前途。十几年前，钱老师得知我在编辑"少年百科丛书"，对这项工作给予了热情的鼓励和支持，把我们比喻为采花酿蜜的蜜蜂。他们像当年关心附中学生的成长一样，关心着今天青少年一代的成长。

吴大年、钱闻两位老师在附中任教不到两年，我接受他们的教诲也只有一年多一点时间。然而，这短短的一段时间，正是一个少年的人生观、世界观形成的关键时期。是两位老师，以他们的言传身教，让我们懂得了怎样读书、做人，怎样认识社会；是他们启发、指引我们走上了革命的道路。他们是我和一些同学人生道路上最初的启蒙者和引路人。这种崇高的师生情谊，超越时空，延续半个世纪，历久而弥新。它已融入我的生命，成为永不磨灭的美好回忆，而且至今仍给我们以激励。今天，虽然天各一方，但两位老师似乎仍常常在我们身边。当感到有什么要告诉他们时，我会给他们写信，我也会欣喜地接到他们的来信。我要借这篇文章的结尾，再次遥致我的问候：吴老师、钱老师，你们好！祝你们健康长寿！说不定有一天，你们会出现在翠湖之滨，钱局街头，附中旧址前，和你们的白发苍苍的学生们来一次欢乐的大团聚呢！

1997 年 10 月于昆明

原载《西南联大附中——云南师大附中校友通讯》第 13 期。作者为昆明师院附中 1949 届毕业生，中国少年儿童出版社编审。

一日为师，终身为师

朱嘉耀

　　这是曾经以《小难民自述》而蜚声文坛，被誉为"东方安妮"的小才女"金陵小岵"，她完全可以走向文坛；这是一位受教于雷海宗、郑天挺、蔡维藩、陈岱孙和吴晗等学者大家的西南联大历史系的高才生，她也可以走上学术研究之路。但她选择了教师职业，从此由教师到校长，到教育官员，无论在什么岗位上，她都坚守教师的德性和人格。她是一名大写的"人师"。

　　中国中等师范教育的黄金时期在 20 世纪八九十年代，中师的繁荣有多种原因。那个时期从教育部师范司到省教育厅师教处，有一批得力的官员也是因素之一。我所熟悉的就有好几位有识见、有能力、有情怀的司长、处长，而江苏省教育厅师教处吴大年处长，就是一位让我敬重的领导和老师。

　　我知道吴大年的名字是在 1964 年前后，那时教育厅负责高教的方非副厅长和吴大年来徐州师院考察。在她们离开徐州后，我曾听到中文系总支书记马焕周提到省厅方厅长、吴处长调研的事，这位"三八"式（1938 年参军）的干部对两位女士称赞有加：懂教育，有水平，有气质，难得的女领导。我虽未见，但两位的名字被嵌入了记忆——没有脂粉气的知识女性的名字。

我见到吴大年处长则是在 1981 年春。我调回南通，到南通师范学校工作。教育厅师教处吴大年处长和张行副处长来校调研。学校经过几年的"拨乱反正"，恢复师范特点，以"办成一所像样的中等师范"为阶段性目标取得了可喜的进展。吴处长像发现了矿藏一样，在学校整整勘察深挖了四天，开了大大小小五个座谈会，同校领导、教师、学生座谈，还进了课堂，去了附小。她说得少，听得多，不仅听，而且问，她的问不只是了解，更在于追寻，在于发现。纤弱却干练的身姿，素淡雅洁的仪表，沉静而又亲和的态度，轻言慢语，刨根问底，乐于倾听，平等交流，让通师的老师们结识了吴大年处长，吴处长自此也与通师结下了不解之缘。吴处长离开才十多天后，又回到通师，召集了苏州、无锡、常州、盐城和南通等地市十多所中师的领导和部分教师开了现场会。自此，每年师教处或省教委都要在通师举办一两次活动。吴处长每年也都不止一次地来到通师，而我们碰到问题也乐意去南京向吴处长求教。这样，通师不只是她管辖下的一所学校，也是她的一个点，一个乐于深耕和采收的园地。因为这频密的接触，也因为吴处长的人格魅力，我们与吴处长之间已超越了上下级"指令—执行"与"汇报—批评（评价）"的关系，也脱离了威权与服从的主从关系。从对她信任出发的求教与她对我们的理解和支持，成了工作关系的主调。

记得 1986 年的上半年和下半年，省教育厅各有一次活动以通师为现场。一次是 1 月中旬，为推动教育改革，省教育厅在南通

图 27   在通师校园张謇铜像前(左起朱嘉耀、吴大年、张行)

召开了江苏省市教育局长、部分县教育局长及部分中小学与中师校长会议。会议不仅安排我校作典型发言，还要到校参观，参加班级活动，考察教学改革进展。市局还特地指定我校要搞一个专场文艺晚会。任务重，要求高，压力大，全校进行了总动员，积极投入准备工作。本着对通师一贯的关心，希望学校能全面展示教学改革成果的期望，吴处长和张处长在会前一天就赶到通师，下午在听取汇报后，实地全面检查了我们的准备工作。他们一路走、一路看、一路听，感到很满意。最后到了教改成果陈列室，看到丰富的展品，吴处长面露喜色，但从头到尾看过来之后，沉吟了一下，和张处长交谈了几句。走出陈列室到办公室与我们交流时，吴处长全面肯定了学校的准备工作，而当谈到陈列室时，她说，短短十多天布置出这么个展室，真不易，陈列的材料很丰富，反映了改革带来的方方面面的成绩，给人以鼓舞。继而她仍含微笑却又认真地说：从我们了解的学校这几年的改革进程看，好像反映改革的思路还不充分，重点是不是也还可以更突出些？批评是委婉的，但切中要害。可能是考虑到时间紧迫，吴处长没有提大改动的要求，只希望在一些局部作些调整。但摆在我们面前的问题是要不要改，怎么改。我们理解吴处长基于时间没有提过多的要求，而我们不能不自加压力。在吴处长走后，经过简短的商量，我们决定大动干戈。在"进程""思路"和"重点"上着眼，将平面的结果陈列改为过程性展示，将全面罗列改为对理念变革下突破性进展的展示。好在材料是齐备的，纲举而目张，经过文字组、材料组、美工布展组通宵达旦的努力，陈列室面目一新，既有改革进程纵向的展示，也突出了理念的转变、教学模式内容和方式的改革、形成的教科研成果三个重点。当第二天下午吴处长随代表们走进陈列室，仔细地观看了展览走出展室后，我看到她脸上绽满的笑意："没想到一夜间就有这么大的改变！"就像看到在老师启发下顿悟的学生那般欣慰。现场的考察以罗明厅长的"引人入胜"的评价圆满结束了。我们长长舒了一口气，而吴处长则与我们一样高兴。

经过这次活动，我们与吴处长之间似乎更加默契了，她和师范处的意图我们能够把握，而我们的一些设想他们也都能理解与支持，他们对我们学校这支和谐的能干事、能成事的队伍，也更信赖了。因此当这年10月份省教育厅决定在我校举办全省中师校长研讨班时，师教处只是向我们交代了任务，除会务外，要求我们就把握中师办学规律、明确改革方向、提高管理水平和教育效果这一主旨提供考察的现场。较之年初会议的半天考察而言，这次来自省内的中师和浙江、广西、江西的部分中师校长历时二十天在校内的全方位审视，则是对我们更大的考验。但师教处除布置任务、与我们商谈、了解情况并予指导外，吴处长并未事前检查，而是与代表们同日到校。二十天的会期除外出考察一周外，两周时间均全天在通师。学校从整体到细节不留死角地全部呈现在代表们的眼前，与会校长们还在吴处长带领下开了多个座谈会，进了课堂，听了各科教学；参加了课外活动，与学生广泛交流；进了办公室，与教师交谈；进了食堂、寝室，关注学生的生活；到了附小，不仅听课，还就通师毕业生的工作状况做了调研；观摩多个班级的基本功汇报、班会活动乃至学生的生日晚会，深入学校生活的方方面面，把脉在校学生的教育质量和精神状态。如此全方位对一所学校进行剖析了解是我们没有想到的，也是再未经历的。我们虽备受考验，但内心也不禁为吴处长办班的这种设计和践行而叹服！对于领导者来说，观念的传布，思想的转变，作风的锤炼，方法的指导，经验的传递，最好的途径是自身示范性的决策部署与亲力亲为，是在实践中对样本的解剖、分析、总结、提炼。作为一个亲历者，也是一个受教者，我在这次研讨班得到的最大的启示莫过于此。

也是在这个校长研讨班期间，吴处长参加了多个班级的活动，其中幼师三年级的基本功汇报是在老体操房里举行的。四十位同学人人上阵，展示了自编、自创、自演的朗诵、唱歌、跳舞、讲演、说故事、形体训练、纸工、泥工、图案画、简笔画、缝制、毛笔字、粉笔字等幼儿教育必具的技能，同学们饱满的情绪、纯熟的技艺和精彩的演出深深吸引了参加活动的校长们，打动了吴处长的心灵。演出结束，同学们请吴处长讲话。吴处长满面笑容地作了即席讲话，在热情肯定了同学们的汇报后，她动情地说：看了汇报演出，相信你们一定会成为出色的幼儿教师，真羡慕你们教育的幼儿，他们会多么幸福。我真希望我的孙子、孙女能在你们的教育下成长！话音一落，同学们呼啦一声拥到吴处长身边，将她团团围住。在现场摄影的老师抓拍了这个镜头：一群未来教师簇拥着一位年近花甲的"老教师"，人人身上洋溢着教育情，个个脸上绽开幸福的笑！这张照片后来被展示在校史室里，印在了南通师范九十周年校庆的画册里，也印在了吴处长的著作《跨世纪的教育情怀》的封面上。通师人珍惜这张照片，因为它记录的不只是汇报活动中的一瞬，它还录下了吴处长这位老教育人和新一代未来教师心灵的共振。吴处长珍惜这些照片，可能也不只是因为它牵引出在通师这块田园里播撒、耕耘、收获的种种回忆，还在于它呈现了她和通师人相通的教育情怀！

正是在这种频繁而逐渐深入的接触中我们识得了吴大年处长：这不仅是一位作风深入细致，为人中正清明，处事待人既严格又有度，既理性又富情感的好领导，还是一位既有宽广视野又富进取精神，既有学识修养又有胸襟的开拓者。而吴处长的开拓进取特别表现在 20 世纪 80 年代前期多项具有前瞻性的工作中，而我对曾亲历的两件开创性的举措印象尤深。

一件是江苏省小学骨干教师研究班的举办。

60 年代中后期，师范学校一度停招，小学师资严重缺失，合格教师更是匮乏，在发展职前教育的同时，职后教育的任务同样繁重。当大家都在职后教育中集中关注学历补偿教育之时，吴大年和她的同事则敏锐地看到作为教师队伍领头人的优秀教师、骨干教师断档的危机。1982 年上半年师资处即在厅领导支持下决定举办小学语文、数学两个学科骨干教师的研修班，这在全国即使不是首例，也是首批。我有幸参加前期的讨论，听取了吴处长的规划：从 1982 年起到 1985 年，连续办班，以骨干教师为起点，以特级教师预备队为目标，为全省各市培养一批优秀教师。这对江苏省小学教师队伍建设来说无疑是件破天荒的举措。

经教育厅研究，由南通师范率先试水，江苏省于 1982 年秋举办首期语文骨干教师研究班。学校接受了这一任务，交我负责筹办，并兼任该班首期班主任。在办班过程中，我曾不止一次地去师资处请示并听取吴处长的意见，我的工作笔记上还记录着一次关于研究班教学重点、课程安排和教学方法的讨论中吴处长发言的要点：四个月的短训不可能解决全面素养问题，重点应在基础理论的掌握与应用，使之知其然，知其所以然；课程内容的设置要有明确的指向，要具体到每一讲都有要求；要突出自学为主、研究为主，要引导并组织读书；要突破全日制师范学校教学的束缚，走出一条适应骨干教师研究性学习的路子。这些高屋建瓴的指导性意见和富于开拓性的见解，给我们以很大的启示。我心里暗暗思忖，这位身材瘦小的女领导竟有这样的气魄，她那和蔼的眼睛里透出的竟是这样具有识见的目光。首期研究班圆满结业了，学员很快便成了江苏小学语文教坛上的新星，纷纷评上特级教师，他们都自称为江苏小学教师中的"黄埔一期"，而这"黄埔"的总教席应是吴处长。由于首期研究班的成功，从 1983 年起，常州师范、无锡师范、高邮师范、晓庄师范先后加入办班的行列，举办了语文、数学、自然骨干教师研究班，前后共培训了六百多名骨干教师，为江苏小学教育打造出了一个庞大的优秀教师群体。

二是五年制师范教育试验的启动。

1980年教育部颁布的《中师规程》规定中师招收初中毕业生，修业年限三年或四年，这为建立一支"数量足够、质量合格、相对稳定的"小学教师队伍从学制上作了基本保障。江苏和全国大多数省、市、自治区一样，采用三年制。三年的短学制既要保证中等文化，又要进行专业教育训练和见习、实习，难免捉襟见肘。在中师规模发展能基本适应教师队伍建设数量要求的形势下，教育部师范司倡导中师实行四年制。江苏省师教处也曾设想试行四年制。

我们学校也曾进行过多次研讨，达成的基本共识是：通过中师课程、教学模式与方法的改革，正确处理知识与能力、基础文化与专业知识、课堂教学与课外活动及教育实践的关系，可以大幅度提升教学的绩效，三年制中师可以适应当前小学教育的需要；而考虑经济、社会发展和教育未来的需求，小学教师的职前教育就不只是简单的延长一学年就能解决的，它必须有新的质的规定性并实行高一个层次的学制。因此我们的诉求是：进行学制改革，培养专科程度的小学教师。1983年9月10日教育部副部长张文松来校视察，在向张副部长汇报的过程中我们提出了对学制进行改革、培养专科程度小学教师的设想，得到了张副部长的支持。随后我们迅即向省、市教育厅、局作了汇报，提出了请求。我曾专程去师资处向吴大年处长、张行副处长汇报。吴处长神情专注地听取了汇报并对我们这种主张的理由、基本构想作了认真探询后，转过脸对张处长说："怎么样，老张，看来我们得向罗厅长正式报告一下。"张行同志爽快地说："好呀！好呀！"
他们的表态让我心里悬着的一块石头落地了。我们曾经估计这与
师教处设想的逐步推广四年制这一不涉及基本学制而又有利于质
量提高的计划是种冲撞，师教处即使不反对，至少也会以"研究
研究"作为回复。没想到吴处长没有迟疑，没有推脱，径直决定
向厅长汇报。顿时，我的心头一热：我不仅感动于她对基层、对
群众改革与创造的热情支持，面对有悖于原思路的设想的豁达与
宽容，更感佩的是她敏锐捕捉新事物合理因素的思维力和源自睿
智头脑和丰富经验的决断力。

　　我的这种感受在培养专科程度小学教师的试验立题、论证、
开篇与进入实施阶段的过程中一再得到证实。在吴处长、张副处
长向罗厅长汇报，得到罗厅长首肯后，这一大胆的设想成了扎实
推进的事实，吴处长则指挥我们首先进一步加以论证，继而研制
教学方案，拿出试验的计划……她还亲力亲为在南京召开教师座
谈会听取校长和教师对这一改革的意见，力推教育厅将实验班的
招生列入当年的省招生计划，促成了五年制试验的开篇。在与我
们的多次探讨中，她超越领导干部行政视界的，在专业范围的智
慧与眼光每每给我们很大的启迪和鼓舞。翻开我 1984 年的工作笔
记，2 月 21 日在师资处仅吴处长等人与我们的小型研讨活动的记
录中就记载了吴处长的发言，其中关于学制的选择和课程设置及
相关的专科程度这几个关键问题，她都有明晰的见解。在"五年
一贯制"还是"三二分段"的异见中，她说：我同意通师五年一
贯制的意见，从初中毕业的起点培养专科程度小学教师，这是改
革而不是改良，同时也有利于放开手脚，不受中师学制的影响。
讲到课程，她有一段回顾：我在西南联大读书，那时西南联大和

一些老大学大一时都要读语文，我的语文就是沈从文讲的，中国通史是吴晗上的，英文要上，还要学社会课，逻辑学。那时文科要选一门理科课程，理科要选文科课程。这种拓宽基础、文理打通的做法可以吸收。关于专科程度，她认为要考虑专科程度，但不要和培养初中教师的师专一一对比。我们不分文理科，不能照搬师专课程。要减少课程门类，从培养小学教师出发设课。课程名称也可以新立。她主张语文、教育类课程标准要高，数学要设微积分，到高年级时可语数选学，学生可各有侧重，最终能一专多能，兼教多科。吴处长的这些意见既高屋建瓴，又有理有据，这是一名专家型领导的真知灼见，即今读来也令人佩服。在此后五年制师范的教育实践中，我曾多次从与吴处长的座谈中得到教益，不是或主要不是指示、表扬或批评，而是一种师者的带有探究性的平等的交流。

吴处长是在1985年办理离休手续的，但因省厅领导安排"离休不离岗"，一直在师教处工作到1989年才离开师范教育的岗位。然而她的心从没有离开过教育事业，她所钟爱的师范教育，以及她曾一次次探访过的菁菁校园、莘莘学子、辛勤园丁；而曾被她关怀的学校、萦怀的师生也都怀念这位长者。三十年了，我知道有许多校长、老师还和吴处长保持着联系。而我也会每每从与吴处长的往还中感受到温暖的关怀：她会问起学校的现状，对在体制和层级变动中的学校充满着关切；她会问起那些熟悉的老师，成楷民、王炯、刘秉镕、罗玉芬、李庆明等等；她还会提起在通师参加的那些学生的活动，打探他们的工作情况。我记得她曾不止一次提到或在文章中写到1986年校长研究班期间参加五年制普师二年级班会的情形。在那个以"闪光的职业"为主题的活动中，一个个学生敞开了心扉，讲述自己报考师范的思想历程，讲教师之家的共同理想，讲从小至今得到的师爱、师恩，读母校老师的来信，描述寝室夜话教师职业的理想，赞扬身边老师的榜样……吴处长被深深地打动了。当活动临近尾声，主持人班长范峻浈请她发言时，吴处长发自肺腑地讲起了她选择教师职业的初衷和从事这一职业的感受，最后说：如果我有第二次生命，我仍然会选择教师这个闪光的职业。全班同学热烈地经久不息地鼓掌，范峻浈代表全体同学走到吴处长面前深深地鞠了一躬，感谢吴处长的深情教诲。这个场景深嵌在吴处长的记忆中，所以她曾多次向我问询叫范峻浈的那个女班长的情况。我也不止一次地告诉她范同学的工作状况，每次听后她都会露出欣慰的笑容，而我从这种跨代的关怀中感受到的是一种怎样的教育情感啊！

吴处长在她的《跨世纪的教育情怀》中写过这样一段话："古话说'一日为师，终身为父'，而我从做了一辈子的教育工作中得到的个人体会却是'一日为师，终身为师'。也就是说，一个曾经与人为师的人，应该终生以教师的标准来严格要求自己，即便有一天已不在讲台上面对学生了，无论身处何时何地，自己的一言一行也都应该符合'教师'这个神圣而光荣的称谓。"

吴处长以自己的人生最好地诠释了"一日为师，终身为师"这个命题。这位十三岁时曾以《小难民自述》蜚声 20 世纪 30 年代，被誉为"东方安妮"的小才女"金陵小岵"，完全可以走向文坛，这位受教于雷海宗、郑天挺、蔡维藩、陈岱孙和吴晗等学者大家的西南联大历史系高才生，也可以走上学术研究之路，但她选择了教师职业，走上了西南联大附中的课堂，从此由教师到校长，到教育官员，但无论在什么岗位上，她都坚守教师的德性、人格，她是一名大写的"人师"。

我永远敬重您，吴大年老师。

附：吴大年给朱嘉耀的信

嘉耀同志：

你好。

《一日为师，终身为师》一文已收到多日。写得非常好，感人至深。以至我读了三遍后，几番思量，才给你写回信，但仍觉不能充分表达我读后的感受。

文章用写实的笔法，举了几个实例，因事及人地写人。文中所举实例都是20世纪80年代江苏中师在历尽波折后恢复、发展和深化教育教学改革进程中的几件大事，其中既有从中央到地方教育行政部门领导的高度重视，更凝聚着广大江苏中师校领导和教师们付出的大量心血，而南通师范作为示范学校发挥的示范作用，在带动全省中师全面提高方面也有重要的作用。这都是当年真实的时代背景，对江苏中师的繁荣发展至关重要，而这些都在你的文章中体现出来了。虽然看起来着墨不多，却是简洁而清晰的。正是在这样的背景下你写了我个人，这种寓人于事的写实笔法，让人读起来觉得很自然，既真实、具体生动，也恰如其分，更有意义。

谢谢你，谢谢你对我的理解，虽然仍难免有当之有愧之感。不过，我更珍视我们之间的友谊，它是基于我们在工作中相似的教育理念理想和几近痴情的师范教育情怀的，弥足珍贵，倍感亲切！

有两个具体问题请考虑略作更改：

一是我在省教育厅工作的处室名称。自 1979 年成立师范教育处后，在我任职期间这一名称始终未有变动，即使 1986 年 7 月教育厅、高教局合并成立省教委，初时"师教处"的设置名称也未变。而"师资处"则是在我离职以后的事，具体年代我不清楚，据说是把师教处并入当时另一个名为"师资处"的处室而仍名之为师资处的，其职责范围也与我任职时的师教处不一样了。据此，我希望在你的文章中统一用"师教处"的名称。同理，有些地方用"省教委"名义，也以用"教育厅"为宜，因为这更符合历史真实。

二是我离休的时间。我是在 1985 年底办理离休手续的，但吴椿副厅长找我谈话，说党组研究决定要我"离休不离岗"，继续工作几年。1988 年办完了三期中师校长研讨班后，从 1989 年起我才正式退下来，转到编纂《江苏省志·教育志》的工作上来。以上所述详情仅供你参考，修改时我意不必详述，只需将年代略作改动即可。

再一次向你致谢，并祝秋安！

吴大年

2016 年 10 月 12 日

原载江苏省南通中学网站"校史校友"栏目，2020 年 12 月 7 日。作者为南通师范学校原校长、特级教师。

一位芳晖老人的情怀

戴年陶

　　一个偶然的机会，我在网上看到了《琐记芳晖女中》一文，如获至宝，随即转发给李培校长，李校长觉得这篇文章非常珍贵，表示一定要抽时间亲自拜访这位可敬的作者——吴大年。

　　吴大年，1925年出生于北京，祖籍上海，西南联大历史系毕业，1954—1956年就任于芳晖女中，先后担任教导主任、副校长。在这两年多一点的时间里，她与女中的教工和学生朝夕相处，甘苦与共，结下了深厚的友谊，书写了芳晖女中一段不平凡的篇章，留给后人一串弥足珍贵的记忆。

　　在热心老校友程蕴箴老师的多方努力下，我们终于与吴老取得了联系。3月16日，我随李培校长、陈文伟副校长、潘梦君主任和程蕴箴老师来到了南京吴老的住处。

　　开门迎接我们的正是吴老，程蕴箴一进门就拉着她的手问："你知道我是谁吗？"吴老细细打量了一下，随即笑着喊道："程蕴箴。"两人激动地紧紧拥抱。接着程老师把我们几人一一介绍给吴老，李校长首先表达了对她的问候，说明了我们的来意，赠送了学校的宣传画册。当李校长将为九十周年校庆提供稿件的纪念证书送给吴老时，她忍不住摘下眼镜拭起了眼泪，过了一会儿又笑着说："我今天真是太高兴太激动了，我虽然在女中待的时间不长，但是我对女中的感情很深。"接着就和程蕴箴一起回忆起那两年女中的那些教师和那些学生。吴老虽已九十高龄，但精神矍铄，十分健谈，除了听力不太好，说话声音响亮，吐字清楚，思路清晰，语句连贯，60 年前的往事仿佛就在昨天。

转眼 45 分钟过去了，考虑到吴老年事已高，我们不便久留，临别请她为九十周年校庆题词，她欣然提笔，先在草稿纸上写一遍，然后再写在留言册上："殷切期望常州市田家炳高级中学在新时期谱写更加美好的'教书育人'新篇章。"这是一个老教育工作者、老校友的教育情怀。李校长代表学校将一盒写有"九十"字样的大蛋糕送给了这位与田高中同龄的老人。

临走时吴老执意要送送我们，我们搀着她从三楼一直走到一楼，我们祝福她健康长寿，再一次与她紧紧拥抱，她一直目送我们远去，频频挥手⋯⋯

原载常州教育网，2015 年 3 月 17 日。作者为田家炳高级中学语文教师。

花开时节又见君

戴年陶

元宵过后，年味淡去，春意渐浓。

芳晖园里的鸟啼清脆起来了，青果巷边的河水涨起来了，红梅公园的梅花亦已悄然绽放：春天正向我们走来。

一年前，恰逢学校九十周年校庆，也是这样的一个季节，我随李培校长、陈文伟副校长、潘梦君主任和已退休的程蕴箴老师专程前往南京，拜访一位尊敬的老领导、老同事，昔日芳晖女中的副校长——吴大年女士。

一年后的今天，2016 年 2 月 24 日，正月十七，开学后的第三天，我依然随李培校长、陈文伟副校长、潘梦君主任和程蕴箴老师专程前往南京，再次拜访这位可亲可敬的、对芳晖女中怀有特殊感情的、与常州市田家炳高级中学同龄的芳晖老人。

知道我们要来看望，吴老早就在家门口迎接了。一见面我们与她一一握手，互致新年祝福，程蕴箴依旧是一个激动热烈的拥抱。再次见到吴老，我们都感到很开心，她依然那么精神、那么健谈，只是她听力有些不好，我们说的每一句话都由她儿子在她耳旁重复一遍。

落座后，吴老说去年 11 月 28 日，九十周年校庆时她准备来参加的，但因身体原因未能成行，她感到十分遗憾和抱歉。李培首先向吴老汇报了我校 2015 届高考取得的历史性突破，当吴老听说有位学生考取了清华大学，我校二本达线率接近 90% 时，她先是十分惊讶地看着我们，随后情不自禁地鼓起了掌，高兴得像个孩子一样，连连夸赞道：了不起！了不起！你们真了不起，谢谢你们，谢谢你们。

接着李培把我校九十周年校庆纪念品送给了吴老——两只带有"福"字的茶杯、一个存有学校介绍和校庆当天实况录像的优盘、一本校庆纪念文辑《芳者永晖》。李培还解释了这两只茶杯的寓意：杯杯（辈辈）有福。吴老十分高兴地收下了。

接下来的话题都是围绕《芳者永晖》这本纪念文辑展开的。当吴老翻到自己的文章《琐记芳晖女中》一文时，她忍不住摘下了眼镜，我们分明看到她眼角的一丝泪水，看得出她的内心非常激动。她指着文中照片上的人，一个一个地报出他们的名字，有的是芳晖女中时期的同事，有的是她在芳晖女中时的学生。程蕴箴告诉她，照片上的同事有很多已不在人世了，她的表情顿时凝重了起来，忧伤就挂在脸上。李培为了让气氛轻松起来，就指着我对吴老说："你的这篇文章是戴老师在网上看到的，非常珍贵，我们正缺这一部分的历史，看来我们还真是有缘啊！"吴老把目光转向我，亲切地问："戴老师是哪一年来学校的？是哪个大学毕业的？"我告诉她我是 1991 年从扬州师范学院毕业分配到学校的。她眼睛顿时一亮，"你是扬州师范学院的？"我马上想到吴老在 20 世纪 70 年代曾在扬州师范学院担任过书记和系主任，她不成了我大学母校的老师了吗？我立刻回答道："是的，吴老，这样说来我还是你的学生呢!"众人笑道:"这又是有缘啊!"气氛又变得轻松而愉快了。

最后,李培向吴老介绍了新校区的建设情况,看到新校区的宏伟蓝图,吴老兴致很高,关切地问道:"新校区在什么地方?""在原来的刘国钧职业教育中心。"陈文伟回答道。我们都以为她不会知道刘国钧职教中心,谁知她竟然说她去过这个学校,是她在江苏省教育厅师范教育处任职时去过的,我们相视一笑:"啊——这不是又有缘了吗?"吴老乐呵呵地笑了,笑得特别开心。

临近中午,我们提出告辞。吴老把她写的一本书《小难民自述》赠送给我们,这本书是她十三岁随家人向西南逃难时所写的。我们与她合影留念,再次一一与她紧紧握手,祝福她健康长寿,期待着明年再相见。她依然执意要把我们送到楼下,我们婉拒,她就伫立在家门口,依依不舍地与我们挥手告别……

原载常州市田家炳高级中学网站"田中要闻"栏目,2016年2月29日。

吴大年先生点滴印记

崔一良

　　2013 年 8 月，我与原江苏省教育厅师范教育处老处长吴大年先生取得联系，并在博客上加了好友。几年下来，我和这位毕业于著名学府西南联大的米寿（88 岁）长者、教育界泰斗成了忘年之交，每当与师范人交流，我都会自豪地谈起自己与大年先生的交往。

　　三年后，我到南通参加江苏省教育学会教师教育专业委员会 2016 年年会，与大年先生的继任者张行老处长相遇，他跟我谈起不久前与先生的一次聚会，在得知我与先生的交往后，也很是高兴。会议期间，在中师老校长座谈会上，大家在回顾江苏中师发展历程时，自然又谈起大年先生。校长们深情回忆起与先生交往的点点滴滴，纷纷对先生的师范情怀和高风亮节表达了发自内心的崇敬。

　　在师范教育处处长任上的大年先生，对工作全身心投入，有着火一样的热情。她的身影常常出现在大江南北的 36 所师范学校校园里，她深入到教学一线，在教师办公室、在学生宿舍、在学校食堂，与广大师生交流，进而全面了解江苏师范教育的实际情况，为谋划和推动江苏师范教育事业发展殚精竭虑、不辞辛劳。

南通师范学校原校长朱嘉耀就谈起大年先生在通师的调研情况。

1981年春，为了总结推广中师管理经验，她在通师待了4天，数次与师生举行座谈，仔细察看了校园的每一个角落，与教职工、各年级学生广泛接触，从而实地掌握了学校情况，全面系统地梳理、总结了通师学校管理方面的做法和经验。朱校长深有感触地说，吴先生每到一所基层学校调查研究，不是走马看花、蜻蜓点水，而是真正花功夫沉下去，这在当时也不多见，在浮躁的当下更是难寻。1984年3月，省厅师教处在通师召开全省12所师范学校校长座谈会，吴先生亲自主持了这次会议，会后写成《江苏省中等师范教育1980年以来的回顾》。那些年，她差不多每年都要来通师视察，在她和通师师生们的共同努力下，后来总结出的通师经验，在全省面上进行推广，继而引起全国师范教育界的关注和好评。

1985年11月，大年先生来我工作的单位盐城师范学校调研，那时我任学校教务主任，有幸参加接待。她听取了校长徐必余的汇报，并参观了校园。在与我们的接触中，先生总是认真、详细地了解学校教育、教学的方方面面。这次亲历与先生的面对面交流，给我留下极为深刻的印象。直到现在，我还珍藏着一张当时我和徐必余、黄士林等同事陪同先生察看盐师校园的照片。其时，我们都很清楚，1985年4月江苏省教委下发了《关于改革中等师范教育的意见》，为江苏省中师教育的发展绘制了一幅蓝图，这与大年先生踏实苦干所付出的心血和深入细致的调查研究是分不开的。

谈起先生，大家特别敬佩她的为人。出身于书香门第的先生，总是那么平易近人，严于律己，见微知著。当年在基层学校

图 28　接受小记者孙涣采访，后排右为本文作者

视察期间，她的不少工作与生活细节，至今还在学校师生中流传，为人称道。

原高邮师范学校校长蒋树山讲述了流传在他们学校的一则小故事。有一次，大年先生一行三人赴高邮师范学校调研，学校为方便他们携带回报材料，特为每人提供了一只塑料文件袋。不承想，他们调研结束回到南京不久，学校就收到大年先生寄来的九元汇款，并注明这是购买三只文件袋的费用。而类似情况，在如皋师范也同样发生过。

大年先生在基层学校考察，一律拒绝宴请，坚持在教职工餐厅就餐。陈之芥老校长谈起先生在无锡师范、洛社师范考察期间的一些活动细节。两校教职工餐厅就餐人数较多，需要排队。就餐时，大年先生总是先买好饭菜票，然后自觉地站到排队就餐的教职工中，跟大家一样打饭打菜，从不搞特殊化。

盐城市教育局原副局长周晓林看到我的微信中与大年先生交往的相关记述，跟帖回忆起 1985 年他借调在省教委职教处时与先生的一些接触。当时，职教处与师教处合用一部安放在走廊的电话机，因为电话靠近师教处，大年先生往往是不厌其烦，主动帮助传呼职教处的同志接听电话。时隔31年，这些场景仍然使人记忆犹新。

这几年，已到耄耋之年的大年先生时不时会光顾我的新浪博客，且不顾年事已高，写信表达对昔日年轻教师和中师学生的关心和想念。她的新著《跨世纪的教育情怀》出版后，她便让其子钱承军（南京师范大学教授）给我寄来一本。2014年1月5日，她在给我的信中写道：

> 今天上网浏览，偶尔见到你于去年8月发在《阜宁高师》上的几幅老照片，因之前我未见过，故十分珍贵！也很感慨，照片上的孩子们是多么可爱啊，想必她们现在都已成家立业了吧？向她们问好！按国人习惯，我今年已入九旬，精神尚可，回想八十年代师范教育的春天，那真是众人拾柴火焰高，应该感谢当年你们这些充满朝气的年轻师范人呵！

字里行间，流露出的是一位老教育家对师范教育事业，对师范人那种独特的关爱与情怀。我常常反复阅读这封信，细细品味，倍感温暖……

作者为阜宁高等师范学校原党委书记，写于2016年9月盐城紫园。

看激荡岁月，忆似水年华

——读吴大年《跨世纪的教育情怀》有感

穆嘉琨

　　吴大年同志的自传式新著《跨世纪的教育情怀》今年上半年由上海远东出版社出版了，我有幸获赠一本。我和大年同志虽是多年的老同事、老朋友，但读了这本书之后，我才对她有了更深的了解。大年这本书，确实是一本有特色的值得一读的好书，它有三方面的特色。

一、富于思想性的现实主义写作风格

　　此书把《小难民自述》作为开宗明义的第一章，十分自然必要，因为它是一本宣传抗日救亡、弘扬爱国主义观念、具有历史和现实价值的作品。我早在 2008 年就看到这部作品，比一般读者早了四年，当时受到很大的震撼。我没有想到大年同志居然是一个女神童，早在 13 岁时就写了这本近四万字的作品，它吸引了著名作家冰心为之作序，著名历史学家顾颉刚题写书名，以及几位记者、著名出版家的重视与赞赏，并且在商务印书馆正式出版。而更令我吃惊的是，大年同志竟将此书的孤本藏于箱底，秘不示人，低调沉默，将近70年后《凤凰周刊》女记者吴海云采访她时偶然得知，这本小册子才重见阳光，始向少数好友透露。她这种视名利如草芥的高尚品德是一般人难以达到的，引起我对她的崇敬。我读后就感到她既是一位有写作才能的人，又十分勤奋。她写文章擅长写情、写人，细致生动，引人入胜，确实是一位现实主义的文学作者。这次看了她《跨世纪的教育情怀》全书之后，很多篇文章，包括她写鼓楼小学、写西南联大、写下放金湖、写机关工作等文章，我感到仍与她少女时代所写的《小难民自述》一书保持一样的风格，并有所改进与提高，使读者感到她的文章有趣味、有思想、有深度。她虽然没有像冰心所期望的那样成为一个女作家，但我觉得她所有的作品达到了一位专业作家的水平。后来她虽然长期在省教育厅机关工作，但她写的文章毫无衙门官气，不教条、娓娓道来，有情有理。她的文章常常开门见山，从讲故事说起，并把自己的一些想法摆进去，浑然一体，使读者感到亲切自然。她十分重视细节的描写，认为只有写细节，才能把事情讲深讲透，做到于细微处见精神。

这里，我打算通过大年同志所写的几篇文章来研究考察她的写作风格和写作技巧。一篇是《我心中的南京鼓楼小学》，大年竟是于70多年前在这所小学读了四年直至毕业。而这篇文章写得相当精彩，文字生动，语言流畅自然，既有可读性又有思想性，可称为此类文章的一篇范文。这篇文章约有五千字，篇幅较长，内容很多，我只讲三件印象最深的事。一是大年在外地读小学二上年级，她母亲让她转学报考鼓楼小学的二下年级，谁知发榜时，在二年级的名单中，竟然没有见到她的名字，大家都感到惊异。大年的舅舅不信此事，再次前去看榜，结果在三年级名单中看到大年的名字，疑团顿解，全家皆大欢喜。由此可见，鼓楼小学当时是量才录取，不拘泥是否读完二年级，只要成绩好，可以跳级。这种教育思想是十分可取的。二是大年同志口才很好，擅长演讲，参加学校的演讲比赛，每每名列前茅。但有一次代表学校参加全市小学生演讲比赛，却意外失利，名落孙山，思想很紧张，呆呆地站在台上，不知所措。当她回到学校，低着头懊丧地走进教室时，周老师面带微笑地把她叫到办公桌前，亲切地安慰她、鼓励她。此情此景，令她终生不忘。三是教大年同志语文课又兼班主任的这位周老师，名君山，他很年轻，工作责任心很强。整天待在学校里，并在教室里摆上一张书桌办公、批改作业。平时他与学生打成一片，有时还代学生当值日生，受到全体学生的爱戴。有一次过春节周君山老师回家了，节后返校时，同学们看到他手指上的金戒指，大家会心一笑，知道他结婚了，那天上课，周老师英气勃发，同学们喜气洋洋，一天的课堂气氛极佳。大年同志毕业后，一直未见过周老师，多年后通过另一位老师始知他在全国抗战爆发后回到老家金坛农村参加了游击队，在一次战斗中牺牲了。大年同志听后，十分怀念这位好老师。由此可见，在学校是一位好老师，在社会上一定是位好公民，在抗日救亡时就会成为一名勇敢的战士，周君山老师就充分体现出这一精神。

　　大年同志写了鼓楼小学，接着又写她的中学学习阶段。而她的"大学生活"是她一生中最关键最重要的阶段，因此她用尽心思写了一组文章，共列了十来个题目，共计两万余字，基本上是按时间顺序来排的。要写学校，要写教师，更要写本人，内容广泛复杂，但大年同志写来如行云流水，跌宕起伏，引人入胜，文风似乎有点像冰心、老舍的风格。具体内容不多提，我只提文章中的三个亮点：

1. 大年同志进入西南联大读书时只有 16 岁，前面讲过她在 13 岁时就写了小难民的书，时隔三年就考上了大学。联想我自己是 18 岁入大学，当时在同学中是年龄最小的一个，而大年比我小三岁，大学毕业只比我晚一年，这是否显得突兀？但仔细一看，大年同志在中学阶段上过补习班，在家自学，读了两年同济大学附中，这个学校的师资力量尤其是数理科目的教师力量雄厚，她的各门功课包括理科知识都学得很好，因而能以同等学力 16 岁就进了大学，而那是战时，16 岁进大学的人是极少的。

2. 大年同志进入的大学是抗战初期由平津三所大学北大、清华、南开组成的西南联大，是当时赫赫有名的名牌大学，怎样来反映这所大学的实际情况？大年同志只写了这所学校的最关键的两项内容，一是师资队伍，她在才入学时就提到她所上课程的所有老师以及随后的教师，讲述了一番他们的经历与专长，列举的人近 20 名。她还特别写了言传身教的吴晗、陈岱孙、雷海宗、邵循正、刘崇鋐等五名教授。我是学经济的，也知道这五人中的四人。二是写了学术自由。大年同志叙述，联大继承了北大、清华、南开三校多年的办学传统，以梅贻琦校长为核心的师长们为学生提供个人自由发展的空间，校方采取了多种措施增强了学术自由的氛围。大年同志也重点写了她本人在大学阶段如饥似渴地吸收知识、不断扩大学习领域、增强独立思考能力、培养严谨周密的学习风格、提高学术理论水平。有了上述这两条，就可以看出西南联大当时在大学中其学术水平已具有崇高地位了。

3. 有关大年同志在校时参加政治活动、成长为一个革命青年的经历。在人们的印象中，大年同志是个宁静高雅的知识女性，她酷爱学习，钻研学问，志愿当一辈子好教师，似乎对斗争、革命、政治这类事不大感兴趣，但事实并非如此。看了这本回忆录才知道，她早在大学读书时代，尤其是毕业前后就积极参加了学校中进步学生的活动，她写了三四篇文章叙述她追求革命的这一段过程。在《我在西南联大接触的一个中共地下组织——"文化小组"》一文中，我们了解到那时党组织经过先前的考察，认定她是一个追求真理、要求进步的热情青年，由地下党交通员王时风及钱闻、王士新三位同志出面找她谈话，对她作进一步的了解。这是她第一次与党组织有正式的接触，因此也成为大年同志生命中的一个重要转折点，从这时开始她就走上了革命的道路。还要提到的是，找她谈话的钱闻同志从此开始由师长、同事发展为同志、战友关系，并进一步增加感情成了革命伴侣，在人生征途中，在政治上、事业与工作上以及生活中并肩战斗，琴瑟和鸣，风风雨雨、幸福美满地度过了 50 余年。

二、 以写学校、写教师、写教育界名人为中心内容

"教育情怀"是一种看不见摸不着的概念。大年同志是学历史的，她毕生从事教育工作，她具有的教育观念、理论、理想，都出自她丰富的教育实践，而教育实践又离不开教育的实体。大年同志写学校涵盖广泛，一类是她就读过的学校，从小学一直写到大学，其中还有一所业余补习学校。一类是她教过书、工作过的学校。她毕业后在昆明教过三所中学，到江苏后，在常州师范、常州私立芳晖女中既当过教师，又当过干部。第三类是她在省教育厅高教处、师范教育处工作时调研过、视察过、指导过的

学校。此书中很多文章就写这些学校，体现了大年同志对这些学校的深入了解。她注意写教师，尤其注意写普通教师，她认为教师是闪光的职业，是学校的主力军，一个学校办得好不好，关键在于师资强不强。下面我就分别介绍大年同志所写《忆 20 世纪50 年代前期的常州师范学校》和《琐记芳晖女中》两篇文章。

　　20 世纪 50 年代前期，她和钱闻同志从云南回到钱闻同志的故乡金坛，钱任县中校长，她在该校当教师。1951 年夏，当地教育行政部门为了加强对常州师范的领导，派钱闻同志担任常州师范学校校长，大年同志任历史课教师兼班主任。一个月后她被任命为教导副主任，开始了教育行政工作的经历。他们在一个单位共同工作了三四年，获得了很大成绩。大年同志在 1954 年调任私立芳晖女中教导主任，来年又被提拔为该校副校长，一直到 1956年夏，夫妻俩同时调入省教育厅。在常州师范的这段时间，正如大年同志所说，"那是我从事教育工作 40 年中最愉快、最值得记忆的一段时光"。那时大年同志年方 26 岁，钱闻同志也不过 30 来岁，他俩英姿勃发，风华正茂，很想在新的岗位上干出一番事业，实现自己的壮丽理想，事实证明他们的理想实现了。因此大年同志倾注心血、满怀深情地写了回忆纪念文章，给读者以强烈的感受。然而，刚进常州师范时，由于情况比较复杂，工作局面一时不易打开，他们就先从学生工作入手，依靠发动团总支和进步学生，通过庆国庆、纪念五四青年节等活动使全校活跃起来，增进干部与学生的相互了解和信任；他们注重团结教育知识分子，与他们谈心，帮助他们解决困难问题，发挥他们的专长，量才使用，不久教师积极性就充分调动起来了，形成了一支敬业、团结、高水平的教师队伍；他们认真贯彻全面发展的教育方针，要求学生认真做人，以德育为先，倡导"三好"，提出在校就要树立做教师的专业思想等要求和口号；他们坚持照顾农村贫寒学生，使之安心学习，不产生一个流生……因此在短时间内，学校改变了面貌，到 1953 年就成了省立师范学校，成为江苏省办得较好的一所师范学校。

回忆常州师范这篇文章还有一个最大的特点，就是用了大量笔墨描绘师生之间的深厚感情，隔了 50 余年时间师生开展了很多回忆母校的纪念活动，大年同志用大量的事实叙述了 1997 年至 2006 年的种种活动，激情忆往，志在促今。形式有集体活动，也有个别的活动；有整班的活动，也有部分同学的活动；有学生来的，有教师往的；有亲自上门拜访的，有电话、书信联系的。举其荦荦大者记述如下：1997 年 20 个 1954 届毕业学生来宁看望老师的"师恩难忘"活动；2005 年大年同志为送《钱闻文集》亲往常州，学生为她举办了隆重的"师生见面"会；2006 年 15 位 1955 届毕业生来宁为钱闻同志扫墓；2008 年应 1953 届毕业生邀请，大年同志去上海参加他们毕业 55 周年聚会。至于个别上门或电话、信件联系的就更多了，如学生张季良、李晓明等。总之学生们认为在常州师范所受的教育使他们终身受益匪浅，尽管常师历经频繁变迁，甚至已从常州市的教育地图上消失，学生们对它仍一往情深并为之骄傲。以上讲述的这些事实，使我们做教育工作的人深受感动，一个学校办好了，老师教好了，它产生的影响是穿越时代界限的，大年同志真情回忆当年常师所取得的业绩，是令人难忘的，她把这些作为写学校的重点，是个创举，值得我们办学校教育的人效仿。

1954 年夏，大年同志调至芳晖女中，先担任教导主任，后被提拔为副校长，她与钱闻同志不在一校工作，而是开始独当一面负责了。这是她首次做学校领导工作，她深感责任重大，殚精竭虑、全身心地投入工作，很好地吸取了在常师工作的经验，恪尽职守，力求把本职工作做好，把学校办好。她在文章中提到该校教师教学水平高，高中教师尤为突出，出乎她的意料。她听过很多老师的课，在文中点到的人就有语文教师吴经耕、数学教师季柏年、生物教师张仲和、化学教师齐季庄等。他们在芳晖女中任教多年，教学经验极为丰富，使学生终身受益。她凭着超强的记忆力写了这么多人，记了这么多事，主旨在表示对教师这一职业的关怀与尊重，是我国自古以来就提倡尊师重教优良传统的实际体现。

办好教育要靠广大教师的集体力量，但对教师中的先进模范人物、教学高手及典型人物也不能忽视。大年同志选了江苏乃至全国闻名的小学老师在书中作了介绍。她所写的王兰、斯霞、李吉林三位，都是江苏省小教战线的顶尖人物。王兰是全省劳动模范，斯霞和李吉林都被推选为全国人大代表。在小教领域中，她们的优秀经验和事迹传播到全国各地，名噪一时。大年同志写这三位教师，是从不同的关系入手写的：写王兰，是以孩子家长的身份写的；写斯霞，是因钱闻同志主持《江苏教育》报道了她，由间接认识到直接交往的；写李吉林，则是因主持师范教育处工作而相识的。不管是由于哪种关系与她们相识，大年最终和她们都成了好同志、好伙伴。大年写她们也写得生动具体、实事求是，并不是干巴巴的。

办教育，校长、教师很重要，但教育战线还需要有领军人物，那就是教育行政部门领导人。要做好一省的教育行政管理工作，一定要能力很强、教育思想端正、作风良好的厅长。大年同志在本书里写了三位厅长：古楳是教育厅副厅长，领导干部中唯一的一名民主人士，有名的教育家，曾任苏南文教学院院长、教育厅副厅长，出席过毛泽东主席召集的七省市教育局长座谈会；吴天石曾任省教育厅厅长、省委宣传部副部长；方非同志则是省教育厅、省高教厅党组副书记、副厅长。2010 年教育厅老同志编写方非同志纪念文章，2011 年起教育厅老同志又编写《人民教育家吴天石》一书，大年同志都写了纪念文章，也载入本书之中，不再赘述。

三、 精心写作，精心策划，编出高质量的教育读物

书籍是给读者看的，要在社会上流行的。大年同志虽然编著不多，但她有比较强烈的精品意识，不出书则已，出书就必定要出好书。前几年她编的《钱闻文集》一书，从收集、选材、约稿、校对和修改，一直到编辑出版等步骤，她都有参与，她心细如发，一丝不苟、一着不漏，专心致志地投入编书工作，在有关同志的关心和帮助下，终于使这本文集由江苏教育出版社出版了。该书出版后得到广大读者、同事、朋友的赞誉。很多人都说这本书不论从哪方面看都算得上是上乘之作。大年同志写《跨世纪的教育情怀》这本书，早在几年前就动手了。她费尽心血，先订出工作计划，在原来已写过的文章的基础上，确定全书的布局和篇目，先易后难，冷静从容，按部就班地一篇一篇进行写作，边写边编。在今年年初她对我说："我写的书已送出版社编印了，大概 4 月份就能出版了。"该书果然如期出版，我向她表示了祝贺。这些天我大体上浏览了全书的篇目结构，并重点读了我过去

看过的和我最感兴趣的篇章，我除得到上述三点印象外，认为从编辑的角度看，此书确实是一本既重内容又重形式，既有文学性又有教育性，值得广大读者尤其是教育工作者好好一读的传记文学。

从此书编排角度看，它的长处有以下几点：

1. 把自己一生受教育与做老师、干教育机关工作的经历熔于一炉，这比一般写传记、写回忆录只从大学毕业后或从就业后开始写要更好一些，这样才能对教育体系、教育范围与内容了解得更全面、更深刻一些。传记的前四章以时间先后为序，第五章"机关工作琐忆"则按照工作的项目和具体内容来安排。

2. 有的章节采取加注的形式，把与本章节有关的文章资料列在正文之后，主客观相结合，混为一体，起着正文不能起的作用。第一章所用冰心写的序等三篇文章都很好，内容各异，帮助读者了解正文的来龙去脉。再如第三章所附的两篇文章，也是采用这一形式。这大大地丰富了正文的内容，更使读者加深了对钱、吴两位老师的认识。

3. 此书的封面设计、装帧及印刷质量也不错，给读者以美感，全书的照片虽仅 10 张，但大年同志本人的、夫妻两人的、一家人的、与教师学生一同照的都有。且照片与内容紧密结合，照片所摆列的位置就是文字的印证与说明，这种图文并茂的方法既自然又亲切。

原载《教育家》2012 年第 11 期。作者为江苏省教育科学研究所原副所长，时年 91 岁。

期待师范教育新的春天

——吴大年师范教育实践和理念评介

顾纪瑞

本文围绕吴大年《上世纪八十年代师范教育工作回顾》一文，对江苏师范教育的历史和传统进行了梳理、回顾和评介。文中认为吴大年在担任江苏省教育厅师范教育处处长期间，努力贯彻中央和省的精神，承上启下，深入基层，积极推动学校实践，做了很多卓有成效的工作：一是调查情况，合理布局，建立体系，发挥中师服务小学的功能。二是找回"江苏老中师"的优良传统，树立好校风，培养优质师范生。三是抓紧师资队伍建设，聚集一批优秀教师，培养高素质的师资队伍。四是全面推进教育教学改革，提高教育质量。五是试办五年制师范，在全国开创了培养专科水平小学师资新模式。六是举办师范校长研讨班，组织集体视导，建立交流平台。文末对新形势下师范教育提出了四点对策建议，期盼再次迎来师范教育的春天。

吴大年著《跨世纪的教育情怀》（上海远东出版社 2012 年版，以下简称《教育情怀》）一书中，载有《上世纪八十年代师范教育工作回顾》（写于 2011 年夏，以下简称《师范教育工作回顾》）一文，文章通过她自己的经历，记述了 20 世纪 80 年代江苏中等师范教育"恢复—发展—改革—提高"这一历史进程。文章的末尾有这样一段话："上世纪 90 年代后期，江苏中师在高校扩招、合并、升格的大潮中，遭遇到被拆、并、挂靠等令人始料不及的局面，以至于在世纪之交走到了尽头。对这种历史上似曾相识的大干快上现象，感叹之余，我只想说：初等教育（包括学前教育）是整个教育事业的基础，小学教师（包括幼儿教师）是特殊的专门人才，师范教育是培养这类特殊人才的基地，是教育事业的工作母机，它和初等教育在教育界乃至全社会，都理应得到更进一步的重视和加强。这是我这个在教育岗位上工作了一辈子的年近九旬老人的深切体会和真诚期待。"（见《教育情怀》第 163 页）这段语重心长的话语，饱含着她对师范教育事业的一片真情和她对现状的深深忧思。我作为曾在省教育厅工作多年并与大年同志共事过十年的人，读了这段话深受感动，想围绕《师范教育工作回顾》这篇长文，对大年同志师范教育的实践和理念作点评介，就教于有关专家。

　　大年同志说，小学教师（包括幼儿教师，下同）是"特殊的专门人才"，这话是很有见地的。儿童心理学家认为，小学教师从事的是启蒙教育，对象是儿童（包括学龄前幼儿），儿童处于人生的起始阶段，在生理、心理上有着非常不一样的特殊性。在幼儿园和小学阶段，他们需要得到雨露的滋润—— 教师的爱抚与呵护，希望自己能成为老师心目中的好孩子；随着年级的升高，他们会把老师对他们的感情和评价转化为影响自己学习和个性发展的心理动力。在他们智力发展的最佳时期，良好的教育和培养，对他们今后的发展至关重要。

小学教师要能承担起对儿童的教育重任，必须热爱儿童，走进"儿童世界"，了解、熟悉儿童生理、心理的特殊性，学习、掌握适合儿童特点且能为儿童所接受的教育教学方法，循循然善诱之。这就是一名小学教师的"专门""特殊"之处，非经师范学校的专门培养，是难以成就的。

大年同志说，师范教育是培养这类"特殊的专门人才"的基地。这在我国是有悠久的历史传统的。早在清朝末年，我国著名的实业家、教育家张謇，在中日甲午战争以后，认为欲雪国耻救亡，唯有普及国民教育，而普及国民教育的根本在师范。他以"家可毁，不可败师范"的决心，筹资创办了我国第一所独立设置的民办中等师范学校——通州民立师范学校。该校的建立，在中国近代教育史上有着重要的地位和影响。辛亥革命后，南京临时政府曾评价通州师范学校的创办"开全国之先河"。张謇的有关师范教育的实践与理念，对于培养高质量的小学教师、促进基础教育事业的健康发展影响深远，泽被江苏以至全国。

在继承师范教育优良传统的历史进程中，曾经出现过曲折和反复。1922年北京政府颁布的"壬戌学制"中，规定高级中学要分普通、农、工、商、师范、家事等科，于是各地独立设置的师范学校大多归并于中学；1927年7月，江苏省又按国民政府指令，撤销教育厅，试行大学区制，并完成了师范和中学的归并工作，江苏全省基础较好、教学质量较高的中等师范学校不复独立存在，中等师范成为中学的一个部或科，办学经费大幅度减少，招生数急剧下降，同时不能突出师范特点进行教学，严重影响师范的教学质量，其弊端日益暴露。后国内一些教育刊物发出呼吁，中山大学等单位及陶行知等教育界知名人士在全国性会议上表示反对，江苏大学区师范联合会更是提出了《请确定师范教育制度案》。至1932年，江苏省政府会议通过《中学师范科独立办法》，决定分三年时间完成师范独立工作，后因经费等问题，原有省立师范学校全部恢复独立设置的计划并未完成。［《江苏省志·教育志》（下），江苏古籍出版社2000年版，第703—706页。］这段曲折历程足以成为我国后来师范教育发展的鉴戒。

大年同志1979年从扬州师范学院调回省教育厅任师范教育处处长。正是在师范教育经历了很大的曲折和劫难之后不久，人们都想要抓紧时间把过去遭受的损失补回来。我们从《师范教育工作回顾》的长文中可以看到，她在省教育厅多位厅长领导下，在各有关处室协同配合下，团结全处人员，认真学习领会中央和省里有关精神，深入基层，虚心求教，不断探索，承上启下，积极主动开展工作，以最初全处三四人、后来六七人之力，推动学校反复实践，办成了许多大事。其中给我留下印象最深的，有以下几方面。

一是调查情况，合理布局，建立体系，发挥中师服务小学的功能

20世纪60年代后期一段时期，中等师范教育领域受到较大影响。全省中师连续四年停止招生，不少学校被迫停办，校舍被占，设备受损，教师分离。1971年以后，由于中小学教师严重缺乏，各地中等师范学校恢复招生，却以培养初中教师为主要任务，偏离了培养小学师资的方向。1978年，教育部重申中等师范

学校的任务是培养小学教师，江苏决定从 1979 年暑假后开始，全省中师招收高中毕业生，学制二年，由培养初中教师"转向"为培养小学教师。大年同志到师教处工作时，正当全省中师面临恢复和"转向"的关键时期，学校困难很多。她为了弄清当年江苏中师的状况，按照自己一向重视调查研究的工作方法，在分管师范教育的副厅长方非的支持下，扎扎实实地做了一番实地调查。在调查中她了解到，与张謇的通州民立师范同一年创办的老校如皋师范，校舍陈旧，房屋漏雨，图书资料缺乏，与其悠久的办学历史极不相称；镇江地区所属的武进师范，办学条件极差，用水紧张，生活日用品稀缺，不少学生因此要求退学；常州师范和市进修学校挤在一所原初级中学里，校舍十分破旧；无锡县的洛社师范除几间破旧房屋外，其他设备一无所有，学校经常断电，晚间常以烛光照明；淮阴师范因刚迁到一片黄土地上，校园里尘土飞扬，师生们吃饭时饭菜上常常蒙上一层黄沙……除物质条件上存在的困难外，师范学校领导还普遍反映教师队伍中存在熟悉中等师范教育的少，教学骨干少，教育学、心理学、教材教法以及音乐、美术等课的教师更是严重缺乏的情况，根本无法适应培养合格小学教师的需要。

除以上诸多问题之外，学校还反映有关领导体制、学校规模、服务范围，以及布局设置等等的问题，更是关系到中师健康发展和正常发挥其服务小学功能的重要问题，必须由省里统筹解决。经过与有关各方面反复调查测算，包括与各地、市教育局磋商研究，1981 年省教育厅正式发文，对上述问题作出了明确规定，列入名单的中师共 25 所（内含幼师 2 所），实行省和地、市双重领导、分工管理的领导体制，并强调发挥老中师的作用。此后几年，考虑到经济基础和普通教育比较薄弱地区的师资需求，1984年、1985年又经省政府批准恢复和增设11所中师，其中7所在苏北。加上教育部委托江苏筹建的全国第一所特殊师范学校，全省共有中师37所，学校布局基本合理。省里又明文规定，教育事业在人、财、物的分配上都要突出师范教育，从而使江苏中师能在艰难的条件下起步，得到迅速恢复和发展。

江苏省为解决小学音乐、美术、体育教师奇缺的困难，在每个地区选定条件较好的中师增设音乐、美术、体育等专业班和幼师班；为适应小学教育质量提高的需要，举办为期半年的小学语文、数学、自然教学研究班；在每个地区选择一所中师承担中师函授的指导，帮助在职小学教师提高文化水平和教学能力。后来又采取与市教育学院联合办专科班的形式，培养小学骨干教师。江苏的中师承担起小学教师职前培养和职后培训相结合的任务，发挥了服务小学的"工作母机"的功能。

二是找回"江苏老中师"的优良传统，树立好校风，培养优质师范生

从1980年全国师范教育会议召开以后，中央和江苏省委、省政府反复强调师范教育是教育事业的工作母机，是造就、培养人才的基地，一定要办好，并重申中师的任务是培养小学教师。方向已明确，领导很重视，如何办好中师？大年同志认为要从找回优良传统做起。江苏的一批老中师在长期的教育教学实践中，探索并积累了丰富的经验，形成了优良的办学传统。1981年4月，她和张行同志花了半个月时间跑了南通和盐城两地的五所师范。

在南通师范，他们看到该校严格治校，树立优良校风；教育师范生胸怀立志报国的理想和抱负，巩固专业思想；强调理论联系实际，建立到附小上课、见习、实习等一系列制度；重视师资队伍建设，特别是发挥老教师示范作用。她在文章中说："我感到南通师范不仅是培养小学教师的摇篮，更是塑造两代师表的园地。"

如皋师范师资队伍、校舍设备等虽曾严重受损，但老中师的优良传统依然无处不在：他们看到了建于晚清时期的古朴典雅的老建筑，整洁清爽的校园，资料短缺但管理井井有条的图书馆，以及教师们对师范教育的一往情深……尤其是大厅里有一面大镜子，大年同志来到该校调查，走到它的面前时，不由自主地停下脚步，捋了捋头发，整了整衣冠。她似乎觉得这面镜子是一双严肃而期待的眼睛，它透露出意蕴深刻的四个字：为人师表。

此前，他们还到过丹阳师范。该校复办两年后就将工作重心转移到了教学上，提出"以三好为目标，以教学为中心"的口号和"热爱专业，勤奋学习，严守纪律，讲究文明"的十六字校风，学校已呈现出一派蓬勃向上的新气象。老校长成功的身上保持着老一代中师教育工作者执着坚韧的教育理念和奋发向上的工作精神。

经过这一次被大年同志称为"寻觅之旅"的调查，她感受到，江苏中师的优良传统是由热爱中等师范教育的仁人志士们不断探索实践而聚集起来的结晶，虽经岁月侵蚀，但其生命力和影响力犹在。她认为这是江苏中师的优势所在，并由此看到了江苏中师的希望，从而增强了工作信心，开拓了工作思路。

三是抓紧师资队伍建设，聚集一批优秀教师，培养高素质的师资队伍

教师队伍建设的重要性，大年同志自己在教学和办学经历中有亲身体会。她称教师是"闪光的职业"。她认为办好中等师范，更要建设一支学养深、师德好、事业心强、热爱学校和学生、处处起表率作用的教师队伍。这也正是许多老中师办学成功的一条重要经验。张謇认为"唯教不可无师"，他先后为通州师范聘请了多位著名学者如王国维、陈师曾、季方、朱东润等为教员，还在毕业生中选留一批优秀生担任教职，如于敬之、顾怡生、尤慎铭等，于、尤二人还由学校派往日本留学。学校初创时不惜高薪聘请过7位日籍教师教授一些新开设的专业课。无锡师范的前身省立第三师范校长顾倬认为，教职员必须"学识超群，行为出众"。该校的教师队伍中有钱基博、钱穆、沈颖若、向宾枫、张式之、孙纯一、钱松嵒等名师。由于师资力量强，很多中等师范成为当地的最高学府，培养了一批人才。

20世纪80年代初，中师专业课教师奇缺的矛盾十分突出，如何解决这一矛盾？大年同志在《师范教育工作回顾》一文中说："唯一的办法是通过短期培训以解燃眉之急。"1980年暑假，先后举办了心理学和教育学讲习班，积累经验后又接连举办了音乐、舞蹈、体育、小学语文和小学数学教材教法讲习班，效果都挺好。1983年江苏省教育厅又受教育部委托在苏州新苏师范学校举办了全国中师美术教材（南京师范学院美术系主编）暑期讲习班，各省都有名额，江苏美术教师旁听，学员近百人。举办讲习

班、备课班的作用很大，学员们利用假期如饥似渴地充电，短期效果明显，又为长远提高打下了基础。

不过，办讲习班、备课班只能应急。为了建设好中师师资队伍，省教育厅于1982年7月印发了经过全省师教工作座谈会讨论修改的《关于中等师范教育工作的回顾和今后工作的意见》，其中提出了全省中师在三至五年内师资队伍建设的奋斗目标，要求各校全面规划在职教师的文化业务进修，学历未达到应有水平的教师应参加系统的文化进修。通过各地各校几年的努力，加上高师院校毕业新师资的补充，到1988年，全省中师专任教师2 374人，文化程度本科毕业及以上的1 532人，占教师总数的64.5％，不仅高于1980年36％的比例，且高于江苏建省以后直至1966年前最高年份1955年的57.4％的比例。在专任教师中，高级讲师占10.1％，讲师占30.5％。（见《江苏省志·教育志》"中等师范教育"章。）

四是全面推进教育教学改革，提高教育质量

1983年10月，邓小平提出教育要做到"三个面向"。省教育厅在11月底召开全省师资工作会议，部署进行中师教育教学改革，罗明厅长在会上强调，师范学校的教育教学改革应该走在整个教改的前面。据此师教处于1984年3月在南通师范召开部分中师校长会议，总结1979年以来的经验教训，具体研究如何进行教育教学改革的问题。校长们要求改革的积极性很高，建议要从招生、学制、教学计划和教学内容、方法等各个方面进行全面改革，才能适应面向小学、面向农村和邓小平提出的"三个面向"

的要求，培养合格的小学教师。会议起到了很好的思想发动和落实改革任务的作用。1984 年江苏师范教育的改革进入了新的阶段，各项改革取得了重大进展。

在改革招生办法方面，一是在原已实行的提前单独招生或与高中统一招生、首批录取的基础上，更强调要坚持提前单独招生；二是实行定向招生，由各市把省分配的招生名额分配到县、乡，并照顾边远、落后地区；三是严格面试，项目包括口语、写字、音乐、绘画、体育等，面试不及格不予录取，以求把具有教师必备素质的优秀初中毕业生招进中师。

在培养目标、教学计划、课程设置的改革方面，为了解决师范学校课程门类过多、教学计划统得过死、学生负担过重等问题，从而让师范生生动活泼地学习，培养创新精神、动手能力和教学能力，改革对三年制普师、幼师教学计划进行了修改，减少了总学时，增开了选修课。1985 年，《关于改革中等师范教育的意见》又提出，中等师范教育的整个体系必须进行改革，同时提出师资、设备和生源素质较好的学校可根据自己的优势和特点对教学计划作较大改革，办出特色。师教处还组织全省中师开展关于合格小学教师规格要求和中等师范学校培养目标的研讨。其后，受国家教委委托进行的有关合格小学教师标准和中师培养目标及课程设置的研究课题，在不断探索研讨的基础上，建立起必修课、选修课、教育实践和课外活动相结合的教育模式。

在教材建设方面，鉴于很多学校反映使用部编四年制教材困难甚大，师教处决定自编三年制教材，并按照教育厅的要求，于1984 年专门召开了教材编写会议。新编的教材要求突出师范性，具有本省特点。这套教材包括语文、数学、物理、化学、历史、地理 6 门，共 23 册，经过两年的努力，于 1986 年全部出齐。除供省内各校使用外，还有云、贵、川等外省采用，并邀请江苏的教师前去示范讲课。

在加强学生基本功训练方面，20 世纪 80 年代，江苏中师普遍重视这方面的工作，创造了一些好经验。在此基础上，教育厅从 1985 年起，陆续举办全省中师优秀美术、书法作品评选活动，举办在校生田径运动会和音乐、舞蹈调演，这些活动均为新中国成立以来之首次。特别是 1987 年 4 月底至 5 月初在各市选拔基础上举办的全省首届中师音乐、舞蹈调演，展现了全省师范"奋发、向上、清新、纯正"的精神风貌。很多校长都激动地说这次活动的意义远远超出了音乐、舞蹈的范围。

五是试办五年制师范，在全国开创了培养专科水平小学师资新模式

五年制师范的试行，是江苏中师教育教学改革最大的动作。在 1983 年教育部领导提出试办五年制师范的建议之后，省教育厅党组经过研究，决定由南通师范于 1984 年先行试办。当时对于这项试验，校长们有两种意见：一种是招初中生学五年，一种是在三年制中师的基础上选拔优秀学生继续学两年。南通师范倾向于五年一贯制，经同意后，由学校派人来厅商讨教学方案。经深入讨论，确定了制订教学计划和课程设置的五条原则。试验的指导思想是通过五年制这样一种新学制，使未来小学教师的素养得到全面提高，而不只是文化知识一个方面的提升。大年同志认为，这种学制完全不能等同于一般的师范专科，而是中等师范教育在

新的历史时期为适应其需要而进行改革的探索，是在总结经验、继承传统的基础上力求赋予时代气息的创新之举。1985 年，五年制师范扩大试点，又在晓庄师范、无锡师范、江苏幼儿师范各办了一个三二分段试点班。事实证明，试点效果显著。以晓庄和无锡两所师范为例，首届毕业生共 80 名，已有 12 名特级教师，3 名"江苏人民教育家培养工程"培养对象（全省中小学总共 50 名）。在教育部、省教育厅的领导和支持下，五年制师范试办成功，在全国开创了培养专科水平小学师资的新模式、新路子。

六是举办师范校长研讨班，组织集体视导，建立交流平台

举办师范校长研讨班的设想，是大年同志在调查研究的过程中想出的好主意，可以借此促进全省师范领导管理水平的整体提高。省里也曾办过中学、师范校长干训班，但是不可能突出师范性，效果不理想。为了推动师范教育改革，1986 年 10 月 12 日，第一期校长研讨班在南通师范开班。之后又于 1987 年、1988 年先后在丹阳师范、海州师范举办了第二期、第三期研讨班。大年同志离休后，又由继任处长张行接办了两期。

校长研讨班的参加者为正副校长、正副党支部书记，每期二三十人，时间 20 天左右，采取学习、研讨和参观、集体视导相结合的办法进行。研究班的主题是，坚持面向小学的办学方向，深入教育教学改革，提高领导管理水平。研讨和参观时，按办学条件、教育教学改革、提高师资队伍、思想政治工作、学校管理等专题分组，结合参观一所现场学校，深入研讨；再分组视导几所

学校，最后汇集一起交流，做到了点面结合。

第一期校长研讨班的现场选在南通师范，校长们普遍反映"这是最好的现场，是江苏中师的骄傲"。第二期集体视导无锡洛社和武进两所乡村师范。校长们称赞：洛社师范"勤俭办学、艰苦奋斗的精神令人敬佩"；武进师范"方向正，管理严，学风好"，"是一所典雅而朴实的农村师范"。参加这样的研讨班，校长们受益良多，提高很快。有的校长后来调到普通中学，把中师的管理理念和治校办法带过去，很快就见到了成效。

以上是吴大年同志在师范教育管理岗位上所做工作的主要之点。这一段实际工作使她对教育规律和教师使命的重要性都有更加具体而深刻的理解和感悟，其中蕴含着她的关于师范教育的理念，这种理念从江苏老师范的优良传统中发掘继承而来，又赋予新时期的新要求。她是一位对江苏师范教育事业有重大建树的德高望重的教育专家。她教育生涯最后十年的贡献，在江苏教育史志上留下了可圈可点的篇章，她为营造新时期江苏师范教育的春天，贡献了自己的智慧和力量。

随着经济和社会事业的发展，新的形势对教育事业提出了更高的要求，人民群众希望自己的子女受到优质教育。这几年江苏和全国一样，普通高校招生人数逐年增加，高职院校欣欣向荣，设置了许多新专业。独立设置的师范院校已很少，一部分师范类专业分散在高职院校内，师范专业招生人数相对较少。今天的师范教育应该怎么办？与师范教育有着不了情缘的大年同志，念念不忘的仍是师范教育，尤其是小学教师培养工作。我和她在一起交谈了很多，感受到这位年近九旬老人的忧虑。我是离开教育行业多年的一个局外人，对目前师范教育的状况了解不够，没有多少发言权，只想在结束本文时留下几点建议：

一是建议省教育厅组织人力，对即将到来的新型人口城镇化过程中学龄儿童和中学生增长的趋势进行预测，对目前高等师范院校的布局和专业设置进行周密调查，为形成相对独立的师范教育体系制订预案。

二是努力办好现有四年制本科和三年制专科的初等教育和学前教育专业，坚持面向小学和幼教的办学方向，加强师范专业思想教育和师德教育。

三是将高职院校内的师范类专业归拢在一起，成立二级师范学院（或师范部），派内行人加强领导。要按师范教育的特点办学，不能片面强调高等教育化和所学专业的学科化，必须要兼顾学生的文化科学知识、教育教学理论和能力，加强教育学课程和教育实践，培养学生热爱教育事业的思想感情。

四是实行特殊政策，招生要保证生源质量；实行师范专业学生享受助学金制度（符合条件者可同时享受奖学金）；毕业生就业采取规定服务年限的办法，对欠发达地区可实行定向培养办法。

这些不成熟的建议，希望引起省内教育工作者的关注，欢迎提出改进意见。我们向社会发出呼吁和建议，我们期盼着再次迎来师范教育的春天！

（本文在收集材料和成文过程中，曾得到朱爱华同志的帮助，谨此致谢。）

原载《江苏教育研究：理论》2013 年第 11 期。作者为江苏省社会科学院研究员、经济研究所原所长。